Schweizerische Flüchtlingshilfe SFH (Hrsg.)

Handbuch zum Asyl- und Wegweisungsverfahren

Haupt

Schweizerische
Flüchtlingshilfe SFH
(Hrsg.)

Handbuch zum Asyl- und Wegweisungsverfahren

Haupt Verlag
Bern · Stuttgart · Wien

Zu den Autoren

Ruedi Illes, Jurist, ist Leiter Abteilung Anwaltschaft CARITAS Schweiz.

Nina Schrepfer, Juristin, ist Assistentin am Institut für öffentliches Recht der Universität Bern.

Jürg Schertenleib, Jurist, ist ehemaliger Leiter Rechtsdienst der Schweizerischen Flüchtlingshilfe SFH und seit 2007 Zentralsekretär der Stiftung Bildung und Entwicklung.

Bibliografische Information der *Deutschen Nationalbibliothek*

Die *Deutsche Nationalbibliothek* verzeichnet diese Publikation in der Deutschen Nationalbibliografie; detaillierte bibliografische Angaben sind im Internet über http://dnb.d-nb.de abrufbar.

ISBN: 978-3-258-07376-7

Umschlagkonzeption und -gestaltung: Martin Zech, Bremen
Satz: Die Werkstatt, Göttingen
Printed in Germany

www.haupt.ch

Vorwort

Es gab Zeiten, da beschäftigte das Asylrecht die Juristinnen und Juristen kaum. Bevor 1979 erstmals in der Schweiz ein eigenständiges Asylgesetz geschaffen wurde, genügten mit Art. 21 ANAG und einer dazugehörenden Verordnungsbestimmung die Grundlagen, um Zehntausenden von Menschen Asyl zu gewähren. Die Regelung beschränkte sich auf den Grundsatz, dass die Schweiz Verfolgten Asyl gewähren „kann".

Das Asylgesetz vom 5. Oktober 1979 brach mit dem Grundsatz der Asylgewährung als Ermessensentscheid. Nun wurde gemäss Art. 2 „Flüchtlingen auf Gesuch hin nach diesem Gesetz Asyl" gewährt. 53 Gesetzesbestimmungen und 16 Verordnungsbestimmungen waren nötig, um den Asylbereich zu regeln – eine eindrückliche Illustration der Konsequenzen des Systemwechsels. Das totalrevidierte Asylgesetz von 1998 wuchs auf 123 Bestimmungen und ist seit dem Inkrafttreten um weitere 21 Artikel ergänzt worden. Weitere Ergänzungen sind in der Vernehmlassung. Die Zahl der relevanten Verordnungsbestimmungen ist nur noch schwer überschaubar.

Zwar gab es immer wieder Verbesserungen zugunsten der Flüchtlinge – die Anerkennung frauenspezifischer Verfolgungsgründe etwa, Erleichterungen beim Zugang zum Arbeitsmarkt oder die Schaffung von Rechtsgrundlagen für die vorübergehende Schutzgewährung für Gewaltflüchtlinge. Insgesamt dienten die Revisionen allerdings der Abwehr. Ich kenne kein anderes Rechtsgebiet, welches den Behörden die Möglichkeit gibt, aus dreizehn verschiedenen Gründen auf ein Gesuch nicht einzutreten, seine materielle Behandlung also zu verweigern. Der Verdacht drängt sich auf, das Verhältnis zwischen Grosszügigkeit und Regelungsdichte sei im Asylbereich umgekehrt proportional.

Wie dem auch sei: In diesem Dickicht von Regeln, Beschränkungen, Ausnahmen und Gegenausnahmen geht verloren, wer keinen verlässlichen Führer hat. Ein solcher liegt nun vor: Nina Schrepfer, Ruedi Illes und Jürg Schertenleib haben es geschafft, ein Handbuch zum Asylrecht zu schreiben, das umfassend, klar und auch für juristische Laien zugänglich ist, seinem Namen also gerecht wird. Ihm wünsche ich eine möglichst grosse Verbreitung und Leserschaft.

Walter Kälin

Inhaltsverzeichnis

Vorwort der Autoren

Das vorliegende Handbuch des Asyl- und Wegweisungsverfahrens beruht auf dem Standardwerk von Mario Gattiker, das die Totalrevision des Asylgesetzes von 1998 kommentierte. Wir haben Struktur und Inhalt in weiten Teilen übernommen und dort aktualisiert und ergänzt, wo sich dies aufgrund der Neuerungen aufdrängte. Seit der Totalrevision von 1998 wurde das Asylgesetz mehrfach teilrevidiert. Eine reiche Rechtsprechung hat sich entwickelt. Immer wichtiger werden auch die Rechtsentwicklungen auf Ebene der EU und im Völkerrecht. Mit der Einführung des teilrevidierten Asylgesetzes und des neuen Ausländergesetzes im Januar 2007 bzw. 2008 wurde ein weiteres Kapitel der Schweizer Migrationspolitik geschrieben. Es bestehen bereits Pläne für die nächste Teilrevision des Asyl- und Ausländergesetzes.

Mit der Überarbeitung des Handbuchs sollen Leserinnen und Leser einen raschen Überblick über die aktuelle Rechtslage erhalten, wie sie sich seit 2008 präsentiert. Die publizierte Rechtsprechung ist bis Ende Juni 2008 berücksichtigt. Der Schwerpunkt liegt auf den Kriterien der Flüchtlingseigenschaft und dem Asyl- und Wegweisungsverfahren. Die Zwangsmassnahmen im Ausländerrecht sowie Fragen betreffend Sozialhilferecht und Rechtsstellung werden nur oberflächlich behandelt.

Hilfswerksvertreterinnen und -vertreter, Studierende, Rechtsvertretungen von Asylsuchenden und Flüchtlingen sowie weitere Interessierte, die sich mit Fragen des Asylrechts befassen, sollen rasch präzise Informationen zu diesem besonderen Rechtsgebiet finden. Wir hoffen, damit einen Beitrag zur Anwendung der neuen rechtlichen Grundlagen zu leisten.

Wir danken Mario Gattiker für sein Einverständnis, auf seinem Standardwerk aufzubauen. Dank gebührt den Mitarbeitenden der SFH und des Bundesamtes für Migration, die an der Herausgabe der Publikation mitgewirkt haben, indem sie mit kritischem Blick unsere Arbeiten gegenlasen. Besonderer Dank geht an Dr. iur. Alberto Achermann, der die Publikation wissenschaftlich begleitet hat.

Ruedi Illes, Leiter Abteilung Anwaltschaft CARITAS Schweiz
Nina Schrepfer, Assistentin am Institut für öffentliches Recht
der Universität Bern
Jürg Schertenleib, ehemaliger Leiter Rechtsdienst
der Schweizerischen Flüchtlingshilfe SFH

Luzern und Bern, September 2009

I Einleitung

1. Zur Entwicklung des schweizerischen Asylrechts seit dem Zweiten Weltkrieg

Die Flüchtlingspolitik der Schweiz im Zweiten Weltkrieg wird oft kritisiert wegen ihrer von Abwehr geprägten Haltung, der Zurückweisung von Schutzsuchenden an der Grenze und der eingeschränkten Rechtsstellung der meist nur vorübergehend aufgenommenen Flüchtlinge. Auf diesem Hintergrund trat die Schweiz im Jahr 1955 der Flüchtlingskonvention der Vereinten Nationen von 1951 bei (Genfer Flüchtlingskonvention, GFK).

1957 erklärte der Bundesrat die Asylgewährung zur staatspolitischen Maxime: «Das schweizerische Asylrecht ist nicht bloss Tradition, sondern staatspolitische Maxime; es ist Ausdruck der schweizerischen Auffassung von Freiheit und Unabhängigkeit. Aus der Entwicklung des Flüchtlingswesens während des Zweiten Weltkrieges ergibt sich der Schluss, dass die Schweiz ausländische Flüchtlinge [...] so lange aufnehmen sollte, als ihr das möglich ist [...]. Im Hinblick auf die Pflicht, eine der schweizerischen Tradition entsprechende Asylpraxis einzuhalten, ist eine freie, weitherzige Aufnahme von Flüchtlingen in Aussicht zu nehmen.»[1] Die Aufnahme von verfolgten Menschen galt als zentrale Aufgabe des Gemeinwesens und als Richtschnur für staatliches Handeln und für den Gesetzgeber.

Bis Anfang der Achtzigerjahre stand in der schweizerischen Asylpolitik die Aufnahme verfolgter *Flüchtlingsgruppen* im Gefolge von politischen Unruhen, Kriegen und Bürgerkriegen im Vordergrund, so aus Ungarn (1956), Tibet (1962), Tschechoslowakei (1968), Chile (1973), Indochina (1975) und Polen (1982). Flüchtlinge wurden kollektiv aufgenommen, ohne dass eine mit dem heutigen Asylverfahren

1 Erklärung des Bundesrates vom 1. Februar 1957 betr. «Grundsätze für die Handhabung des Asylrechts in Zeiten erhöhter Spannung und eines Krieges».

vergleichbare Prüfung des Einzelfalls vorgenommen worden wäre. Es wurde in der Regel aufgenommen, wer den Nachweis erbringen konnte, zur Gruppe zu gehören, welche vom Bundesrat zur Aufnahme bestimmt worden war. Als Fluchtgrund anerkannt waren nicht nur objektiv feststellbare Tatbestände, sondern auch ein «psychologisch unerträglicher Druck». Diese grosszügige Haltung war geprägt durch die Staatsmaxime der humanitären Asylpolitik, die auch öffentlich immer wieder betont wurde. Parallel dazu wurde die Einwanderung von Gastarbeitenden äusserst kontrovers diskutiert.

Bis Ende 1980 basierte die Aufnahme von Flüchtlingen auf einzelnen Normen des allgemeinen Ausländerrechts (Bundesgesetz über Aufenthalt und Niederlassung der Ausländer, ANAG, und Verordnungen) und Kreisschreiben. Das erste Asylgesetz erliess der Gesetzgeber erst im Jahre 1979, es trat am 1. Januar 1981 in Kraft. Die Bundesverfassung von 1874 hatte sich bezüglich des Asylrechts auf eine Kompetenznorm beschränkt, in der die Zuständigkeit für die Asylgesetzgebung dem Bund übertragen wurde (Art. 69 der Bundesverfassung von 1874, vgl. auch Art. 121 BV von 1999).

2. Landesrecht und Völkerrecht

Der Umgang mit Personen ausländischer Staatsangehörigkeit gehört grundsätzlich zum Kernbereich staatlicher Souveränität. Die Staaten können weitgehend selber bestimmen, welcher ausländischen Person sie den Aufenthalt in ihrem Land bewilligen wollen. Verbindliche Normen des Völkerrechts *begrenzen* jedoch im Bereich des Asyl- und Flüchtlingsrechts die staatliche Freiheit im Umgang mit Flüchtlingen. So verpflichtet die Flüchtlingskonvention von 1951 zwar die Unterzeichnerstaaten nicht dazu, Flüchtlingen Asyl zu gewähren. Art. 33 GFK verbietet den Staaten jedoch, solche Personen in ein Land abzuschieben, in welchem ihnen politische Verfolgung droht *(flüchtlingsrechtliches Rückschiebungsverbot oder Non-refoulement-Prinzip).* Art. 3 der Europäischen Menschenrechtskonvention von 1950 (EMRK) enthält das Verbot der Folter und der unmenschlichen Behandlung. Die Rechtsprechungsorgane der EMRK haben in einer ständigen Praxis aus dieser Bestimmung auch das Verbot abgeleitet, ausländische Personen in Staaten abzuschieben, in welchen ihnen Folter oder andere schwere Menschenrechtsverletzungen drohen (*menschenrechtliches Rückschiebungsverbot*). Die UNO-Folterkonvention von 1994 (FoK) enthält in Art. 3 FoK ein explizites Abschiebungsverbot bei drohender Folter. Art. 7 des Internationalen Paktes vom 16. Dezember

1966 über politische und bürgerliche Rechte (IPbpR) kennt ebenfalls ein Verbot der Folter und unmenschlichen Behandlung. Die Schweiz hat alle erwähnten Konventionen unterzeichnet und ratifiziert (siehe Kap. IX). Das Verbot der Abschiebung bei drohender Folter gehört gar zum «zwingenden Völkerrecht» (ius cogens). Auch die Bundesverfassung von 1999 nennt ausdrücklich sowohl das flüchtlingsrechtliche wie das menschenrechtliche Rückschiebungsverbot (Art. 25 Abs. 2 und 3 BV). Demnach dürfen Flüchtlinge nicht in Staaten ausgeliefert oder ausgeschafft werden, wo sie verfolgt werden. Niemand darf in einen Staat ausgeschafft werden, wo ihm oder ihr Folter oder eine andere Art grausamer oder unmenschlicher Behandlung oder Bestrafung droht.

Diese Prinzipien haben für die Asylgesetzgebung weitreichende Konsequenzen. So ist es sowohl dem Verfassungs- wie dem Gesetzgeber beispielsweise verwehrt, eine Bestimmung vorzusehen, die es erlauben würde, alle illegal eingereisten Asylsuchenden sofort wieder in ihren Heimat- oder Herkunftsstaat zurückzuweisen, ohne ihre Gefährdung zu prüfen. Eine entsprechende Volksinitiative der «Schweizer Demokraten», eingereicht 1992, wurde von den eidgenössischen Räten wegen Unvereinbarkeit mit zwingenden völkerrechtlichen Normen für ungültig erklärt.[2] Ebenso müssen die schweizerischen Behörden Flüchtlingen an der Grenze dann Einlass gewähren, wenn die Alternative nur darin bestünde, dass mit der Nichteinlassung die Rückschiebung in den Verfolgerstaat verbunden wäre. Das Asylverfahren muss so ausgestaltet sein, dass es Gewähr für die Beachtung des Rückschiebungsverbotes bietet und muss weiteren verfassungsmässigen Grundsätzen genügen (vgl. etwa die allgemeinen Verfahrensgarantien von Art. 29 BV).

3. Der europäische Kontext

3.1 Die Grundlagen

Die Entwicklungen der Europäischen Union (EU) auf dem Gebiet des Asyl- und Flüchtlingsrechts gewinnen zunehmend Einfluss auf das Schweizer Asylrecht und die Asylpraxis. Im Rahmen des *Maastrichter Vertrages* vom 7. Februar 1992 haben die Mitgliedsstaaten der EU die Asylpolitik zur «Angelegenheit von gemeinsamem Interesse» erklärt. Bis 1998 blieb aber die Asylpolitik der EU informell: Die Mit-

2 Vgl. dazu Kälin, W., Internationale Menschenrechtsgarantien als Schranke der Revision von Bundesverfassungsrecht, Das Beispiel völkerrechtswidriger Asylinitiativen, AJP, 1993, S. 243 ff.

gliedsstaaten der EU betrieben eine intergouvernementale Zusammenarbeit, die in verschiedenen, nicht bindenden Empfehlungen z. B. über offensichtlich unbegründete Asylgesuche oder sichere Dritt- und Herkunftsstaaten mündeten.

Mit dem *Amsterdamer Vertrag* vom 29. März 1997 wurde das Asylrecht vergemeinschaftet und in den ersten Pfeiler überführt. Der Vertrag definierte die Schaffung eines Raumes der Freiheit, der Sicherheit und des Rechts als neues Ziel der EU und trat am 1. Mai 1999 in Kraft. Massgeblich ist Artikel 63 des EG-Vertrages, wonach der Rat innerhalb von fünf Jahren nach Inkrafttreten des Vertrags Massnahmen in den folgenden Bereichen beschliessen sollte:

- Kriterien und Verfahren zur Bestimmung des Mitgliedsstaats, der für die Prüfung eines Asylantrags zuständig ist,
- Mindestnormen für die Aufnahme von Asylsuchenden,
- Mindestnormen für die Anerkennung von Staatsangehörigen dritter Länder als Flüchtlinge,
- Mindestnormen für die Verfahren in den Mitgliedsstaaten zur Zuerkennung oder Aberkennung der Flüchtlingseigenschaft,
- Mindestnormen für den vorübergehenden Schutz von vertriebenen Personen aus dritten Ländern, die nicht in ihr Herkunftsland zurückkehren können, und von Personen, die anderweitig internationalen Schutz benötigen sowie
- Förderung einer ausgewogenen Verteilung der Belastungen, die mit der Aufnahme von Flüchtlingen und vertriebenen Personen und den Folgen dieser Aufnahme verbunden sind, auf die Mitgliedsstaaten.

Der EU-Kommission steht das Initiativrecht für Vorschläge zu. Im Oktober 1999 einigten sich die Staats- und Regierungschefs am Europäischen *Gipfel in Tampere* auf die Umsetzung einer gemeinsamen Asylpolitik und die Einführung eines gemeinsamen Asylsystems. Sie bekannten sich dabei auf die «uneingeschränkte und allumfassende Anwendung der Genfer Flüchtlingskonvention», wodurch sichergestellt werden sollte, «dass niemand dorthin zurückgeschickt wird, wo er Verfolgung ausgesetzt ist».[3]

Mit dem *Vertrag von Nizza* vom 11. Dezember 2000 einigten sich die EU-Staaten darauf, dass Massnahmen im Asylbereich künftig nach dem Mehrheitsprinzip zu beschliessen sind, mit Ausnahme der familienrechtlichen Bestimmungen. Der Vertrag trat am 1. Februar 2003 in Kraft. Mit dem *Haager Programm* vom 5. November 2004 bekräftigten die Staats- und Regierungschefs das Ziel der Einführung eines *einheitlichen Asylverfahrens* und eines einheitlichen unionsweit gültigen Status für Personen, denen Asyl gewährt wird. Mit dem Programm wurde ein Fahrplan für

---

3 Schlussfolgerungen des Vorsitzes des Europäischen Rates (Tampere 15. und 16. Oktober 1999).

die folgenden fünf Jahre festgelegt. Bis 2010 soll ein gemeinsames europäisches Asylsystem entstehen. Das Haager Programm will zudem die praktische Zusammenarbeit der Mitgliedsstaaten und die externe Dimension der europäischen Asylpolitik verstärken. So sollen in Zusammenarbeit mit UNHCR regionale Schutzprogramme entwickelt werden, die mit der Aufnahme von Flüchtlingen in die EU-Staaten flankiert werden sollen.

Am 6. Juni 2007 legte die Kommission der Europäischen Gemeinschaften das *Grünbuch über das künftige Gemeinsame Europäische Asylsystem* vor. Das Grünbuch stösst in Ausführung des Haager Programms in die zweite Phase der Harmonisierung des Europäischen Asylsystems vor. Die zweite Phase der Harmonisierung soll nach dem Willen der Kommission darauf ausgerichtet sein, «unionsweit höhere einheitliche Schutzstandards und ein gleiches Schutzniveau zu erreichen sowie ein hohes Mass an Solidarität zwischen den EU-Mitgliedsstaaten sicherzustellen.»[4]

Die Kommission hat am 17. Juni 2008 eine Mitteilung zur neuen Asylstrategie angenommen.[5] Dieser zufolge ist beabsichtigt, die Schutzstandards auf EU-Ebene zu präzisieren, um die Ziele des Haager Programms zu erreichen. Gedacht wird an folgende Ziele:

- bessere und einheitlichere Schutzstandards durch eine weitere Angleichung des Asylrechts der Mitgliedsstaaten und Anpassungen der bereits bestehenden Richtlinien,
- die Förderung der praktischen Zusammenarbeit, u. a. durch die Einrichtung einer europäischen Unterstützungsagentur (European Asylum Support Office, EASO),
- mehr Solidarität und Verantwortung im Verhältnis der Mitgliedsstaaten zueinander, u. a. durch eine Anpassung des Dubliner Systems, sowie zwischen der EU und Drittstaaten, und durch ein EU-weites Wiederansiedlungsprogramm und Förderung regionaler Schutzprogramme.

Am 16. Oktober 2008 unterzeichnete der Europäische Rat den Europäischen Pakt zu Einwanderung und Asyl.[6] Er muss vom Europäischen Parlament, dem Rat, der Kommission sowie von den einzelnen Mitgliedsstaaten angenommen werden. Er sieht fünf zentrale Massnahmen vor:

---

4 Grünbuch über das künftige Gemeinsame Europäische Asylsystem, Kommission der Europäischen Gemeinschaften, Brüssel, 06.06.2007, KOM(2007) 301 endgültig.

5 Künftige Asylstrategie, ein integriertes Konzept für EU-weiten Schutz, Kommission der Europäischen Gemeinschaften, Brüssel, den 17.06.2008, KOM (2008) 360 endgültig, Mitteilung der Kommission an das Europäische Parlament, den Rat, den Europäischen Wirtschafts- und Sozialausschuss und den Ausschuss der Regionen.

6 Europäischer Pakt zu Einwanderung und Asyl Dok. 13440/08, vom JI-Rat am 25. September 2008 angenommen und vom Europäischen Rat gebilligt.

1. Strukturierung der legalen Einwanderung unter Berücksichtigung der Prioritäten, Erfordernisse und Aufnahmekapazitäten jedes Mitgliedsstaates sowie die Förderung der Integration.
2. Bekämpfung der illegalen Einwanderung, insbesondere durch die Rückführung illegaler Einwanderer in das Herkunfts- oder Transitland. Legalisierungen sollen nur noch fallweise möglich sein.
3. Effektivere Grenzkontrollen.
4. Entwicklung eines europäischen Asylsystems mit einem einheitlichen Verfahren bis 2012 und einer Wiederansiedlungspolitik.
5. Schaffung einer globalen Partnerschaft mit den Herkunfts- und Transitländern durch die Förderung von Synergien zwischen Migration und Entwicklung.

Basierend auf dem Amsterdamer Vertrag existieren heute die folgenden *Richtlinien*, welche *rechtlich verbindliche* Mindeststandards für die EU-Mitgliedsstaaten im Asylbereich festlegen:

- Richtlinie zum Flüchtlingsbegriff und zum sogenannten ergänzenden Schutz (*Qualifikationsrichtlinie*)[7]: Die Richtlinie enthält Ausführungen zum Flüchtlingsbegriff und zur Rechtsstellung von Flüchtlingen sowie zu schutzbedürftigen Personen, die zwar den Flüchtlingsbegriff nicht erfüllen, aber nach internationalen Vorschriften Schutz benötigen.
- Richtlinie zum Asylverfahren (*Verfahrensrichtlinie*)[8]: Sie enthält Mindestvorschriften für die Ausgestaltung der Asylverfahren der Mitgliedsstaaten.
- Richtlinie für die sozialen Aufnahmebedingungen von Flüchtlingen und Asylsuchenden (*Aufnahmerichtlinie*)[9]: Geregelt werden die sozialen Lebensstandards während des Asylverfahrens und nach der Anerkennung wie Sozialhilfe, Zugang zu medizinischer Versorgung usw.
- Richtlinie zur Gewährung von Schutz im Falle eines Massenzustroms (*Richtlinie zum vorübergehenden Schutz*)[10]: Sie enthält Vorschriften für die Schutz-

7 Richtlinie 2004/83/EG des Rates vom 29. April 2004 über Mindestnormen für die Anerkennung und den Status von Drittstaatsangehörigen oder Staatenlosen als Flüchtlinge oder als Personen, die anderweitig internationalen Schutz benötigen, und über den Inhalt des zu gewährenden Schutzes, Amtsblatt Nr. L 304 vom 30.09.2004, S. 12–23.

8 Richtlinie 2005/85/EG des Rates vom 1. Dezember 2005 über Mindestnormen für Verfahren in den Mitgliedsstaaten zur Zuerkennung und Aberkennung der Flüchtlingseigenschaft, Amtsblatt Nr. L 326 vom 13.12.2005, S. 13–34.

9 Richtlinie 2003/9/EG des Rates vom 27. Januar 2003 zur Festlegung von Mindestnormen für die Aufnahme von Asylbewerbern in den Mitgliedsstaaten, Amtsblatt Nr. L 031 vom 06.02.2003, S. 18–25.

10 Richtlinie 2001/55/EG des Rates vom 20. Juli 2001 über Mindestnormen für die Gewährung vorübergehenden Schutzes im Falle eines Massenzustroms von Vertriebenen und Maßnahmen zur Förderung einer ausgewogenen Verteilung der Belastungen, die mit der Aufnahme dieser Personen und den Folgen dieser Aufnahme verbunden sind, auf die Mitgliedsstaaten Amtsblatt Nr. L 212 vom 07.08.2001, S. 12–23.

gewährung und die Rechtsstellung von Personen, die im Rahmen von Massenfluchtbewegungen in die EU einreisen und die Verteilung der Belastungen unter den Mitgliedsstaaten.
- Richtlinie betreffend das Recht auf Familienzusammenführung (*Richtlinie zur Familienzusammenführung*)[11]: Die Richtlinie regelt den Anspruch auf Familienzusammenführung von Migranten und Migrantinnen aus Nicht-EU-Mitgliedsstaaten und Flüchtlingen.

Alle erwähnten Richtlinien sind in Kraft getreten und die Fristen für die Umsetzung ins innerstaatliche Recht der EU-Mitgliedsstaaten sind abgelaufen. Die Richtlinien und ihre Umsetzung werden von Seiten UNHCR und von den europäischen Flüchtlingsorganisationen kritisiert. Zwar hat die Einführung von Mindeststandards die Tendenz zu immer schärferen Bestimmungen im Asyl- und Flüchtlingsrecht verlangsamt. Oft genug trafen sich die Staaten aber auf dem kleinsten gemeinsamen Nenner. Insbesondere die Verfahrensrichtlinie wird in bestimmen Punkten gar als völkerrechtswidrig eingestuft. Der Europäische Gerichtshof (EuGH) hat am 6. Mai 2008 verschiedene Bestimmungen für nichtig erklärt, weil das Verfahren der Erstellung von Listen mit sicheren Dritt- oder Herkunftsstaaten das Mitentscheidungsrecht des Europäischen Parlaments missachtet.[12]

Weitere *zentrale Rechtsinstrumente* stellen die folgenden Verordnungen und Übereinkommen dar:
- *Dublin II-Verordnung*[13]: Sie regelt, welcher der Mitgliedsstaaten für die Prüfung eines Asylgesuches zuständig ist, und soll Mehrfachgesuche verhindern. Gleichzeitig sollen sogenannte «refugees in orbit» verhindert werden, für die sich kein Staat für zuständig erachtet. Diese bereits 1990 im Rahmen des Dubliner Übereinkommens eingeführten Prinzipien waren der Ausgangspunkt für den Prozess der Asylrechtsharmonisierung auf EU-Ebene. Das Übereinkommen kann seine Funktion letztlich nur dann erfüllen, wenn in allen Mitgliedsstaaten die Chancen auf Anerkennung als Flüchtling bzw. schutzbedürf-

---

11 Richtlinie 2003/86/EG des Rates vom 22. September 2003 betreffend das Recht auf Familienzusammenführung, Amtsblatt Nr. L 251 vom 03.10.2003.

12 Urteil des Gerichtshofes (Große Kammer) vom 6. Mai 2008, «Nichtigkeitsklage – Gemeinsame Asylpolitik – Richtlinie 2005/85/EG – Verfahren in den Mitgliedsstaaten zur Zuerkennung und Aberkennung der Flüchtlingseigenschaft – Sichere Herkunftsstaaten – Sichere europäische Drittstaaten – Gemeinsame Minimallisten – Verfahren zum Erlass und zur Änderung der gemeinsamen Minimallisten – Art. 67 Abs. 1 und Abs. 5 erster Gedankenstrich EG – Unzuständigkeit». In der Rechtssache C-133/06 betreffend eine Nichtigkeitsklage gemäß Art. 230 Abs. 1 EG, eingereicht am 8. März 2006 vom Europäischen Parlament.

13 Verordnung (EG) Nr. 343/2003 des Rates vom 18. Februar 2003 zur Festlegung der Kriterien und Verfahren zur Bestimmung des Mitgliedsstaats, der für die Prüfung eines von einem Drittstaatsangehörigen in einem Mitgliedsstaat gestellten Asylantrags zuständig ist, Amtsblatt Nr. L 050 vom 25.02.2003, S. 1–10.

tige Person und die Aufnahmebedingungen vergleichbar sind. Die Verordnung wurde per 18. Februar 2003 überarbeitet und wird deshalb in der neuen Form als «Dublin II»-Verordnung bezeichnet. Kernelement sind die Kriterien, nach welchen sich der für die Prüfung eines Asylgesuches zuständige Staat bestimmt. Dabei wird einerseits die Familieneinheit berücksichtigt und andererseits die Verantwortung der Staaten bei der legalen oder illegalen Einreise.[14]
Die Kommission hat am 6. Juni 2007 einen Bericht über die Bewertung des Dubliner Systems[15] vorgelegt, der wiederum von UNHCR und dem Europäischen Flüchtlingsrat (European Council on Refugees and Exiles, ECRE) kommentiert wurde. Die Hauptkritikpunkte liegen in den immer strengeren Kontrollen der EU-Randstaaten, die damit ihre Zuständigkeit für die Prüfung von Asylgesuchen verhindern wollen, wodurch Flüchtlinge letztlich an der effektiven Inanspruchnahme von Schutz gehindert werden. Kritisiert werden aber auch der mangelnde Harmonisierungsgrad der EU-Asylpolitik, der dazu führt, dass die Chancen auf Asyl je nach Mitgliedsstaat unterschiedlich sind, und Kettenrückschiebungen. Laut der im Juni 2008 von der Kommission verkündeten Asylstrategie soll die Dublin II-Verordnung überarbeitet werden.[16]

- Die *Eurodac*-Verordnung[17] regelt den Abgleich von Fingerabdrücken von Asylsuchenden und anderen Personen ohne Aufenthaltsrecht. Das Ziel ist, die Umsetzung der Dublin-Verordnung zu unterstützen, indem den Staaten Beweismittel für Einreisen, Aufenthalte und die Einreichung von Asylgesuchen zur Verfügung stehen.
- Gemäss dem *Schengener-Übereinkommen* von 1985 und dem *Schengener-Durchführungsübereinkommen* von 1990[18] kontrollieren die Mitgliedsstaaten ihre Aussengrenzen und verzichten auf Kontrollen an den Binnengrenzen. Damit verbunden sind eine harmonisierte Visumspolitik und der Zugriff auf das gemeinsame Schengener Informationssystem (SIS).

---

14 Vgl. zu den Kriterien Kapitel III, Ziff. 2.2.

15 Bericht der Kommission zur Bewertung des Dublin Systems, Brüssel, den 06.06.2007, KOM (2007/299) endgültig.

16 Vgl. Anm. 5.

17 Verordnung (EG) Nr. 2725/2000 des Rates vom 11. Dezember 2000 über die Einrichtung von «Eurodac» für den Vergleich von Fingerabdrücken zum Zwecke der effektiven Anwendung des Dubliner Übereinkommens, Amtsblatt Nr. L 316 vom 15.12.2000, S. 1–10, siehe auch Verordnung (EG) Nr. 407/2002 des Rates vom 28. Februar 2002 zur Festlegung von Durchführungsbestimmungen zur Verordnung (EG) Nr. 2725/2000 über die Einrichtung von «Eurodac» für den Vergleich von Fingerabdrücken zum Zwecke der effektiven Anwendung des Dubliner Übereinkommens, Amtsblatt Nr. L 062 vom 05.03.2002, S. 1–5.

18 Übereinkommen zur Durchführung des Übereinkommens von Schengen vom 14. Juni 1985 zwischen den Regierungen der Staaten der Benelux-Wirtschaftsunion, der Bundesrepublik Deutschland und der Französischen Republik betreffend den schrittweisen Abbau der Kontrollen an den gemeinsamen Grenzen.

Diese rechtlichen Instrumente zur Harmonisierung werden mit *Programmen* flankiert:

- Mit dem *europäischen Flüchtlingsfonds*[19] soll die finanzielle Belastung der Mitgliedsstaaten ausgeglichen und Massnahmen zur Förderung der Integration von Flüchtlingen finanziert werden.
- Die *Aeneas-Verordnung*[20] sieht finanzielle und technische Hilfe für Drittländer im Asyl- und Migrationsbereich vor.
- Das *Argo-Programm* soll die Verwaltungszusammenarbeit in den Bereichen Aussengrenzen, Visa, Asyl und Einwanderung stärken.

3.2 Bedeutung der europäischen Harmonisierung für die Schweiz

Als *NichtMitgliedsstaat der EU* blieb die Schweiz zunächst von den asylrechtlichen Entwicklungen auf Ebene der EU ausgeschlossen. Der Bundesrat befürchtete daher, dass das Abseitsstehen die Schweiz zu einem «Reserveasylland» für Asylsuchende machen würde, die in anderen europäischen Ländern abgewiesen werden.[21]

Verfolgt wurde daher eine *Kompensationsstrategie*: Zum einen achtete der Gesetzgeber darauf, das Asylsystem der Schweiz im Vergleich mit anderen europäischen Staaten als nicht «zu attraktiv» erscheinen zu lassen. Verschiedene Gesetzesänderungen und Massnahmen wurden damit begründet, dass Verschärfungen nötig seien, um den Nachteil des Abseitsstehens zu kompensieren oder um Verschärfungen einzuführen, wie sie andere europäische Staaten bereits kennen würden.

Auf den Alleingang setzt die Asylinitiative der SVP von 1999, die am 24. November 2002 nur knapp in der Volksabstimmung abgelehnt wurde. Sie sah eine strenge Drittstaatenregel vor, welche letztlich als Absage an eine europäische Zusammenarbeit zu verstehen war. Demnach hätte die Schweiz auf Asylgesuche nicht mehr eintreten dürfen, wenn Asylsuchende sich vorher in einem Drittstaat aufgehalten haben, in dem sie ein Asylgesuch hätten stellen können. Als von EU-Staaten umgebener Staat hätte dies das faktische Ende der Asylgewährung in der Schweiz

---

19 Entscheidung des Rates vom 2. Dezember 2004 über die Errichtung des Europäischen Flüchtlingsfonds für den Zeitraum 2005–2010, Amtsblatt Nr. L 381 vom 28.12.2004, S. 52 ff.

20 Verordnung (EG) Nr. 491/2004 des Europäischen Parlaments und des Rates vom 10. März 2004 zur Einrichtung eines Programms für die finanzielle und technische Hilfe für Drittländer im Migrations- und Asylbereich (AENEAS), Amtsblatt Nr. L 080 vom 18.03.2004, S. 1 ff.

21 Vgl. die diesbezüglichen Ausführungen in der Botschaft des Bundesrates zum Bundesbeschluss über dringliche Massnahmen im Asyl- und Ausländerbereich vom 13. Mai 1998, BBl 1998 S. 3227.

bedeutet. Die tatsächliche Rückübernahme von Asylsuchenden durch die fraglichen Drittstaaten wäre allerdings weiterhin ungelöst geblieben.

Mit *bilateralen Abkommen* dehnte die Schweiz die Zusammenarbeit mit den europäischen Staaten laufend aus, vor allem im Bereich der Rückübernahme von illegal eingereisten Asylsuchenden. Die Schweiz arbeitete auch im Rahmen der «Informellen Konsultationen» (intergouvernmental consultations on Asylum, Refugee and Migration Policies in Europe, North America and Australia, IGC) mit, eines Zusammenschlusses verschiedener europäischer Staaten, der USA, Kanada und Australien.

Am 5. Juni 2005 wurde der Bundesbeschluss über die Genehmigung und die Umsetzung der Bilateralen Abkommen II[22] zwischen der Schweiz und der EU über die *Assoziierung an Schengen und an Dublin*[23]/[24] im Rahmen einer Volksabstimmung angenommen. Damit wurde eine entscheidende Weiche für die Zusammenarbeit zwischen der EU und der Schweiz im Asylbereich gestellt. Mit den beiden Assoziierungsabkommen ist die Schweiz teilweise in das europäische Asylsystem und dessen Weiterentwicklung eingebunden. Sie hat sich in bestimmten Fragen des Asylbereichs dazu verpflichtet, EU-Recht und dessen Weiterentwicklung zu beachten:

- Die *Assoziierung zu Dublin* bedeutet, dass die Schweiz am System der Verantwortlichkeitsbestimmung der EU für die Prüfung von Asylgesuchen teilnimmt. Zweitgesuche in der Schweiz nach Ablehnung in einem Dublin-Mitgliedsstaat oder umgekehrt sind damit grundsätzlich ausgeschlossen. Die Schweiz nimmt auch an *Eurodac* teil, dem europäischen Fingerabdruckvergleichsystem.
- Mit der Assoziierung zu *Schengen* verzichtet die Schweiz künftig auf Personenkontrollen an den Grenzen zur EU und nimmt am System der Visumserteilung und der gemeinsamen Überwachung der EU-Aussengrenze (Frontex) teil.

Diese Rechtsinstrumente werden von der EU laufend weiterentwickelt und beeinflussen damit das künftige Asylsystem der Schweiz mit. Bei der *Weiterentwicklung der Zusammenarbeit* im Rahmen des Schengen/Dublin-Rechts hat die Schweiz ein

---

22 Bundesbeschluss vom 17. Dezember 2004 über die Genehmigung und die Umsetzung der bilateralen Abkommen zwischen der Schweiz und der EU über die Assoziierung an Schengen und Dublin, Bundesblatt Nr. 50, 21. Dezember 2004, S. 7149 ff.

23 Abkommen vom 26. Oktober 2004 zwischen der Schweizerischen Eidgenossenschaft und der Europäischen Gemeinschaft über die Assoziierung dieses Staates bei der Umsetzung, Anwendung und Entwicklung des Schengen Besitzstands, BBl 2004, S. 6447 ff.

24 Abkommen vom 26. Oktober 2004 zwischen der Schweizerischen Eidgenossenschaft und der Europäischen Gemeinschaft über die Kriterien und Verfahren zur Bestimmung des zuständigen Staates für die Prüfung eines in einem Mitgliedsstaat oder in der Schweiz gestellten Asylantrags, BBl 2004, S. 6479 ff.

gestaltendes Mitspracherecht und arbeitet in einem gemischten Ausschuss mit, kann aber nicht formell mitentscheiden. Letztlich entscheidet die Schweiz jeweils zwar souverän, ob sie einen neuen Rechtsakt übernehmen will, doch kann die Nicht-Übernahme in letzter Konsequenz die Kündigung der bilateralen Abkommen bedeuten. Die Frist für die Übernahme neuer Rechtsakte beträgt zwei Jahre.

Die Dimension der europäischen Harmonisierung blieb im Rahmen der letzten Teilrevision des Asylgesetzes kaum beachtet, sie dürfte aber künftig an Bedeutung erlangen. Die Assoziierung zu Schengen und Dublin hatte direkt folgende wesentliche Änderungen im Asyl- oder Ausländergesetz zur Folge:

- Strafen für Beförderungsunternehmen (sog. «carrier sanctions»), die ihre Kontrollpflichten nicht erfüllen,
- Bestimmungen über die Datenbekanntgabe und den Datenschutz,
- Verfahren bei Nichteintretensentscheiden nach Dublin-Entscheiden.

Diese Änderungen werden zum Teil in den nachfolgenden Kapiteln einzeln behandelt.

Infolge der Weiterentwicklung des Schengen-Besitzstandes sowie zur Umsetzung des Schengener-Grenzkodexes und des bereits übernommenen Schengener- und Dubliner-Besitzstandes sind per 12. Dezember 2008 weitere Änderungen am Asyl- und Ausländergesetz in Kraft getreten. Sie betreffen insbesondere die formlose Wegweisung und die Wegweisung nach einem Dublin-Entscheid.

In Weiterentwicklung des Schengener-Besitzstandes hat die EU die sogenannte *Rückkehr-Richtlinie* verabschiedet, die u. a. die Höchstdauer von Freiheitsentzug zwecks Abschiebung auf 18 Monate festsetzt. Sie ist am 13. Januar 2009 in Kraft getreten.[25] Die Schweiz wird nicht darum herumkommen, die mit der Total-Revision des Ausländergesetzes per 2007 eingeführte Maximaldauer der Haft von zwei Jahren zu korrigieren.[26]

Ausserhalb des Besitzstandes von Schengen und Dublin und deren Weiterentwicklung ist die Schweiz rechtlich zwar nicht verpflichtet, materielle oder verfahrensrechtliche Mindestbestimmungen der EU zu beachten und ist damit nicht vollständig in das Asylrechtssystem der EU eingebunden. Die für die EU-Staaten verbindlichen Rechtsinstrumente der Qualifikations-, der Aufnahme- oder der Asylverfahrensrichtlinie gelten für die Schweiz nicht. Trotzdem besteht aus tatsächlichen,

---

25 Richtlinie 2008/115/EG des Europäischen Parlaments und des Rates vom 16. Dezember 2008 über gemeinsame Normen und Verfahren in den Mitgliedsstaaten zur Rückführung illegal aufhältiger Drittstaatsangehöriger, Amtsblatt Nr. L 348 vom 24.12.2008, S. 98–107.

26 Vgl. Medienmitteilung des EJPD vom 28. Januar 2009, wonach der Bundesrat das EJPD mit der Erarbeitung einer entsprechenden Botschaft beauftragt hat.

politischen und konzeptionellen Gründen ein gewisser *Anpassungsdruck*, und die Schweiz kann sich der Rechtsfortentwicklung der EU kaum vollständig entziehen:

- Im Rahmen der *Auslegung* von international definierten Rechtsbegriffen, wie etwa des Flüchtlingsbegriffs, dürfte sich die Schweiz durchaus von Vorgaben der EU und der Rechtsprechung beeinflussen lassen.
- Auch betreffend *Asylgesetzgebung und -praxis* dürfte sich ein gewisser Druck bemerkbar machen. Konzeptionell und politisch betrachtet war das Dubliner System der eigentliche Katalysator für die europäische Asylrechtsharmonisierung. Es kann letztlich nur dann einigermassen fair und wirkungsvoll umgesetzt werden, wenn die Chancen auf Schutzgewährung und die Aufenthaltsbedingungen in allen Dublin-Mitgliedsstaaten vergleichbar sind.

Damit dürfte für weitere Asylgesetzrevisionen immer wichtiger werden, dass vermehrt auf EU-Kompatibilität geachtet und allfällige Unterschreitungen von Mindeststandards korrigiert werden. Schliesslich sieht Art. 113 des Asylgesetzes vor, dass sich der Bund an der Harmonisierung der europäischen Flüchtlingspolitik auf internationaler Ebene sowie an der Lösung von Flüchtlingsproblemen im Ausland beteiligt.

4. Asylrecht und Ausländerrecht

Wie dargelegt, waren die asylgesetzlichen Bestimmungen bis 1979 in das allgemeine Ausländerrecht integriert. Dies entsprach dem formalen Umstand, dass beide Rechtsgebiete Personen ausländischer Staatsangehörigkeit betreffen. Inhaltlich bestehen jedoch zwischen Asyl- und Ausländerrecht grosse Unterschiede:

- Das *Asylrecht* betrifft Personen, die infolge politischer Verfolgung oder schwerer Menschenrechtsverletzungen ihr Herkunftsland unfreiwillig verlassen mussten. Es beruht letztlich auf der Flüchtlingskonvention und ist insofern ein *humanitäres Instrument*, als die Frage der Schutzgewährung letztlich im Vordergrund steht.
- Die Gesetzgebung im *Ausländerbereich* verfolgt in erster Linie *wirtschaftspolitische Zielsetzungen*, auch wenn das am 1. Januar 2008 in Kraft getretene neue Ausländergesetz auch Bestimmungen zu Familiennachzug und Integration enthält.[27] Dem neuen Ausländergesetz gehen die bilateralen Verträge mit der EU vor, welche die Personenfreizügigkeit für Staatsangehörige von EU-Staaten vorsehen.

27 Bundesgesetz über Ausländerinnen und Ausländer vom 16. Dezember 2005, SR 142.20.

Zwischen dem Asyl- und dem Ausländerrecht gibt es trotz Unterschieden auch zahlreiche Berührungspunkte und Überschneidungen. Wo das Asylgesetz keine spezialgesetzlichen Bestimmungen enthält, ist das allgemeine Ausländerrecht massgeblich. Die Rechtsstellung von vorläufig Aufgenommenen oder die Zwangsmassnahmen, von denen viele abgewiesene Asylsuchende betroffen sind, finden sich im Ausländergesetz. Ebenso die wichtigsten Grundlagen zur Frage der Integration oder der Erteilung von Härtefallbewilligungen. Je nach Status sind deshalb die gesetzlichen Grundlagen in beiden Gesetzen zu prüfen. So kann z. B. für die Frage des Familiennachzugs von Flüchtlingen sowohl der asyl- wie der ausländerrechtliche Weg beschritten werden.

5. Die Asylgesetzgebung seit 1979

5.1 Das Asylgesetz von 1979

Am 1. Januar 1981 trat das erste Asylgesetz der Schweiz in Kraft. Bis zur Totalrevision vom 26. Juni 1998 wurde es insgesamt *sechs Teilrevisionen* unterzogen. Diese Revisionen widerspiegeln die rasante Entwicklung der äusseren Rahmenbedingungen der schweizerischen Asylpolitik, die namentlich durch einen wachsenden *Anstieg der Asylgesuche* geprägt war.

Während 1979 die Zahl der gestellten Asylgesuche noch unter 1000 lag, wurden 1987 zum ersten Mal mehr als 10000 Asylgesuche eingereicht. 1989 betrug die Zahl 24425, 1991 sogar 41629 Asylgesuche. Im folgenden Jahr gingen die Asylgesuche um mehr als die Hälfte zurück. 1997 wurden knapp 24000 Asylgesuche gestellt, 1999 – als Folge des Konfliktes im Kosovo – 47513 Asylgesuche.

Die Entwicklung der Asylgesuchszahlen gab immer wieder Anlass zu heftigen innenpolitischen Debatten über eine angeblich «zu large» Asylgesetzgebung und stellte die Behörden in Bund und Kantonen auch vor erhebliche administrative Probleme (lange dauernde Verfahren, Pendenzenberge, Unterbringungsengpässe usw.). Die Teilrevisionen waren deshalb von den Bemühungen des Gesetzgebers geprägt, die Verfahren zu «straffen». Damit war regelmässig auch ein Abbau von Rechten der Asylsuchenden verbunden.

Eine der wichtigsten Teilrevisionen fand im Rahmen des *dringlichen Bundesbeschlusses vom 22. Juni 1990 über das Asylverfahren* (AVB) statt (siehe BBl 1990 II 573). Durch die Einführung asylgesetzlicher Gründe für einen Nichteintretensentscheid (u. a. bei Asylgesuchen aus einem «verfolgungssicheren Land»), eines Verfahrensabschnittes in der Empfangsstelle sowie des «Triageverfahrens» (siehe Kap. III, Ziff. 3.3) wurde das Asylverfahren wesentlich umgestaltet. Mit dem AVB wurde der Bundesrat in verbindlicher Form beauftragt, eine verwaltungsunabhängige Beschwerdeinstanz einzurichten. *Die Schweizerische Asylrekurskommission* (ARK) hat am 1. Januar 1993 ihre Arbeit aufgenommen. Sie wurde per 1. Januar 2007 durch das Bundesverwaltungsgericht ersetzt. Die *Geltungsdauer des AVB* war ursprünglich auf fünf Jahre befristet, wurde aber von den eidgenössischen Räten 1995 um zwei Jahre und 1997 um drei Jahre verlängert.

5.2 Die Totalrevision des Asylgesetzes vom 26. Juni 1998

Die 1993 in Angriff genommene Vorbereitung der Überführung dieses Dringlichkeitsrechts in ordentliches Recht bewog den Bundesrat, den eidgenössischen Räten Ende 1995 eine *Totalrevision des Asylgesetzes* vorzuschlagen.[28]

Eine Totalrevision war notwendig geworden, weil die Vorbereitungsarbeiten einen *zusätzlichen Regelungsbedarf* offen gelegt hatten in Bezug auf Fragen, auf die das Asylgesetz von 1979 keine oder nur ungenügende Antworten enthielt. Zu diesen Problembereichen gehörten insbesondere Fragen des *Datenschutzes*, der Organisation der *Sozialhilfe*, namentlich aber die ungelöste Regelung für Personen, welche zwar nicht als Flüchtlinge Asyl erhalten, aber infolge eines Krieges oder Bürgerkrieges auch nicht weggewiesen werden können (sog. *Gewaltflüchtlinge*). In den erwähnten Bereichen lagen inhaltliche Schwerpunkte der Totalrevision.

Hinsichtlich des *Asylverfahrens* bleiben die 1990 im Rahmen des AVB festgelegten Grundzüge unverändert. Folgende Änderungen sind hervorzuheben:

- Einführung zusätzlicher Gründe für einen Nichteintretensentscheid («Papierlosenbestimmung», «missbräuchliches Nachreichen des Asylgesuchs»),
- Regelung betreffend Verfahrenssprache,
- Streichung der «Gerichtsferien» im Beschwerdeverfahren,
- Kompetenz des Bundesrates, ergänzende Verfahrensbestimmungen für Minderjährige und Frauen zu erlassen,
- Neugestaltung des Flughafenverfahrens,
- Bestimmungen betreffend «Härtefälle».

Das Parlament hat die *Totalrevision des Asylgesetzes* am 26. Juni 1998 verabschiedet.

28 Botschaft des Bundesrates vom 4. Dezember 1995 zur Totalrevision des Asylgesetzes sowie zur Änderung des Bundesgesetzes über Aufenthalt und Niederlassung der Ausländer, BBl 1996 II, S. 1.

Mit gleichem Datum wurde überdies der *Bundesbeschluss über dringliche Massnahmen im Asyl- und Ausländerbereich* (BMA) verabschiedet (siehe BBl 1998, S. 3225). Im Rahmen des BMA wurden einige Revisionspunkte (zusätzliche Nichteintretensgründe, die Ausgestaltung des Verfahrens vor Nichteintretensentscheiden, die Verankerung der Mitwirkungspflicht bei der Papierbeschaffung) sowie eine ANAG-Teilrevision (Modifizierung des Haftgrundes des Missachtens einer Einreisesperre) in einen separaten Erlass gekleidet und *vorzeitig per 1. Juli 1998 in Kraft* gesetzt.

Sowohl gegen das totalrevidierte Asylgesetz als auch den BMA wurde das Referendum ergriffen. Beide Erlasse wurden in der Volksabstimmung vom 13. Juni 1999 mit einer Mehrheit von rund 70 Prozent angenommen.

Das am *1. Oktober 1999* in Kraft getretene neue Asylgesetz vom 26. Juni 1998 (AsylG) löste – zusammen mit den dazu erlassenen Verordnungen und Weisungen – die bis zu diesem Zeitpunkt geltenden Bestimmungen des Asylrechts (inkl. des BMA) ab.

Der Bundesrat nahm am 25. August 1999 gestützt auf die Notverordnungskompetenz (Art. 9 Asylgesetz von 1979) eine Teilrevision des Asylgesetzes vor, die einer entsprechenden, befristeten Teilrevision des totalrevidierten Asylgesetzes gleichkam (Verlängerung des Arbeitsverbotes für Asylsuchende und vorläufig Aufgenommene).

5.3 Einige Entwicklungen von 1999 bis 2005

Der Bundesrat veröffentlichte am 4. September 2002 die Botschaft für eine weitere *Teilrevision des neuen Asylgesetzes* (BBl 2002, S. 6845). Diese wurde als Antwort auf die *Volksinitiative «gegen Asylrechtsmissbrauch»* der SVP verstanden, die in der Volksabstimmung vom 24. November 2002 mit 50,1 Prozent der Stimmen äusserst knapp abgelehnt wurde. Die Initiative war bereits 1999 lanciert worden, als mit der Kosovo-Krise besonders viele Vertriebene in der Schweiz Schutz suchten. Die knappe Ablehnung der Initiative war für Bundesrat und Parteien ein Zeichen, dass massgebliche Teile der Bevölkerung weitere Verschärfungen des Asylgesetzes befürworteten. Damit war der Startschuss für raschere und schärfere Revisionen gegeben.

Mit dem *Bundesgesetz über das Entlastungsprogramm* vom 19. Dezember 2003 (EP03, BBl 2003, S. 5615) wurden das Asylgesetz und das damalige Ausländergesetz (ANAG) unter dem Titel von Sparmassnahmen zur Sanierung des Bundeshaushaltes massgeblich verschärft. Die Änderungen wurden als dringlich betrachtet und traten am 1. April 2004 in Kraft. Sie bedeuteten unter anderem einen Paradigmawechsel im Bereich des Sozialhilfesystems der Schweiz. Die wichtigsten Änderungen:

- *Ausschluss aus der Sozialhilfe nach Nichteintreten*: Mit Eintritt der Rechtskraft eines Nichteintretensentscheides galten die Betroffenen als illegal anwesende Personen und waren mithin von Gesetzes wegen vom Sozialhilfesystem des Asylbereichs ausgeschlossen. Ihnen blieb gestützt auf Artikel 12 BV die Möglichkeit, im Aufenthalts- bzw. im Zuweisungskanton das Vorliegen einer Notlage geltend zu machen und um Nothilfe zu ersuchen. Statt der bisher üblichen Rückerstattung der Sozialhilfekosten erhielten Kantone nur noch eine Pauschale für die Nothilfe.[29]/[30]
- *Beschleunigung des Verfahrens bei Nichteintretensentscheiden*: Nichteintretensentscheide sollten künftig in der Regel in den Empfangsstellen innerhalb von zehn Tagen nach der Einreichung gestellt werden. Auf eine physische Zuweisung in die Kantone wird verzichtet, wenn das Verfahren voraussichtlich innerhalb von sechs Wochen in der Empfangsstelle abgeschlossen werden kann. Die bisherige Beschwerdefrist von 30 Tagen (mit einer Frist zur Wiederherstellung der aufschiebenden Wirkung von 24 Stunden) wurde bei Nichteintretensentscheiden auf fünf Tage herabgesetzt. Auch die Frist für die Nachbesserung von Beschwerden wurde von sieben auf drei Arbeitstage verkürzt. Die Asylrekurskommission sollte Beschwerden innerhalb von sechs Wochen entscheiden, ohne Schriftenwechsel innert fünf Tagen.
- *Neue Haftgründe*: Bestimmte erstinstanzliche Nichteintretensgründe erlauben die im Übrigen voraussetzungslose Anordnung der Ausschaffungshaft.
- *Nichteintreten* bei bereits abgelehntem Asylgesuch in einem Staat der Europäischen Union oder des Europäischen Wirtschaftsraumes. Der Bundesrat begründete diese Massnahme mit der Befürchtung, die Schweiz könnte zum Zweitasylland in Europa werden, solange sie kein Parallelabkommen zu Dublin und Eurodac mit der EU habe.

Mit Ausnahme des beschleunigten Empfangsstellenverfahrens waren diese Massnahmen in der Botschaft des Bundesrates zur Teilrevision vom 4. September 2002 noch nicht vorgesehen. Das EP03 überholte damit gewissermassen die geplante und angekündigte ordentliche Teilrevision des Asylgesetzes. Laut Botschaft zum Entlastungsprogramm sollte mit den Massnahmen die «Anzahl der Asylsuchenden vermindert werden […], die sich in der Schweiz aufhalten» (BBl 2003, S. 5689). Die «selbstverantwortliche Ausreise» von Personen mit Nichteintretensentscheiden

---

29 In der Zwischenzeit können auch abgewiesene Asylsuchende aus der Sozialhilfe ausgeschlossen werden. Vgl. dazu Kapitel XIII, Ziff. 5.

30 Ähnliche Vorschläge im Bereich der Sozialhilfe im Asylsystem hatte die «Arbeitsgruppe Asylwesen» im Jahr 2000 bereits vorgeschlagen. Diese sah in ihrem Bericht «Individuelle und institutionelle Anreize im Asylbereich» vom 9. März 2000 einen individuellen Ausschluss von der Sozialhilfe bei fehlender Kooperation vor. Die Vorschläge dieses Berichtes waren nicht umgesetzt worden.

sollte durch den Zwang, die Unterbringungseinrichtungen zu verlassen, gefördert werden. Mit der Verkürzung des Aufenthaltes sowie der beabsichtigten Verringerung der «Attraktivität» der Schweiz sollten Sozialhilfekosten gespart werden.

Das BFM verfolgte die Auswirkungen des Sozialhilfeausschlusses auf die Kantone mit einem Monitoringprogramm. Verschiedene Berichte zeigten die finanziellen und weiteren Folgen für die Kantone, z. B. die Anzahl und Dauer von Personen, die sich in der Nothilfe befanden. Die Folgen der neuen Politik dokumentierte auch die SFH in verschiedenen Berichten.

Am 26. Oktober 2004 unterzeichnete die Schweiz die Assoziierungsabkommen zu Schengen/Dublin. In der Volksabstimmung vom 5. Juni 2005 wurde der Bundesbeschluss betreffend die Assoziierungsabkommen zu Schengen und Dublin angenommen.

5.4 Die Änderungen des Asylgesetzes vom 26. Dezember 2005

Die Geschichte der jüngsten Teilrevision des Asylgesetzes war wechselhaft. Die Revision war noch unter Bundesrätin Ruth Metzler aufgegleist worden. Die Botschaft des Bundesrates vom 4. September 2002 hatte im Wesentlichen folgende Änderungen vorgesehen:

- Die Einführung einer *Drittstaatenregel*, wonach auf Asylgesuche nicht mehr eingetreten wird, wenn Asylsuchende in einen sicheren Drittstaat ausreisen können. Diese war als Antwort auf die Drittstaatenregel der SVP-Asylinitiative konzipiert. Im Gegensatz zu dieser wurde aber als Voraussetzung für einen Nichteintretensentscheid vorausgesetzt, dass die Drittstaaten die Betroffenen auch tatsächlich zurücknehmen.
- Ein *beschleunigtes Asylverfahren* in den Empfangsstellen und Flughäfen.
- Die Einführung einer verbesserten Rechtsstellung für vorläufig Aufgenommene durch den Status der *humanitären Aufnahme.*
- Die Einführung von *Globalpauschalen* zur Finanzierung der *Sozialhilfe* der Kantone.

In der Debatte des Nationalrates im Rahmen einer Sondersession im Mai 2004 wurden diese Änderungen bestätigt. Im Juli 2004 schickte der seit Januar 2004 neu zuständige Departementschef Bundesrat Christoph Blocher weitere Änderungen in eine ausserordentliche, einmonatige, informelle Konsultation. Teilweise enthielt sie noch keine ausformulierten Gesetzestexte, sondern erst Grobskizzen möglicher Massnahmen. UNHCR, Hilfswerke und Kirchen reagierten mit Besorgnis auf die Vorschläge. Am 25. August 2004 stimmte der Bundesrat Ergänzungs- und Änderungsanträgen zu Handen des Ständerates zu. Eine ordentliche Botschaft mit Prüfung der Kompatibilität mit Völkerrecht und EU-Bestimmungen wurde nicht verfasst. Die wichtigsten der nachträglich vom Bundesrat beantragten Massnahmen im Bereich des Asyl- und Ausländerrechts:

- Die Verlängerung der *Maximaldauer der Administrativhaft* (Vorbereitungs-, Ausschaffungshaft) von einem auf zwei Jahre,
- Die Möglichkeit der Anwendung von *Ein- und Ausgrenzung* auf alle abgewiesenen Asylsuchenden,
- Die Einführung der *kurzfristigen Festhaltung*,
- Die *Verschärfung des Nichteintretenstatbestandes* der Papierlosigkeit,
- Die Einführung von *Gebühren* im Wiedererwägungsverfahren vor dem BFM,
- Die *Datenbekanntgabe* an Herkunftsstaaten nach erstinstanzlichem Nichteintretensentscheid (vor rechtskräftigem Abschluss des Asylverfahrens),
- Massnahmen zur *Beschleunigung von Beschwerdeverfahren*,
- Der *Ausschluss aus der Sozialhilfe* von allen Personen mit negativen Entscheiden.[31]

Der Ständerat hiess die Anträge des Bundesrates gut und ging mit folgenden Beschlüssen sogar darüber hinaus:

- Einführung einer *Durchsetzungshaft* von bis zu 18 Monaten für Erwachsene und bis zu 12 Monaten für Minderjährige,[32]
- Ablehnung der humanitären Aufnahme,
- Verschiebung der Beurteilung von *Härtefällen* in die Kompetenz der Kantone,
- *Ausschluss aus der Nothilfe* bei fehlender Kooperation von abgewiesenen Asylsuchenden.

Mit der Einführung der Durchsetzungshaft und der Ablehnung der humanitären Aufnahme bestätigt er faktisch zwei Vorschläge von Bundesrat Blocher, denen der Gesamtbundesrat nicht gefolgt war.

Das Bundesgericht urteilte am 18. März 2005 – einen Tag nach dem Entscheid des Ständerates – in einem konkreten Fall, dass der Ausschluss aus der Nothilfe verfassungswidrig ist (BGE 131 I 166). Dies führte schliesslich in der Differenzbereinigung zwischen den Räten dazu, dass der Ständerat auf die Einführung dieser besonders umstrittenen Massnahme verzichtete und auf die Linie des Nationalrates einschwenkte. Im Übrigen bestätigte der Nationalrat aber die weiteren Verschärfungen von Bundesrat und Ständerat.

Was ursprünglich als Teilrevision des Asylgesetzes von 1998 begonnen hatte, wuchs sich damit zu einer faktischen Totalrevision aus, sowohl was Anzahl geänderter Artikel wie Inhalte betrifft. Gegen das Asyl- und das gleichzeitig revidierte Aus-

31 Anträge Nr. 9-16 des Bundesrates vom 25. August 2004 an die Staatspolitische Kommission des Ständerates, Teilrevision Asylgesetz, 02.06 n.

32 Vorbereitungs-, Ausschaffungs- und Durchsetzungshaft sind für Minderjährige ab 15 Jahren möglich.

ländergesetz wurde das Referendum ergriffen. Umstritten waren insbesondere die Verschärfungen gegen papierlose Asylsuchende, die Ausdehnung des Sozialhilfestopps, die Durchsetzungshaft und die Verlängerung der Maximaldauer der Haft auf 2 Jahre. Die Völkerrechts- und Verfassungskonformität einiger Änderungen wurde in Frage gestellt. In der Volksabstimmung vom 24. September 2006 wurde das Gesetz mit einer Mehrheit von 68,7 Prozent deutlich angenommen.

Das Inkrafttreten der Änderungen war gestaffelt: Die Änderungen im Ausländerbereich wurden durch die Änderungen des ANAG noch vor Inkrafttreten des neuen Ausländergesetzes per 1. Januar 2007 in Kraft gesetzt. Ebenso der Nichteintretensgrund der Papierlosigkeit, die neue Härtefallregelung, die Änderungen an der vorläufigen Aufnahme und weitere Bestimmungen. Per 1. Januar 2008 traten alle übrigen Änderungen des Asyl- und Ausländergesetzes in Kraft. Parallel dazu wurde das Verfahrensrecht massgeblich geändert: Am 1. Januar 2007 trat das neue Verwaltungsgerichtsgesetz in Kraft.

5.5 Die Änderungen im Jahre 2008

Am 20. März 2008 hiess das Parlament das Zwangsanwendungsgesetz (SR 364) gut. Es regelt die Grundsätze der Anwendung polizeilichen Zwangs und polizeilicher Massnahmen im Zuständigkeitsbereich des Bundes und ist damit auch im Bereich der Ausschaffung anwendbar. Das neue Gesetz wurde per 1. Januar 2009 in Kraft gesetzt.

Am 13. Juni 2008 hiess das Parlament die Übernahme des Schengener-Grenzkodex und Ergänzungen im Ausländer- und Asylrecht zur vollständigen Umsetzung des Schengen- und Dublin-Besitzstands gut.[33] Damit wurden im Wesentlichen die für die konkrete Umsetzung des Dubliner Assoziierungsabkommens notwendigen Rahmenbedingungen geschaffen und per 12. Dezember 2008 in Kraft gesetzt:

- Bei Asylgesuch an der Grenze oder nach Anhaltung im grenznahen Raum werden Asylsuchende in der Regel an eine Empfangsstelle verwiesen.
- Statt einer Anhörung mit Hilfswerksvertretung wird bei Nichteintretensverfahren im Rahmen von Dublin nur noch das rechtliche Gehör gewährt.
- Im Flughafenverfahren wird vorgängig die Zuständigkeit nach Dublin geprüft.

Damit verbunden waren verschiedene Verordnungsänderungen vom 22. Oktober 2008.[34]

---

33 Vgl. Botschaft zur Genehmigung und Umsetzung des Notenaustauschs zwischen der Schweiz und der Europäischen Union betreffend die Übernahme des Schengener Grenzkodex (Weiterentwicklung des Schengen-Besitzstands) und zu den Änderungen im Ausländer- und Asylrecht zur vollständigen Umsetzung des bereits übernommenen Schengen- und Dublin-Besitzstands (Ergänzungen) vom 24. Oktober 2007, BBl 2007, S. 7937.

34 Verordnung über die Anpassung von Verordnungen im Ausländer- und Asylbereich zur Inkraftsetzung der Schengen- und Dublin-Assoziierungsabkommen vom 22. Oktober 2008; AS 2008, S. 5405.

5.6 Angekündigte Teilrevision des Asylgesetzes 2009

Am 14. Januar 2009 eröffnete der Bundesrat die Vernehmlassung zu weiteren Änderungen des Asyl- und Ausländergesetzes.[35] Er begründete die erneuten Revisionen u. a. mit der Notwendigkeit, die Umsetzung der Gesetze durch neue Massnahmen zu verbessern und mit Anpassungen an den Besitzstand von Schengen und Dublin. Die wichtigsten der vorgeschlagenen Änderungen:

- *Wehrdienstverweigerer und Deserteure* sollen – entsprechend der bisherigen Praxis – nicht als Flüchtlinge anerkannt werden, wenn keine flüchtlingsrelevante Verfolgung vorliegt.
- *Missbräuchliche politische Tätigkeiten* in der Schweiz, welche zur Anerkennung als Flüchtling führen, sollen strafrechtlich sanktioniert werden können.
- *Aufhebung des Botschaftsverfahrens.* Asylsgesuche sollen nur noch im Inland gestellt werden können.
- *Ausschluss aus der Sozialhilfe* bei Mehrfachgesuch.
- Nachweispflicht für persönliche Gründe, welche zur Unzumutbarkeit des Wegweisungsvollzugs führen.
- Möglichkeit für den Bundesrat, *Staaten* zu bezeichnen, in welche die Rückkehr *generell als zumutbar* gilt.
- *Einschränkung der Wohnsitzwahl* von vorläufig aufgenommenen Personen.
- *Vorbereitungs-* und *Ausschaffungshaft* in bestimmten Fällen von *Dublin*-Verfahren.

Gleichzeitig soll auch das Ausländergesetz in verschiedenen Punkten revidiert werden. Zudem eröffnete der Bundesrat das Vernehmlassungsverfahren zu einem Gegenvorschlag zur «Ausschaffungsinitiative der SVP».[36]

35 Vgl. Bericht zur Änderung des Asylgesetzes und des Bundesgesetzes über die Ausländerinnen und Ausländer vom 19. Dezember 2008, laut Mitteilung der Bundeskanzlei vom 27. Januar 2009 können die Vernehmlassungsunterlagen beim BFM bezogen werden, s. BBl 2009 Nr. 4 S. 573. Der Bericht war am 10. Mai 2009 abrufbar unter http://www.admin.ch/d/gg/pe/documents/1723/Vorlage.pdf.

36 BBl 2009 S. 572 f.

Literaturhinweise

Zur Entwicklung des schweizerischen Asylrechts:

Efionayi-Mäder, Denise: Asylpolitik der Schweiz 1950-2000, ASYL, 2003/2, S. 3 ff.

Lieber, Viktor: Die neuere Entwicklung des Asylrechts im Völkerrecht und Staatsrecht, Zürich, 1973.

Werenfels, Samuel: Der Begriff des Flüchtlings im schweizerischen Asylrecht, Frankfurt/New York/Paris, 1987.

Landesrecht und Völkerrecht:

Kälin, Walter: Internationale Menschenrechtsgarantien als Schranke der Revision von Bundesverfassungsrecht, Das Beispiel völkerrechtswidriger Asylinitiativen, AJP, 1993, S. 243 ff.

Kälin, Walter: Supervising the 1951 Convention on the Status of Refugees: Art. 35 and Beyond, in: Feller, E. et al. (eds): Refugee Protection in International Law: UNHCR's Global Consultations on International Protection, Cambridge, 2003, S. 613-666.

Der europäische Kontext:

Achermann, Alberto: Das Erstasylabkommen von Dublin, ASYL, 1990/4, S. 12 ff.

Achermann, Alberto: Schengen und Asyl: Das Schengener Übereinkommen als Ausgangspunkt der Harmonisierung europäischer Asylpolitik, in: Achermann, Alberto et al. (Hrsg.): Schengen und die Folgen, Bern/München/Wien, 1995, S. 80 ff.

Achermann, Alberto: Von Tampere nach Den Haag : Das Haager Programm zur Stärkung von Freiheit, Sicherheit und Recht in der EU, ASYL, 2006/1, S. 23 ff.

Achermann, Alberto; Hertig, Maya: Europäischer Asylraum, Einwanderung von Drittstaatenangehörigen und die Schweiz, in: Cottier, Thomas; Kopse, Alwin R. (Hrsg.): Der Beitritt der Schweiz zur Europäischen Union, Brennpunkte und Auswirkungen, Zürich, 1998, S. 573 ff.

Amarelle, Cesla: Le processus d'harmonisation des droits migratoires nationaux des Etats membres de l'Union européenne, historique, portée et perspectives en droit communautaire d'asile et d'immigration, Zürich, 2005.

Bieber, Roland; Maiani, Francesco: L'harmonisation du droit d'asile au sein de l'Union européenne, in: Schweizerisches Jahrbuch für Europarecht 2003, Bern/Zürich, 2004.

Bolz, Susanne: Wie kompatibel ist das Schweizer Asylrecht?, ASYL, 2005/1, S. 8 ff.

Botschaft zur Genehmigung der bilateralen Abkommen zwischen der Schweiz und der Europäischen Union, einschliesslich der Erlasse zur Umsetzung der Abkommen («Bilaterale II») vom 1. Oktober 2004, BBl 2004.

Druey, Joëlle: Le système de Dublin, in: Moreillon, Laurent (Ed.): Aspects pénaux des accords bilatéraux Suisse/Union Européenne, Basel, 2008, S. 812 ff.

Epiney, Astrid et al.: Die Anerkennung als Flüchtling im europäischen und schweizerischen Recht: ein Vergleich unter Berücksichtigung des völkerrechtlichen Rahmens, Jusletter 26. Mai 2008.

Köfner, Gottfried: Von der Agenda für den Flüchtlingsschutz zum Haager Programm der EU: Auswirkungen in den Mitgliedsstaaten, ASYL, 2006/2, S. 6 ff.

Maiani, Francesco: La Suisse, le système de Dublin et l'influence du droit communautaire sur son droit d'asile, in: Epiney, Astrid et al. (Hrsg.): Die Herausforderung von Grenzen, Festschrift für Roland Bieber, Zürich, 2007, S. 812 ff.

Marx, Reinhard: Der Einfluss des EU-Rechts auf die Entwicklung des internationalen Flüchtlingsrechts, ASYL, 2006/2, S. 10 ff.

Roig, Annabelle: L'harmonisation européenne du droit d'asile; une vue critique, ASYL, 2005/1, S. 3 ff.

Theis, Contessina: Vorschlag für eine Richtlinie des Europäischen Parlamentes und des Rates über gemeinsame Normen und Verfahren in den Mitgliedsstaaten zur Rückführung illegal aufhältiger Drittstaatsangehöriger, ASYL, 2005/4, S. 31 f.
Uebersax, Peter: Migrationsrechtliche Auswirkungen der Bilateralen II, insbesondere von Schengen und Dublin, AJP, 2005, S. 918 ff.
Ziswiler, Urs: Internationaler Flüchtlingsschutz: Das Haager Programm und die Schweiz, ASYL, 2006/2, S. 3 ff.
UNHCR, Europäische Asylpolitik, Loseblattsammlung der flüchtlingsrechtlich relevanten EU-Dokumente und UNCHR-Stellungnahmen, Wien, 2005.

Die Asylgesetzgebung seit 1979:

Botschaft vom 31. August 1977 zu einem Asylgesetz und zu einem Bundesbeschluss betreffend den Rückzug des Vorbehaltes zu Art. 24 des Übereinkommens über die Rechtsstellung der Flüchtlinge, BBl 1977 III.
Botschaft zur Änderung des Asylgesetzes, BBl 1986 I.
Botschaft zu einem dringlichen Bundesbeschluss über das Asylverfahren, BBl 1990 II.

Die Totalrevision des Asylgesetzes vom 26. Juni 1998:

Botschaft zur Totalrevision des Asylgesetzes sowie zur Änderung des Bundesgesetzes über Aufenthalt und Niederlassung der Ausländer vom 4. Dezember 1995, BBl 1996 II.
Botschaft zu einem Bundesbeschluss über dringliche Massnahmen im Asyl- und Ausländerbereich, BBl 1998.
Gattiker, Mario: Das Asyl- und Wegweisungsverfahren, Schweizerische Flüchtlingshilfe (Hrsg.), Bern, 1999.

Das Bundesgesetz über das Entlastungsprogramm vom 19. Dezember 2003:

Amstutz, Kathrin: Verfassungsrechtliche Mindestanforderungen an die Sozialhilfe im Asylwesen, ASYL, 2002/2, S. 28 f.
Botschaft zum Entlastungsprogramm 2003 für den Bundeshaushalt (EP 03) vom 2. Juli 2003, BBl 2003.
Buchmann, Kathrin; Kohler, Silvana: Nothilfe für Personen mit rechtskräftigem Nichteintretensentscheid, ASYL, 2004/3, S. 3 ff.
Buchmann, Kathrin; Kohler, Silvana: Nothilfe im Asylbereich, Einzelschicksale und Übersicht über die kantonale Praxis, SFH, 17. August 2006.
Bundesamt für Migration, Auswirkungen des Ausschlusses von Personen mit einem rechtskräftigen Nichteintretensentscheid aus dem Sozialhilfesystem des Asylbereichs (Sozialhilfestopp NEE), Monitoring NEE, Kurzberichte vom 2. Quartal 2004 bis zum 4. Quartal 2007.
Ebnöther, Urs: Entlastungsprogramm 2003 – Fragen bei der praktischen Umsetzung, ASYL, 2004/2, S. 12 ff.
Malinverni, Giorgio; Hottelier, Michel: La réglementation des décisions de non-entrée en matière dans le domaine du droit d'asile – Aspects constitutionnels, Aktuelle Juristische Praxis (AJP/PJA), 2004, S. 1348 ff.
Schertenleib, Jürg: Das Bundesgesetz über das Entlastungsprogramm im Asyl- und Ausländerbereich, ASYL, 2004/2, S. 3 ff.
Tschudi, Carlo: Nothilfe an Personen mit Nichteintretensentscheid, in: Jusletter 20. März 2006.
Tschudi, Carlo (Hrsg.): Das Grundrecht auf Hilfe in Notlagen, Bern/Stuttgart/Wien, 2004. Mit Beiträgen u. a. von Reusser, Béatrice; Obrist-Scheidegger, Martina: Art. 12 BV in Theorie und Praxis der Asylbehörden; Schertenleib, Jürg: Wird das Grundrecht auf Nothilfe durch den Sozialhilfestopp im Asylbereich verletzt? Zwischenbericht auf der Verwerfungslinie zwischen dem Grundrecht auf Nothilfe und dem neuen Prinzip der Abschreckung im Asylbereich;

Uebersax, Peter: Die bundesgerichtliche Rechtsprechung zum Recht auf Hilfe in Notlagen im Überblick.

Waldmann, Bernhard: Das Recht auf Nothilfe zwischen Solidarität und Eigenverantwortung, Schweizerisches Zentralblatt für Staats- und Verwaltungsrecht 2006/2007, S. 342 ff.

Die Teilrevision des Asylgesetzes vom 16. Dezember 2005:

Beck, Alexander: Juristischer Balanceakt auf einer verunglückten Norm. Anmerkungen zum Nichteintretentstatbestand wegen Papierlosigkeit nach dem Urteil des Bundesverwaltungsgerichts vom 11. Juli 2007, ASYL, 2008/1, S. 3 ff.

Botschaft des Bundesrates zur Änderung des Asylgesetzes, zur Änderung des Bundesgesetzes über die Krankenversicherung sowie zur Änderung des Bundesgesetzes über die Alters- und Hinterlassenenversicherung vom 4. September 2002, BBl 2002.

Bundesrat, Ergänzungs- und Änderungsanträge des Bundesrates zur Teilrevision des Asylgesetzes vom 25. August 2004, an die Staatspolitische Kommission des Nationalrates.

Golay, Yann: La nouvelle réglementation sur les cas de rigueur, ASYL, 2007/3, S. 3 ff.

Hailbronner, Kay: Stellungnahme zu Art. 32 Abs. 2 lit. a und Abs. 3 Asylgesetz, in: Jusletter 14. Mai 2006.

Kälin, Walter: Rechtsfragen im Zusammenhang mit der geplanten Revision des Asylgesetzes, Gutachten zuhanden UNHCR, ASYL, 2001/4, S. 3 ff.

Kälin, Walter: Bemerkungen zum Antrag des Bundesrates vom 25. August 2004 zum Nichteintretensgrund der fehlenden Reisepapiere zu Handen des EDA, vom 14. November 2004, ASYL, 2005/2, S. 3.

Müller, Jörg Paul: Gutachten vom 7. März 2005 betreffend den Beschluss des Ständerates vom 13. Januar 2005 (Teilrevision Asylgesetz) über Einschränkungen der Nothilfe, erstellt im Auftrag der Schweizerischen Flüchtlingshilfe, ASYL, 2005/2+3 S. 3 ff.

Marguerat, Sylvie et al: Das Ausländergesetz und das revidierte Asylgesetz im Lichte des Übereinkommens über die Rechte des Kindes, Terre des Hommes, Le Mont-sur-Lausanne, 2006.

Schertenleib, Jürg: Die Teilrevision des Asylgesetzes, in: Achermann, Alberto et al. (Hrsg.): Jahrbuch des Migrationsrechts 2005/2006, Bern, 2006.

Schertenleib, Jürg: Respektiert das revidierte Asylgesetz Völkerrecht und Verfassung? SFH, Bern, 10. Januar 2006.

Schertenleib, Jürg: Die Teilrevision des Asylgesetzes, Kommentierte Übersicht, SFH, Bern, 12. Januar 2006.

Stöckli, Walter: Asyl, in: Uebersax, Peter et al. (Hrsg.): Ausländerrecht, Eine umfassende Darstellung der Rechtsstellung von Ausländerinnen und Ausländern in der Schweiz von A(syl) bis Z(ivilrecht), Basel/Genf/München, 2009, S. 521 ff.

II Anwendbares Recht, Behörden und Organisationen

1. Rechtsquellen

Nachfolgend werden nur die wichtigsten im schweizerischen Asylrecht zu beachtenden Rechtsquellen des Landesrechts, des Völker- und des EU-Rechts erwähnt.

1.1 Landesrecht

- **Bundesverfassung vom 18. April 1999 (BV), SR 101.**

Die Bundesverfassung enthält in Art. 121 BV die Kompetenz des Bundes zur Asylgesetzgebung sowie in Art. 25 Abs. 2 bzw. Abs. 3 BV die Grundrechte von ausländischen Personen, bei drohender politischer Verfolgung und Folter oder unmenschlicher Behandlung nicht zurückgewiesen zu werden.

- **Asylgesetz vom 26. Juni 1998 (AsylG), SR 142.31.**

Das Asylgesetz besteht, neben seinen Schlussbestimmungen, aus 118 Artikeln, die in elf Kapitel gegliedert sind. Es enthält neben wichtigen *Grundsätzen* (u. a. Flüchtlingsbegriff und Rückschiebungsverbot) Bestimmungen für *Asylsuchende* (Ablauf des Asylverfahrens, Voraussetzungen der Asylgewährung, Rechtsstellung), *Flüchtlinge* (Asylausschlussgründe, Asyl für Gruppen, Rechtsstellung), *Schutzbedürftige* (Voraussetzungen der Gewährung vorübergehenden Schutzes z. B. bei Krieg oder Situationen allgemeiner Gewalt, Rechtsstellung von Schutzbedürftigen) und bezüglich der *Sozial- bzw. Nothilfe*. Weitere Kapitel sind den *Beiträgen des Bundes an die Kantone*, der *Bearbeitung von Personendaten*, dem *Rechtsschutz*, der *internationalen Zusammenarbeit* und den *Strafbestimmungen* gewidmet. Dieses Handbuch basiert auf dem Stand des Asylgesetzes am 12. Dezember 2008.

Konkretisiert wird das Asylgesetz durch eine Reihe von *Verordnungen:*
- Asylverordnung 1 über Verfahrensfragen vom 11. August 1999 (AsylV 1, SR 142.311),
- Asylverordnung 2 über Finanzierungsfragen vom 11. August 1999 (AsylV 2, SR 142.312),
- Asylverordnung 3 über die Bearbeitung von Personendaten vom 11. August 1999 (AsylV 3, SR 142.314),
- Verordnung des EJPD vom 24. November 2007 zum Betrieb von Unterkünften im Asylbereich (SR 142.311.23).

Weitere Verordnungen stützen sich sowohl auf das Asyl- wie das Ausländergesetz:
- Verordnung vom 24. Oktober 2007 über Zulassung, Aufenthalt und Erwerbstätigkeit (VZAE, SR 142.201),
- Verordnung vom 11. August 1999 über den Vollzug der Weg- und Ausweisung von ausländischen Personen (VVWA, SR 142.281),
- Verordnung vom 24. Oktober 2007 über die Integration von Ausländerinnen und Ausländern (VIntA, SR 142.205),
- Verordnung vom 27. Oktober 2004 über die Ausstellung von Reisedokumenten für ausländische Personen (RDV, SR 143.5).

Hinzu kommen *Weisungen* an die rechtsanwendenden Behörden und *Kreisschreiben* an die Kantone, die teilweise auf der Homepage des Bundesamtes für Migration (www.bfm.admin.ch) zu finden sind.

- **Bundesgesetz vom 16. Dezember 2005 über die Ausländerinnen und Ausländer (AuG, SR 142.20).**

Das AuG und dessen *Verordnungen* finden auf Asylsuchende, Schutzbedürftige und Flüchtlinge Anwendung, wenn das Asylgesetz keine spezialgesetzliche Regelungen enthält. Für den Asylbereich relevant sind etwa die Bestimmungen über die Integration, über die Ausschaffung und Zwangsmassnahmen, die vorläufige Aufnahme, die Staatenlosigkeit, Strafbestimmungen (z. B. die Ahndung der illegalen Ein- oder Ausreise), die Voraussetzungen des Erhalts einer Aufenthalts- oder Niederlassungsbewilligung, über die Stellung im Arbeitsmarkt und die Erteilung von Härtefallbewilligungen. Auf besonders relevante Verordnungen wurde bereits im Abschnitt zum Asylgesetz hingewiesen. Ergänzend seien die folgenden Verordnungen erwähnt:
- Verordnung vom 22. Oktober 2008 über die Einreise- und die Visumserteilung (VEV, SR 142.204),
- Verordnung vom 22. Mai 2002 über die schrittweise Einführung des freien Personenverkehrs zwischen der Schweizerischen Eidgenossenschaft und der Europäischen Gemeinschaft und deren Mitgliedsstaaten sowie unter den Mit-

gliedsstaaten der Europäischen Freihandelsassoziation (Verordnung über die Einführung des freien Personenverkehrs, VEP, SR 142.203).

- **Bundesgesetz vom 20. März 2008 über die Anwendung polizeilichen Zwangs und polizeilicher Massnahmen im Zuständigkeitsbereich des Bundes (Zwangsanwendungsgesetz, ZAG, SR 364).**

Das Gesetz regelt die Grundsätze der Anwendung polizeilichen Zwangs und polizeilicher Massnahmen im Zuständigkeitsbereich des Bundes. Gestützt darauf wurde die Verordnung über die Anwendung von polizeilichem Zwang und polizeilichen Massnahmen im Zuständigkeitsbereich des Bundes (Zwangsanwendungsverordnung, ZAV, SR 364.3) erlassen. Gesetz und Verordnung traten am 1. Januar 2009 in Kraft.

- **Bundesgesetz über das Verwaltungsverfahren vom 20. Dezember 1968 (VwVG), SR 172.021.**

Auch das VwVG kommt im Verhältnis zu den Bestimmungen betreffend Verfahren und Rechtsschutz des Asylgesetzes nur subsidiär zur Geltung (vgl. Art. 6 AsylG); relevant sind z. B. die Bestimmungen über die Voraussetzungen und Durchführung der Akteneinsicht, der Rechtsvertretung, der unentgeltlichen Rechtspflege etc.

- **Bundesgesetz vom 17. Juni 2005 über das Bundesverwaltungsgericht (Verwaltungsgerichtsgesetz, VGG), SR 173.32.**

Das Bundesverwaltungsgericht beurteilt Beschwerden gegen Verfügungen im Asylbereich. Das VGG enthält Bestimmungen zum Beschwerdeverfahren. Das *Geschäftsreglement für das Bundesverwaltungsgericht* (VGR) vom 17. April 2008, SR 173.320.1, enthält Regelungen zur Organisation des Gerichts, der Rechtsprechung und der Geschäftsabwicklung.

- **Bundesbeschluss vom 17. Dezember 2004 über die Genehmigung und die Umsetzung der bilateralen Abkommen zwischen der Schweiz und der EU über die Assoziierung an Schengen und an Dublin, SR 362.**

Mit diesem Bundesbeschluss wurde der Bundesrat ermächtigt, die weiter unten aufgeführten Assoziierungsabkommen zu Schengen und Dublin zu ratifizieren. Der Bundesbeschluss trat am 1. März 2008 in Kraft und enthält überdies Änderungen im Asyl- und Ausländergesetz.

Gestützt auf den Bundesbeschluss betreffend die Genehmigung der bilateralen Abkommen wurde u. a. die folgende Verordnung erlassen:

- Verordnung über den nationalen Teil des Schengener Informationssystems (N-SIS) und das SIRENE-Büro (N-SIS-Verordnung) vom 7. Mai 2008 (Stand am 1. Juni 2008), SR 362.0.

Die Assoziierung zu Schengen und Dublin hat mit der Entwicklung des Besitzstandes laufende Änderungen am Asyl- und Ausländergesetz zur Folge. Die ersten Anpassungen sind bereits im Parlament verabschiedet und weitere werden folgen.[1]

1.2 Völkerrecht

- **Abkommen vom 28. Juli 1951 über die Rechtsstellung der Flüchtlinge (GFK), SR 0.142.30.**

Die GFK ist für die Schweiz seit dem 21. April 1955 verbindlich und ist das grundlegende völkerrechtliche Instrument des Flüchtlingsrechts. Sie umschreibt, wer als «Flüchtling» gilt und enthält einen detaillierten Katalog von Mindestrechten, die Flüchtlingen im Aufnahmeland einzuräumen sind. Zentral ist Art. 33 GFK, der das Verbot enthält, Flüchtlinge in den Verfolgerstaat zurückzuschicken (Non-refoulement-Gebot). Das Abkommen wird ergänzt durch das Protokoll vom 31. Januar 1967 über die Rechtsstellung der Flüchtlinge, womit die zeitliche und geografische Beschränkung auf Flüchtlinge des Zweiten Weltkrieges in Europa aufgehoben wurde.

- **Konvention vom 4. November 1950 zum Schutze der Menschenrechte und Grundfreiheiten (EMRK), SR 0.101.**

Für das Asylrecht von Bedeutung ist das bereits erwähnte menschenrechtliche Rückschiebungsverbot gemäss Art. 3 EMRK, das auch auf Personen Anwendung findet, welche die Flüchtlingsdefinition nicht erfüllen. Relevant sind auch Art. 5 EMRK betreffend den Freiheitsentzug, Art. 8 EMRK für die Frage des Familiennachzugs und im Bereich der Härtefallbewilligungen sowie Art. 13 EMRK bezüglich der Anforderungen an das Verfahren bei Beschwerden gegen asyl- und auslän-

---

1 Vgl. Botschaft des Bundesrates vom 27. Oktober 2007 zur Genehmigung und Umsetzung des Notenaustauschs zwischen der Schweiz und der Europäischen Union betreffend die Übernahme des Schengener-Grenzkodex (Weiterentwicklung des Schengen-Besitzstands) und zu den Änderungen im Ausländer- und Asylrecht zur vollständigen Umsetzung des bereits übernommenen Schengen- und Dublin-Besitzstands (Ergänzungen) BBl 2007, S. 7937, Bundesbeschluss über die Genehmigung und die Umsetzung des Notenaustauschs zwischen der Schweiz und der Europäischen Union betreffend die Übernahme des Schengener-Grenzkodex (Weiterentwicklung des Schengen-Besitzstands) (Entwurf) BBl 2007, S. 7973, Notenaustausch zwischen der Schweiz und der Europäischen Union betreffend die Übernahme der Verordnung (EG) Nr. 562/2006 über den Schengener-Grenzkodex (Weiterentwicklung des Schengen-Besitzstands) BBl 2007, S. 7977, Bundesgesetz über die Ausländerinnen und Ausländer (AuG) (Ergänzungen im Rahmen der Umsetzung der Schengen- und Dublin-Assoziierungsabkommen) (Entwurf), BBl 2007, S. 7979. Vgl. auch die Verordnung über die vollständige Inkraftsetzung des Bundesbeschlusses über die Genehmigung und die Umsetzung der bilateralen Abkommen über die Assoziierung an Schengen und an Dublin sowie die Inkraftsetzung weiterer in Umsetzung von Schengen/Dublin erlassener Bundesgesetze vom 26. November 2008 (AS 2008, Nr. 48, S. 5405).

derrechtliche Wegweisungen. Die EMRK ist für die Schweiz seit dem 28. November 1974 verbindlich.

- **Übereinkommen vom 10. Dezember 1984 gegen Folter und andere grausame, unmenschliche oder erniedrigende Behandlung oder Strafe (FoK), SR 0.105.**

Relevant für das Asylrecht ist insbesondere das Rückschiebungsverbot bei drohender Folter gemäss Art. 3 FoK. Die Schweiz hat eine Erklärung nach Art. 22 FoK abgegeben, wonach der Ausschuss (Art. 17 FoK) Mitteilungen von Einzelpersonen entgegennehmen kann. Die Möglichkeit einer solchen Mitteilung besteht auch im Zusammenhang mit einer Foltergefahr, wie sie durch die Wegweisung in einen anderen Staat entstehen kann.

- **Übereinkommen vom 28. September 1954 über die Rechtsstellung der Staatenlosen (mit Anhang und Muster), SR 0.142.40.**

Das Übereinkommen ist für die Schweiz am 1. Oktober 1972 in Kraft getreten. Es enthält Definition und Rechtsstellung von Staatenlosen und wurde per Bundesbeschluss genehmigt (SR 855.1). Die gesetzliche Grundlage für die Umsetzung findet sich im AuG.

- **Übereinkommen vom 20. November 1989 über die Rechte des Kindes, SR 0.107, (KRK).**

Das Abkommen ist für die Schweiz am 26. März 1997 in Kraft getreten. Für den Asylbereich von besonderer Bedeutung sind die allgemeine Berücksichtigung des Kindeswohls (Art. 3 KRK), Schutz und humanitäre Hilfe für asylsuchende Kinder (Art. 22 KRK) sowie die Rechtsgarantien bei Freiheitsentzug (Art. 37 KRK).

- **Abkommen vom 26. Oktober 2004 zwischen der Schweizerischen Eidgenossenschaft, der Europäischen Union und der Europäischen Gemeinschaft über die Assoziierung dieses Staates bei der Umsetzung, Anwendung und Entwicklung des Schengen-Besitzstands (mit Anhängen und Schlussakte), SR 0.360.268.1.**

Damit wird die Schweiz bei der Umsetzung, Anwendung und Entwicklung des Schengen-Besitzstandes assoziiert. Neben dem in den Anhängen des Abkommens aufgeführten Besitzstand enthält das Abkommen Regeln zur konkreten Durchführung der Assoziierung, z. B. Bestimmungen über den Gemischten Ausschuss, der die Umsetzung des Abkommens begleitet. Das Abkommen ist am 1. März 2008 in Kraft getreten. Es enthält auch Vorschriften über die Übernahme künftiger Weiterentwicklungen des Schengen-Besitzstandes. Im Anhang sind die Rechtsakte der EU aufgelistet, welche die Schweiz anzuwenden hat.

Weil Dänemark nur auf völkerrechtlicher Ebene an der Schengener Zusammenarbeit teilnimmt, musste die Schweiz mit Dänemark ein separates Abkommen schliessen.

- **Abkommen vom 26. Oktober 2004 zwischen der Schweizerischen Eidgenossenschaft und der Europäischen Gemeinschaft über die Kriterien und Verfahren zur Bestimmung des zuständigen Staates für die Prüfung eines in einem Mitgliedsstaat oder in der Schweiz gestellten Asylantrags (mit Schlussakte), SR 0.142.392.68.**

Mit diesem Abkommen wurde die Schweiz an die Kriterien und Regelungen zur Bestimmung des für die Beurteilung eines Asylgesuches zuständigen Staates assoziiert. Es enthält den gesamten, von der Schweiz zu übernehmenden Dublin-Besitzstand, Regeln zur konkreten Durchführung der Assoziierung und Vorschriften zur Übernahme von künftigen Weiterentwicklungen des Dublin-Besitzstandes. Ein Gemischter Ausschuss ist für das ordnungsgemässe Funktionieren des Abkommens zuständig. Wie bei Schengen nimmt Dänemark auch an Dublin nur auf völkerrechtlicher Ebene teil, weshalb die Schweiz ein zusätzliches Abkommen schliessen musste.

- **Übereinkommen vom 17. Dezember 2004 zwischen der Schweizerischen Eidgenossenschaft, der Republik Island und dem Königreich Norwegen über die Umsetzung, Anwendung und Entwicklung des Schengen-Besitzstands und über die Kriterien und Verfahren zur Bestimmung des zuständigen Staates für die Prüfung eines in der Schweiz, in Island oder in Norwegen gestellten Asylantrags, SR 0.360.598.1.**

Norwegen und Island beteiligen sich an Schengen und Dublin, ohne selber Mitglieder der EU zu sein. Damit beide Abkommen auch zwischen der Schweiz und den genannten Staaten gelten, waren separate Übereinkommen erforderlich.

- **Abkommen vom 26. Oktober 2004 in Form eines Briefwechsels zwischen dem Rat der Europäischen Union und der Schweizerischen Eidgenossenschaft über die Ausschüsse, die die Europäische Kommission bei der Ausübung ihrer Durchführungsbefugnisse unterstützen, SR 0.360.268.10.**

1.3 Recht der Europäischen Union

Mit den Assoziierungsabkommen zu Schengen und Dublin im Rahmen der II. bilateralen Abkommen mit der Europäischen Union ist die Schweiz mit dem Besitzstand der EU und dessen Fortentwicklung assoziiert. Sie ist verpflichtet, bestimmte Rechtsakte im Bereich von Schengen und Dublin anzuwenden. Die verbindlichen Rechtsakte sind in den Assoziierungsabkommen bzw. den Anhängen aufgelistet.

Seit der Unterzeichnung der Assoziierungsabkommen am 26. Oktober 2004 bis zum 1. Mai 2009 hat die EU der Schweiz 82 neue Rechtsakte und Massnahmen im Bereich der Weiterentwicklung des Schengen-Besitzstandes mitgeteilt. Keine Weiterentwicklungen gibt es zu Dublin. Die meisten waren von der Schweiz lediglich zur Kenntnis zu nehmen, einige bedürfen der Genehmigung des Parlamentes.

Zu den Begriffen:
- Eine *EU-Verordnung* ist in allen Teilen verbindlich und gilt unmittelbar in allen beteiligten EU-Mitgliedsstaaten.
- *EU-Richtlinien* müssen nach ihrer Annahme innert Frist in nationalstaatliche Vorschriften umgesetzt werden. Die nationalstaatlichen Gerichte und der Europäische Gerichtshof sorgen für eine einheitliche Auslegung. Wird eine Richtlinie nicht umgesetzt, so sind einzelne Bestimmungen der Richtlinie unter bestimmten Voraussetzungen direkt anwendbar, das heisst Behörden und Gerichte müssen sie als geltendes Recht beachten.

Einige *wesentliche Grundlagen*, die auch für die Schweiz *verbindlich* sind:

- **Verordnung (EG) Nr. 343/2003 des Rates vom 18. Februar 2003 zur Festlegung der Kriterien und Verfahren zur Bestimmung des Mitgliedsstaats, der für die Prüfung eines von einem Drittstaatsangehörigen in einem Mitgliedsstaat gestellten Asylantrags zuständig ist, Amtsblatt Nr. L 050 vom 25.02.2003.**

Die «*Dublin II–Verordnung*» nennt Kriterien für die Bestimmung des Staates, der für die Beurteilung eines Asylgesuches zuständig ist. Sie beinhaltet auch Fristen für die einzelnen Verfahrensstadien und will Mehrfachgesuche verhindern. Vorgesehen ist eine humanitäre Klausel, wonach Mitgliedsstaaten auch ohne Zuständigkeit auf Ersuchen anderer Staaten ein Gesuch prüfen können. Die Kooperation zwischen den Verwaltungen ist geregelt. Der Dublin-Ausschuss unterstützt die Europäische Kommission bei der Durchführung ihrer Aufgaben im Zusammenhang mit der Dubliner-Verordnung. Die Verordnung enthält Bestimmungen über den Datenschutz.

- **Verordnung (EG) NR. 1560/2003 der Kommission vom 2. September 2003 mit Durchführungsbestimmungen zur Verordnung (EG) Nr. 343/2003 des Rates zur Festlegung der Kriterien und Verfahren zur Bestimmung des Mitgliedsstaats, der für die Prüfung eines von einem Drittstaatsangehörigen in einem Mitgliedsstaat gestellten Asylantrags zuständig ist, Amtsblatt Nr. L 222/3 vom 05.09.2003.**

Die Verordnung behandelt u. a. die Einrichtung von «DubliNet», eines gesicherten elektronischen Datenübermittlungskanals zwischen den nationalen Asylbehörden. Dieser ist seit dem 1. September 2003 in Betrieb. Das System ist kompatibel mit Eurodac.

- **Verordnung (EG) Nr. 2725/2000 des Rates vom 11. Dezember 2000 über die Einrichtung von «Eurodac» für den Vergleich von Fingerabdrücken zum Zwecke der effektiven Anwendung des Dubliner Übereinkommens, Amtsblatt Nr. L 316 vom 15.12.2000.**

Die Verordnung regelt das System für den Vergleich von Fingerabdrücken von Asylsuchenden und illegal eingereisten Personen. Dieses soll die Anwendung des Dubliner-Verfahrens unterstützen, indem es die Identifizierung von Personen erleichtert. Anhand von Fingerabdrücken können Mitgliedsstaaten feststellen, ob Asylsuchende bereits in einem anderen Staat ein Asylgesuch gestellt oder beim illegalen Grenzübertritt in einen anderen Staat registriert wurden.

- **Verordnung (EG) Nr. 407/2002 des Rates vom 28. Februar 2002 zur Festlegung von Durchführungsbestimmungen zur Verordnung (EG) Nr. 2725/2000 über die Einrichtung von «Eurodac» für den Vergleich von Fingerabdrücken zum Zwecke der effektiven Anwendung des Dubliner Übereinkommens, Amtsblatt Nr. L 062 vom 05.03.2002.**

Die Verordnung regelt technische Abläufe.

- **Schengen-Besitzstand: Übereinkommen zur Durchführung des Übereinkommens von Schengen vom 14. Juni 1985 zwischen den Regierungen der Staaten der Benelux-Wirtschaftsunion, der Bundesrepublik Deutschland und der Französischen Republik betreffend den schrittweisen Abbau der Kontrollen an den gemeinsamen Grenzen, Amtsblatt Nr. L 239 vom 22.09.2000, S. 19–62.**

- **Richtlinie 2001/51/EG des Rates vom 28. Juni 2001 zur Ergänzung der Regelungen nach Artikel 26 des Übereinkommens zur Durchführung des Übereinkommens von Schengen vom 14. Juni 1985, Amtsblatt Nr. L187 vom 10.07.2001.**

- **Richtlinie 2004/82/EG des Rates vom 29. April 2004 über die Verpflichtung von Beförderungsunternehmen, Angaben über die beförderten Personen zu übermitteln, Amtsblatt 261/24 vom 06.08.2004.**

- **Entscheidung 2004/573/EG des Rates vom 29. April 2004 betreffend die Organisation von Sammelflügen zur Rückführung von Drittstaatsangehörigen, die individuellen Rückführungsmassnahmen unterliegen, aus dem Hoheitsgebiet von zwei oder mehr Mitgliedsstaaten, Amtsblatt Nr. L 261 vom 06.08.2004.**

- **Verordnung (EG) Nr. 1931/2006 des Europäischen Parlaments und des Rates vom 20. Dezember 2006 zur Festlegung von Vorschriften über den kleinen Grenzverkehr an den Landaußengrenzen der Mitgliedsstaaten sowie zur Änderung der Bestimmungen des Übereinkommens von Schengen, Amtsblatt Nr. L 405/1 vom 30.12.2006.**

- **Verordnung (EG) Nr. 1987/2006 des Europäischen Parlaments und des Rates vom 20. Dezember 2006 über die Einrichtung, den Betrieb und die Nutzung des Schengener Informationssystems der zweiten Generation (SIS II) sowie Beschluss 2007/533/JAI des Rates vom 12. Juni 2007 über die Einrichtung, den Betrieb und die Nutzung des Schengener Informationssystems der zweiten Generation (SIS II), Amtsblatt Nr. L 381/4 vom 28.12.2006.**

Mit Schengen gilt das Prinzip des freien Personenverkehrs unter den Mitgliedsstaaten, der verstärkten Sicherung der Aussengrenzen der EU und der einheitlich geregelten Einreise über das Schengen-Visum. Geregelt wird insbesondere die grenzüberschreitende Polizeizusammenarbeit. Zu diesem Zweck wurde das Schengener Informationssystem (SIS) eingerichtet, ein Erfassungs- und Abfragesystem. Auch Datenschutzbestimmungen sind vorgesehen. Für den Asylbereich von Bedeutung sind insbesondere die sogenannten «Carrier Sanctions», Massnahmen gegen Unternehmen, die Personen transportieren, und diese zu stärkeren Kontrollen anhalten sollen.

- **Richtlinie 2008/115/EG des Europäischen Parlaments und des Rates vom 16. Dezember 2008 über gemeinsame Normen und Verfahren in den Mitgliedsstaaten zur Rückführung illegal aufhältiger Drittstaatsangehöriger, Amtsblatt Nr. L 348/98 vom 24.12.2008.**

Die «*Rückkehr-Richtlinie*» enthält gemeinsame Normen und Verfahren zur Rückführung illegal aufhältiger Drittstaatsangehöriger und wird auch für die Schweiz als Teil der Weiterentwicklung des Schengener-Besitzstandes anwendbar. Sie enthält unter anderem eine Regelung zur maximalen Dauer der administrativen Ingewahrsamsnahme von Drittstaatsangehörigen von 18 Monaten. Diese dürfte dazu führen, dass die Schweiz die mit dem neuen Ausländergesetz eingeführte Maximaldauer von zwei Jahren Haft wird ändern müssen.[2] Die Richtlinie wurde vom EU-Parlament am 18. Juni 2008 verabschiedet, Rat und Parlament erliessen sie am 16. Dezember 2008.

- **Verordnung (EG) Nr. 2007/2004 des Rates vom 26. Oktober 2004 zur Errichtung einer Europäischen Agentur für die operative Zusammenarbeit an den Aussengrenzen der Mitgliedsstaaten der Europäischen Union, Amtsblatt Nr. L 349/1 vom 25.11.2004.**[3]

---

2 Laut Medienmitteilung des EJPD vom 28.01.2009 hat der Bundesrat das EJPD mit der Erarbeitung einer entsprechenden Vernehmlassung beauftragt.

3 Vgl. Botschaft über die Genehmigung und die Umsetzung der Notenaustausche zwischen der Schweiz und der Europäischen Gemeinschaft betreffend die Übernahme der Verordnung zur Errichtung von FRONTEX und der RABIT-Verordnung (Weiterentwicklung des Schengen-Besitzstands), BBl Nr. 9 vom 4. März 2008, S. 1455 ff.

Die Verordnung regelt die Aufgaben und Stellung von FRONTEX, der europäischen Grenzagentur.

- **Verordnung (EG) Nr. 863/2007 des Europäischen Parlaments und des Rates vom 11. Juli 2007 über einen Mechanismus zur Bildung von Soforteinsatzteams für Grenzsicherungszwecke und zur Änderung der Verordnung (EG) Nr. 2007/2004 des Rates hinsichtlich dieses Mechanismus und der Regelung der Aufgaben und Befugnisse von abgestellten Beamten, Amtsblatt L 199/30 vom 31.07.2007.**

Die Verordnung regelt den Einsatz von sogenannten Soforteinsatztruppen zur Grenzsicherung («rapid border intervention teams», RABIT).

Neben diesen auch für die Schweiz verbindlichen Rechtsakten hat die EU sowohl im Asyl- wie im Migrationsbereich verschiedene Instrumente zur Harmonisierung ihrer Politik erlassen. Die für den Asylbereich besonders wichtigen *Richtlinien* regeln, wer als Flüchtling oder aus anderen Gründen Schutz erhält, nennen Mindestvoraussetzungen für das Asylverfahren, den vorübergehenden Schutz im Falle von Massenzustrom von Flüchtlingen sowie die sozialen Bedingungen während des Verfahrens und für anerkannte Schutzbedürftige. Sie sind für die Schweiz *nicht direkt verbindlich.*

Die *wichtigsten Richtlinien*:

- **Richtlinie 2004/83/EG des Rates vom 29. April 2004 über Mindestnormen für die Anerkennung und den Status von Drittstaatsangehörigen oder Staatenlosen als Flüchtlinge oder als Personen, die anderweitig internationalen Schutz benötigen, und über den Inhalt des zu gewährenden Schutzes, Amtsblatt Nr. L 304 vom 30.09.2004, S. 12–23.**

Die sogenannte *Qualifikationsrichtlinie* enthält Auslegungsbestimmungen zum Flüchtlingsbegriff und zum sogenannten subsidiären Schutz. Die Rechtsstellung von Flüchtlingen und anderen Personen mit Schutzbedürfnissen wird geregelt.

- **Richtlinie 2005/85/EG des Rates vom 1. Dezember 2005 über Mindestnormen für Verfahren in den Mitgliedsstaaten zur Zuerkennung und Aberkennung der Flüchtlingseigenschaft, Amtsblatt Nr. L 326 vom 13.12.2005, S. 13–34.**

Die *Verfahrensrichtlinie* enthält Mindestbestimmungen zum Asylverfahren.

- **Richtlinie 2003/9/EG des Rates vom 27. Januar 2003 zur Festlegung von Mindestnormen für die Aufnahme von Asylbewerbern in den Mitgliedsstaaten, Amtsblatt Nr. L 031 vom 06.02.2003, S. 18–25.**

Die *Aufnahmerichtlinie* enthält Mindestvorschriften für die sozialen Bedingungen während des Asylverfahrens und nach der Anerkennung.

- **Richtlinie 2001/55/EG des Rates vom 20. Juli 2001 über Mindestnormen für die Gewährung vorübergehenden Schutzes im Falle eines Massenzustroms von Vertriebenen und Massnahmen zur Förderung einer ausgewogenen Verteilung der Belastungen, die mit der Aufnahme dieser Personen und den Folgen dieser Aufnahme verbunden sind, auf die Mitgliedsstaaten, Amtsblatt Nr. L 212 vom 07.08.2001, S. 12–23.**

Die Richtlinie enthält Vorschriften zur Ausgestaltung des vorübergehenden Schutzes.

- **Richtlinie 2003/86/EG des Rates vom 22. September 2003 betreffend das Recht auf Familienzusammenführung, Amtsblatt Nr. L251 vom 03.10. 2003.**

Diese Richtlinie regelt sowohl die Familienzusammenführung von Drittstaatsangehörigen wie von Flüchtlingen.

Zu diesen Richtlinien liegen Kommentare und Kritiken des UNHCR und europäischer Flüchtlingsorganisationen vor.

Sämtliche für den Asylbereich relevanten Rechtsgrundlagen der EU werden in der Loseblattsammlung von UNHCR laufend nachgeführt und publiziert.[4]

2. Behörden und Organisationen

Folgende Behörden und Organisationen nehmen Aufgaben im Rahmen des Asylverfahrens wahr:

- **Bundesamt für Migration (BFM)**

Das BFM ist Teil des Eidgenössischen Justiz- und Polizeidepartements (EJPD) und auf Bundesebene für alle ausländer- und asylrechtlichen Belange zuständig. Es ist per 1. Januar 2005 aus dem Zusammenschluss des früheren Bundesamtes für Flüchtlinge (BFF) und des Bundesamtes für Zuwanderung, Integration und Auswanderung (IMES) hervorgegangen. Gemäss der Organisationsverordnung für das EJPD (OV-EJPD, SR 172.213.1) ist es zuständig für die Umsetzung der schweizerischen Asyl- und Flüchtlingspolitik gemäss den Vorgaben der eidgenössischen Räte und des Bundesrates, wozu insbesondere die Gewährleistung einer kohärenten Aufnahme- und Rückkehrpolitik gehört.

---

4 Europäische Asylpolitik, Loseblattsammlung der flüchtlingsrechtlich relevanten EU-Dokumente und UNHCR-Stellungnahmen, hrsg. von den Vertretungen des Hohen Flüchtlingskommissars der Vereinten Nationen in Berlin und Wien.

Das BFM nimmt im Einzelnen folgende Funktionen wahr:

- Entscheid über die Gewährung oder Verweigerung des Asyls, über die Schutzgewährung, die vorläufige Aufnahme sowie über die Wegweisung aus der Schweiz;
- Koordination der Fragen im Asyl- und Flüchtlingsbereich innerhalb der Bundesverwaltung, mit den Kantonen und den schweizerischen und internationalen Organisationen;
- Mitwirkung bei der Harmonisierung der internationalen Flüchtlings- und Asylpolitik und bei deren Umsetzung in der Praxis, in Abstimmung mit dem EDA;
- Umsetzung der gesetzlichen Grundlagen betreffend die Finanzierung der Fürsorge, Betreuung und Verwaltung und Kontrolle;
- Vorbereitung der Definition der Rückkehrpolitik in Zusammenarbeit mit dem EDA, Gewährung von Rückkehr- und Wiedereingliederungshilfe und Unterstützung der Kantone bei der Finanzierung von Rückkehrhilfeprojekten und gemeinnützigen Beschäftigungsprogrammen;
- Unterstützung der Kantone beim Vollzug von Wegweisungen;
- Gemeinsam mit dem EDA analysiert das BFM die Migrationsentwicklung auf nationaler und internationaler Ebene und erarbeitet Entscheidgrundlagen für die Migrationspolitik des Bundesrates.[5]

- **Bundesverwaltungsgericht (BVGer)**

Das Bundesverwaltungsgericht ist mit der Totalrevision der Bundesrechtspflege und der damit verbundenen Neuorganisation der Gerichte und Rechtsmittelwege per 1. Januar 2007 aus der Zusammenlegung von über 30 Rekurskommissionen und Beschwerdediensten entstanden. Auch die frühere *Schweizerische Asylrekurskommission* (ARK) ist darin aufgegangen. Die Urteile der ARK behalten weiterhin ihre Gültigkeit und sind unter www.ark-cra.ch abrufbar.

Die *Hauptaufgabe* des Bundesverwaltungsgerichts bildet die Beurteilung von öffentlich-rechtlichen Streitigkeiten aus dem Zuständigkeitsbereich der Bundesverwaltung. Das Gericht ist zuständig für Beschwerden gegen Verfügungen des Bundesamtes für Migration. Es ist in fünf Abteilungen gegliedert. Die vierte und fünfte Abteilung beurteilen Geschäfte im Asylbereich. Sie sind auch zuständig für Beschwerden betreffend die Aufhebung einer im Asylverfahren angeordneten vorläufigen Aufnahme und die vorläufige Verweigerung der Einreise und Zuweisung eines Aufenthaltsortes im Flughafenverfahren. Die dritte Abteilung ist u.a zuständig für Geschäfte des Ausländerrechts, die Anerkennung der Staatenlosigkeit, Betrieb in den Empfangsstellen, Sicherheitsleistungen und Abrechnungen

5 Vgl. Art. 12 OV-EJPD und www.bfm.admin.ch.

über Sicherheitskonti, Sozialhilfe nach dem Asylgesetz und die Abgabe von Reisepapieren an ausländische Personen.[6]

Ausgewählte Urteile des BVGer werden in der Amtlichen Sammlung der Entscheide des Schweizerischen Bundesverwaltungsgerichts (BVGE) publiziert. Die materiellen Entscheide des BVGer werden in der Entscheiddatenbank im Internet veröffentlicht.

- **Kantonale Migrationsbehörden**

Den kantonalen Behörden obliegen insbesondere Vollzugsaufgaben in den Bereichen Regelung der Anwesenheit, Integration, Sozial- und Nothilfe sowie Wegweisung. Die Kantone haben nach Art. 14 AsylG die Möglichkeit, Personen des Asylbereichs nach einem Aufenthalt von fünf Jahren ab Einreise eine Härtefallbewilligung zu erteilen. Im Einverständnis mit den Kantonen kann das EJPD die Kantone mit der Vorbereitung von Nichteintretensentscheiden beauftragen (Art. 31 AsylG). Das Bundesamt kann gemäss Art. 29 Abs. 4 AsylG die kantonalen Behörden mit der Anhörung von Asylsuchenden beauftragen, wenn dies zu einer erheblichen Beschleunigung des Verfahrens führt. Nach Artikel 15 AsylG können die Kantone interkantonale Stellen zur Erfüllung der ihnen übertragenen Aufgaben, insbesondere für die Anhörung, die Entscheidvorbereitung und den Vollzug der Wegweisung errichten. Die Vereinigung kantonaler Migrationsbehörden (VKM) unterstützt die Mitglieder beim Vollzug (www.vkm.ch). Auf Ebene der kantonalen Exekutive ist die Konferenz der Kantonalen Justiz- und Polizeidirektorinnen und -direktoren (KKJPD) aktiv (www.kkjpd.ch), im Sozialbereich die Konferenz der kantonalen Sozialdirektorinnen und -direktoren (SODK, www.sodk.ch).

- **Das «Amt des Hohen Kommissars der Vereinten Nationen für Flüchtlinge» (UNHCR)**

UNHCR wacht über die Umsetzung der Genfer Flüchtlingskonvention und unterstützt die Vertragsstaaten bei der Erfüllung ihrer Verpflichtungen. Der Hauptsitz ist in Genf (www.unhcr.org). Ein Verbindungsbüro für die Schweiz und Liechtenstein hat seinen Sitz ebenfalls in Genf (www.unhcr.ch).

Internationaler Schutz (protection) ist die wichtigste Aufgabe von UNHCR. Die Organisation soll sicherstellen, dass die Menschenrechte von Flüchtlingen respektiert werden, dass Flüchtlinge das Recht haben, Asyl zu suchen und dass kein Flüchtling zur Rückkehr in ein Land gezwungen wird, wo er oder sie Verfolgung befürchten muss. Die Organisation stellt in vielen Ländern auch materielle Hilfe

---

6 Vgl. auch das Bundesgesetz über das Bundesverwaltungsgericht (Verwaltungsgerichtsgesetz, VGG) vom 17. Juni 2005, SR 173.32, Bundesgesetz vom 18. März 2005 über den Aufbau des Bundesverwaltungsgerichts, BBl 2004, S. 4805, und www.bundesverwaltungsgericht.ch.

für Flüchtlinge zur Verfügung, wie z. B. Wasser, Unterkünfte und medizinische Versorgung.

Eine weitere wichtige Aufgabe von UNHCR ist die Suche nach *dauerhaften Lösungen* («durable solutions») für die Probleme von Flüchtlingen entweder im Rahmen der Rückkehr in den Herkunftsstaat oder die Neuansiedlung in einem Drittstaat. Das Mandat des UNHCR erstreckt sich als Folge einer entsprechenden Erklärung der Generalversammlung auch auf sog. «Gewaltflüchtlinge» und «intern bzw. Binnenvertriebene».

In Bezug auf konkrete Problembereiche der Asylgewährung und des Verfahrens erlässt das *Exekutivkomitee des UNHCR* Empfehlungen, welche die Vertragsstaaten als sog. «soft law» zu beachten haben. Das Asylgesetz sieht eine allgemeine Zusammenarbeit des Bundes mit dem UNHCR in Art. 113 AsylG vor. Beratend beigezogen wird UNHCR auch im Vorfeld von Entscheidungen betreffend Anordnung bzw. Aufhebung des vorübergehenden Schutzes. Auf europäischer Ebene begleitet UNHCR den Prozess der Asylrechtsharmonisierung und kommentiert die Rechtsakte der EU.

- **Ausschuss gegen Folter der Vereinten Nationen (Committee against torture, CAT)**

Der Ausschuss prüft u. a. Beschwerden gegen die Wegweisung von Asylsuchenden gestützt auf Art. 17 FoK, wenn ihnen im Zielstaat Folter oder unmenschliche Behandlung droht. Voraussetzung ist, dass der innerstaatliche Instanzenzug erschöpft ist.

- **International Organization for Migration (IOM)**

IOM ist eine zwischenstaatliche Organisation mit 125 Mitgliedsstaaten und aktiv im Migrationsmanagement. Schwerpunkte von IOM in der Schweiz sind die Rückkehrhilfe, die Strukturhilfe in Rückkehrstaaten sowie die Bekämpfung des Menschenhandels.

- **Hilfswerke**

Private Hilfswerke sind in verschiedenen Bereichen der Flüchtlingsarbeit tätig, in der Betreuung von Flüchtlingen und Asylsuchenden, der Rückkehrhilfe, der Rechtsberatung, in der Führung von Integrationsprojekten etc. Das Asylgesetz sieht gemäss Art. 30 AsylG die Teilnahme von Vertreterinnen und Vertretern der zugelassenen Hilfswerke an den Befragungen der Fremdenpolizei und des BFM vor (HWV). «Zugelassen» sind insbesondere die der Schweizerischen Flüchtlingshilfe (SFH) angeschlossenen Werke Caritas Schweiz, Hilfswerk der Evangelischen Kirchen der Schweiz (HEKS), Schweizerisches ArbeiterInnenhilfswerk (SAH) sowie der Verband Schweizerischer Jüdischer Fürsorgen (VSJF). Auch das Schweizerische Rote Kreuz (SRK) kennt Aktivitäten im Asylbereich. Die für die Sozialhilfe zuständigen Kantone können gemäss Asylgesetz diese Aufgabe ganz oder teilweise Dritten, insbesondere den Hilfswerken, übertragen.

- **Schweizerische Flüchtlingshilfe (SFH)**

Die Schweizerische Flüchtlingshilfe (SFH, www.osar.ch) ist die Dachorganisation der zugelassenen Hilfswerke im Asylbereich. Sie koordiniert im Auftrag des Bundes die Hilfswerksvertretung. Im Auftrag ihrer Mitglieder koordiniert sie die Rechtsberatungsstellen der Hilfswerke (siehe Adressenliste unter www.osar.ch) und begleitet die Asylpolitik und -praxis der Schweiz mit fachlich fundierten Stellungnahmen. Sie betreibt Sensibilisierungs- und Öffentlichkeitsarbeit und ist Mitglied bei ECRE.

- **European Council on Refugees and Exiles (ECRE)**

ECRE ist die europäische Dachorganisation von 65 europäischen Flüchtlingsorganisationen und setzt sich für den Schutz und die Integration von Asylsuchenden, Flüchtlingen und Binnenvertriebenen ein (www.ecre.org). Die Organisation mit Sitz in Brüssel begleitet die europäische Asylpolitik mit fundierten Stellungnahmen. Für Rechtsvertretungen bietet ECRE regelmässig Weiterbildungen an. Rechtsvertreter/-innen sind im European Legal Network on Asylum (ELENA) zusammengeschlossen.

- **Behörden der EU:**

- *Der Rat der Europäischen Union* (Ministerrat der EU): Der Ministerrat besteht aus je einem Minister der Mitgliedsstaaten und ist das legislative Organ der EU. Er tagt in neun verschiedenen Formationen, wovon der Rat für Justiz und Inneres für Asyl- und Migrationsfragen zuständig ist.
- *Das Europäische Parlament* (EP): Die Bedeutung des europäischen Parlamentes hat seit dem Vertrag von Nizza zugenommen. Die Mitwirkung an der Gesetzgebung hängt davon ab, welches der vier Entscheidungsverfahren zur Anwendung kommt. Verordnungen und Richtlinien werden im Mitentscheidungsverfahren verabschiedet.
- *Die Europäische Kommission* (Kommission) hat weitreichende Initiativ-, Gesetzgebungs-, Verwaltungs-, Aufsichts- und Kontrollbefugnisse. Sie ist von den Regierungen unabhängig und hat die Interessen der EU zu wahren. Die Kommission erarbeitet insbesondere Vorschläge für neue europäische Rechtsvorschriften, die sie dem Parlament und dem Rat vorlegt.
- *Der Gerichtshof der Europäischen Gemeinschaften* (EuGH) ist die Judikative. Er kennt verschiedene Verfahrensarten und sorgt insbesondere für die einheitliche Auslegung des Gemeinschaftsrechts.
- *Frontex* ist eine Gemeinschaftsagentur der EU für operative Zusammenarbeit an den Aussengrenzen mit Sitz in Warschau. Zu ihren Aufgaben gehört die

Sicherheits- und Gefahrenanalyse betreffend die EU-Aussengrenze. Sie unterstützt die Mitgliedsstaaten bei Rückführungsaktionen.

- **Institutionen des Europarates:**
- *Europäischer Gerichtshof für Menschenrechte* (EGMR): Der Gerichtshof beurteilt Beschwerden wegen Verletzung der Europäischen Menschenrechtskonvention (EMRK). Voraussetzung ist, dass der innerstaatliche Instanzenzug ausgeschöpft ist.[7]
- *Europäisches Komitee zur Verhütung von Folter und unmenschlicher oder erniedrigender Behandlung oder Strafe* (CPT): Gestützt auf die Europäische Konvention zur Verhütung von Folter und unmenschlicher oder erniedrigender Behandlung oder Strafe (SR 0.106) kann das Komitee Besuche in Hafteinrichtungen vornehmen. Das CPT hat bereits mehrmals die Schweiz besucht und Empfehlungen zur Unterbringung im Rahmen der Ausschaffungshaft und der Flughäfen abgegeben.
- *Menschenrechtskommissar des Europarates*: Der Menschenrechtskommissar fördert die Menschenrechtsbildung und die tatsächliche Einhaltung der Menschenrechte. Er kann auch Unzulänglichkeiten im nationalen System des Menschenrechtsschutzes feststellen und Unterstützung bei der Beseitigung leisten.

---

7 Siehe auch www.coe.int

III Der Ablauf des Asylverfahrens

1. Zum Begriff Asylgesuch

Als Asylgesuch gilt gemäss Art. 18 AsylG jede Äusserung, mit der eine Person zu erkennen gibt, dass sie die Schweiz um Schutz vor Verfolgung ersucht.[1] Die Einreichung des Asylgesuchs kann mündlich, schriftlich oder durch Zeichensprache erfolgen. Der Begriff Verfolgung beschränkt sich nicht auf Vorkommnisse, die zur Anerkennung als Flüchtling führen. Auszugehen ist vielmehr von einem weiten Verfolgungsbegriff,[2] der sich auch auf mögliche Wegweisungshindernisse bezieht, also insbesondere auch auf Kriegs- und Bürgerkriegssituationen, Situationen allgemeiner Gewalt im Heimat- oder Herkunftsstaat oder auf erlittene oder drohende schwere Menschenrechtsverletzungen. Das Ersuchen um vorübergehenden Schutz gilt ebenso als Asylgesuch im Sinne von Art. 18 AsylG (vgl. Art. 69 Abs. 1 AsylG) wie ein Gesuch um Familiennachzug eines vorläufig aufgenommenen Flüchtlings, wenn damit eine Gefährdung der sich im Ausland befindenden, nachzuziehenden Familienangehörigen geltend gemacht wird.[3]

1 EMARK 2001/5, E. 3b aa.

2 EMARK, 1999/17, E. 4a, EMARK 1993/16, EMARK 1993/17.

3 BVGE 2007/17, E. 3.3.

2. Einreichung des Asylgesuchs

2.1 Übersicht

Das Gesuch muss – sofern die asylsuchende Person noch über keine Anwesenheitsbewilligung in der Schweiz verfügt – grundsätzlich
- bei einer schweizerischen Auslandsvertretung (vgl. Ziff. 2.3),
- an einem geöffneten Grenzübergang (vgl. Ziff. 2.4) oder
- an einer Empfangsstelle des Bundesamtes für Migration (vgl. Ziff. 2.5)

eingereicht werden (siehe Art. 19 Abs. 1 AsylG).

Wer bereits in der Schweiz anwesenheitsberechtigt ist, hat gemäss Art. 19 Abs. 2 AsylG das Asylgesuch bei der Behörde desjenigen Kantons einzureichen, der die entsprechende Aufenthaltsbewilligung erteilt hat (Ziff. 2.6).

Bei der Einreichung des Asylgesuchs haben die zuständigen Behörden die Asylsuchenden auf ihre Rechte und Pflichten aufmerksam zu machen (Art. 19 Abs. 3 AsylG). Diese für die Einreichung des Asylgesuchs allgemein geltende Bestimmung ist besonders wichtig, da schwere Verstösse gegen die Mitwirkungspflicht bereits in einem frühen Verfahrensstadium einen Nichteintretensentscheid zur Folge haben können (siehe Kap. V).

Je nach Ort der Einreichung des Asylgesuchs sind verschiedene Verfahrensabläufe zu unterscheiden; auf die nachfolgend näher eingegangen wird. Seit dem Inkrafttreten des Dubliner Assoziierungsabkommens am 12. Dezember 2008 wird grundsätzlich bei allen Verfahrensabläufen zuerst immer die Frage nach der Zuständigkeit für die Prüfung des Asylgesuchs gestellt. Es ist darum notwendig, vorgängig einige grundsätzliche Überlegungen zum Dubliner Assoziierungsabkommen zu machen.

2.2 Das Dubliner Assoziierungsabkommen

Im Rahmen der bilateralen Abkommen (Bilaterale II) zwischen der Schweiz und der Europäischen Union wurde das bestehende Vertragsnetz zwischen der Schweiz und der EU u. a. auch auf die Themenbereiche «Schengen/Dublin» erweitert.[4] Für das Asylverfahren ist das Dubliner Assoziierungsabkommen von grosser Bedeutung. Der Dublin-Raum umfasst 29 Staaten, alle Mitgliedsstaaten der EU sowie Island und Norwegen. Die Dublin-Verordnung[5] regelt, welcher Mitgliedsstaat für

4 BBl 2004, S. 5965.

5 Verordnung (EG) Nr. 343/2003, Amtsblatt Nr. L 050 vom 25.2.2003, S. 1–10.

die Durchführung des Asyl- und Wegweisungsverfahrens eines Drittstaatsangehörigen zuständig ist. Diese Zuständigkeitsprüfung wird erleichtert durch eine zentrale Datenbank (Eurodac), in welcher insbesondere die Fingerabdrücke aller asylsuchenden Personen, die älter als 14 Jahre sind, gespeichert werden.

Art. 3 Abs. 1 Dublin-Verordnung hält als Grundsatz fest, dass die Mitgliedsstaaten jeden Asylantrag prüfen, der an der Grenze oder im Hoheitsgebiet eines Mitgliedsstaates gestellt wird; dass aber der Antrag nur von einem einzigen Mitgliedsstaat geprüft wird, der nach den in Art. 5 ff. aufgezählten Kriterien zuständig ist. Nebst dieser Verpflichtung zur Prüfung eines Asylantrags statuiert Art. 3 Abs. 2 der Dublin-Verordnung das Selbsteintrittsrecht eines Mitgliedsstaates, d. h., er darf einen Asylantrag auch prüfen, wenn er nach Art. 5 ff. Dublin-Verordnung nicht zuständig wäre. Gemäss Art. 3 Abs. 3 Dublin-Verordnung kann jeder Mitgliedsstaat einen Asylsuchenden nach seinen innerstaatlichen Rechtsvorschriften und unter Wahrung der Bestimmungen der Flüchtlingskonvention in einen Drittstaat (ausserhalb der Mitgliedsstaaten) zurückweisen.

Bei der Feststellung der Zuständigkeit ist immer auf den ersten Asylantrag in einem Mitgliedsstaat abzustellen (Art. 5 Abs. 2). Die Dublin-Verordnung enthält folgende Zuständigkeitskriterien, die in der nachfolgenden Reihenfolge geprüft werden:

1. Unbegleitete Minderjährige (Art. 6): Ihr Asylantrag wird in dem Staat geprüft, in welchem sich ein Angehöriger der Familie rechtmässig aufhält, sofern dies im Interesse des Minderjährigen liegt.
2. Familiäre Bindungen, ungeachtet ob die Familienbindung schon im Herkunftsland bestanden hatte (Art. 7 und 8): Hat die asylsuchende Person in einem Mitgliedsstaat einen Familienangehörigen (Ehegatten, Konkubinatspartner, minderjährige Kinder), der als Flüchtling anerkannt ist oder sich noch im laufenden Asylverfahren befindet, so ist dieser Mitgliedsstaat für die Prüfung des Asylantrags zuständig, sofern der Asylsuchende dies wünscht.
3. Erteilung von Aufenthaltstitel oder Visum (Art. 9): Besitzt ein Asylsuchender einen gültigen Aufenthaltstitel eines Mitgliedsstaates oder hat ihm ein Mitgliedsstaat ein Visum erteilt, so ist dieser Mitgliedsstaat für die Prüfung des Asylantrags zuständig. Im Falle von mehreren gültigen Aufenthaltstiteln in verschiedenen Mitgliedsstaaten sieht Art. 9 Abs. 3 eine Rangordnung vor.
4. Illegale Einreise (Art. 10): Reist ein Asylsuchender illegal aus einem Drittstaat in ein Mitgliedsstaat ein, so ist dieser Mitgliedsstaat für die Prüfung des Asylantrags zuständig. Die illegale Einreise ist aber aufgrund einer Liste von Beweismitteln zu belegen, und die Zuständigkeit besteht nur während 12 Monaten ab der illegalen Einreise. Ist der Mitgliedsstaat nicht (oder nicht mehr) zuständig, kann aber ein illegaler Aufenthalt vor der illegalen Einreise in einem anderen Mitgliedsstaat von mindestens fünf Monaten nachgewiesen werden, so ist

dieser andere Mitgliedsstaat zur Behandlung des Asylgesuchs zuständig (Art. 10 Abs. 2).

5. Legale (visumsfreie) Einreise (Art. 11): Reist die asylsuchende Person in einen Mitgliedsstaat ein, in dem für sie kein Visumszwang besteht, so ist dieser Mitgliedsstaat für die Prüfung des Asylantrags zuständig.
6. «Einreise» in den Transitbereich eines Flughafens eines Mitgliedsstaates (Art. 12): Stellt eine asylsuchende Person im Transitbereich eines Flughafens einen Asylantrag, so ist dieser Mitgliedsstaat für die Prüfung zuständig.
7. Ort des Asylantrags (Art. 13): Lässt sich aufgrund der obigen Kriterien nicht bestimmen, welcher Mitgliedsstaat zuständig ist, so fällt die Zuständigkeit dem ersten Mitgliedsstaat zu, in welchem der Asylantrag gestellt wird.

Art. 15 Dublin-Verordnung enthält die sogenannte «humanitäre Klausel», der zufolge jeder Mitgliedsstaat «aus humanitären Gründen, die sich insbesondere aus dem familiären oder kulturellen Umfeld ergeben» können, Familienangehörige[6] zusammenführen kann, auch wenn die obigen Kriterien nicht erfüllt sind und die betroffenen Personen dies wünschen. Es geht dabei um Fälle, in welchen die betroffene Person z. B. wegen Schwangerschaft, Krankheit, hohem Alter etc. auf die Unterstützung von Angehörigen angewiesen ist (Art. 15 Abs. 2).

Hält der Mitgliedsstaat, in welchem der Antrag gestellt wird, einen anderen Mitgliedsstaat für zuständig, so kann er den anderen Mitgliedsstaat innerhalb einer Frist von drei Monaten mittels eines Musterformulars um Übernahme ersuchen. Wird das Übernahmegesuch nicht fristgerecht gestellt, wird der Mitgliedsstaat zuständig, in dem das Asylgesuch gestellt wurde (Art. 17). Der ersuchte Mitgliedsstaat hat innerhalb einer Frist von zwei Monaten über die Übernahme zu entscheiden (Art. 18). Wird der Übernahme zugestimmt, so teilt der ersuchende Staat dem Asylsuchenden mit, dass sein Asylantrag nicht geprüft und er an den zuständigen Mitgliedsstaat überstellt wird (Art. 19 Abs. 1). Dieser Entscheid ist zu begründen, die Frist zur Überstellung sowie gegebenenfalls Ort und Zeitpunkt der Meldung im zuständigen Mitgliedsstaat sind anzugeben. Gegen den Entscheid ist ein Rechtsbehelf möglich, doch hat dieser nur aufschiebende Wirkung, wenn dies die zuständige Beschwerdeinstanz verfügt (Art. 19 Abs. 2).

Diese Zuständigkeitsprüfung durch die Mitgliedsstaaten hat auch Auswirkungen auf die Abläufe bei der Einreichung des Asylgesuchs in der Schweiz. Bisher erachtete die Gerichtspraxis die Verweigerung der Einreise in die Schweiz dann de facto als Ablehnung des Asylgesuchs, wenn dies damit begründet wurde, dass dem Asyl-

---

6 In Art. 15 ging der Gesetzgeber nicht vom engen Familienbegriff der Kernfamilie aus. Dies ist aus der englischen Fassung abzuleiten, die von «relatives» und nicht von «familiy members» gemäss Art. 2 lit. i Dublin-Verordnung spricht.

gesuchsteller zugemutet werden könne, im Aufenthaltsstaat zu bleiben und diesen um Schutz zu ersuchen.[7] Die Feststellung der Nichtzuständigkeit der Schweiz zur Behandlung des Asylgesuchs aufgrund des Dubliner Assoziierungsabkommens hat nun aber zwingend einen Nichteintretensentscheid zur Folge (Art. 34 Abs. 2 lit. d AsylG).

Zu beachten ist, dass die Anhörung im Hinblick auf einen Nichteintretensentscheid gemäss Art. 34 Abs. 2 lit. d AsylG nicht im Beisein einer Hilfswerksvertretung erfolgt (Art. 36 Abs. 2 AsylG).[8] Der Ausschluss der Hilfswerksvertretung ist unserer Ansicht nicht ganz korrekt. Art. 34 Abs. 3 AsylG sieht zwar selber nicht vor, dass im Falle, dass die Flüchtlingseigenschaft offensichtlich erfüllt ist, auch bei Dublin-Verfahren auf das Asylgesuch eingetreten wird. Es ist aber zu beachten, dass die Dublin-Verordnung selber in derartigen Konstellationen den Mitgliedsstaaten das Eintreten auf ein Asylgesuch ermöglicht (Selbsteintrittsrecht nach Art. 3 Abs. 2 Dublin-Verordnung). Ferner ist auch zu beachten, dass die Tatsache, dass alle Dublin-Mitgliedsstaaten als sichere Staaten für Drittstaatsangehörige gelten, die Mitgliedsstaaten nicht von der Verpflichtung entbindet, Personen, die als Flüchtlinge im Sinne der Flüchtlingskonvention gelten, vor einer (Ketten-)Abschiebung zu schützen, da die Dublin-Verordnung internationales Flüchtlingsrecht nicht verdrängen kann. Schliesslich ist in diesem Zusammenhang auch auf die Rechtsprechung des EGMR zur Art. 3 EMRK im Fall T. I. gegen das Vereinigte Königreich zu verweisen,[9] die auch in Dublin-Verfahren den ersten abschiebenden Mitgliedsstaat in die Pflicht nimmt, die Verantwortung zu übernehmen, ob die Gefahr einer unmenschlichen Behandlung im Falle einer (Ketten-)Abschiebung besteht. Und schliesslich kann aus Art. 107a AsylG geschlossen werden, dass das BFM bei der Anwendung der Dublin-Bestimmung prüft, ob Refoulement-Hindernisse bestehen. Eine Anhörung im Hinblick auf eine solche Prüfung würde nach Systematik der Nichteintretenstatbestände die Anwesenheit der Hilfswerksvertretung notwendig machen.

2.3 Asylgesuch aus dem Ausland (Art. 20 AsylG)

Das Asylgesuch kann gemäss Art. 20 AsylG bei einer schweizerischen Vertretung im Ausland eingereicht werden, entweder bereits im Herkunftsstaat oder in einem Drittstaat.[10] Wird das Asylgesuch durch einen Drittstaatsangehörigen bei der schweizerischen Vertretung in einem Dublin-Staat eingereicht, so ist grundsätzlich nicht die Schweiz sondern der entsprechende Dublin-Staat für die Behandlung des Asylgesuchs zuständig. In der Regel wird das BFM das Asylgesuch an die zustän-

---

7 EMARK 2000/12, E. 7.

8 Änderung des Asylgesetzes vom 13. Juni 2008 im Rahmen der Ergänzungen zur Umsetzung des Schengen- und Dublin Assoziierungsabkommen.

9 EGMR T. I. vs. the United Kingdom (43844/98).

10 Die Möglichkeit, ein Asylgesuch aus dem Ausland stellen zu können, soll gemäss den neuesten Revisionsvorschlägen des Bundesrates ersatzlos gestrichen werden (vgl. zur Eröffnung des Vernehmlassungsverfahrens BBl 2009, S. 573).

digen Behörden des Dublin-Staates melden.[11] In den übrigen Fällen führt die schweizerische Vertretung im Ausland mit der asylsuchenden Person eine Anhörung durch, falls notwendig unter Beiziehung eines Dolmetschers, und erstellt darüber ein Protokoll (Art. 10 Abs. 1 AsylV1). Von einer Anhörung kann nur in Ausnahmefällen abgesehen werden. Der Verzicht auf eine Anhörung ist vom Bundesamt für Migration zu begründen.[12] Im Falle, dass die asylsuchende Person nicht angehört wird, kann sie aufgefordert werden, ihre Asylgründe schriftlich bei der Botschaft einzureichen. Die Botschaft oder das Konsulat überweisen das Protokoll der Anhörung oder allenfalls das schriftliche Asylgesuch zusammen mit einem Bericht und allfällig weiteren Unterlagen dem Bundesamt für Migration. Das Bundesamt entscheidet dann aufgrund des Berichts der Botschaft über die Bewilligung zur Einreise der gesuchstellenden Person in die Schweiz.

Die Einreise wird bewilligt, wenn der asylsuchenden Person ein weiterer Verbleib im Aufenthaltsstaat oder eine Weiterreise in einen anderen Staat nicht zugemutet werden kann. Eine Einreisebewilligung dient primär dem Ziel, den Sachverhalt abzuklären. Auch bei einer festgestellten asylrelevanten Bedrohungslage wird nur über die Einreise entschieden, allerdings «im Hinblick auf eine Anerkennung als Flüchtling». Eine Asylgewährung setzt gemäss Praxis die Einreise in die Schweiz voraus.[13] Bei unmittelbarer akuter Gefährdung für Leib, Leben oder Freiheit kann die schweizerische Auslandvertretung auch ermächtigt werden, selber über die Einreise zu entscheiden (Art. 20 Abs. 3 AsylG).

Die Erteilung von Einreisebewilligungen wird restriktiv gehandhabt.[14] Gemäss einem Grundsatzentscheid der ARK wird vorausgesetzt, dass eine verfolgte Person des Schutzes durch Asylgewährung bedarf und es aufgrund «der ganzen Umstände geboten erscheint, dass es die Schweiz ist, die diesen Schutz gewähren soll». Dabei sind insbesondere folgende Faktoren ausschlaggebend: Beziehungsnähe zur Schweiz (frühere Aufenthalte, vorhandene familiäre oder verwandtschaftliche Beziehungen, wobei bei den verwandtschaftlichen Beziehungen auf den Anwendungsbereich von Art. 51 AsylG abgestellt wird), die fehlende Möglichkeit der Schutzgewährung durch einen anderen Staat, die Beziehungsnähe des Heimatstaates zu anderen Staaten, die praktische Unmöglichkeit und objektive Unzumutbarkeit einer «anderweitigen Schutzsuche» in einem Drittstaat.[15] Schliesslich werden auch die Eingliederungs- und Assimilationsmöglichkeiten in der Schweiz mitberücksichtigt, wobei es z. B. nicht schon genügt, wenn die betroffene Person

11 Weisung des BFM vom 1.1.2008 zum Asylbereich III, Asylverfahren, Ziff. 1.1.2.4.
12 BVGE 2007/30, vgl. auch BVGE 28.05.2008 (E-6678/2007).
13 EMARK 1997/15.
14 EMARK 1997/15, so auch BVGE 30.05.2008 (E-2745/2008).
15 EMARK 2004/20.

eine Landessprache spricht. In der Praxis werden Asylsuchende, die sich in einem Drittstaat befinden, häufig auf die Möglichkeit des «anderweitigen Schutzes» verwiesen.

Kann einer asylsuchenden Person, die sich im Ausland befindet, zugemutet werden, sich in einem anderen Staat um Aufnahme zu bemühen, stellt dies grundsätzlich auch einen Asylausschlussgrund gemäss Art. 52 Abs. 2 AsylG dar[16] (vgl. Kap. VIII).

Wird mit der Verweigerung der Einreise gleichzeitig auch das Asylgesuch abgelehnt, so setzt dies gemäss Art. 10 AsylV1 in der Regel eine persönliche Anhörung der asylsuchenden Person durch die Schweizer Vertretung voraus, dies ergibt sich aus dem verfassungsmässigen Anspruch auf rechtliches Gehör.[17]

Die Einreisebewilligung wird in der Regel durch das BFM erteilt. Hat die asylsuchende Person kein Reisedokument, in welchem das Einreisevisum angebracht werden kann, kann das BFM auch ein Laissez-passer ausstellen lassen. Grundsätzlich muss die asylsuchende Person die Reisekosten selber übernehmen. Für mittellose Personen, denen das BFM die Einreise erlaubt hat – insbesondere im Rahmen der Familienzusammenführung mit anerkannten Flüchtlingen – kann das BFM auf Gesuch hin die Kosten des Flugtickets übernehmen. Die asylsuchende Person kann bereits der schweizerischen Vertretung mitteilen, dass sie nicht über genügend Mittel verfüge; der entsprechende Antrag ist an das BFM weiterzuleiten. Das BFM geht aber bei Vorhandensein eines familiären Netzes in der Schweiz grundsätzlich nicht von einer Mittellosigkeit aus.[18]

2.4 Asylgesuch an der Grenze

2.4.1 Grundsätze

Wird ein Asylgesuch an der Grenze oder bei einer Grenzkontrolle in einem schweizerischen Flughafen eingereicht, so wird gemäss Art. 21 Abs. 1 AsylG zunächst geprüft, ob nicht ein anderes Land staatsvertraglich zur Prüfung des Gesuchs verpflichtet ist. Hier kommt das Prinzip, dass die Schweiz Verfolgten nur dann Schutz gewährt, wenn sie nicht anderweitig Schutz erhalten können, besonders zum Tragen. Auch knüpft mit Art. 21 Abs. 1 AsylG das Schweizer Recht an das zwischen den EU-Mitgliedsstaaten und der Schweiz abgeschlossene «Dubliner Assoziierungsabkommen» an (siehe Ziff. 2.2).

---

16 EMARK 2004/20.

17 BVGE 24.05.2007 (E 4775/2006) E. 6.2.

18 Weisung des BFM vom 1.1.2008 zum Asylbereich III, Asylverfahren, Ziff. 1.1.2.6.

2.4.2 Asylgesuch an der Landesgrenze und im grenznahen Raum

Mit dem Inkrafttreten des Dubliner Assoziierungsübereinkommens[19] wurde auch der Ablauf des Asylverfahrens an der Grenze sowie bei Personen, die bei der illegalen Einreise im grenznahen Raum angehalten werden und dann ein Asylgesuch stellen, neu geregelt. Dies führte zur Streichung von Art. 24 AsylG (Asylgesuch nach Anhaltung im grenznahen Raum bei der illegalen Einreise) und zur Neukonzeption von Art. 21 AsylG. Letzterer bezieht sich nun auf:

- Asylgesuche an der Grenze,
- Asylgesuche nach Anhaltung bei der illegalen Einreise im grenznahen Raum sowie auf
- Asylgesuche im Inland,

und besagt, dass in all diesen Fällen die um Asyl nachsuchende Person durch die zuständigen Behörden «in der Regel an eine Empfangsstelle» gewiesen wird, wo das Bundesamt für Migration seine Zuständigkeit gemäss dem Dubliner Assoziierungsabkommen prüft.

Der Hauptgrund für die Zuweisung liegt darin, dass die Prüfung der Zuständigkeit zur Durchführung des Asylverfahrens und der damit verbundene Fingerabdruckvergleich mit Eurodac unter Umständen längere Zeit in Anspruch nehmen können. Beispiele für Ausnahmen von der Zuweisung an ein EVZ sind in der Asylverordnung 1 geregelt. Erachtet sich die Schweiz als zuständig, das Asylverfahren durchzuführen, so nimmt das Asylverfahren seinen normalen Lauf. Kommt das BFM aber zum Schluss, dass ein anderer durch das Dubliner Assoziierungsabkommen gebundener Staat für die Durchführung des Asylgesuchs zuständig ist, so wird auf das Asylgesuch gestützt auf Art. 32 Abs. 2 lit. d AsylG nicht eingegangen und die betroffene Person gestützt auf Art. 64a AuG aus der Schweiz weggewiesen. Bei der Wegweisung handelt es sich um eine sofort vollstreckbare Verfügung; eine Beschwerde gegen den Entscheid hat keine aufschiebende Wirkung.

> Dass die Wegweisungsverfügung nach Art. 64a AuG sofort vollstreckbar ist und keine aufschiebende Wirkung hat, ist völkerrechtlich problematisch, insbesondere dann, wenn eine Verletzung von Art. 3 EMRK geltend gemacht wird, so z. B. bei Kettenabschiebungen, da die sofortige Vollstreckbarkeit der Verfügung dazu führt, dass kein effektiver Rechtsschutz im Sinne von Art. 13 EMRK zur Verfügung steht.

2.4.3 Asylgesuch im Flughafen (Art. 22 f. AsylG)

Das Flughafenverfahren wurde zwar bereits mit der Asylgesetzrevision vom 26. Dezember 2005 (in Kraft seit dem 1.1.2008) neu geregelt.[20] Im Rahmen der

---

19 Die mit der Umsetzung der Schengen- und Dublin Assoziierungsübereinkommen in Zusammenhang stehenden Ergänzungen und Änderungen des Ausländer- und Asylgesetzes vom 17.12.2004 und 13.6.2008 sind am 12. Dezember 2008 in Kraft getreten.

20 BBl 2002, S. 6845.

Umsetzung des Schengen- und Dublin Assoziierungsabkommens mussten aber sowohl im Ausländergesetz wie auch im Asylgesetz weitere Anpassungen vorgenommen werden.[21] Davon betroffen ist auch das Asylverfahren am Flughafen. Die Bestimmungen sind am 12. Dezember 2008 in Kraft getreten. Das Flughafenverfahren zeichnet sich durch folgende Besonderheiten aus:

Stellt eine Person an einem schweizerischen Flughafen ein Asylgesuch, so stellt die zuständige kantonale Behörde (zuständige Grenzkontrollorgane der internationalen Flughäfen)[22] oder das BFM ihre Personalien sicher und erstellt Fingerabdrücke und Fotografien; auch biometrische Daten dürfen erhoben werden (Art. 22 Abs. 1 AsylG). Handelt es sich um eine unbegleitete minderjährige Person, so ernennt die kantonale Behörde für sie – für die Dauer des Flughafenverfahrens – eine Vertrauensperson (Art. 17 Abs. 3 lit. a AsylG), sofern am Flughafen entscheidende Verfahrensschritte stattfinden.

Die asylsuchende Person wird umgehend zu ihrer Identität und Nationalität befragt. Die Beziehungen des Gesuchstellers zur Schweiz werden ebenso abgeklärt wie der Reiseweg sowie die Umstände der Ausreise. Für diese Anhörung zieht die zuständige Grenzkontrollbehörde einen Dolmetscher oder eine Dolmetscherin bei. Über die Befragung wird Protokoll geführt.

Das Bundesamt für Migration prüft seine Zuständigkeit zur Durchführung des Asylverfahrens unter Berücksichtigung des Dubliner Assoziierungsabkommens (Art. 22 Abs. 1bis AsylG). Erachtet das Bundesamt, dass die Schweiz nicht für die Behandlung des Asylgesuchs zuständig ist, so tritt es auf das Asylgesuch nicht ein und ordnet die Wegweisung an (Art. 32 Abs. 2 lit. d AsylG in Verbindung mit Art. 64a AuG). Die asylsuchende Person wird in den nach dem Dubliner Assoziierungsabkommen zuständigen Mitgliedsstaat überstellt. Ein solcher Nichteintretretensentscheid ist innert 20 Tagen nach Einreichung des Asylgesuchs zu eröffnen, ansonsten ist der asylsuchenden Person die Einreise in die Schweiz zu bewilligen; sie wird einem Kanton zugewiesen (Art. 23 Abs. 2 AsylG).

> Die Aufenthaltsdauer von 20 Tagen dürfte in vielen Fällen aufgrund der bisherigen Erfahrungen mit dem Dubliner Abkommen in den EU-Staaten in der Regel nicht genügen, um eine Überstellung in den zuständigen Mitgliedsstaat zu vollziehen. Gleichzeitig wäre aber eine Ausweitung der Aufenthaltsdauer am Flughafen unter den Gesichtspunkten der Freiheitseinschränkung alleine aufgrund von langsamen Verfahrensabläufen wohl nicht verhältnismässig.

---

21 BBl 2007, S. 7937.

22 Asylgesuche werden vor allem an den Flughäfen Zürich-Kloten und Genf-Cointrin sowie vereinzelt am Euroairport Basel-Mulhouse gestellt. In Kloten erfolgt die Registrierung durch die Flughafenpolizei, in Genf durch das BFM.

Die Einreise wird hingegen bewilligt, wenn die Schweiz gemäss der Dublin-Verordnung[23] zuständig ist, und die asylsuchende Person im Land, aus welchem sie direkt in die Schweiz gelangt ist, in flüchtlingsrelevanter Weise gefährdet ist oder ihr dort eine unmenschliche Behandlung droht, oder aber glaubhaft macht, dass ihr aus dem Land, aus dem sie in die Schweiz gelangt ist, eine weitere Abschiebung in Verletzung des Refoulement-Gebots droht (Art. 22 Abs. 1ter AsylG).

Ist die Zuständigkeit für die Behandlung des Asylgesuchs zwar gegeben, aber die übrigen Voraussetzungen zur Einreise sind nicht erfüllt, so wird der asylsuchenden Person die Einreise mittels Verfügung vorläufig verweigert. Das BFM weist gleichzeitig der betroffenen Person einen Aufenthaltsort und eine geeignete Unterkunft zu (in der Regel im Transitbereich des Flughafens) und zwar längstens für 60 Tage. Dieser sog. Zuweisungsentscheid ist der asylsuchenden Person innert zwei Tagen nach Einreichung des Gesuchs zu eröffnen; vorgängig wird ihr das rechtliche Gehör gewährt, zudem ist ihr auch Gelegenheit zu geben, sich verbeiständen zu lassen (Art. 22 Abs. 2, 3 und Abs. 4 AsylG). Die Verweigerung der Einreise kann bis zum Zeitpunkt, an welchem über das Asylgesuch entschieden wird (Art. 23 AsylG), beim Bundesverwaltungsgericht angefochten werden (Art. 108 Abs. 3 und 4 AsylG). Es ist zu beachten, dass sämtliche Verfügungen im Rahmen des Flughafenverfahrens direkt dem Gesuchsteller (auch wenn er vertreten ist) eröffnet werden können. Diese in Art. 13 Abs. 3 AsylG festgehaltene Regelung setzt die allgemeine Vertretungsregelung von Art. 11 Abs. 3 VwVG ausser Kraft.

> Unseres Erachtens muss bei unbegleiteten minderjährigen Asylsuchenden die Ernennung einer Vertrauensperson umgehend erfolgen, d. h. bevor die soeben aufgeführten Verfahrensschritte am Flughafen erfolgen. Die unbegleitete minderjährige Person ist bei allen Verfahrensschritten zu begleiten, d. h. auch in Verfahren, in welchen keine eingehende Anhörung erfolgt. Ein allfälliger Nichteintretens- und Wegweisungsentscheid (z. B. gestützt auf Art. 32 Abs. 2 lit. d AsylG in Verbindung mit Art. 64a AuG) muss die unbegleitete minderjährige Person mithilfe der Vertrauensperson ebenso überprüfen und allenfalls anfechten können wie auch den Zuweisungsentscheid bezüglich des Aufenthaltsortes am Flughafen. Bei Letzterem stellt sich die Frage, ob eine länger dauernde Unterbringung von unbegleiteten minderjährigen Asylsuchenden im Transitbereich eine für Kinder geeignete Unterbringung darstellt. Art. 13 Abs. 3 AsylG darf in Verfahren von unbegleiteten minderjährigen Asylsuchenden unseres Erachtens keine Anwendung finden, bzw. dem unbegleiteten Minderjährigen darf daraus kein Rechtsnachteil erwachsen. Art. 17 Abs. 3 AsylG darf nicht durch Art. 13 Abs. 3 AsylG eingeschränkt werden, indem z. B. die Rechtsmittelfrist einer Verfügung mit Eröffnung des Entscheides gegenüber dem UMA beginnt. Sinn und Zweck von Art. 17 Abs. 3 AsylG würde somit gerade in den am Flughafen angewendeten «Schnellverfahren» unterlaufen werden, was besonders stossend wäre.

---

23 Verordnung (EG) Nr. 343/2003 des Rates vom 18. Februar 2003 zur Festlegung der Kriterien und Verfahren zur Bestimmung des Mitgliedsstaats, der für die Prüfung eines von einem Drittstaatsangehörigen in einem Mitgliedsstaat gestellten Asylantrags zuständig ist; Amtsblatt Nr. L 50 vom 25.2.2003, S. 1.

Da die Zuweisung des Flughafens als Aufenthaltsort die Bewegungsfreiheit der asylsuchenden Person faktisch auf den Transitbereich beschränkt, muss die davon betroffene Person (gemäss der für Freiheitsentziehung geltenden Regelungen in der EMRK[24]) auch die Möglichkeit haben, diese Freiheitsentziehung richterlich überprüfen zu lassen. Das Bundesgericht kam in seinem publizierten Urteil vom 17. Mai 1997[25] zum Schluss, dass die damals noch geltenden Regelungen des Flughafenverfahrens den Anforderungen der EMRK betreffend einer richterlichen Kontrolle nicht genügen würden und forderte den Gesetzgeber auf, entsprechende Regelungen zu erlassen. Das Asylgesetz wurde entsprechend geändert und sieht heute eine Beschwerdemöglichkeit in Art. 108 Abs. 4 AsylG vor. Das Bundesverwaltungsgericht prüft als «Haftrichter» den Freiheitsentzug unter Umständen parallel zur Frage der Zulässigkeit der Einreiseverweigerung und berücksichtigt dabei namentlich die Umstände und Dauer der Unterbringung (Art der Unterbringung, Möglichkeit der medizinischen Versorgung, Kontaktmöglichkeiten zur Aussenwelt etc.).[26]

Erachtet sich das BFM zur Behandlung des Asylgesuchs als zuständig, so nimmt das Asylverfahren am Flughafen seinen Lauf. Falls der asylsuchenden Person die Einreise nicht bewilligt wird, so wird sie vom BFM im Hinblick auf einen materiellen Asylentscheid nach Art. 40 oder 41 AsylG bzw. einen Nichteintretensentscheid nach den Art. 32–35a AsylG angehört. Das Verfahren und die Verfahrensgarantien entsprechen dem eines ordentlichen Asylverfahrens (vgl. Verweis in Art. 22 Abs. 6 AsylG). Die Anhörung richtet sich folglich nach Art. 29 AsylG. An der Anhörung ist auch eine Vertretung der Hilfswerke anwesend (Art. 30 AsylG), sofern dies aufgrund des beabsichtigten Nichteintretensentscheids erforderlich ist, ansonsten ist der asylsuchenden Person das rechtliche Gehör zu gewähren (Art. 36 AsylG). Die Ordnungsfristen von Art. 37 AsylG gelten auch für das Verfahren am Flughafen. Kann ein materieller Entscheid oder ein Nichteintretensentscheid nicht innerhalb von 20 Tagen am Flughafen gefällt werden, ist die asylsuchende Person dem Kanton zuzuweisen (Art. 23 Abs. 2 AsylG). Diese Verfahrensgarantien sind sozusagen an die Stelle der nach altem Recht notwendigen Stellungnahme des UNHCR getreten, das früher bei Wegweisungen in den Heimatstaat ein Vetorecht hatte.[27]

---

24 EGMR Amuur vs. France (19776/92), EGMR Mubilanzila Mayeka and Kaniki Mitunga vs. Belgium (13178/03).

25 BGE 123 II, S. 193 ff.

26 Vgl. dazu EMARK 1997/19, Grundsatzentscheid, vgl. auch EMARK 1998/6, EMARK 1998/7 und EMARK 1998/30 zu den konkreten Unterbringungsumständen.

27 BBl 2002, S. 6852.

2.5 Illegale Einreise und Asylgesuch im Empfangs- und Verfahrenszentrum (Art. 19 AsylG)

Gemäss Art. 19 Abs. 1 AsylG kann das Asylgesuch auch an einem Empfangs- und Verfahrenszentrum (EVZ) des BFM eingereicht werden. Die Regelung im Gesetz trägt der Tatsache Rechnung, dass eine grosse Mehrheit der Asylsuchenden unter Umgehung der Grenzkontrollen einreist.

Welches sind die Ursachen für diese – nicht nur in der Schweiz – grosse Zahl illegaler Einreisen? Zum einen müssen die in den meisten Aufnahmeländern verschärften Asyl- und Einwanderungsgesetze genannt werden, die, kombiniert mit einer restriktiven Visa- und Transitvisapolitik, eine legale Einreise von Flüchtlingen erheblich erschweren oder gar verunmöglichen. Seit der Einführung der Dublin-Verordnung versuchen gewisse Asylsuchende ihren Reiseweg auch bewusst zu verschleiern, um so eine allfällige Abschiebung in einen Staat, in welchem sie sich schon aufgehalten haben, zu verhindern. Die legale Grenzüberschreitung wird aber auch dadurch erschwert, dass gerade verfolgte Personen häufig über keine ordentlichen Reisedokumente verfügen. Zudem sind in Ländern, in welchen Krieg oder Bürgerkrieg herrschen, die staatlichen Strukturen aufgrund des vorhandenen Chaos unter Umständen nicht mehr in der Lage, entsprechende Papiere zu produzieren oder auszustellen.

Diesen Umständen trägt das Flüchtlingsrecht Rechnung: So verbietet die Flüchtlingskonvention gemäss Art. 31 Abs. 1 GFK ihren Vertragsstaaten, Strafmassnahmen gegen illegal eingereiste Flüchtlinge zu treffen, wenn sie unmittelbar aus einem Verfolgungsgebiet kommen, sich unverzüglich bei den staatlichen Behörden melden und triftige Gründe für die illegale Einreise haben. Gemäss Auffassung des UNHCR erfüllt auch eine zügige Durchreise durch Drittstaaten das Erfordernis des «unmittelbaren Kommens» aus einem Verfolgungsstaat.

Die Organe des UNHCR haben in Empfehlungen wiederholt festgehalten, dass wegen der illegalen Einreise allein ein Asylgesuch weder rechtsmissbräuchlich noch unbegründet ist und haben die Staatengemeinschaft aufgefordert, Zugangsbeschränkungen zum Asylverfahren für «Illegale» zu unterlassen.[28]

Wegen der illegalen Einreise allein unterliegen Asylsuchende in der Schweiz keinen verfahrensmässigen Nachteilen. Mögliche Sanktionen und Rechtsfolgen einer illegalen Einreise sind hingegen:

- Gemäss Art. 33 AsylG wird auf ein Asylgesuch einer sich illegal aufhaltenden Person dann nicht eingetreten, wenn das Asylgesuch einzig dem (missbräuchli-

28 Vgl. z. B. UNHCR-ExKom-Beschlüsse Nr. 44, Nr. 46 und 58.

chen) Zweck dient, eine drohende Wegweisung oder Ausweisung zu vermeiden (siehe Kap. V, Ziff. 3.4).

- Die illegale Einreise kann gemäss Art. 115 AuG auch strafrechtlich verfolgt werden. Bei Flüchtlingen, die unmittelbar aus dem Verfolgerstaat kommen und sich auf Art. 31 GFK berufen können, soll auf eine Bestrafung verzichtet werden. Gemäss Bundesgerichtspraxis reist eine Person auch «unmittelbar» aus dem Verfolgerstaat in die Schweiz ein, wenn sie über andere Länder zielstrebig in die Schweiz gelangt ist.[29] Wird das Asylgesuch abgelehnt, so bleibt aber für einen Notstand kein Raum, wenn zur Rechtfertigung der illegalen Einreise einzig Art und Schwere der Verfolgung vorgebracht werden.[30]

2.6 Asylgesuch im Kanton (Art. 19 Abs. 2 AsylG)

Personen, die sich bereits mit einer gültigen kantonalen Anwesenheitsbewilligung (dazu gehören: Kurzaufenthalts-, Jahresaufenthalts- und Niederlassungsbewilligung) in der Schweiz befinden, reichen ihr Asylgesuch im betreffenden Kanton ein.[31] Das Asylgesuch gilt ab dem Zeitpunkt der Vorsprache beim Kanton als eingereicht. Der bisherige Aufenthaltskanton bleibt für die Dauer des Asylverfahrens zuständig. Gemäss Art. 21 Abs. 2 AsylV1 werden Asylsuchende mit kantonaler Anwesenheitsbewilligung an die Zahl der vom betreffenden Kanton zu übernehmenden Asylsuchenden angerechnet.

Die kantonale Behörde erstellt Fingerabdruckbogen und Fotografien der asylsuchenden Person. Reise- und Identitätspapiere sowie allfällige weitere amtliche Dokumente und Beweismittel werden zu den Akten genommen. Die kantonale Behörde meldet das Asylgesuch zwecks Eintragung und Durchführung der Anhörung dem BFM. Eine bereits erteilte ausländerrechtliche Aufenthaltsbewilligung bleibt gemäss Art. 14 Abs. 6 AsylG gültig und kann verlängert werden. Das heisst die asylsuchende Person behält ihren Ausländerausweis. Verliert die kantonale Anwesenheitsbewilligung aber ihre Gültigkeit, wird der asylsuchenden Person ein N-Ausweis ausgestellt.

In der Regel wird die asylsuchende Person dann zu einer Anhörung in ein Empfangs- und Verfahrenszentrum vorgeladen. Die Einleitung eines Dubliner Zuständigkeitsverfahrens wäre denkbar, doch im Falle, dass die betroffene Person im Besitz einer gültigen Aufenthaltsbewilligung ist, dürfte die Zuständigkeit bei der Schweiz liegen (Art. 9 Dublin-Verordnung).

---

29 Urteil des Bundesgerichts vom 17.3.1999, in: ASYL 1999/2, S. 21 ff.

30 BGE 132 IV 29, E. 3.

31 Vgl. Weisung des BFM vom 1.1.2008 (Stand 12.12.2008) zum Asylbereich, Asylverfahren, Ziff. 1.1.1.5.

3. Das Verfahren im Empfangs- und Verfahrenszentrum

3.1 Aufgaben der Empfangs- und Verfahrenszentren

Die Empfangs- und Verfahrenszentren, EVZ, werden vom Bundesamt für Migration (BFM) geführt. Das BFM kann zur Sicherstellung des Betriebes der EVZ Dritte mit nicht hoheitlichen Aufgaben beauftragen (Art. 17 AsylV1). Die Aufgaben der EVZ sind in Art. 26 AsylG festgehalten. Das BFM betreibt EVZ in Vallorbe, Basel, Kreuzlingen und Chiasso. In Altstätten wird ein sog. Transitzentrum betrieben. Im Unterschied zu einem EVZ können sich Asylsuchende dort nicht melden. Im Übrigen sind die Abläufe aber mit denen im EVZ identisch.

Die EVZ sind von Montag bis Freitag während den Bürozeiten geöffnet. Ausserhalb dieser Zeiten werden Asylsuchende nur bei Vorliegen besonderer Umstände aufgenommen. Personen, die ihr Gesuch bei einem EVZ einreichen, müssen ein Personalienblatt ausfüllen. Sie werden in Form eines Merkblattes auf ihre Rechte und Pflichten im Verfahren hingewiesen (siehe Art. 19 Abs. 3 AsylG).

Im EVZ wird das Asylgesuch registriert und vorhandene Reisepapiere oder andere Dokumente, welche die Identität belegen, werden zu den Akten genommen. Asylsuchende, die keine gültigen Reisepapiere mit sich führen, werden aufgefordert, innert 48 Stunden solche einzureichen. Diese Aufforderung haben Asylsuchende schriftlich zu bestätigen. Das BFM darf sodann gemäss Art. 9 AsylG Asylsuchende und ihre mitgeführten Sachen auf Reise- und Identitätspapiere sowie auf gefährliche Gegenstände, Drogen und Vermögenswerte unklarer Herkunft hin untersuchen. Die Durchsuchung von Asylsuchenden darf nur durch Personen gleichen Geschlechts erfolgen (Art. 9 Abs. 2 AsylG). Asylsuchende haben sich während des Aufenthaltes im EVZ grundsätzlich den Behörden zur Verfügung zu halten (Art. 16 Abs. 1 AsylV1).

Der Betrieb des EVZ wird gemäss Art. 18 AsylV1 in einer durch das EJPD erlassenen Hausordnung geregelt.[32] Diese gilt auch für die Unterkünfte an den Flughäfen. Die wichtigsten Punkte der Hausordnung sind:

- Asylsuchende werden in den EVZ nach Geschlechtern getrennt untergebracht. Den besonderen Bedürfnissen von Familien, Kindern und Behinderten ist dabei aber Rechnung zu tragen (Art. 4).
- Die Durchsuchung von Asylsuchenden durch (Sicherheits-)Personal des gleichen Geschlechts ist erlaubt. Diese können Reisepapiere, gefährliche Gegen-

32 Verordnung des EJPD vom 24. November 2007 zum Betrieb von Unterkünften des Bundes im Asylbereich (SR 142.311.23).

stände, Vermögenswerte, störende elektronische Geräte, Alkohol, Drogen, Waffen etc. sicherstellen (Art. 3). Verbotene Waffen und Drogen werden der Polizei übergeben.

- Asylsuchende können angehalten werden, Hausarbeiten zu erledigen (Art. 6).
- Die Unterkunft ist für die Öffentlichkeit grundsätzlich nicht zugänglich (Art. 2). Besucher, die Beziehung zu Asylsuchenden glaubhaft machen können, dürfen mit Zustimmung der Zentrumsleitung in entsprechenden speziellen Räumlichkeiten empfangen werden (Art. 10). Seelsorger und Seelsorgerinnen haben während den Öffnungszeiten Zutritt, Rechtsvertreterinnen und Rechtsvertreter während den Besuchszeiten (Art. 9).
- Asylsuchende können das EVZ erst nach erkennungsdienstlicher Erfassung und nur mit einer Ausgangsbewilligung verlassen (Art. 11). Diese kann verweigert werden, wenn sich die asylsuchende Person zur Durchführung des Asylverfahrens zur Verfügung halten muss (wobei dann konkrete Verfahrensschritte gemacht werden müssen), wenn Hausarbeiten nicht erledigt worden sind oder Auflagen missachtet worden sind (Art. 12). Wird der Ausgang länger als einen Tag verweigert, ist auf Verlangen hin gemäss Verordnung des EJPD eine beschwerdefähige Verfügung zu erlassen.[33]
- Asylsuchende haben während des Aufenthalts Zugang zur medizinischen Grundversorgung (Art. 5).
- Asylsuchenden stehen Telefonautomaten zur Verfügung. Der Gebrauch des Telefaxes ist für den notwendigen Kontakt mit einer Rechtsvertretung zur Verfügung zu stellen und eingehende Post ist weiterzuleiten (Art. 7).

Der Aufenthalt in den EVZ dauert maximal 60 Tage (Art. 16 Abs. 2 AsylV1). Gemäss Art. 16a AsylV1 können bei besonderen Situationen (gemeint ist ein vorübergehender oder dauerhafter Anstieg der Asylgesuche) zur Sicherstellung der Unterbringung von Asylsuchenden sog. «Aussenstellen» eingerichtet werden. Der Aufenthalt dort dauert solange bis die kantonalen Behörden die notwendigen ordentlichen Strukturen zur Verfügung stellen, maximal aber zwölf Monate.

> Die Einschränkung der Bewegungsfreiheit – wie sie in den EVZ besteht – wäre unserer Auffassung zufolge bei einer Aufenthaltsdauer von mehreren Monaten in den Aussenstellen wohl unverhältnismässig. Bei der Schaffung der Empfangsstellen ging der Gesetzgeber nämlich davon aus, dass der dortige Aufenthalt wenige Tage dauern wird.[34] Die Ausdehnung der Aufenthaltsdauer von ursprünglich wenigen Tagen auf nun 60 Tage ohne entsprechende gesetzliche Grundlage, ist aufgrund der Einschränkungsmöglichkeiten der Bewegungsfreiheit problematisch.

---

33 Vgl. zum Rechtschutz an den EVZ BGE 128 II, S. 156 und Urteil des Bundesgerichts vom 9. April 2002 (2A.151/2001), teilweise publiziert in: ASYL 2002/2, S. 21 ff.

34 Vgl. Nationalrat Wellauer, Amtl. Bulletin NR, Sitzung vom 21. Juni 1989, S. 1009 (Errichtung von definitiven Zentren in Basel und Chiasso).

Gemäss Art. 80 AsylG ist während des Aufenthaltes in einem EVZ der Bund für die Leistung von Sozialhilfe zuständig.[35] Zwar erhalten dort Asylsuchende die notwendige Sozialhilfe im Sinne von Art. 81 AsylG (inkl. einen Beitrag zur freien Verfügung), eine gesetzliche Grundlage, die Art und Umfang der Sozialhilfe regelt, wäre aber wünschenswert. Dies könnte z. B. in der Verordnung des EJPD zum Betrieb von Unterkünften des Bundes im Asylbereich erfolgen.

3.2 Das Verfahren im Empfangs- und Verfahrenszentrum

Gemäss Art. 26 AsylG hat das EVZ folgende Funktionen:

- Die Personalien der Asylsuchenden werden festgestellt, in der Regel erfolgt eine erkennungsdienstliche Behandlung (Anfertigen von Fotografien und von Fingerabdruckbogen sowie die Möglichkeit weitere biometrische Daten zu erheben). Die Fingerabdrücke werden elektronisch mit den bestehenden Daten beim BFM, der Bundespolizei und dem Grenzwachtkorps und mit Eurodac verglichen.
- Die Asylsuchenden werden summarisch zur Person, zum Reiseweg und zu den Fluchtgründen befragt. Für die summarische Befragung werden in der Regel Dolmetscher oder Dolmetscherinnen beigezogen. Das Befragungsprotokoll wird rückübersetzt und von allen Beteiligten unterschrieben. Die summarische Anhörung kann durch eine direkte Anhörung im Sinne von Art. 29 AsylG ersetzt werden (Art. 19 Abs. 2 AsylV1).
- Bei angeblich minderjährigen Personen kann das EVZ-Personal ein Altersgutachten veranlassen, falls im Rahmen eines ausländerrechtlichen oder strafrechtlichen Verfahrens Hinweise bestehen, dass die Person volljährig sein könnte oder falls aufgrund unglaubhafter Aussagen Zweifel am angegebenen Alter bestehen.[36]

Die summarische Befragung bildet die Grundlage zur Steuerung des weiteren Verfahrens, so ob ein Rückübernahmeverfahren in einen Drittstaat, oder ein Dublin-Verfahren, oder ein sog. Inlandverfahren zur Anwendung gelangt. Von diesem Entscheid hängt im Wesentlichen auch ab, ob das Verfahren für seine weitere Behandlung eine Zuweisung in den Kanton notwendig macht, oder ob das Verfahren in der Empfangsstelle durchgeführt werden kann.

---

35 Die Zuständigkeit des Bundes besteht unserer Ansicht nach auch während des Aufenthalts im Transitzentrum eines Flughafens, obwohl dies nicht explizit erwähnt wird.

36 EMARK 2004/30.

3.3 Das Triageverfahren

Im EVZ erfolgen dann erste Entscheidungen über den weiteren Verlauf des Asylverfahrens. Diese beziehen sich nicht auf den Entscheid, sondern auf die Durchführung der Befragung und bezwecken eine Prioritätenregelung in Bezug auf bestimmte Gruppen von Asylgesuchen. Massgebliches Kriterium solcher Regelungen bildet dabei nicht die Frage der inhaltlichen Begründetheit des Asylgesuchs, sondern insbesondere, ob das Verfahren während des Aufenthaltes im EVZ erledigt werden kann. Es handelt sich somit um ein Triageverfahren, welches das Verfahren steuert.

Es werden dabei im Rahmen eines Vortriageverfahrens folgende Kategorien unterschieden:

- Kategorie 1 umfasst alle Fälle, die während des 60-tägigen Aufenthalts in der Empfangsstelle entschieden werden können. Zur Triagekategorie 1 fallen in der Regel alle in einem EVZ erlassenen Nichteintretensentscheide, bei denen entweder das rechtliche Gehör vorgängig gewährt oder aber eine Anhörung nach Art. 29 AsylG durchgeführt wurde.
- Kategorie 2 umfasst alle Fälle, die während 60 Tagen in einem EVZ im Rahmen eines ordentlichen Verfahrens angehört werden und dann vom BFM in Bern entschieden werden. Unter die Triagekategorie 2 fallen in der Regel Fälle, die in einem EVZ nach einer ordentlichen Anhörung im Sinne von Art. 29 AsylG mit der Eröffnung eines materiellen Entscheides (positiv oder negativ) abgeschlossen werden können.
- Kategorie 3 umfasst jene Fälle, die vom BFM in Bern durch eine Sektion angehört und dort entschieden werden.
- Kategorie 4 umfasst schliesslich alle übrigen Fälle.

Diese Kategorien sind auf der ersten Seite des Befragungsprotokolls ersichtlich und werden auch in der Datenbank ZEMIS erfasst.

Darüber hinaus werden auch drei Identitätskategorien gebildet und erfasst:

- A bedeutet, dass Ausweise vorhanden oder rasch beschaffbar sind;
- B bedeutet, dass zwar keine Ausweise vorhanden sind, aber keine Zweifel an der Nationalität bestehen, und C bedeutet, dass Zweifel bestehen, ob die angegebene Nationalität stimmt.
- Bei der Kategorie C wird, falls nötig und möglich, die Identitätsabklärung mittels einer Lingua-Analyse noch im EVZ durchgeführt.

Massgebliches Kriterium dieser Kategorisierung ist dabei insbesondere die Frage, ob im Anschluss an den Entscheid eine Wegweisung auch vollzogen werden kann.

In der Praxis kann festgestellt werden, dass in der Empfangsstelle folgende Asylgesuche abschliessend behandelt werden (Erledigung mittels Nichteintretensentscheid oder durch materiellen Entscheid):

- Fälle, bei denen Indizien für ein offensichtlich aussichtsloses oder missbräuchliches Verfahren vorliegen.
- Asylgesuche aus Ländern mit steigenden Gesuchszahlen, um unbegründete Gesuche rasch entscheiden zu können.
- Fälle, bei denen die Flüchtlingseigenschaft offenkundig gegeben ist (z. B. bei bewilligtem Familiennachzug) und der Fall beschleunigt behandelt werden kann.

In diesen Fällen findet die einlässliche Anhörung mit allen Verfahrensgarantien im Sinne von Art. 29 f. AsylG bereits in der Empfangsstelle statt (vgl. Ziff. 4.2).

3.4 Verteilung auf die Kantone

Bei Personen, deren Wegweisung ab EVZ vollzogen werden kann, erfolgt eine Zuweisung in den Standortkanton des EVZ (Art. 21 Abs. 3 AsylV1). Ist das Asylverfahren zwar abgeschlossen, aber kann die Wegweisung noch nicht vollzogen werden, erfolgt die Zuweisung in den Kanton jeweils nur noch zum Vollzug der Wegweisung. Ansonsten werden Asylsuchende für den weiteren Aufenthalt während des Asylverfahrens einem Kanton zugewiesen (Art. 27 Abs. 2 AsylG), wo sich eine asylsuchende Person gemäss Art. 42 Abs. 1 AsylG bis zum Abschluss des Asylverfahrens in der Schweiz aufhalten kann.

Gemäss der geltenden Regelung erfolgt die Verteilung auf die Kantone gemäss dem in Art. 21 AsylV1 festgelegten Verteilschlüssel (Art. 27 Abs. 2 AsylG). Im Rahmen der festgelegten Verteilquoten erfolgt die Verteilung in der Praxis nach dem Zufallsprinzip. Das BFM hat indessen im Rahmen des Verteilentscheids schützenswerte Interessen der Asylsuchenden und der Kantone zu berücksichtigen (zu den Kriterien vgl. Art. 22 AsylV1). Namentlich dürfen Kernfamilien (Ehepaare, minderjährige Kinder) nicht getrennt werden. Der Verteilentscheid kann als selbstständig anfechtbarere Zwischenverfügung nur mit der Begründung angefochten werden, er verletze den Grundsatz der Einheit der Familie (Art. 27 Abs. 3 AsylG in Verbindung mit Art. 107 Abs. 1 AsylG).[37] Eine allfällige Beschwerde ist an das Bundesverwaltungsgericht zu richten (Art. 33 lit. d VGG).

Im zugewiesenen Kanton erhalten die Asylsuchenden eine Unterkunft (in der Regel zunächst in einer Kollektivunterkunft) und die nötige Sozialhilfe. Für die Ausrichtung von Sozial- und Nothilfe gilt kantonales Recht (Art. 82 AsylG). Der Aufenthaltskanton ist grundsätzlich zuständig für alle Vollzugsaufgaben, einschliesslich der Bewilligung einer Erwerbstätigkeit (Art. 43 AsylG), des Vollzugs einer Wegweisung (Art. 44–48 AsylG) und der Anordnung allfälliger Zwangsmassnahmen (siehe Kap. IV, Ziff. 3.4). Wird einem Kanton eine unbegleitete minderjährige asylsuchende Person zugewiesen, haben die zuständigen kantonalen Behörden gemäss Art. 17 Abs. 3 AsylG unverzüglich vormundschaftliche Massnahmen zu erlassen, oder eine Vertrauensperson zu ernennen (siehe Kap. X, Ziff. 3).

37 BVGE 2008/47, E.4.1.

4. Das Verfahren vor dem Bundesamt für Migration

4.1 Übersicht

Falls Asylsuchende nicht nur zum Vollzug der Wegweisung einem Kanton zugewiesen werden, erfolgt während des Aufenthaltes im Kanton die einlässliche Befragung der Asylsuchenden durch das Bundesamt für Migration zu den Fluchtgründen und allfälligen Hinderungsgründen einer Wegweisung gemäss Art. 29 f. AsylG.

Seit der am 1.1.2008 in Kraft getretenen Revision von Art. 29 AsylG führt das Bundesamt für Migration – und nicht mehr die kantonalen Behörden – die einlässliche Anhörung zu den Asylgründen durch, entweder noch in einem EVZ oder in der Regel innerhalb von 20 Tagen nach der Zuweisung in den Kanton am Hauptsitz des Bundesamts in Bern. Das Bundesamt kann jedoch die kantonalen Behörden mit der Anhörung beauftragen, wenn dies zu einer erheblichen Beschleunigung des Verfahrens führt (Art. 29 Abs. 4 AsylG).

> Von dieser Möglichkeit wird das Bundesamt wohl dann Gebrauch machen, wenn die Asylgesuchszahlen rasch und **in erheblichem Masse zunehmen und dann innert angemessener Frist eine Durchführung der Anhörung nicht** möglich sein wird. Es ist aber zu beachten, dass in diesem Fall auch die Kantone, die aufgrund der Gesetzesrevision ihre Strukturen abgebaut haben, kaum in der Lage sein werden, rasch und fristgerecht die notwendigen Befragungskapazitäten zur Verfügung zu stellen.

4.2 Die Anhörung zu den Asylgründen (Art. 29 f. AsylG)

4.2.1 Anwesende Personen

Bei der Anhörung zu den Asylgründen nach Art. 29 AsylG sind anwesend: Die asylsuchende Person, eine Befragerin oder ein Befrager des Bundesamtes für Migration, in der Regel eine von Amtes wegen bestellte Dolmetscherin bzw. ein Dolmetscher sowie – sofern dies von den Asylsuchenden nicht ausdrücklich abgelehnt wird – eine Vertreterin bzw. ein Vertreter eines zugelassenen Hilfswerks (Art. 30 Abs. 1 AsylG). In der Regel ist auch ein Protokollführer bzw. eine Protokollführerin während der Anhörung anwesend.

Die asylsuchende Person kann sich überdies von einer Rechtsvertretung sowie einem Dolmetscher bzw. einer Dolmetscherin eigener Wahl begleiten lassen (Art. 29 Abs. 2 AsylG). Alle Begleitpersonen dürfen jedoch nicht selber Asylsuchende sein.

4.2.2 Hilfswerksvertretung (HWV)

Das Institut der Hilfswerksvertretung ist eine Besonderheit des schweizerischen Asylverfahrens. Die Hilfswerksvertretung soll dazu beitragen, dass die Anhörung von Asylsuchenden durch Vertreterinnen und Vertreter der Zivilgesellschaft beobachtet wird.

Die Rechtsprechung zur rechtlichen Qualifizierung der HWV besagt, dass die Anwesenheit der Hilfswerke dazu dienen soll, das Vertrauen in die Objektivität der Anhörung zu stärken und die Legitimität des Verfahrens zu erhöhen. Die Anwesenheit der HWV ist jedoch nicht als Ausfluss des rechtlichen Gehörs zu betrachten. Der Rechtsprechung zufolge stellt daher eine vom Asylsuchenden an sich nicht gewollte Abwesenheit der HWV zwar einen Verfahrensmangel dar, führt jedoch nicht zwingend zur Ungültigkeit der Anhörung.[38] Eine Anhörung ohne Anwesenheit der HWV entfaltet indessen auch volle Rechtswirkung (Art. 30 Abs. 3 AsylG).[39]

Um ihre Rolle wahrnehmen zu können, sind den zuständigen Hilfswerken die Anhörungstermine rechtzeitig mitzuteilen (Art. 30 Abs. 3 AsylG); rechtzeitig bedeutet nach Art. 25 Abs. 1 AsylV1 in der Regel fünf Arbeitstage vor der Anhörung. Die Hilfswerksvertretung (HWV) darf vor der Anhörung sodann Einsicht in die Protokolle der bisherigen Befragung(en) nehmen. Dies gewährleistet, dass sich die HWV vor der Anhörung mit dem Asylgesuch und den Fluchtgründen bereits vertraut machen kann, was für die Wahrnehmung der Rolle unabdingbar ist. Die Hilfswerksvertretung beobachtet gemäss Art. 30 AsylG nämlich nicht nur die Anhörung, sondern kann auch ergänzende Fragen stellen lassen, weitere Abklärungen (z. B. eine ergänzende Anhörung, ein gerichtsmedizinisches Gutachten zur beweismässigen Sicherung von Folterspuren etc.) anregen, und allfällige Einwendungen (in Bezug auf den Befragungsablauf, die Befragungsatmosphäre etc.) zum Protokoll anbringen.[40] Die HWV kann sich über ihre Beobachtungen schliesslich während der Anhörung Notizen machen (Art. 26 Abs. 2 AsylV1). Zum Schluss der Anhörung bestätigt die HWV unterschriftlich ihre Mitwirkung; sie untersteht gegenüber Dritten der Verschwiegenheitspflicht. Die HWV verfügt explizit über keine Parteirechte (zur Hilfswerksvertretung vgl. auch Art. 25 bzw. Art. 26 AsylV1).

4.2.3 Pflichten im Rahmen der Anhörung

Die Teilnehmenden, insbesondere aber die asylsuchende Person, unterstehen bestimmten Pflichten, die zu Beginn der Befragung bekannt gemacht werden:

- Verschwiegenheitspflicht: Alle an der Befragung anwesenden Personen – mit

38 EMARK 1996/13, Grundsatzentscheid.
39 BBl 1996 II, S. 56.
40 Vgl. zur Rolle der HWV und zur Bedeutung ihrer Einwände: BVGE 03.06.2008 (E-3637/2006) E. 4.

Ausnahme der asylsuchenden – unterstehen der Pflicht zur Verschwiegenheit. Verletzungen des Amtsgeheimnisses und der Verschwiegenheitspflicht (für HWV gemäss Art. 30 Abs. 4 AsylG) werden strafrechtlich geahndet (Art. 293 StGB). Amtsgeheimnis und Verschwiegenheitspflicht haben insbesondere auch zur Folge, dass keine Daten den Behörden des Herkunftsstaates bekannt gemacht werden dürfen (siehe Art. 97 Abs. 1 AsylG). Vom Zeitpunkt an, in welchem in erster Instanz das Vorliegen der Flüchtlingseigenschaft verneint wurde, können die für die Organisation der Ausreise zuständigen Behörden die für den Vollzug notwendigen und im Gesetz abschliessend aufgezählten Daten der heimatlichen Behörde übermitteln (Art. 97 Abs. 2 und 3 AsylG).

- Mitwirkungspflicht: Die asylsuchende Person untersteht der Mitwirkungspflicht (vgl. Art. 8 AsylG). Sie muss ihre Identität offenlegen, vorhandene Reise- und Identitätsausweise und allfällig vorhandene Beweismittel abgeben oder, soweit vorhanden und beschaffbar, sich um ihre Beibringung bemühen. Sie hat bei der Befragung detailliert und vollständig zu begründen, weshalb sie in der Schweiz um Asyl nachsucht (zum Umfang der Mitwirkungspflicht siehe Kap. VI, Ziff. 3).
- Wahrheitspflicht*:* Die Aussagen müssen der Wahrheit entsprechen (Wahrheitspflicht). Ein aufgrund von falschen Angaben erteiltes Asyl kann widerrufen werden (vgl. Art. 63 Abs. 1 lit. a AsylG; zum Widerruf des Asyls siehe Kap. XI).

Die Tatsache, dass bereits ab der erstinstanzlichen Ablehnung der Flüchtlingseigenschaft der Datenaustausch mit den heimatlichen Behörden erfolgen darf (Art. 97 Abs. 2 und 3 AsylG), ist insofern problematisch als das Fehlen der Flüchtlingseigenschaft noch nicht rechtskräftig feststeht. Im Rahmen eines Beschwerdeverfahrens könnte der erstinstanzliche Entscheid aufgehoben und jemand als Flüchtling anerkannt werden.

4.2.4 Protokoll und Rückübersetzung

- Protokoll*:* Über die Anhörung wird ein Protokoll geführt, das von allen Anwesenden mit Ausnahme der HWV unterschrieben wird (siehe Art. 29 Abs. 3 AsylG). Werden in der Anhörung Angaben zur Person gemacht (Personalien, Ausbildung, Beruf, Militärdienst, Familienverhältnisse), dürfen diese zusammengefasst werden. In allen asylrelevanten Punkten sind die Fragen und Antworten jedoch wörtlich zu protokollieren. Ins Protokoll sind auch allfällige Korrekturen von Aussagen durch Asylsuchende sowie nicht zugelassene Fragen der HWV aufzunehmen.
- Rückübersetzung*:* Zum Schluss der Befragung werden die protokollierten Aussagen der asylsuchenden Person in deren Sprache übersetzt.

4.2.5 Ablauf der Anhörung

Der Ablauf der Befragung folgt in der Regel einem Frageschema, welches als Anhang zur Weisung des BFM zum Asylverfahren vorliegt (nicht öffentlich zugänglich). Es umfasst folgende Punkte:

- Einleitung: Begrüssung, Vorstellung der anwesenden Personen, Aufklärung über Verfahrenspflichten der asylsuchenden Person.
- Vorfragen: Erhebung der Personalien (familiäre und verwandtschaftliche Beziehungen im Ausland und in der Schweiz, Bildungsgang, Angaben betreffend Militärdienst, Erwerbstätigkeit, Auslandsaufenthalte, Rechtsvertretungsverhältnisse) sofern die Befragung zur Person lückenhaft ist oder noch für den Entscheid relevante Fragen offen sind.
- Asylbegründung: Die asylsuchende Person wird zunächst aufgefordert, ihre Gründe in «freier Erzählung» darzulegen; anschliessend erfolgt durch entsprechende Fragen eine genaue Abklärung des erzählten Sachverhalts: Konkretisierungen, Ausräumung von Missverständnissen, Chronologie der zentralen Ereignisse (Örtlichkeiten, Begleitumstände), Länder- und fallspezifische Fragen, Vertiefung einzelner Elemente (politische Tätigkeit, Verfolgungsmethoden, Fragen zu einzelnen Beweismitteln etc.). Der asylsuchenden Person wird weiter Gelegenheit gegeben, Missverständnisse auszuräumen. Aus dem Untersuchungsgrundsatz (siehe Kap. VI, Ziff. 2) und dem Anspruch der asylsuchenden Person auf rechtliches Gehör ergibt sich die Pflicht der Behörde zu einer umfassenden Sachverhaltsabklärung betreffend Flüchtlingseigenschaft und Wegweisungshindernissen.
- Abschluss der Sachverhaltsabklärung: Zum Schluss erfolgt eine Abklärung der Umstände der Ausreise. Erhebliche Widersprüche werden der asylsuchenden Person zur Stellungnahme unterbreitet. Die asylsuchende Person wird abschliessend gefragt, ob sie alle für ihr Asylgesuch wesentlichen Angaben machen konnte.
- Orientierung über das weitere Verfahren und rechtliches Gehör betreffend Wegweisung: Die asylsuchende Person wird über den weiteren Verfahrensablauf sowie über die möglichen Rechtsfolgen orientiert. Sie erhält weiter rechtliches Gehör in Bezug auf eine allfällige Wegweisung und hat die Gelegenheit, alle Gründe zu nennen, die noch nicht zur Sprache gekommen, aber aus ihrer Sicht wesentlich sind. Darunter fallen beispielsweise auch humanitär begründete Hinderungsgründe für eine Wegweisung (z. B. medizinische Gründe). Die asylsuchende Person wird anschliessend über die weiteren Mitwirkungspflichten in Kenntnis gesetzt (insbesondere die Pflicht, sich während des Verfahrens den Behörden zur Verfügung zu halten und allfällige Adressänderungen zu melden).
- Rückübersetzung und Genehmigung (Unterzeichnung) des Protokolls.

4.3 Entscheide ohne ordentliche Anhörung

In einzelnen Fällen, nämlich beim Vorliegen von gewissen Tatbeständen, die zu Nichteintretensentscheiden führen können, findet keine «ordentliche Anhörung» im Sinne der oben erwähnten Umschreibung statt (siehe Kap. V, Ziff. 2). Im Einzelnen geht es um folgende Tatbestände:

- Täuschung über die Identität (Art. 32 Abs. 2 lit. b AsylG).
- Schuldhafte und grobe Verletzung der Mitwirkungspflicht (Art. 32 Abs. 2 lit. c AsylG).
- Einreichung eines Zweitgesuchs ohne zwischenzeitlich erfolgte Rückkehr in den Heimat- oder Herkunftsstaat (Art. 32 Abs. 2 lit. e AsylG).
- Möglichkeit der Ausreise in einen Drittstaat, der staatsvertraglich zur Durchführung des Asyl- und Wegweisungsverfahrens zuständig ist (Art. 34 Abs. 2 lit. d AsylG).

In den genannten Fällen wird der asylsuchenden Person nach der summarischen Befragung (Verfahren in einem EVZ gemäss Art. 26 AsylG) das rechtliche Gehör gemäss Art. 36 Abs. 2 AsylG gewährt. Das Vorliegen allfälliger Gefährdungstatbestände im Sinne des Rückschiebungsverbotes der GFK und der EMRK sind jedoch auch in diesem Rahmen umfassend abzuklären (vgl. Kap. IX, Ziff. 2). Ein im Nachgang zu einem erfolglos durchlaufenen Asylverfahren eingereichtes Gesuch um Feststellung der Flüchtlingseigenschaft, in dem keine Revisionsgründe geltend gemacht werden, ist zwar nach der Bestimmung von Art. 32 Abs. 2 lit. e AsylG zu behandeln. Entfällt in solchen Fällen aber die Möglichkeit, in Anwendung von Art. 32 Abs. 2 lit. e AsylG einen Nichteintretensentscheid zu treffen, so ist das Bundesamt verpflichtet, im Rahmen des neuen ordentlichen Asylverfahrens eine Anhörung gemäss Art. 29 f. AsylG durchzuführen.[41]

Bei einem vorgesehenen Nichteintretensentscheid ist die Gewährung des rechtlichen Gehörs zwingend. Dies gilt auch dann, wenn zweifelhaft ist, ob der Asylbewerber sich noch am zugewiesenen Ort aufhält; in diesem Fall ist die Aufforderung zur Stellungnahme an diese letzte bekannte Adresse zuzustellen.[42]

> Die Gewährung des rechtlichen Gehörs kann zwar grundsätzlich in mündlicher oder in schriftlicher Form erfolgen. Die Gewährung des rechtlichen Gehörs in schriftlicher Form ist aber unseres Erachtens dann problematisch, wenn die asylsuchende Person keine der Amtssprachen spricht. Sie ist dann nämlich alleine nicht in der Lage das rechtliche Gehör wahrzunehmen, auch wenn ihr der Inhalt des Schriftstücks übersetzt wird. Der Umstand, dass Hilfswerke eine unentgeltliche Rechtsberatung anbieten, ersetzt unseres Erachtens die Pflicht der Behörden nicht, das rechtliche Gehör in einer Form zu gewähren, dass die betroffene Person es auch wahrnehmen kann.

---

41 EMARK 2006/20, E. 3.1.
42 EMARK 2003/21, E. 3.

4.4 Weitere Verfahrensregeln

4.4.1 Verfahrenssprache

Eingaben an Bundesbehörden können gemäss Art. 16 Abs. 1 AsylG in jeder Amtssprache eingereicht werden. Amtssprachen sind gemäss BV das Deutsche, Französische, Italienische und Rätoromanische. Das Verfahren vor dem Bundesamt wird gemäss Art. 16 Abs. 2 AsylG in der Amtssprache geführt, in der die kantonale Befragung stattfand oder die am Wohnort der Asylsuchenden Amtssprache ist. Aus dem Grundrecht der Sprachenfreiheit (Art. 18 BV) können Asylsuchende keinen Anspruch ableiten, das Asylverfahren in einer Amtssprache ihrer Wahl durchzuführen. Art. 16 Abs. 2 AsylG geht in diesem Sinne als Spezialregelung der allgemeinen Regel von Art. 37 VwVG vor.[43]

Diese Grundsätze gelten gemäss Art. 16 Abs. 2 AsylG nur «in der Regel», die Asylsuchenden haben demnach keinen Rechtsanspruch auf die Einhaltung dieser Ordnung. Ausnahmen sind aus sachlichen Gründen zulässig, etwa dann, wenn dadurch ein effizienter Abbau von Pendenzen ermöglicht wird (vgl. auch Art. 4 AsylV1). Den möglichen Ausnahmen gemäss Art. 4 AsylV1 werden durch das Recht auf eine wirksame Beschwerde und auf einen fairen Prozess Grenzen gesetzt. Eine Verfügung des BFM kann dann ausnahmsweise im Sinne von Art. 4 lit. b oder c AsylV1 (Abweichung von der Sprachenregelung wegen Effizienzüberlegungen oder bei Anhörung in der Empfangsstelle) ergehen, wenn gleichzeitig im Gegenzug geeignete Korrektivmassnahmen getroffen werden, die das Recht auf eine wirksame Beschwerde und auf einen fairen Prozess gewährleisten. Eine solche Korrektivmassnahme kann in der mündlichen Übersetzung der ergangenen Verfügung durch das BFM in eine dem Beschwerdeführer verständliche Sprache bestehen. Geschieht dies nicht, kann die Beschwerdeinstanz die Verfügung kassieren.[44]

Wird ein Gesuchsteller einem zweisprachigen Kanton zugewiesen, so bestimmt sich die vom Bundesamt anzuwendende Verfahrenssprache im Sinne von Art. 16 Abs. 2 AsylG nach den kantonalen Vorschriften, die für den Aufenthaltsort des Betroffenen gelten. Von dieser Regelung kann nur abgewichen werden, wenn die Voraussetzungen von Art. 4 AsylV1 sowie jene der dazu entwickelten Rechtssprechung gegeben sind und wenn die Vorinstanz die Abweichung im konkreten Einzelfall entsprechend begründet hat. In allen anderen Fällen liegt ein Verfahrensmangel vor, der die Kassation der Verfügung nach sich zieht.[45]

---

43 EMARK 2001/7.
44 EMARK 2004/29, Grundsatzurteil.
45 EMARK 2005/22, E. 3.

4.4.2 Einzug von gefälschten Dokumenten

Hinzuweisen ist schliesslich auf die Bestimmung, wonach gemäss Art. 10 Abs. 4 AsylG gefälschte oder missbräuchlich verwendete Dokumente von den Asylbehörden eingezogen werden können.[46]

4.5 Entscheide des Bundesamtes für Migration

Die einlässliche Anhörung erlaubt erst zu bestimmen, welchen weiteren Verlauf das Asylverfahren nimmt. Dies setzt voraus, dass der für den Entscheid erhebliche Sachverhalt – hinsichtlich der Flüchtlingseigenschaft und auch hinsichtlich der Wegweisungshindernisse – vollständig erhoben worden ist. Ob nach erster einlässlicher Anhörung die offensichtliche Begründetheit oder Unbegründetheit eines Asylgesuchs vorliegt, bestimmt sich nach den allgemeinen Beweisregeln von Art. 7 AsylG. Demnach muss die Flüchtlingseigenschaft zumindest glaubhaft gemacht werden (vgl. Kap. VI, Ziff. 5)

Vor einem allfälligen Entscheid ist in jedem Fall das rechtliche Gehör zu gewähren, wenn die Abklärungen des BFM zum Nachteil der asylsuchenden Person wichtige Ergebnisse zeitigen und diese dazu noch nicht Stellung nehmen konnte.[47] Der Anspruch auf rechtliches Gehör beschlägt nur die Feststellung des rechtserheblichen Sachverhaltes, nicht aber die rechtliche Würdigung desselben. Das BFM entscheidet alsdann in erster Instanz über das Asylgesuch.

4.5.1 Akteneinsicht

Das Recht auf Akteneinsicht richtet sich in einem hängigen Verfahren nach Art. 26 ff. VwVG, in abgeschlossenem Verfahren nach den Bestimmungen des Datenschutzes. Asylsuchende können vor dem Entscheid Einsicht in die Akten nehmen, wenn die Untersuchungen abgeschlossen sind.[48] Stellt das BFM – auf ein frühzeitig gestelltes Akteneinsichtsgesuch hin – die Akten ohne triftigen Grund aber erst kurz vor dem Versand des Entscheids zu, verletzt dies nach der Rechtsprechung zwar das rechtliche Gehör nicht, das Vorgehen widerspricht aber dem Grundsatz der Verfahrensfairness sowie der Verfahrensökonomie. [49]

Als Aktenstücke gelten alle Unterlagen, welche grundsätzlich geeignet sind, als Beweismittel im Sinne von Art. 26 Abs.1 lit. b VwVG zu dienen.[50] Interne Dokumentenanalysen stellen keine verwaltungsinternen Akten dar und dürfen nicht

---

46 EMARK 1996/21, E. 4b.

47 EMARK 2004/17, E. 8-10, EMARK 1994/14, EMARK 1994/29.

48 EMARK 1998/18, EMARK 1998/29.

49 EMARK 2001/8, E. 3.

50 EMARK 1994/1, E. 3a., Grundsatzurteil.

generell von der Akteneinsicht ausgenommen werden. Eine Abwägung der gegenüberstehenden öffentlichen und privaten Interessen hat in jedem einzelnen Fall zu erfolgen und die entsprechenden Gründe für eine allfällige Verweigerung der Akteneinsicht sind anzugeben.[51] Bei Botschaftsabklärungen unterliegt nicht nur das Antwortschreiben der schweizerischen Vertretung im Ausland dem Einsichtsrecht, sondern auch der Fragekatalog des Bundesamtes; bei beiden Dokumenten handelt es sich nicht um verwaltungsinterne Aktenstücke.[52] Ob ein Aktenstück als intern zu qualifizieren ist und deshalb dem Einsichtsrecht nicht untersteht, beurteilt sich nach der objektiven Bedeutung für die Feststellung des für die Verfügung relevanten Sachverhaltes und nicht aufgrund der Bezeichnung durch das Bundesamt als verwaltungsinterne Akte.[53] Der wesentliche Inhalt des «Lingua-Gutachtens» ist im Rahmen der Akteneinsicht offenzulegen. Der asylsuchenden Person ist die Möglichkeit zu geben, sich dazu zu äussern und Gegenbeweismittel zu bezeichnen. Zum Schutze des Gutachters kann es angezeigt sein, dass seine persönlichen Eckdaten, die leichthin zur Identifizierung seiner Person führen können, geheim bleiben.[54] Auch bei Akten- oder Gesprächsnotizen zu sog. «Länder-Tests» handelt es sich um Beweismittel im Asylverfahren. Das öffentliche Interesse an der Geheimhaltung rechtfertigt die Einschränkung des Einsichtsrechts wie beim Lingua-Gutachten; der wesentliche Inhalt ist aber auch in diesem Fall der Partei offenzulegen.[55] Es ist darauf hinzuweisen, dass die für das Recht auf Akteneinsicht entwickelte Rechtsprechung im laufenden Asylverfahren auch für die Akteneinsicht in die Vollzugsakten im laufenden Vollzugsverfahren gilt.[56]

> Akteneinsichtsgesuche in ein hängiges Vollzugsverfahren sind nach unserer Ansicht aufgrund des Verwaltungsverfahrensgesetzes und nicht nach dem Datenschutzgesetz zu behandeln.[57]

4.5.2 Eröffnung und Zustellung von Entscheiden

Die Eröffnung von Verfügungen ist in den Art. 34–38 VwVG geregelt. Art. 13 AsylG enthält spezielle Regeln für das Asylverfahren: Die mündliche Eröffnung und die Eröffnung per Telefax. Im Normalfall erfolgt die Eröffnung aber auch im Asylverfahren schriftlich durch Zustellung des Entscheides an die asylsuchende Person. Eine mündliche Eröffnung kann dann angezeigt sein, wenn die Begründung keinerlei Schwierigkeiten mit sich bringt, weil sich der rechtserhebliche Sachverhalt problemlos unter die gesetzlichen Bestimmungen subsumieren lässt,

51 EMARK 1994/1, E. 3b., Grundsatzurteil; EMARK 1997/5, E. 5a.
52 EMARK 1994/1, E. 3c., Grundsatzurteil.
53 EMARK 1994/25, E. 2d.
54 EMARK 1998/34, E. 9b.
55 EMARK 2004/28, E. 7a-b.
56 BVGE, 30.05.2008, E. 4.5.2 (D-2831/2008).
57 Offenbar anders: BVGE, 30.05.2008, Erw. 4.5.2 (D-2831/2008).

z. B. in denjenigen Fällen, wo ein wesentliches Element der Flüchtlingseigenschaft im Sinne von Art. 3 AsylG offensichtlich nicht gegeben ist. Bei mündlicher Eröffnung ist ein Protokollauszug über die mündliche Eröffnung und die Begründung des Entscheides auszuhändigen. Praktiziert wird die mündliche Eröffnung vor allem im EVZ.

Gemäss Art. 13 Abs. 3 AsylG können bei Asylgesuchen an der Grenze oder am Flughafen Verfügungen auch in Form eines Telefax eröffnet werden. Dies ist in anderen dringlichen Fällen ebenfalls möglich (Art. 13 Abs. 4 AsylG). Zu beachten ist, dass eine rechtsgenügliche Eröffnung per Telefax kumulativ voraussetzt, dass der Fall dringlich ist, dass das Fax unterschrieben wurde, eine Faxkopie an den Adressaten ausgehändigt wurde und dieser den Erhalt bestätigt. Wird die asylsuchende Person vertreten, so genügt es, der Vertretung die Eröffnung ohne Verzug bekannt zu geben; Art. 11 Abs. 3 VwVG findet in diesen Fällen keine Anwendung.

Erst mit der Eröffnung der Verfügung erhalten Asylsuchende die Möglichkeit, von der sie betreffenden Verfügung Kenntnis zu nehmen. Mit der Eröffnung beginnt die Rechtsmittelfrist zu laufen. Eine Eröffnung der Verfügung durch amtliche Publikation kommt im Asylverfahren aufgrund der Geheimhaltungsinteressen der Betroffenen nicht in Betracht.

Die Zustellung ist in Art. 12 AsylG geregelt. Rechtsgültig ist eine Zustellung, wenn die Behörde die Verfügung an die letzte bekannte Adresse von Asylsuchenden oder von dessen Bevollmächtigten sendet und diese entgegengenommen wird. Nach Ablauf der ordentlichen siebentägigen Abholfrist erfolgt die rechtsgültige Zustellung am letzten Tag der Abholfrist, auch wenn die Verfügung erst zu einem späteren Zeitpunkt abgeholt wird oder als unzustellbar zurückkommt. Die Beweislast für die Tatsache und den Zeitpunkt der korrekten Zustellung liegt grundsätzlich bei der Behörde. Eine mangelhaft eröffnete Verfügung darf für die Betroffenen keinen Nachteil zur Folge haben (Art. 38 VwVG). Wird eine Verfügung überhaupt nicht oder mangelhaft eröffnet, so wird der Fristenlauf nicht ausgelöst, bis die ordentliche Eröffnung erfolgt ist.

4.5.3 Begründung von Entscheiden

Der Umfang der Begründungspflicht bemisst sich nach den Grundsätzen des rechtlichen Gehörs: Der Entscheid muss für die asylsuchende Person nachvollziehbar sein und mithin die wesentlichen Gründe, die zum Entscheid geführt haben, enthalten. Die asylsuchende Person muss insbesondere in die Lage versetzt werden, ihre Beschwerde zu begründen.[58] Je grösser der Ermessensspielraum der

58 Zum Ausmass der Begründungspflicht vgl. EMARK 2006/24, E. 5, EMARK 2006/4, E. 5, EMARK 2004/38, E. 6, EMARK 1997/5.

verfügenden Behörde ist, desto höhere Anforderungen sind an die Begründungsdichte zu stellen.[59] Eine Verletzung der Begründungspflicht kann die Kassation der Verfügung zur Folge haben.[60]

4.5.4 Kosten und Parteientschädigung im erstinstanzlichen Verfahren

Im Rahmen des erstinstanzlichen Verfahrens werden keine Verfahrenskosten erhoben; es ist somit kostenlos. Im Wiedererwägungsverfahren hingegen können Verfahrenskosten (inkl. ein Kostenvorschuss) erhoben werden (vgl. Ziff. 5.1.5).[61] Für eine Rechtsvertretung im Rahmen des erstinstanzlichen Verfahrens wird grundsätzlich auch keine Entschädigung für eine Parteivertretung übernommen. Ausnahmsweise kann aber auch im erstinstanzlichen Verfahren eine Parteivertretung notwendig sein, sodass die Aufwendungen dafür vom Bundesamt zu übernehmen sind.[62]

5. Das Verfahren vor dem Bundesverwaltungsgericht

5.1 Zuständigkeit und Überprüfungsbefugnis

Gemäss Art. 105 AsylG kann gegen Verfügungen des Bundesamtes für Migration nach Massgabe des Bundesverwaltungsgerichtsgesetzes vom 17. Juni 2005 (VGG, SR 173.32) Beschwerde geführt werden. Nach Art. 33 lit. d VGG urteilt des Bundesverwaltungsgericht als Beschwerdeinstanz über Verfügungen der Departemente und der ihnen unterstellten Dienststellen der Bundesverwaltung, also auch gegen Verfügungen des BFM. Mit der Beschwerde kann die Verletzung von Bundesrecht, einschliesslich Missbrauch und Überschreitung des Ermessens sowie die unrichtige und unvollständige Feststellung des rechtserheblichen Sachverhalts wie auch die Unangemessenheit des Entscheides gerügt werden (Art. 106 Abs. 1 AsylG).

---

59 EMARK 2006/4, E. 5.1.

60 EMARK 2004/38, E. 7.

61 Die neuen Revisionsvorschläge zur Änderung des Asylgesetzes sehen vor, dass bei Zweit- oder Mehrfachgesuchen ebenfalls Verfahrenskosten und allenfalls ein Kostenvorschuss auferlegt werden können (vgl. zur Eröffnung des Vernehmlassungsverfahrens BBl 2009, S. 573).

62 EMARK 2001/11, E. 4b.

Das Bundesverwaltungsgericht urteilt über:

- die Verweigerung der Flüchtlingseigenschaft (inkl. Aberkennung der Flüchtlingseigenschaft),
- die Verweigerung von Asyl (inkl. Asylwiderruf),
- die Verweigerung der vorübergehenden Schutzgewährung,
- der Anordnung der Wegweisung und des Wegweisungsvollzugs,
- das Nichteintreten auf ein Asylgesuch,
- die Aufhebung der vorläufigen Aufnahme.

Bei Asylgesuchen am Flughafen urteilt das Bundesverwaltungsgericht auch über die Zuweisung des Aufenthaltsortes am Flughafen und bei Asylgesuchen aus dem Ausland über die Verweigerung der Einreise oder der Familienvereinigung. Weiter ist das Bundesverwaltungsgericht auch zuständig für die Anfechtung der Zuweisung eines Aufenthaltskantons für die Dauer des Asylverfahrens. Auch die Anordnung vorsorglicher Massnahmen, die einen nicht wieder gutzumachenden Nachteil bewirken, können beim Bundesverwaltungsgericht angefochten werden (z. B. der Entzug der aufschiebenden Wirkung). Schliesslich kann beim Bundesverwaltungsgericht auch die Anordnung der Haft nach Art. 76 Abs. 1 lit. B Ziff. 5 AuG angefochten werden. Und das Bundesverwaltungsgericht urteilt weiter über die Verweigerung der von einem Kanton beim BFM beantragten Härtefallbewilligung. Das Bundesverwaltungsgericht urteilt auch über Beschwerden in Sachen des asylgesetzlichen Datenschutzes und zwar in Anwendung der entsprechenden asylgesetzlichen Bestimmungen sowie der Bestimmungen des Bundesgesetzes über den Datenschutz. Entscheide kantonaler Behörden gestützt auf das Asylgesetz sind hingegen nicht beim Bundesverwaltungsgericht sondern bei der jeweils zuständigen kantonalen Beschwerdeinstanz anzufechten (Art. 103 AsylG).

Das Bundesverwaltungsgericht kann reformatorisch (d. h. in der Sache, z. B. über die Asylgewährung) oder kassatorisch (Rückweisung der Sache an das BFM) entscheiden. Urteile des Bundesverwaltungsgerichts betreffend Asyl, Flüchtlingseigenschaft und Wegweisung sind endgültig und können nicht ans Bundesgericht weitergezogen werden (Art. 83 lit. c und lit. d Bundesgerichtsgesetz, SR 173.110). In den anderen Fällen (z. B. bei Akteneinsicht gestützt auf das Datenschutzgesetz) ist der Weiterzug an das Bundesgericht möglich.

5.1.1 Zwischenverfügungen

Art. 107 AsylG schliesst – im Asylverfahren als lex specialis – die Anwendung von Art. 45 VwVG aus.[63] Art. 107 AsylG zufolge sind Zwischenverfügungen in Anwendung der Artikel 10 Abs. 1–3 und 18–48 des Asylgesetzes sowie des Art. 71 AuG

63 EMARK 2006/21, E. 1.4 und 1.5.; vgl. auch den unter dem alten Asylgesetz getroffenen Grundsatzentscheid EMARK 1993/28.

lediglich durch Beschwerde gegen die Endverfügung anfechtbar. Dies betrifft zum Beispiel die Anfechtung der Verweigerung der Akteneinsicht.[64] Wortlaut und Gesetzessystematik von Art. 107 AsylG sprechen zwar für die selbstständige Anfechtbarkeit der Zwischenverfügungen betreffend Kostenvorschuss bei Wiedererwägungsverfahren (Art. 17b AsylG). Das Bundesverwaltungsgericht kommt aber aufgrund der Entstehungsgeschichte der Bestimmung von Art. 17b AsylG zum Schluss, diese als nicht selbstständig anfechtbare Zwischenverfügung zu qualifizieren.[65] Allerdings gilt dies nur soweit die Verfügung über den Kostenvorschuss nicht mit der Anordnung bzw. Verweigerung vorsorglicher Massnahmen verknüpft wird und somit ein nicht wiedergutzumachender Nachteil entstehen könnte.[66]

Die Zwischenverfügung nach Art. 27 Abs. 3 AsylG (Kantonszuweisung) kann hingegen selbstständig angefochten werden. Selbstständig sind Zwischenverfügungen anfechtbar, wenn sie einen nicht wiedergutzumachenden Nachteil bewirken können, so auch vorsorgliche Massnahmen und Verfügungen, mit denen das Verfahren sistiert wird (ausser die Sistierungsverfügung bei vorübergehender Schutzgewährung im Sinne von Art. 69 Abs. 3 AsylG).

5.1.2 Ordentliches Verfahren und vereinfachtes Verfahren

Das Bundesverwaltungsgericht entscheidet im Rahmen des *ordentlichen Verfahrens* in der Regel in der Besetzung mit drei Richtern und Richterinnen über Beschwerden und Revisionen und zwar in einem nach dem Zufallsprinzip bestimmten Spruchkörper (Art. 21 Abs. 1 VGG). Der Entscheid fällt in Fünferbesetzung, wenn der Präsident oder die Präsidentin dies u. a. wegen der Einheit der Rechtsprechung anordnet (Art. 21 VGG). Dies ist z. B. bei Entscheiden der Fall, die präjudizierende oder koordinierende Wirkung entfalten. Ob ein solcher Fall vorliegt, entscheiden im Asylbereich die Richter der vierten und fünften Abteilung (vgl. Art. 25 VGG).

Über offensichtlich begründete und unbegründete Beschwerden wird in einem *vereinfachten Verfahren* entschieden und zwar durch den Einzelrichter mit Zustimmung eines Zweitrichters. Verweigert der Zweitrichter die Zustimmung, erfolgt der Entscheid in Dreierbesetzung (Art. 111 lit. e AsylG). Das einzelrichterliche Verfahren wird auch bei Abschreibungsverfügungen infolge Gegenstandslosigkeit und bei offensichtlich unzulässigen Beschwerden gegen Nichteintretensentscheide angewandt. Mit offensichtlich unzulässigen Beschwerden sind hier Beschwerden gemeint, bei denen die Eintretensvoraussetzungen nicht erfüllt sind (z. B. Zuständigkeit des Gerichts fehlt, Form und Frist sind nicht gewahrt, ein

64 EMARK 1993/28, E. 2b, Grundsatzurteil.
65 BVGE 2007/18, E. 4.4.
66 BVGE 2007/18, E. 4.6.

verlangter Kostenvorschuss wird nicht bezahlt, es liegt keine Verfügung vor). Bei Beschwerden im Flughafenverfahren (vorläufige Verweigerung Einreise, Zuweisung Aufenthaltsort) sowie über die Beschwerden bei Haftanordnungen an den Empfangsstellen (Art. 76 Abs. 1 lit. b Ziff. 5 AuG) entscheidet das Bundesverwaltungsgericht ebenfalls im Einzelrichterverfahren.

5.1.3 Fristen

Die Beschwerde gegen Verfügungen des BFM ist innerhalb von 30 Tagen (gegen Zwischenverfügungen innerhalb von 10 Tagen) nach Eröffnung des Entscheides beim Bundesverwaltungsgericht einzureichen (Art. 108 Abs. 1 AsylG). Für Beschwerden gegen Nichteintretensentscheide sowie gegen Entscheide am Flughafen nach Art. 23 Abs. 1 AsylG beträgt die Beschwerdefrist fünf Arbeitstage (Art. 108 Abs. 2 AsylG). Die Verfügung betreffend Verweigerung der Einreise am Flughafen kann jederzeit bis zur Eröffnung des Asyl- und Wegweisungsentscheides gemäss Art. 23 Abs. 1 AsylG angefochten werden.

Eine Kumulation erschwerender Umstände (kurze Beschwerdefrist, Verfügung, die eine Übersetzung erfordert, Unmöglichkeit rechtzeitig einen Rechtsvertreter zu finden) kann ein unverschuldetes Hindernis darstellen, innert Frist zu handeln (Art. 24 Abs. 1 VwVG) und somit zur Wiederherstellung der versäumten Beschwerdefrist führen.[67] Darüber hinaus ist das BFM bei der knapp bemessenen Beschwerdefrist bei Nichteintretensentscheiden zur strikten Einhaltung von verfahrensrechtlichen Bestimmungen verpflichtet.[68] Hinzuweisen ist auf Art. 17 Abs. 1 AsylG, wonach die Bestimmungen des Verwaltungsverfahrensgesetzes über den Fristenstillstand im Asylverfahren keine Geltung haben. «Gerichtsferien» bestehen demnach im Rahmen des Verfahrens vor dem Bundesverwaltungsgericht bei Beschwerden gegen Verfügungen des BFM nicht.

> Gesetzgeber und Rechtsprechung gehen zwar davon aus, dass die Beschwerdefrist von fünf Arbeitstagen kurz bemessen, aber mit Art. 13 EMRK konform ist.[69] Trotzdem stellt sich für uns die Frage, ob derart kurze Fristen unter Berücksichtigung der ganzen Umstände eines Asylverfahrens an der Empfangsstelle mit dem Anspruch auf ein faires und wirksames Beschwerdeverfahren im Sinne von Art. 13 EMRK[70], aber auch mit Art. 3 Folterkonvention tatsächlich vereinbar sind. Der UN-Folterausschuss hat z. B. festgehalten, dass Beschwerdefristen genügend lang sein müssen, damit rechtsunkundige Asylsuchende begründete Beschwerden einreichen können; dies ergibt sich nach Ansicht des Ausschusses direkt aus Art. 3 UN-Folterkonvention.[71]

---

67 EMARK 2005/10.
68 EMARK 2005/10.
69 EMARK 2004/25, E. 3c.
70 Vgl. dazu: Urteil EGMR Jabari vs. Turkey, 40035/98, Ziff. 49.
71 Ausschuss gegen Folter, Agiza vs. Sweden 233/2003, Ziff. 13.2–13.5.

Art. 109 AsylG hält die verschiedenen Ordnungsfristen fest, innerhalb derer das Bundesverwaltungsgericht über Beschwerden befinden sollte. Das Bundesverwaltungsgericht entscheidet über Beschwerden gegen Nichteintretensentscheide in der Regel innerhalb von sechs Wochen (Art. 109 Abs. 1 AsylG). Wird dabei auf einen Schriftenwechsel verzichtet, so entscheidet das Bundesverwaltungsgericht über diese Beschwerden innerhalb von fünf Arbeitstagen. Ebenfalls innerhalb von fünf Arbeitstagen entscheidet das Bundesverwaltungsgericht über Beschwerden gegen Entscheide nach Art. 23 Abs. 1 AsylG. Beschwerden gegen Verweigerung der Einreise am Flughafen und Zuweisung des Aufenthaltsortes behandelt das Bundesverwaltungsgericht unverzüglich in der Regel aufgrund der Akten. Auch wenn es sich hierbei um Ordnungsfristen handelt, die keinen Anspruch auf eine Behandlung der Beschwerde innerhalb eines gewissen Zeitraums einräumen, so ist darauf hinzuweisen, dass das Bundesgericht im Rahmen einer Aufsichtsbeschwerde eine Beschwerdedauer von rund dreieinhalb Jahren in einem Beschwerdeverfahren vor der Asylrekurskommission und dem Bundesverwaltungsgericht ohne nennenswerte Komplexität und unbesehen allfälliger weiterer hängiger überzeitiger Verfahren in jedem Fall als zu lang beurteilt hat und von einer ungerechtfertigten Rechtsverzögerung ausgegangen ist.[72]

5.1.4 Modalitäten

Der Präsident oder die Präsidentin der Abteilung amtet als Instruktionsrichter bzw. -richterin; er oder sie kann einen anderen Richter bzw. eine andere Richterin mit dieser Aufgabe beauftragen. Bei Zeugeneinvernahmen, Augenschein und im Falle eines Parteiverhörs ist ein zweiter Richter anwesend (Art. 39 VGG). Das Verfahren ist in der Regel schriftlich; Parteiverhandlungen sind zwingend, falls zivilrechtliche Ansprüche oder strafrechtliche Anklagen gemäss EMRK verhandelt werden. Die Voraussetzungen dafür dürften im Rahmen des Asylgesetzes kaum vorkommen. Der Abteilungspräsident bzw. die Abteilungspräsidentin oder der Einzelrichter resp. die Einzelrichterin kann eine Parteiverhandlung auch in anderen Fällen anordnen (Art. 40 VGG). In der Praxis ist es bisher (sowohl bei der ehemaligen Asylrekurskommission wie auch vor dem Bundesverwaltungsgericht) äusserst selten zu Parteiverhandlungen gekommen.

Art. 16 Abs. 1 AsylG bestimmt, dass Eingaben an das Bundesverwaltungsgericht in jeder Amtssprache erfolgen können. Art. 16 AsylG – wie auch andere asylrechtliche Ausführungsbestimmungen (Art. 4 AsylV1) – befassen sich aber nicht mit der Verfahrenssprache vor dem Bundesverwaltungsgericht. Gemäss Art. 37 VGG richtet sich das Verfahren vor dem Bundesverwaltungsgericht nach dem Verwaltungsverfahrensgesetz (VwVG, SR 172.021), soweit das VGG nichts anderes bestimmt.

---

72 Urteil Bundesgericht vom 16.10.2007 (12T 2/2007), E 4.6.

Da das VGG keine Bestimmungen zur Verfahrenssprache enthält, kommt Art. 33a VwVG zur Anwendung: Massgebende Verfahrenssprache des Beschwerdeverfahrens ist demnach die Sprache des angefochtenen Entscheides. Das Verfahren kann aber auch in einer anderen Amtssprache geführt werden, falls die Partei (bzw. der Rechtsvertreter) diese spricht.[73]

5.1.5 Verfahrenskosten und Entschädigung

5.1.5.1 Verfahrenskosten

Für die Regelung der Verfahrenskosten vor dem Bundesverwaltungsgericht gilt Art. 63 VwVG. Im Weiteren ist das Reglement über die Kosten und Entschädigungen vor dem Bundesverwaltungsgericht vom 21. Februar 2008 (VGKE, SR 173.320.2) zu beachten. Die Partei, die in einem Beschwerdeverfahren nicht oder nur zum Teil mit ihren Begehren Erfolg hat, trägt in der Regel die Verfahrenskosten. Die Verfahrenskosten setzen sich zusammen aus der Gerichtsgebühr und den Auslagen. Die Gerichtsgebühr bemisst sich nach Umfang und Schwierigkeit der Streitsache, der Art der Prozessführung. Auch die finanzielle Lage der Parteien ist zu berücksichtigen (Art. 63 Abs. 4bis VwVG und Art. 2 VGKE). Bei mutwilliger Prozessführung kann die Gerichtsgebühr erhöht werden, bei Entscheiden, die ohne grossen Aufwand erledigt werden können (z. B. vorsorgliche Massnahmen, Erläuterungen etc.), können die Gebühren gesenkt werden. Die Gerichtsgebühr beträgt bei einzelrichterlichen Entscheiden gemäss Art. 3 VGKE zwischen Fr. 200.– und Fr. 3'000.–, bei den übrigen Fällen zwischen Fr. 200.– und Fr. 5'000. und wird der unterliegenden Partei auferlegt. Bei einzelrichterlichen Abschreibungsbeschlüssen oder Nichteintreten auf eine Beschwerde wegen Formmangel wird in der Regel eine Gebühr von Fr. 200.– auferlegt. Bei materieller Ablehnung der Beschwerde betragen die Verfahrenskosten in der Regel Fr. 600.–, bei Revisionsentscheiden Fr. 1'200.–. Eine Ermässigung erfolgt, falls die Partei nur teilweise unterliegt. Wird ein Verfahren hingegen gegenstandslos, so werden die Verfahrenskosten derjenigen Partei auferlegt, die die Gegenstandslosigkeit bewirkt hat (Art. 5 VGKE). Die Verfahrenskosten können auch einer Partei, die keine unentgeltliche Rechtspflege erhalten hat, ganz oder teilweise erlassen werden, wenn das Verfahren durch Rückzug ohne erheblichen Aufwand erledigt wird oder wenn andere Gründe die Auferlegung der Kosten als unverhältnismässig erscheinen lassen (Art. 6 VGKE).

Vom Beschwerdeführer kann ein Kostenvorschuss in der Höhe der mutmasslichen Verfahrenskosten erhoben werden. Zu dessen Leistung ist dem Beschwerdeführer eine angemessene Frist anzusetzen unter Androhung des Nichteintretens im Falle der Nichtbezahlung. Falls besondere Gründe vorliegen, kann auf die Erhebung eines Kostenvorschusses verzichtet werden (Art. 63 Abs. 4 VwVG). Das Bundesver-

---

73 BVGE, 09.11.2007 (E-5340/2007).

waltungsgericht kann gemäss Art. 65 Abs. 1 VwVG auf Gesuch hin den Beschwerdeführer von der Leistung der Verfahrenskosten und somit auch eines Vorschusses an die Verfahrenskosten befreien, wenn die Partei bedürftig ist und ihr Begehren nicht von vornherein aussichtslos erscheint. Für den Nachweis der Bedürftigkeit wird in der Praxis eine Bestätigung der zuständigen Sozialbehörde verlangt. In der bisherigen Praxis der Asylrekurskommission, die sich auf eine Richtlinie der Präsidentenkonferenz abgestützt hat,[74] wird grundsätzlich ein Kostenvorschuss erhoben. Ausnahmen wurden gemacht, wenn die Voraussetzungen der unentgeltlichen Rechtspflege erfüllt sind (siehe unten), in den Verfahren von unbegleiteten Minderjährigen, in der Regel auch im Flughafenverfahren und bei Verfahren im Ausland sowie bei Verfahren, die rasch zu Ende geführt werden müssen. Es gibt keine Hinweise darauf, dass sich das Bundesverwaltungsgericht nicht mehr an dieser Praxis orientieren würde.

5.1.5.2 Amtliche Rechtsvertretung

Art. 65 Abs. 2 VwVG sieht zudem die Möglichkeit der amtlichen Rechtsvertretung vor (also die Beiordnung einer Anwältin oder eines Anwalts auf Kosten des Bundes) für bedürftige Parteien, die ihre Sache nicht selber vertreten können und wenn dies zur Wahrung ihrer Rechte notwendig erscheint. Nach Art. 29 Abs. 3 BV hat jede Person, welche nicht über die erforderlichen Mittel verfügt, einen Anspruch auf einen unentgeltlichen Rechtsbeistand, sofern dies zur Wahrung ihrer Rechte notwendig ist und das Verfahren nicht als von vornherein aussichtslos erscheint. Die drei Voraussetzungen der Bedürftigkeit des Gesuchstellers, der Nichtaussichtslosigkeit der Beschwerde und der Notwendigkeit der Vertretung müssen kumulativ erfüllt sein.

Eine Person ist bedürftig, wenn sie nicht in der Lage ist, für die Prozesskosten aufzukommen, ohne dass sie Mittel beanspruchen müsste, die zur Deckung des Grundbedarfs für sie und ihre Familie notwendig sind.[75] Als aussichtslos sind nach der bundesgerichtlichen Rechtsprechung Prozessbegehren anzusehen, bei denen die Gewinnaussichten beträchtlich geringer sind als die Verlustgefahren und die deshalb kaum als ernsthaft bezeichnet werden können. Dagegen gilt ein Begehren nicht als aussichtslos, wenn sich Gewinnaussichten und Verlustgefahren ungefähr die Waage halten oder jene nur wenig geringer sind als diese. Massgebend ist, ob eine Partei, die über die nötigen finanziellen Mittel verfügt, sich bei vernünftiger Überlegung zu einem Prozess entschliessen würde. Eine Partei soll einen Prozess, den sie auf eigene Rechnung und Gefahr nicht führen würde, nicht deshalb

---

74 Richtlinien zur Vereinheitlichung der Praxis bezüglich Kostenvorschuss und Parteientschädigung vom 27.1.1997 bzw. 10.2.1997, EMARK/Mitteilung Nr. 1.

75 BGE 128 I, S. 225, E. 2.5.1, BGE 127 I, S. 202, E 3b.

anstrengen können, weil er sie nichts kostet.[76] Bei der Klärung der Frage, ob eine unentgeltliche Rechtsverbeiständung sachlich notwendig ist, sind die konkreten Umstände des Einzelfalls und die Eigenheiten der anwendbaren Verfahrensvorschriften zu berücksichtigen. Nach der bundesgerichtlichen Rechtsprechung hat die bedürftige Partei Anspruch auf unentgeltliche Verbeiständung, wenn ihre Interessen in schwerwiegender Weise betroffen sind und der Fall in tatsächlicher und rechtlicher Hinsicht Schwierigkeiten bietet, die den Beizug eines Rechtsvertreters erforderlich machen.[77] Falls das infrage stehende Verfahren besonders stark in die Rechtsposition des Betroffenen eingreift, ist die Bestellung eines unentgeltlichen Rechtsvertreters grundsätzlich geboten. Des Weiteren wird die sachliche Notwendigkeit nicht allein dadurch ausgeschlossen, dass das infrage stehende Verfahren von der Offizialmaxime oder dem Untersuchungsgrundsatz beherrscht wird, doch kann in diesen Fällen ein strengerer Massstab zur Beurteilung der Notwendigkeit angesetzt werden.[78] Die bisherige Rechtsprechung ist bei der Gewährung der unentgeltlichen Rechtspflege äusserst zurückhaltend, u. a. mit dem wenig dienlichen Hinweis auf bestehende Angebote seitens der Hilfswerke.[79] Der Anspruch auf amtliche Rechtsvertretung besteht nach der bundesrechtlichen Rechtsprechung grundsätzlich auch im erstinstanzlichen Asylverfahren, also auch vor dem Bundesamt für Migration,[80] sofern die Voraussetzungen erfüllt sind, doch wird die Notwendigkeit der Rechtsverbeiständung sehr restriktiv gehandhabt.[81] Als amtliche Rechtsvertreter kommen gemäss dem Wortlaut von Art. 65 Abs. 2 VwVG nur Rechtsanwälte infrage.

> Den Anspruch auf unentgeltliche Rechtspflege im Einzelfall u. a. mit dem Hinweis auf bestehende Rechtsberatungsangebote von Hilfswerken einzuschränken, erscheint unserer Ansicht nach nicht sachgerecht. Erstens kann nicht aufgrund freiwilliger Leistungen von Privaten der gesetzliche Anspruch auf unentgeltliche Rechtspflege eingeschränkt werden. Zweitens ist zu berücksichtigen, dass die Angebote nur schwer zu finanzieren sind und aus Kapazitätsgründen bei Weitem nicht alle Ratsuchenden erreichen können. Und drittens müsste im konkreten Fall zumindest tatsächlich Hilfe erhältlich gewesen sein.

5.1.5.3 Parteientschädigung

Die obsiegende Partei hat Anspruch auf eine Parteientschädigung für die ihr erwachsenen notwendigen Kosten (Art. 64 Abs. 1 VwVG). Obsiegt eine Partei nur teilweise, so wird die Parteientschädigung entsprechend gekürzt. Bundesbehörden,

---

76 BGE 129 I, S. 135 E. 2.3.1, BGE 128 I, S. 225, E 2.5.3 mit Hinweisen.
77 BGE 128 I, S. 232, E 2.5.2, BGE 122 I, S. 49, E 2c/bb, BGE 120 Ia, S. 43, E2a.
78 EMARK 2000/6, E.10, BGE 130 I, S. 183, E. 3.2, BGE 119 Ia, S. 266, E. 3b.
79 EMARK 2004/9, Erw. 3b.
80 EMARK 2001/11, Grundsatzentscheid, E. 4-6, BGE 122 I, S. 51, BGE 122 I, S. 271.
81 EMARK 2004/9, E. 3a-b.

die als Parteien im Verfahren auftreten, haben keinen Anspruch auf Parteientschädigung. Die Parteientschädigung umfasst die Kosten der Vertretung und weitere notwendige Auslagen (Art. 8 VGKE). Gemäss Art. 9 VGKE umfassen die Kosten der Vertretung das Honorar des Rechtsvertreters bzw. der Rechtsvertreterin und den Ersatz für Auslagen (Kopien, Porti, Telefon, Reisespesen etc.). Zu den Kosten der Vertretung zählt zusätzlich auch die Mehrwertsteuer, falls eine entsprechende Steuerpflicht besteht. Gemäss Art. 10 Abs. 2 VGKE beträgt der Stundenansatz für Anwälte und Anwältinnen zwischen Fr. 200.– und Fr. 400.– und für nicht anwaltliche Vertretung zwischen Fr. 100.– und Fr. 300.–. Gemäss Praxis des Bundesverwaltungsgerichts werden für nicht anwaltliche Vertretung Honorare in der Höhe von Fr. 150.– plus Mehrwertsteuer akzeptiert. Für amtlich beigeordnete Rechtsanwälte gelten die gleichen Ansätze wie für die vertragliche Vertretung. Falls eine Partei Anspruch auf Parteientschädigung geltend macht, so hat sie bzw. ihre Vertretung vor dem Entscheid eine detaillierte Kostennote einzureichen. Wird keine Kostennote eingereicht, so setzt das Gericht die Parteientschädigung aufgrund des geschätzten Aufwandes der Aktenlage fest. Für die Festsetzung der Parteientschädigung bei Gegenstandslosigkeit des Verfahrens gilt die Regelung von Art. 5 VGKE (Festsetzung der Verfahrenskosten), was nicht zwingend mit der bisherigen Regelung der Asylrekurskommission übereinstimmt. Diese hat in ihrer Rechtsprechung festgehalten, dass bei Gegenstandslosigkeit des Beschwerdebegehrens über die Kosten- und Entschädigungsfrage gemäss den Prozessaussichten vor Eintritt der Gegenstandslosigkeit entschieden wird.[82]

5.2 Ausserordentliche Rechtsmittel

5.2.1 Wiedererwägung

Als Wiedererwägung im Sinne eines ausserordentlichen Rechtsmittels wird der Widerruf einer unangefochten gebliebenen, formell rechtskräftig gewordenen Verfügung bezeichnet, die sich als ursprünglich fehlerhaft erweist.[83] Analog zu der gesetzlichen Regelung der Revision von Artikel 66 VwVG leitet die Praxis unmittelbar aus Art. 4 aBV einen Anspruch auf Wiedererwägung ab, sofern Revisionsgründe im Sinne von Art. 66 VwVG geltend gemacht worden sind. Ein Anspruch auf Wiedererwägung besteht namentlich dann, wenn sich der rechtserhebliche Sachverhalt seit dem ursprünglichen erstinstanzlichen Entscheid, beziehungsweise

82 EMARK 2004/29, E. 5.

83 Beerli-Bonorand, U., Die ausserordentlichen Rechtsmittel in der Verwaltungsrechtspflege des Bundes und der Kantone, Zürich, 1985, S. 41 f., 79, 171 ff.; Saladin, P., Das Verwaltungsverfahrensrecht des Bundes, Bern, 1979, S. 98 ff.; Imboden, M.; Rhinow, R., Schweizerische Verwaltungsrechtsprechung, Band I, Allgemeiner Teil, Basel/Stuttgart, 1976, Nr. 43, S. 260 ff.; Gygi, F., Verwaltungsrecht, Bern, 1987, S. 307 ff. und S. 316.

seit dem Urteil der mit Beschwerde angerufenen Rechtsmittelinstanz wesentlich verändert hat, sodass die ursprüngliche (fehlerfreie) Verfügung an nachträglich eingetretene Veränderungen der Sachlage anzupassen ist.[84] Ferner können auch Revisionsgründe im Sinne von Art. 66 Abs. 2 VwVG zu einer Wiedererwägung führen: einerseits wenn eine unangefochten gebliebene, formell rechtskräftig gewordene Verfügung vorliegt;[85] andererseits wenn sich die Revisionsgründe auf die mit Beschwerde angefochtene Verfügung des Bundesamtes beziehen und nicht auf das Urteil der Rechtsmittelinstanz.[86] Wurde nämlich eine Verfügung mit ordentlichen Rechtsmitteln angefochten, sind Revisionsgründe, die sich auf das Urteil beziehen, nicht in einem Wiedererwägungsverfahren sondern im Revisionsverfahren gemäss Art. 121–128 des Bundesgerichtsgesetzes, BGG, darzulegen.

Als Wiedererwägungsgründe im Sinne von Art. 66 VwVG sind in der Praxis von Bedeutung:

- Vorbringen neuer erheblicher Tatsachen oder Beweismittel,
- Übersehen von aktenkundigen Tatsachen oder Begehren,
- Verletzung von Bestimmungen über den Ausstand und die Akteneinsicht sowie des rechtlichen Gehörs.

Diese Gründe können nicht als Wiedererwägungsgründe angeführt werden, wenn die Partei sie im Rahmen des Beschwerdeverfahrens hätte geltend machen können.[87] Eine Praxisänderung kann nach gefestigter Lehre und Rechtsprechung grundsätzlich auch nicht dazu führen, auf einen bereits in Rechtskraft erwachsenen Entscheid zurückzukommen.[88] Eine zeitliche Frist zur Einreichung eines Wiedererwägungsgesuchs besteht zwar nicht. Die Bestimmung von Art. 67 VwVG ist im Wiedererwägungsverfahren zwar nicht anwendbar, eine zeitliche Schranke ergibt sich aber aus dem Grundsatz von Treu und Glauben.[89]

Auf ein Wiedererwägungsgesuch wird nicht eingetreten, wenn zu dessen Begründung lediglich unsubstanziierte Behauptungen aufgestellt werden und aus der Rechtsschrift die tatsächlichen Anhaltspunkte, die auf das Vorliegen eines Wiedererwägungsgrundes hindeuten sollen, nicht ersichtlich sind.[90] Hingegen ist auf ein Gesuch einzutreten, wenn die gesuchstellende Person Tatsachen vorbringt, die an

84 EMARK 2003/7, E. 1.
85 EMARK 2003/17, E. 2a.
86 EMARK 1998/8.
87 EMARK 2000/24, E. 5b.
88 Imboden, M.; Rhinow, R., Schweizerische Verwaltungsrechtsprechung, Basel, 1986, Bd. I, Nr. 45 B. III. und Rhinow, R.; Krähenmann, B., Ergänzungsband zur Schweizerischen Verwaltungsrechtsprechung, Basel, 1990, Nr. 45 B. III.
89 EMARK 2000/5.
90 EMARK 2005/25, E. 4.2, EMARK 2003/7, E. 4a.

sich geeignet sein könnten, zu einem anderen Entscheid zu führen. Ob sie auch tatsächlich gegeben und auch geeignet sind, im konkreten Fall zu einer anderen Betrachtungsweise zu führen, ist Gegenstand der materiellen Prüfung der Eingabe.

Stellt ein Asylbewerber, nachdem er bereits ein Asylverfahren erfolglos durchlaufen hat, ein weiteres Mal ein Gesuch, mit welchem er die Feststellung der Flüchtlingseigenschaft verlangt, ist dieses zweite Gesuch nach der Bestimmung eines zweiten Asylgesuchs zu behandeln (Art. 32 Abs. 2 lit. e AsylG) – mit den entsprechenden Verfahrensgarantien und nicht als Wiedererwägungsgesuch. Von dieser Regel darf nur abgewichen werden, wenn man mit dem zweiten Gesuch eigentliche Revisionsgründe geltend macht.[91]

Gemäss der Bestimmung von Art. 17b AsylG erhebt das Bundesamt für Wiedererwägungsverfahren oder ein zweites Asylgesuch eine Gebühr. Bei dieser Gebühr handelt es sich eigentlich um Verfahrenskosten. Diese können im Voraus verlangt werden (Art. 17 Abs. 3 AsylG). Eine Befreiung von den Verfahrenskosten und somit auch vom Kostenvorschuss ist auf Gesuch hin möglich, sofern die gesuchstellende Person bedürftig ist und das Gesuch nicht als von vornherein aussichtslos erscheint. Zur Leistung des Kostenvorschusses ist eine angemessen Frist unter Androhung des Nichteintretens im Falle des Nichtbezahlens anzusetzen. Von Gesetzes wegen ist auf einen Gebührenvorschuss bei unbegleiteten minderjährigen Asylsuchenden zu verzichten, wenn das Verfahren nicht von vornherein aussichtslos erscheint. Für die Höhe der Gebühr verweist das Gesetz auf eine Verordnung des Bundesrates (Art. 17b AsylG). Die in Art. 7c Abs. 1 AsylV1 auf Fr. 1'200.– festgesetzte Gebühr für einen Wiedererwägungsentscheid kann zwar dem Kostendeckungsprinzip entsprechen, verletzt jedoch nach Auffassung des Bundesverwaltungsgerichts das Verhältnismässigkeitsprinzip.[92] Zwischenverfügungen betreffend Kostenvorschuss bei Wiedererwägungsverfahren sind nicht selbstständig anfechtbar, sofern die Verfügung des Kostenvorschusses nicht mit der Anordnung bzw. Verweigerung der vorsorglichen Massnahme verknüpft wird. [93]

5.2.2 Revision

Für die Revision von Entscheiden des Bundesverwaltungsgerichts gelten gemäss Art. 45 VGG die Bestimmungen von Art. 121–128 des Bundesgerichtsgesetzes (BGG, SR 173.110) sinngemäss und nicht mehr die Bestimmungen von Art. 66 VwVG. Bisherige Urteile der Asylrekurskommission bezüglich Revision sind somit mit Vorsicht auf die neuen Bestimmungen anzuwenden.

---

91 EMARK 2006/20, EMARK 1998/1, E. 6.
92 BVGE 2008/3, E. 3.
93 BVGE 2007/18, E. 4.4 und 4.6.

Anfechtungsobjekt der Revision ist ein Entscheid des Bundesverwaltungsgerichts. Ein Gesuch um Revision eines Revisionsurteils ist nur dann zulässig, sofern diesem Revisionsurteil zugrunde liegende Verfahrensmängel im Sinne von Art. 66 Abs. 2 lit. b oder c VwVG gerügt werden,[94] und sofern diese Revisionsgründe auch unter die neu geltenden Bestimmungen von Art. 121–128 BGG subsumiert werden können, was bei Art. 66 Abs. 2 lit. c VwVG nicht vollständig möglich ist. Entgegen EMARK 2002/13[95] können neue Tatsachen oder Beweismittel nicht nur im Verhältnis zu einem ursprünglichen Beschwerdeentscheid, sondern auch im Verhältnis zu einem Revisionsurteil vorgetragen werden, sofern die Voraussetzungen von Art. 123 Abs. 2 lit. a BGG erfüllt sind, da der Wortlaut von Art. 121 BGG nicht von *Beschwerde*entscheid sondern lediglich von «Entscheid» spricht. Abschreibungsbeschlüsse können grundsätzlich nicht in Revision gezogen werden. Dies gilt aber nicht, wenn das Revisionsbegehren ausschliesslich gegen die Kostenauflage beziehungsweise den Entschädigungspunkt gerichtet ist, da insoweit ein eigenständiger Urteilsspruch vorliegt.[96]

Als Revisionsgründe gelten:
- Verletzung von Verfahrensvorschriften (Art. 121 BGG), wie Regeln über den Ausstand, Nichtbeurteilung von Anträgen, Übersehen von Tatsachen.
- Urteil des EGMR, dass ein Entscheid die EMRK verletzt (Art. 122 BGG) und die Verletzung nur durch eine Revision beseitigt werden kann.
- andere Gründe (Art. 123 BGG). Darunter fallen Fälle,
  - in denen ein Verbrechen oder Vergehen zum Nachteil der Partei auf den Entscheid eingewirkt hat, oder
  - Fälle, in denen die ersuchende Partei nachweist, dass sie nachträglich erhebliche Tatsachen erfährt oder Beweismittel beibringt, die sie im früheren Verfahren nicht beibringen konnte, die aber schon vor dem Entscheid bestanden haben.

Je nach Revisionsgründen gelten unterschiedliche Fristen (Art. 124 BGG) zur Einreichung der Revision. Bei mehreren möglichen Revisionsgründen ist von der kürzeren Frist auszugehen, da ansonsten riskiert wird, dass auf diesen Punkt des Revisionsbegehrens nicht mehr eingetreten wird.
- Die Frist für die Einreichung des Revisionsgesuchs bei Verletzung der Ausstandsvorschriften beträgt 30 Tage nach der Entdeckung des Ausstandsgrundes.
- Bei Verletzung anderer Verfahrensvorschriften beträgt die Frist ebenfalls 30 Tage ab der Eröffnung der vollständigen Ausfertigung des Entscheides.

---

94 EMARK 2002/13, E. 4a.
95 EMARK 2002/13, E. 4a.
96 EMARK 1993/33, E. 1a.

- Bei einem Urteil des EGMR, das eine Verletzung der EMRK festhält, besteht eine 90-tägige Frist ab dem Zeitpunkt, zu dem das Urteil endgültig geworden ist (Art. 44 EMRK).
- Beim Revisionsgrund, wo ein Verbrechen oder Vergehen zum Nachteil der Partei auf den Entscheid eingewirkt hat, oder wo nachträgliche neue Tatsachen oder Beweismittel beigebracht werden, beträgt die Frist 90 Tage ab Entdeckung der Tat bzw. der Tatsachen oder Beweismittel.
- Zehn Jahre nach Ausfällung des Entscheides kann in der Regel keine Revision mehr verlangt werden (Art. 124 Abs. 2 BGG).

Falls das Bundesverwaltungsgericht zum Schluss kommt, dass einer der angerufenen Revisionsgründe zutrifft, so hebt es den früheren Entscheid auf und entscheidet in der Sache neu. Wird mit dem Revisionsurteil ein Rückweisungsentscheid aufgehoben, so bestimmt das Bundesverwaltungsgericht auch gleichzeitig mit dem Revisionsurteil die Wirkung dieser Aufhebung auf einen allenfalls bereits in der Zwischenzeit ergangenen Entscheid der Vorinstanz (Art. 128 BGG).

Literaturhinweise

Achermann, Alberto; Hausammann, Christina: Handbuch des Asylrecht, Bern/Stuttgart, 1991.

Auer, Christoph et al. (Hrsg.): Kommentar zum Bundesgesetz über das Verwaltungsverfahren (VwVG), Zürich/St. Gallen, 2008.

Druey, Joëlle: Le système de Dublin, in: Aspects pénaux des accords bilatéraux Suisse/Union, Bâle, 2008, P. 37–112.

Frei, Peter: Zehn Jahre Schweizerische Asylrekurskommission – Bemerkungen eines Praktikers, ASYL, 2003/1, S. 19 ff.

Grant, Philip; Wisard, Nicolas: La liberté personelle des requérants d'asile dans les centres d'enregistrement, ASYL, 1996/3, S. 82 ff.

Hermann, Mathias: Das Dublin System: eine Analyse der europäischen Regelungen über die Zuständigkeit der Staaten zur Prüfung von Asylanträgen unter besonderer Berücksichtigung der Assoziation der Schweiz, in: Zürcher Studien zum öffentlichen Recht, Zürich, 2008.

Hurwitz, Agnès: L'application pratique de la Convention de Dublin: premières expériences, ASYL, 1999/2, S. 3 ff.

Kälin, Walter: Grundriss des Asylverfahrens, Basel/Frankfurt, 1990.

Kälin, Walter: Die Bedeutung der Menschenrechte für das Migrationsrecht, in: Achermann, Alberto et al. (Hrsg.): Jahrbuch für Migrationsrecht 2004/2005, Bern, 2005, S. 75 ff.

Kneubühler, Lorenz: Die Begründungspflicht. Eine Untersuchung über die Pflicht der staatlichen Behörden zur Begründung ihrer Entscheide, Bern, 1998.

Kölz, Alfred; Häner, Isabelle: Verwaltungsverfahren und Verwaltungsrechtspflege des Bundes, Zürich, 1993.

Lang, Walter: Das Flughafenverfahren, ASYL, 2000/3, S. 3 ff.

Levrat, Christian: Entre frais et dépens, curieuse pratique de la CRA, ASYL, 1997/4, S. 104 ff.

Maiani, Francesco: La Suisse, le système de Dublin et l'influence du droit communautaire sur son droit d'asile, in: Epiney, A. et. al. (Hrsg.): Défi des frontières: mélanges en l'honneur de Roland Bieber, Zürich, 2007, P. 812–830.

Nideröst, Peter: Rechtsschutzdefizite im Flughafenverfahren, ASYL, 2000/3, S. 18 ff.

Ottet, Michel: La procédure d'aéroport et les décisions de la Commission de recours sur la base de l'expérience à Genève-Cointrin, ASYL 2000/3, S. 31 ff.

Saladin, Peter: Das Verwaltungsverfahrensrecht des Bundes, Bern, 1979.

Schertenleib, Jürg: Kostenvorschüsse in der Praxis der VII. Kammer der Asylrekurskommission, ASYL, 1995, S. 108 ff.

Stgier, Ursina: Rechtsschutzdefizite im Empfangsstellenverfahren, ASYL, 2000/3, S. 25 ff.

Stöckli, Walter: Asyl, in: Uebersax, Peter et al. (Hrsg.): Ausländerrecht, Eine umfassende Darstellung der Rechtsstellung von Ausländerinnen und Ausländern in der Schweiz – von A(syl) bis Z(ivilrecht), Basel/Genf/München, 2002, S. 521 ff.

UNHCR, Handbuch über Verfahren und Kriterien zur Feststellung der Flüchtlingseigenschaft, Genf, September 1979, S. 55 ff.

IV Prüfungsprogramm, Asylgewährung, Wegweisung und Zwangsmassnahmen

1. Übersicht

In diesem Abschnitt wird zunächst dargestellt, welche Beurteilungskriterien für die rechtsanwendenden Behörden bei der Beurteilung des Asylgesuchs von Bedeutung sind (Prüfungsprogramm), anschliessend erfolgt ein Überblick über die möglichen Rechtsfolgen.

2. Prüfungsprogramm bei der Beurteilung eines Asylgesuchs

Die Behörden haben im Rahmen der Beurteilung eines Asylgesuchs den rechtserheblichen Sachverhalt zu ermitteln (vgl. Kap. VI). Anschliessend stellen sich der Reihe nach die folgenden Fragen:

- Liegt ein Nichteintretensgrund gemäss den Art. 32–35 AsylG vor? Zu den einzelnen Nichteintretensgründen vgl. Kap. V.
- Ist der ermittelte Sachverhalt nachgewiesen oder zumindest glaubhaft gemacht (Art. 7 AsylG)? Zum Nachweis und Glaubhaftmachen der Flüchtlingseigenschaft vgl. Kap. VI.

- Ist die asylsuchende Person Flüchtling im Sinne von Art. 3 AsylG? Zum Flüchtlingsbegriff vgl. Kap. VII.
- Liegen für den Fall, dass die Flüchtlingseigenschaft nachgewiesen und erfüllt ist, Gründe gemäss Art. 1 F FK und Art. 52–55 AsylG vor, die zu einem Ausschluss von Flüchtlingseigenschaft und Asylgewährung führen? Zu den Gründen für einen Ausschluss von Flüchtlingseigenschaft und Asylgewährung vgl. Kap. VIII.
- Liegen für den Fall, dass die Voraussetzungen einer Asylgewährung nicht vorhanden sind, Wegweisungshindernisse gemäss Art. 44 Abs. 2 AsylG vor? Zu den einzelnen Wegweisungshindernissen vgl. Kap. IX.

3. Rechtsfolgen

3.1 Nichteintretensentscheid

Das Vorliegen eines Nichteintretensgrundes hat einen Nichteintretensentscheid zur Folge. Wichtig ist, dass sich das Nichteintreten nur auf die Frage der Asylgewährung bezieht; Nichteintreten bedeutet also nicht zwingend, dass die asylsuchende Person die Schweiz auch verlassen muss. Liegt ein Wegweisungshindernis vor, ist auch bei einem Nichteintretensentscheid die vorläufige Aufnahme zu verfügen (siehe Ziff. 3.4).

3.2 Ablehnung des Asylgesuchs

Treten die Asylbehörden auf die Prüfung ein, lehnen das Asylgesuch aber ab, richten sich die weiteren Rechtsfolgen danach, ob die Flüchtlingseigenschaft anerkannt wurde oder nicht. Meist wird ein Asylgesuch abgelehnt, weil die Flüchtlingseigenschaft nicht nachgewiesen oder glaubhaft gemacht werden konnte. In diesem Fall verfügen die Asylbehörden die Wegweisung und die asylsuchende Person hat die Schweiz zu verlassen. Es ist aber auch denkbar, dass die Behörden die Flüchtlingseigenschaft anerkannt haben, das Asylgesuch jedoch ablehnen, weil einer der im Gesetz genannten Asylausschlussgründe vorliegt (Art. 52–55 AsylG). In einem solchen Fall wird zwar ebenfalls die Wegweisung verfügt, die weitere Anwesenheit in der Schweiz jedoch durch die vorläufige Aufnahme geregelt. Aus diesem Grunde enthalten ablehnende Entscheide des Bundesamtes für Migration stets eine separate Feststellung über die Anerkennung («Die Gesuchstellerin erfüllt die Flüchtlingseigenschaft.») bzw. Nichtanerkennung («Der Gesuchsteller erfüllt die Flüchtlingseigenschaft nicht.») der Flüchtlingseigenschaft.

3.3 Asylgewährung

Liegt kein Nichteintretensgrund vor, ist der von der asylsuchenden Person geltend gemachte Sachverhalt nachgewiesen bzw. glaubhaft gemacht, sind die Voraussetzungen der Flüchtlingseigenschaft erfüllt und liegt ausserdem kein Ausschlussgrund vor, wird Asyl gewährt. Gemäss Art. 2 Abs. 2 AsylG umfasst Asyl den Schutz und die gemäss Gesetz in der Schweiz gewährte Rechtsstellung (siehe dazu Kap. XIII). Eingeschlossen ist insbesondere das Recht auf Anwesenheit. Seit Ende der 80-er Jahre bis heute variieren die Anerkennungsquoten zwischen 3 und beinahe 20 Prozent. Die grossen Schwankungen stehen u. a. auch mit den variierenden Herkunftsgebieten der Asylsuchenden und der dort herrschenden politischen Situation in Zusammenhang.[1]

Hinzuweisen ist an dieser Stelle auch auf die Asylgewährung für Gruppen, die gemäss Art. 56 AsylG aufgrund eines Entscheides des Bundesrates erfolgt. Praktische Bedeutung hat diese Bestimmung bei Aufnahmeaktionen, die auf Ersuchen des UNHCR stattfinden. Diese sog. Kontingentspolitik wurde in den 1990-er Jahren eingestellt. Zurzeit erarbeitet die Eidgenössische Kommission für Migrationsfragen einen Vorschlag zur Wiederaufnahme der Kontingentspolitik.[2]

Flüchtlinge, die in einem anderen Staat aufgenommen wurden, haben schliesslich die Möglichkeit, Asyl in der Schweiz zu erhalten, sofern sie seit mindestens zwei Jahren ordnungsgemäss und ununterbrochen in der Schweiz leben (Art. 50 AsylG, Zweitasyl). Der Begriff «ordnungsgemäss» im Ausländerrecht kann dabei nicht ohne Weiteres auf den Asylbereich übertragen werden. Bei der Auslegung von Art. 50 AsylG sind die Bestimmungen der Europäischen Vereinbarung über den Übergang der Verantwortung für Flüchtlinge[3] zu berücksichtigen. Sind die Voraussetzungen der Vereinbarung erfüllt, wird gemäss Rechtsprechung das in Art. 50 AsylG statuierte Ermessen der Behörden eingeschränkt, d. h., dass selbst in Fällen, wo die Vereinbarung nicht zur Anwendung kommt, der Begriff des «ordnungsgemässen Aufenthaltes» in Übereinstimmung mit der Vereinbarung ausgelegt werden muss.[4] Für den ordnungsgemässen Aufenthalt ist die Erteilung einer ausländerrechtlichen Aufenthaltsbewilligung nicht erforderlich. Die Bedeutung des Begriffes «ordnungsgemässer Aufenthalt» im Fremdenpolizeirecht kann nämlich nicht ohne Weiteres auf den Asylbereich übertragen werden.

---

1 Zur Statistik im Asylbereich vgl. die Homepage des Bundesamtes für Migration (www.bfm.admin.ch) und jeweils erste Ausgabe des Jahres der Zeitschrift ASYL.

2 Achermann, Alberto, Aufnahme von Flüchtlingsgruppen und Hilfe vor Ort, Bericht und Empfehlungen der Eidg. Kommission für Migrationsfragen, Bern 2009.

3 SR 0.142.305.

4 EMARK 2002/10, E. 3d und 3e.

3.4 Wegweisung

3.4.1 Vorläufige Aufnahme

Wird das Asylgesuch abgelehnt oder ergeht ein Nichteintretensentscheid, verfügen die Behörden die Wegweisung aus der Schweiz; dabei ist der Grundsatz der Einheit der Familie zu berücksichtigen (Art. 44 Abs. 1 AsylG). Eine vorläufige Aufnahme wird jedoch verfügt, wenn ein Wegweisungshindernis vorliegt, wenn also der Vollzug der Wegweisung durch Ausschaffung entweder nicht zulässig, nicht zumutbar oder nicht möglich ist (siehe Kap. IX). Die vorläufige Aufnahme ist keine ausländerrechtliche Bewilligung, sondern eine Ersatzmassnahme für eine aus den erwähnten Gründen nicht durchführbare Wegweisung. Die Bestimmungen zur Regelung des Aufenthaltes von vorläufig Aufgenommenen sind in den Art. 83–88 AuG sowie Art. 74 VZAE und Art. 16–26a VVWA zu finden.

3.4.2 Vollzug der Wegweisung

Wird im Anschluss an einen Nichteintretensentscheid oder die Ablehnung des Asylgesuchs die Wegweisung verfügt und liegt kein Wegweisungshindernis vor, haben die abgewiesenen Personen die Schweiz zu verlassen (zum Inhalt der Wegweisungsverfügung vgl. Art. 45 AsylG). Das Bundesamt setzt in diesen Fällen eine Ausreisefrist an, deren Bemessung in der Regel der Dauer des Asylverfahrens Rechnung trägt und den Grundsatz der Einheit der Familie berücksichtigt (Art. 44 Abs. 1 AsylG, «koordinierter Wegweisungsvollzug» bei Familienmitgliedern). Die Bestimmung ist auch auf eingetragene Partnerschaften sowie auf ein gefestigtes Konkubinat anwendbar. Die Bestimmung von Art. 44 Abs. 1 AsylG geht über die Tragweite von Art. 8 EMRK hinaus.[5] Verheiraten sich zwei Asylsuchende in der Schweiz, die unabhängig voneinander ein Asylgesuch eingereicht haben, so kann nebst der Frage der Flüchtlingseigenschaft auch nicht die Frage des Wegweisungsvollzugs losgelöst von derjenigen des anderen Ehegatten geprüft werden. Der Grundsatz der Einheit der Familie verbietet – vorbehältlich der Anwendung von Art. 83 Abs. 7 AuG – eine nicht gleichzeitige Wegweisung.[6] Ein Abweichen vom Grundsatz der Familieneinheit ist unter gewissen Voraussetzungen möglich, sodass ein gestaffelter Wegweisungsvollzug erfolgen kann (z. B. bei Delinquenz eines Familienmitglieds oder bei missbräuchlicher Berufung auf die Bestimmung).[7] Die kantonalen Vollzugsbehörden sind verpflichtet, die kontrollierte Ausreise, das Feststellen des Untertauchens oder die Regelung des Anwesenheitsverhältnisses (nach Ausländerrecht) innerhalb von 14 Tagen dem BFM zu melden (Art. 34 Abs. 2 AsylV1).

---

5 EMARK 1995/24.
6 EMARK 1999/1, Grundsatzurteil.
7 EMARK 2004/12, E. 7c und d.

Verstreicht die angesetzte Ausreisefrist unbenutzt, wird der zwangsweise Vollzug der Wegweisung (Ausschaffung) angeordnet; die Kantone sind dabei verpflichtet, die Wegweisung zu vollziehen. Sie haben nach Rechtskraft der Wegweisungsverfügung bei festgestellter Unmöglichkeit des Vollzugs aber die Pflicht, dem BFM eine vorläufige Aufnahme zu beantragen (vgl. Art. 46 Abs. 2 AsylG). Es ist den Kantonen verwehrt, Entscheidungen der Bundesbehörden bezüglich der Zulässigkeit und Zumutbarkeit der Wegweisung einer eigenen materiellen Prüfung zu unterziehen. Der Grundsatz der Nichtrückschiebung bindet indessen auch kantonale Behörden.

Verfügen die Kantone über Kenntnisse oder Hinweise auf eine noch nicht überprüfte, aber wahrscheinliche Gefährdungssituation bei einer Rückschaffung, sind sie unseres Erachtens berechtigt und verpflichtet, diese den Asylbehörden zu unterbreiten und den Vollzug so lange auszusetzen. Sie sind gemäss Art. 83 Abs. 6 AuG – entgegen dem engen Wortlaut von Art. 46 Abs. 2 AsylG und Art. 17 Abs. 2 VVWA – auch in den Fällen der Unzumutbarkeit und Unzulässigkeit berechtigt, einen Antrag auf vorläufige Aufnahme zu stellen.

Die Aufgaben des BFM, anderer Bundesstellen und der Kantone sowie die Modalitäten des Wegweisungsvollzugs sind in der Verordnung über den Vollzug der Weg- und Ausweisung von ausländischen Personen vom 11. August 1999 (VVWA, SR 142.281) geregelt. So überprüft gemäss Art. 3 VVWA das BFM die Identität und die Staatsangehörigkeit von weggewiesenen Personen und kann zu diesem Zweck Interviews, Vorführungen bei den heimatlichen Behörden und Sprachanalysen durchführen. Der Kanton wird über die Ergebnisse orientiert. Gemäss Art. 4 VVWA kann die Beschaffung von Reisepapieren auch bei Einreichung von Rechtsmitteln und -behelfen erfolgen, sofern die Beschwerdeinstanz dies nicht ausdrücklich auf Antrag hin untersagt hat.

Können für eine ausländische Person keine heimatlichen Reisepapiere beschafft werden, so kann das BFM gemäss Art. 9 VVWA ein Reiseersatzdokument ausstellen, sofern dieses Dokument die Rückführung ermöglicht (sprich: sofern der Transitstaat die Durchreise und der Heimatstaat die Einreise mit diesem Dokument gestattet).

3.4.3 Rückkehr- und Wiedereingliederungshilfe

Gestützt auf Art. 93 AsylG und Art. 62 ff. AsylV 2 leistet der Bund Rückkehrhilfe und finanziert Massnahmen zur Prävention der irregulären Migration. In diesem Zusammenhang kann der Bund Rückkehrberatungsstellen sowie Projekte in der Schweiz zur Erhaltung der Rückkehrfähigkeit finanzieren. In den Herkunftsländern von Asylsuchenden kann der Bund Programme zur Erleichterung der Rückkehr und der Reintegration finanzieren und Einzelfallhilfen für Rückkehrwillige leisten. Finanzierte Programme im Ausland können auch das Ziel verfolgen, einen Beitrag zur Prävention irregulärer Migration zu leisten.

Gemäss Art. 66 AsylV 2 sorgen Rückkehrberatungsstellen in den Kantonen, den Empfangsstellen und an den Flughäfen Zürich-Kloten und Genf-Cointrin für die Verbreitung von Information über Rückkehr und Rückkehrhilfe. Für die Beratungsstellen an den Empfangsstellen und am Flughafen ist das BFM und für diejenigen im Kanton die zuständige kantonale Stelle zuständig.

Folgende Personenkategorien des Asylbereichs haben grundsätzlich Zugang zur Rückkehrberatung: Asylsuchende im hängigen Verfahren, abgewiesene Asylsuchende und Personen mit einem Nichteintretensentscheid. Vorläufig aufgenommene Personen, Schutzbedürftige und anerkannte Flüchtlinge haben ebenfalls Zugang zur Rückkehrberatung. Weisungen und Rundschreiben zu den einzelnen Projekten der Rückkehrhilfe definieren im Einzelnen, welche Personenkategorien Anspruch auf welche Leistung haben. Gemäss Art. 64 AsylV 2 sind Personen, die ein schweres Strafdelikt begangen oder sich missbräuchlich verhalten haben (z. B. grobe Verletzung von Mitwirkungspflichten), von der Rückkehrhilfe ausgeschlossen.

Gemäss Art. 74 AsylV 2 beträgt die individuelle Rückkehrhilfe max. Fr. 1'000.– pro Person. Sie kann nach Alter und Aufenthaltsdauer in der Schweiz abgestuft werden. Sie wird bei der Rückkehr in den Heimatstaat oder der Weiterreise in den Drittstaat gewährt, sofern es sich beim Drittstaat nicht um einen EU- oder EFTA-Staat, die USA, Kanada und Australien handelt (Art. 76 AsylV 2). Darüber hinaus können Rückkehrwillige eine materielle Zusatzhilfe in der Höhe von maximal Fr. 3'000.– beantragen. Falls eine medizinische Behandlung notwendig ist, kann das BFM während der maximalen Dauer von 6 Monaten allfällige Behandlungs- und Medikamentenkosten übernehmen. Die Dauer der medizinischen Hilfe kann zwar verlängert werden, die Hilfeleistung auf unbestimmte Zeit ist jedoch ausgeschlossen (Art. 75 AsylV 2). Die Rückkehrhilfen werden an den Flughäfen Zürich-Kloten oder Genf-Cointrin oder im Bestimmungsland ausbezahlt.

3.5 Zwangsmassnahmen

Um die Durchführung eines Wegweisungsverfahrens sowie den Vollzug der Wegweisung sicherzustellen, können die kantonalen Behörden ausserdem freiheitsbeschränkende und freiheitsentziehende Massnahmen anordnen. Diese wurden im Rahmen des «Bundesgesetzes über Zwangsmassnahmen im Ausländerrecht» per 1. Februar 1995 in Kraft gesetzt. Im Rahmen des Bundesgesetzes vom 16. Dezember 2005 über die Ausländerinnen und Ausländer (AuG) beziehungsweise der Revision des Asylgesetzes[8] hat der Gesetzgeber die Zwangsmassnahmen in verschiedener

8 Änderung des Asylgesetzes von 16. Dezember 2005, AS 2006, S. 4768 ff., womit die neuen Zwangsmassnahmen noch im Rahmen des ANAG am 1. Januar 2007 in Kraft gesetzt worden sind.

Hinsicht verschärft. Neu dauert die Ausschaffungshaft maximal 18 Monate. Die Vorbereitungshaft ist während sechs Monaten zulässig. Zudem ist eine sogenannte Durchsetzungshaft mit einer maximalen Haftdauer von 18 Monaten eingeführt worden. Zusammen darf der Freiheitsentzug von Vorbereitungs-, Ausschaffungs- und Durchsetzungshaft maximal 24 Monate betragen.[9]

Diese Verlängerung der möglichen Haftdauer ist insofern fragwürdig, als eine Evaluation der Zwangsmassnahmen zuhanden der Geschäftsprüfungskommission des Parlaments vom 15. März 2005 u.a. zum Schluss kommt, dass die Wirksamkeit der Haft bezüglich Vollzug der Wegweisungen sich im Verlaufe der Haftdauer deutlich reduziert. Die Evaluation kommt auch zum Schluss, dass die Häufigkeit der angeordneten Ausschaffungshaft nicht zwingend mit einem höheren Rückführungsanteil bei den Abgängen der untersuchten Kantone einhergeht. Nichtsdestotrotz hat der Gesetzgeber diese Verschärfungen gutgeheissen und in Kraft gesetzt. Es ist somit davon ausgzugehen, dass die Zwangsmassnahmen von den kantonalen Behörden auch weiterhin sehr unterschiedlich angeordnet werden, weil die «Kann-Formulierung» den Vollzugsbehörden den entsprechenden Handlungsspielraum offenlässt, aber auch weil die kantonalen Gerichte bei der Haftüberprüfung den Interpretationsspielraum des Gesetzes unterschiedlich ausschöpfen. Problematisch erscheint aber, wenn sich die Differenzen nicht nur auf die Häufigkeit der Anordnung von Zwangsmassnahmen und auf die Haftdauer beziehen, sondern sich offensichtlich auch Differenzen hinsichtlich der Behandlung gewisser Nationalitäten ausmachen lassen.

Die entsprechenden Bestimmungen zu den Zwangsmassnahmen befinden sich im AuG (Art. 73 ff.). Beim allenfalls angeordneten Freiheitsentzug im Rahmen der Zwangsmassnahmen handelt es sich um eine reine Administrativhaft und nicht um eine strafrechtliche Sanktion; dies trifft auch für die Durchsetzungshaft zu. Nachfolgend sollen die einzelnen Zwangsmassnahmen näher erläutert werden.

3.5.1 Kurzfristige Festhaltung (Art. 73 AuG)

Zuständige Bundes- oder kantonale Behörden können eine Person ohne Kurz-, Aufenthalts- oder Niederlassungsbewilligung während maximal drei Tagen festhalten zur Eröffnung einer Verfügung im Zusammenhang mit dem Aufenthaltsstatus oder zur Feststellung der Identität, soweit dazu ihre persönliche Mitwirkung erforderlich ist. Dauert die Festhaltung voraussichtlich länger als 24 Stunden, so ist der betroffenen Person die Möglichkeit zu geben, ihre persönlichen Angelegenheiten zu erledigen. Die Person ist sodann immer über den Grund der Festhaltung zu informieren. Auf Gesuch hin prüft die zuständige richterliche Behörde die Rechtmässigkeit der Festhaltung auch nachträglich. Zu beachten ist, dass die Dauer der Festhaltung nicht an die Dauer einer allfälligen

9 Mit der Übernahme der EU-Rückführungsrichtlinie im Rahmen der Schengen-Weiterentwicklung wird die Schweiz die maximale Haftdauer auf 18 Monate reduzieren müssen. Der entsprechende Änderungsvorschlag wird voraussichtlich Mitte 2009 in Vernehmlassung gehen.

Ausschaffungs-, Vorbereitungs- oder Durchsetzungshaft angerechnet wird. Die kurzfristige Festhaltung ersetzt und ergänzt die vor dem 1.1.2007 in Art. 112 Abs. 3 aAsylG geregelte sog. «kleine Ausschaffungshaft» bei sofortigem Vollzug der Wegweisung.

3.5.2 Ein- und Ausgrenzung (Art. 74 AuG)

Die Ein- oder Ausgrenzung bezweckt einerseits gegen Ausländer vorzugehen, die die öffentliche Sicherheit und Ordnung gefährden (Art. 74 Abs. 1 lit. a AuG), aber nicht sofort weggewiesen werden können, weil z. B. noch ein Asylverfahren hängig ist oder Reisepapiere beschafft werden müssen. Andererseits dienen Ein- und Ausgrenzung dazu, den Vollzug einer Wegweisung im Sinne einer milderen Massnahme im Verhältnis zur Vorbereitungs- oder Ausschaffungshaft[10] zu sichern (Art. 74 Abs. 1 lit. b AuG), indem die Asylsuchenden durch das Rayonverbot besser kontrolliert werden können.

Die zuständige kantonale Behörde kann eine ausländische Person ohne Kurzaufenthalts-, Aufenthalts- oder Niederlassungsbewilligung die Auflage machen, ein bestimmtes Gebiet nicht zu betreten, wenn sie die öffentliche Sicherheit stört oder gefährdet oder wenn gegen sie ein rechtskräftiger Weg- oder Ausweisungsentscheid vorliegt und sie die angesetzte Ausreisefrist nicht eingehalten hat. Die Schwelle für die Anordnung von Ein- oder Ausgrenzung bei der Gefährdung der öffentlichen Sicherheit ist nicht sehr hoch; darunter fallen auch nicht deliktisches Verhalten wie Drohungen gegen andere Personen oder konkrete Verdachtsmomente der Begehung strafbarer Handlungen (mehrmalige Festnahme im Drogenmilieu).[11] Doch hat auch die Ein- oder Ausgrenzung verhältnismässig zu sein, d. h., sie muss geeignet und erforderlich sein, um den beabsichtigten Zweck zu erreichen (z. B. Verhinderung der Störung der öffentlichen Sicherheit) und sie darf nicht über das hierzu Erforderliche hinausgehen. Letzteres ist vor allem wichtig bei der Festlegung der Grösse des Rayons. In der Regel ist darum die Ausgrenzung von einem bestimmten Gebiet die mildere Massnahme als die Eingrenzung auf ein bestimmtes Gebiet. Für notwendige Besuche (Behörden, Anwälte, Angehörige) müssen Ausnahmebewilligungen gewährt werden. Unter den Aspekt der Verhältnismässigkeit fällt auch der Umstand, dass die Massnahme nicht auf unabsehbare Zeit aufrechterhalten werden darf. Ein Verstoss gegen die Ein- oder Ausgrenzung kann die Anordnung von Vorbereitungs- oder Ausschaffungshaft zur Folge haben (Art. 75 Abs. 1 lit. b AuG) und auch mit einer Freiheitsstrafe wegen Missachtung fremdenpolizeilicher Anordnung geahndet werden (Art. 119 AuG).[12] Gegen die

---

10 AB 2005 N 1203, Votum BR Blocher.

11 BBl 1994 I, S. 327.

12 Vgl. zum Verhältnis Bestrafung und Durchführbarkeit des Vollzugs BGE 126 IV, S. 30 ff.

Anordnung der Ein- oder Ausgrenzung kann bei einer kantonalen richterlichen Behörde Beschwerde geführt werden; ihr kommt von Gesetzes wegen aber keine aufschiebende Wirkung zu (Art. 74 Abs. 3 AuG).

3.5.3 Vorbereitungshaft (Art. 75 AuG)

Sinn und Zweck der Vorbereitungshaft ist auch die Sicherung einer absehbaren (aber noch nicht verfügten) Wegweisung durch Inhaftierung von Personen ohne Kurz-, Aufenthalts- oder Niederlassungsbewilligung. Die Vorbereitungshaft setzt die tatsächliche Durchführbarkeit der Ausschaffung voraus.[13] Eine der in Art. 75 Abs. 1 AuG genannten Haftgründe muss immer erfüllt sein. Bei den Haftgründen handelt es sich um:

- den Missbrauch im Zusammenhang mit dem Offenlegen der Identität und erheblichen Mitwirkungspflichtverletzungen,
- den Verstoss gegen Ein- oder Ausgrenzung,
- das Missachten eines Einreiseverbots,
- die Einreichung eines Asylgesuchs nach Ablauf einer ausländerrechtlichen Bewilligung oder nach einer fremdenpolizeilichen Wegweisung,
- die ernsthafte Gefährdung anderer Personen sowie
- die Verurteilung wegen eines Verbrechens.

Die maximale Haftdauer bei der Vorbereitungshaft beträgt sechs Monate.

Eine Weigerung, die Identität offenzulegen, darf nicht alleine deshalb angenommen werden, weil der Betroffene keine Ausweispapiere besitzt. Beim Haftgrund des Verstosses gegen Ein- oder Ausgrenzung rechtfertigt sich die Haft, weil die mildere Massnahme offenbar keine Wirkung gezeigt hat.[14] Gleichzeitig kann daraus geschlossen werden, dass sich die betroffene Person behördlichen Anweisungen widersetzt. Beim Haftgrund des Betretens der Schweiz trotz Einreiseverbot ist darauf hinzuweisen, dass die Formulierung kein subjektives Element mehr enthält, was insofern bedenklich ist, wenn der Beschwerdeführer vom Einreiseverbot nichts weiss, weil es ihm nicht rechtsgültig eröffnet wurde. Auch beim Haftgrund der ernsthaften Gefährdung von Personen ist zu beachten, dass es sich dabei nicht um einen Ersatz für eine Sicherheitshaft handelt; vielmehr muss der Haftzweck auch bei diesem Haftgrund weiterhin in der Sicherung der absehbaren Wegweisung liegen. Es geht bei diesem Haftgrund um hochrangige Rechtsgüter (Leib und Leben), weshalb mindestens eine strafrechtliche Verfolgung (d. h. Eröffnung eines Untersuchungsverfahrens) vorliegen muss. Dies trifft gemäss bundesgerichtlicher Rechtsprechung auch auf sogenannte Betäubungsmittelkleinhändler zu, da das Ziel des Betäubungsmittelgesetzes u. a. darin besteht, drohende gesundheitliche

---

13 BGE 127 II, S. 168 ff.

14 BBl 1994 I, S. 322.

Beeinträchtigungen durch Drogenmissbrauch zu verhindern und damit Leib und Leben zu schützen.[15]

Die zuständige Behörde muss den Vollzug der Wegweisung vorantreiben und darf während der Vorbereitungshaft bezüglich der Regelung der Aufenthaltsbewilligung der inhaftierten Person nicht untätig bleiben (Art. 75 Abs. 2 AuG). Wird dieses Beschleunigungsgebot verletzt, kann dies die Haftentlassung zur Folge haben.

3.5.4 Ausschaffungshaft (Art. 76 AuG)

Die Ausschaffungshaft bezweckt die Sicherung des Vollzugs eines bereits vorliegenden Wegweisungsentscheides. Liegt ein solcher vor, besteht kein Raum mehr für die Anordnung der Vorbereitungshaft; es kann nur noch Ausschaffungshaft angeordnet werden. Die beiden Haftarten können aber durchaus kombiniert werden.[16] Der persönliche Geltungsbereich von Art. 76 AuG bezieht sich auf sämtliche Ausländer in der Schweiz, gegen die ein Weg- oder Ausweisungsentscheid vorliegt. Die Anordnung einer Ausschaffungshaft setzt einen Weg- oder Ausweisungsentscheid voraus; dieser muss nicht rechtskräftig, sondern nur eröffnet worden sein.

Einer der nachfolgenden Haftgründe muss bei der Ausschaffungshaft vorliegen:

- Vorliegen eines Haftgrundes für die Vorbereitungshaft,
- Verstoss gegen Ein- oder Ausgrenzung,
- Missachtung eines Einreiseverbots,
- ernsthafte Gefährdung anderer Personen,
- Verurteilung wegen eines Verbrechens.

Im Weiteren ist das Vorliegen eines Nichteintretensentscheides gestützt auf Art. 32 Abs. 2 lit. a–c oder Art. 33 AsylG ein Haftgrund.

Besondere Anzeichen, dass sich eine Person der Ausschaffung entziehen will (z. B. weil sie ihrer Mitwirkungspflicht nicht nachgekommen ist), gilt ebenso als Haftgrund wie ein bisheriges unkooperatives Verhalten betreffend behördlicher Anordnungen. Schliesslich genügt der Umstand als Haftgrund, dass ein Wegweisungsentscheid gestützt auf Art. 32–35a AsylG in der Empfangsstelle eröffnet worden ist und der Vollzug sich als absehbar erweist. Die Anwendung dieses Haftgrundes (Art. 76 Abs. 1 lit. b Ziff. 5 AuG) dürfte in der Anwendung insofern Probleme bereiten, als der Vollzug der Wegweisung absehbar sein muss. Letzteres bedeutet in der Praxis, dass der Nichteintretensentscheid rechtskräftig sein muss und dass auch die notwendigen Papiere für die Wegweisung vorhanden oder doch zumindest von den heimatlichen Behörden verbindlich zugesichert sein müssen.

---

15 BGE 125 II, S. 375 ff. E. 3b.
16 BGE 125 II, S. 380 E. 2b.

Die erstmalige Anordnung der Haft darf höchstens für drei Monate erfolgen. Mit Zustimmung der kantonalen richterlichen Behörde kann sie um höchstens 15 Monate verlängert werden. Eine Ausschaffungshaft, gestützt auf den Haftgrund, dass ein Wegweisungsentscheid gestützt auf Art. 32–35a AsylG angeordnet wurde (Art. 76 Abs. 1 lit. b Ziff. 5 AuG), darf höchstens 20 Tage dauern. Diese 20-tägige Haft ist an die Gesamtdauer der Ausschaffungshaft von 18 Monaten anzurechnen. Auch hier besteht für die Behörden ein Beschleunigungsgebot (Art. 76 Abs. 4 AuG). Die Behörden müssen versuchen, die Identität des Ausländers festzustellen und die notwendigen Papiere auch ohne seine Mitwirkung zu beschaffen; eine regelmässige Befragung des Betroffenen genügt nicht, um dem Beschleunigungsgebot nachzukommen.[17] Beim Haftgrund der Untertauchungsgefahr (Art. 76 Abs. 1 lit. b Ziff. 3 AuG) sind konkrete Anhaltspunkte notwendig, welche darauf schliessen lassen, dass sich die Person der behördlichen Anordnung widersetzen wird. Das Verhalten der betroffenen Person muss in seiner Gesamtheit gewürdigt werden. Passivität bei der Papierbeschaffung kann ein Hinweis darauf sein, insbesondere je länger die passive Haltung andauert. Beim straffälligen Ausländer werden die Gerichte eher davon ausgehen, dass sie sich behördlichen Anordnungen entziehen werden als beim unbescholtenen. Das Risiko des Untertauchens besteht auch, wenn die betroffene Person klar zu erkennen gibt, dass sie keinesfalls in die Heimat zurückkehren will.[18] Gegen die Untertauchungsgefahr spricht die Tatsache, dass sich ein Ausländer im Wissen der Behörden und um den drohenden Zugriff ununterbrochen am gleichen Ort aufhält.[19] Dem Haftrichter kommt bei der Beurteilung der Untertauchungsgefahr (Prognose) ein erheblicher Ermessenspielraum zu. Beim Haftgrund des Vorliegens eines Nichteintretensentscheides gestützt auf Art. 32 Abs. 2 lit. a–c oder Art. 33 AsylG besteht aber gemäss bundesgerichtlicher Rechtsprechung eine «objektivierte» Untertauchensgefahr, welche den Schluss zulässt, dass sich die asylsuchende Person auch dem Vollzug der Ausschaffung widersetzen bzw. einen solchen zu vereiteln versuchen wird.[20]

3.5.5 Ausschaffungshaft wegen fehlender Mitwirkung bei der Papierbeschaffung (Art. 77 AuG)

Beim Vorliegen eines vollstreckbaren Weg- oder Ausweisungsentscheides kann die zuständige kantonale Behörde zur Sicherstellung des Vollzugs eine Person für maximal 60 Tage in Haft nehmen, wenn die angesetzte Ausreisefrist abgelaufen ist und die Behörden für die Person die Papiere beschaffen mussten.

---

17 Unveröffentlichtes Urteil des Bundesgerichts vom 17.08.1998 (2A.390/1998).
18 BGE 125 II, S. 375 E. 3b.
19 Unveröffentlichtes Urteil des Bundesgerichts vom 09.12.1997 (2A.514/1997).
20 BGE 130 II, S. 377 E.2 und 3 und BGE 130 II, S. 480 E. 3.2-3.4.

3.5.6 Durchsetzungshaft (Art. 78 AuG)

Die Durchsetzungshaft kann als Reaktion des Gesetzgebers auf ein Bundesgerichtsurteil verstanden werden, in welchem die Ausschaffungshaft als unzulässig erachtet wurde, weil der Heimatstaat eine zwangsweise Rückkehr seiner Staatsangehörigen ablehnte und nur im Falle einer freiwilligen Rückkehr Papiere ausstellte. Das Bundesgericht wies darauf hin, dass der Gesetzeber allfällige Gesetzesanpassungen vornehmen müsste.[21]

Die Durchsetzungshaft kann – um der Ausreisepflicht Nachachtung zu verschaffen – angeordnet werden, wenn eine Person ihrer Ausreisepflicht nicht nachgekommen ist, der zwangsweise Vollzug aufgrund des persönlichen Verhaltens der betroffenen Person nicht möglich ist und mildere Massnahmen, wie z. B. die Ausschaffungshaft, nicht zum Ziel geführt haben. Die Durchsetzungshaft stützt sich auf Art. 5 Ziff. 1 lit. b EMRK und hat zum Zweck, eine durch das Gesetz vorgeschriebene Verpflichtung durchzusetzen. Die Durchsetzungshaft ist subsidiär zur Ausschaffungshaft bzw. zu anderen milderen Massnahmen. Dies hat zur Folge, dass sie nur als letztes Mittel angeordnet werden darf, sofern keine anderen Zwangsmassnahmen zulässig sind bzw. nicht zum Ziel geführt haben.

Die Haft kann für das erste Mal für einen Monat angeordnet werden. Mit Zustimmung der kantonalen richterlichen Behörde kann sie sich um jeweils zwei Monate verlängern. Die maximale Haftdauer beträgt 18 Monate; bei Minderjährigen über 15 Jahren höchstens neun Monate. Auch bei der Durchsetzungshaft ist das Verhältnismässigkeitsprinzip und das Beschleunigungsgebot zu beachten. Letzteres bedeutet, dass die Vollzugsbehörden auf die Ausschaffung hin zu wirken haben; sie müssen den Betroffenen bei seinen allfälligen Bemühungen unterstützen.

> Das Bundesgericht nimmt in seiner bisherigen Rechtsprechung[22] unter Verweis auf die vom Gesetzgeber gewollte maximale Haftdauer von 18 Monaten eine zu schematische Verhältnismässigkeitsprüfung vor. Das Gericht weist immer wieder darauf hin, dass der Betroffene es jederzeit in der Hand hat, durch seine Mitwirkung die Haft zu beenden.[23] Das Bundesgericht berücksichtigt bei der Prüfung der Verhältnismässigkeit kaum, welches Strafmass einer Person bei der strafrechtlichen Ahndung ihres Verhaltens drohen würde (Bsp. Art. 292 StGB oder Art. 115 AuG im Falle der Ausreiseverweigerung), was aber in der Praxis des Europäischen Gerichtshofs für Menschenrechte bei der Prüfung der Verhältnismässigkeit im Sinne von Art. 5 Ziff. 1 lit. b EMRK ein wichtiges Element darstellt. Die maximale Höchststrafe für den illegalen Aufenthalt beträgt z. B. ein Jahr Gefängnis (Art. 115 Abs. 1 lit. b AuG).

---

21 BGE 130 II, S. 56 E. 4.
22 Vgl. BGE 133 II, S. 97 E. 2.2.
23 BGE 134 I, S. 92 E. 2.3.2.

3.5.7 Haftprüfungsverfahren

Grundsätzlich ordnet die für den Vollzug der Wegweisung zuständige kantonale Behörde (in der Regel das kantonale Amt für Migration) die Haft an. Im Falle von Art. 76 Abs. 1 lit. b Ziff. 5 AuG ist das BFM die Haft anordnende Behörde (Ausschaffungshaft ab Empfangsstelle). Spätestens nach 96 Stunden hat eine Haftprüfung durch eine richterliche Behörde stattzufinden. Die Frist beginnt nicht erst mit der formellen Haftanordnung, sondern es ist auf den Zeitpunkt abzustellen, ab dem der Betroffene tatsächlich aus ausländerrechtlichen Gründen festgehalten wird.[24] Die richterliche Behörde prüft die Rechtmässigkeit und Angemessenheit der Haft aufgrund einer mündlichen Verhandlung. Die Asyl- und Wegweisungsfrage ist grundsätzlich nicht Gegenstand der Prüfung im Haftprüfungsverfahren, ausser der zu sichernde Wegweisungsentscheid ist offensichtlich unzulässig.[25] Die Frage, ob eine Ausschaffung weiterhin zulässig ist, muss (allenfalls wiedererwägungsweise) von den Asylbehörden geprüft werden. Im Falle der Ausschaffungshaft nach Art. 77 AuG erfolgt nur eine schriftliche Haftüberprüfung. Bei der Ausschaffungshaft ab Empfangsstelle (Art. 76 Abs. 1 lit. b Ziff. 5 AuG) prüft ein Einzelrichter des Bundesverwaltungsgerichts auf Beschwerde hin und aufgrund der Akten die Haft unverzüglich (Art. 80 Abs. 2 letzter Satz AuG mit Verweis auf Art. 105, 108, 109 AuG). Auf eine mündliche Verhandlung kann verzichtet werden, wenn die Ausschaffung voraussichtlich innerhalb von acht Tagen nach der Haftanordnung erfolgen wird und sich die betroffene Person schriftlich damit einverstanden erklärt hat (Art. 80 Abs. 3 AuG). Das Haftprüfungsverfahren im Falle von mündlichen Verhandlungen ist zu protokollieren.[26] Der haftrichterliche Entscheid ist zwingend schriftlich zu begründen.

Ein Haftentlassungsgesuch kann bei Haft nach Art. 75 AuG (Vorbereitungshaft) nach einem Monat, bei Haft nach Art. 76 AuG nach zwei Monaten gestellt werden. Innert acht Tagen hat die richterliche Behörde aufgrund einer mündlichen Verhandlung darüber zu entscheiden (Art. 80 Abs. 5 AuG). An die Begründung des Gesuchs dürfen keine besonderen formellen Anforderungen gestellt werden.

Der inhaftierte Ausländer hat Anspruch auf mündlichen und schriftlichen Kontakt mit seinem Rechtsvertreter. Der Anspruch auf unentgeltliche Rechtsvertretung richtet sich primär nach kantonalem Verfahrensrecht und kantonaler Verfahrenspraxis, subsidiär nach den bundesverfassungsrechtlichen Minimalgarantien. Nach bundesgerichtlicher Rechtsprechung darf bei einem Haftverlängerungsverfahren von mehr als drei Monaten der unentgeltliche Rechtsbeistand bei bedürftigen Personen in der Regel nicht verweigert werden.[27]

---

24 BGE 127 II, S. 174 E. 2b/aa.
25 BGE 121 II, S. 59 ff.
26 BGE 125 II, S. 377 E. 1.
27 BGE 122 I, S. 49 E. 2c.

3.5.8 Haftbedingungen (Art. 81 AuG)

Die Haft ist in geeigneten Räumlichkeiten zu vollziehen. Die Zusammenlegung mit Personen in Untersuchungshaft oder im Strafvollzug ist zu unterlassen, d.h., eine räumliche Trennung (getrennte Abteilung) ist notwendig. Den Inhaftierten ist auf Gesuch hin geeignete Beschäftigung anzubieten; bei längerer Haftdauer ist die Beschäftigung zwingend geboten, falls die inhaftierte Person dies verlangt.[28] Eine Trennung von Jugendlichen und Erwachsenen ist – anders als im Strafvollzug – hingegen nicht vorgesehen. Diesbezüglich hält das Bundesgericht fest, dass im Rahmen von Zwangsmassnahmen nicht die Gefahr bestehe, dass Jugendliche mit schwer straffälligen Erwachsenen zusammen in Haft sind; darüber hinaus wird mit den Zwangsmassnahmen – anders als im Strafvollzug – nicht ein Resozialisierungsziel verfolgt, welches durch die Zusammenlegung von Jugendlichen und straffälligen Erwachsenen erschwert werden könnte. Folglich ist keine getrennte Unterbringung von Jugendlichen und Erwachsenen im Rahmen der Administrativhaft notwendig; besonderen Bedürfnissen Jugendlicher könne man im Rahmen des Haftvollzugs Rechnung tragen.[29] Schliesslich ist darauf hinzuweisen, dass der Vorbehalt zu Art. 37 lit. c KRK, welcher die Trennung von Kindern und Erwachsenen im Rahmen des Freiheitsentzugs verlangt, von der Schweiz noch nicht zurückgezogen wurde.

Gefangene haben einen Anspruch auf mindestens eine Stunde Spaziergang im Freien.[30] Inhaftierte haben sodann auch Anspruch auf soziale Kontakte. Eine Beschränkung des Post- und Telefonverkehrs ist – anders als bei Untersuchungshaft – aufgrund des Haftzwecks in der Regel nicht notwendig, ausser im Falle der Missbrauchsgefahr.[31] Der Anspruch auf soziale Kontakte beinhaltet auch die Benutzung eines Gemeinschaftsraums. Die Bewilligungspflicht für Besuche aus organisatorischen Gründen ist zulässig, doch soll sie grosszügig gehandhabt werden. Die Nichtbeachtung dieser Mindestanforderungen führt zur Haftentlassung, sofern eine kurzfristige Abhilfe nicht möglich ist.[32]

> Es ist aus unserer Sicht problematisch, dass die Schweiz den Vorbehalt zu Art. 37 lit. c KRK immer noch nicht zurück gezogen hat.[33] Die bis zu einjährige Haftdauer für Jugendliche

---

28 BGE 122 I, S. 222 E. 7.

29 BGE 122 II, S. 299, E. 7a, Urteil BG vom 26.11.2003 (2A 555-558/2003) oder Urteil des Bundesgerichts vom 19.5.2005 (2A 307/2005).

30 BGE 122 I, S. 222 E. 4b.

31 BGE 122 II, S. 299 E. 6a; BGE 122 I, S. 222, E. 6a.

32 BGE 122 II, S. 299 E. 8.; vgl. auch Urteil des Bundesgerichts 10.6.2005 (2A.377/2005), E. 6.6.

33 Der Bericht der GPK des Nationalrates vom 7.11.2006 über Kindesschutz im Rahmen der Zwangsmassnahmen (BBl 2007, S. 2527 ff.) empfielt dem Bundesrat zu prüfen, ob die Kinderrechtskonvention nicht auch im Rahmen von Adminstrativhaft eine Trennung von Kindern und Erwachsenen vorsieht. In seiner Stellungnahme vom 16. März 2007 (BBl 2007, S. 2544) schliesst der Bundesrat nicht aus, dass der Vorbehalt von Art. 37 lit. c KRK auch im Rahmen der Administrativhaft einer näheren Prüfung unterzogen und allenfalls zurückgezogen wird.

sowie die nach Ansicht des Bundsgerichts nicht notwendige Trennung widersprechen unseres Erachtens dem Kindeswohl. Die Begründung, dass im Rahmen von Administrativhaft ein gemeinsamer Haftvollzug von Jugendlichen und Erwachsenen zulässig sei, weil die Administrativhaft lediglich der Sicherung des Wegweisungsvollzugs dient und somit Jugendliche – anders als in Untersuchungshaft oder im Strafvollzug – kaum mit kriminellen Erwachsenen zusammenträfen, widerspricht der Realität: Viele der inhaftierten Erwachsenen haben bereits Straftataten begangen, was angesichts der Tatsache, dass die Verurteilung wegen eines Verbrechens auch einen Haftgrund im Rahmen der Vorbereitungs- und Ausschaffungshaft darstellt – nicht erstaunt.

3.5.9 Kosten der Haft

Die Kantone tragen die Kosten, welche ihnen durch die Anordnung der Zwangsmassnahmen entstehen. Gemäss Art. 15 VVWA leistet das BFM den Kantonen einen Pauschalbeitrag (gegenwärtig Fr. 140.– pro Tag) an die Haftkosten im Rahmen des Vollzugs der Wegweisung. Die Kantone ihrerseits sind verpflichtet, statistische Daten zur Haft an das BFM zu liefern (Art. 15a VVWA).

Literaturhinweise

Achermann, Alberto; Künzli, Jörg: Gutachten über das Haftregime in der Vorbereitungs- und Ausschaffungshaft, in: Schweizerische Flüchtlingshilfe (SFH) (Hrsg.): Zwangsmassnahmen im Ausländerrecht, Situationsbericht, Bern, 1997.

Auer, Andreas: Constitution fédérale, les droits de l'homme et les mesures de contrainte à l'égard des étrangers, AJP/PJA, 6/1994, S. 12 ff.

De Cicco, Patrizia: Die Praxis zum Bundesgesetz über die Zwangsmassnahmen im Ausländerrecht, Materielles Recht – Verfahren – Vollzug, in: Schweizerische Flüchtlingshilfe (SFH) (Hrsg.): Zwangsmassnahmen im Ausländerrecht, Situationsbericht, Bern, 1997.

Diem, Rita; Illes, Ruedi: Zwangsmassnahmen: Ein Überblick über die kantonalen Bestimmungen, ASYL, 1995, S. 79 ff.

Grant, Philip: Mesures de contrainte: vers quels durcissements?, ASYL, 2001/4, S. 21 ff.

Illes, Ruedi: Erzwungene Rückkehr – und die Menschenrechte?, ASYL, 2005/2, 3, S. 30 ff.

Kälin, Walter: Zwangsmassnahmen im Ausländerrecht: Materielles Recht, AJP/PJA, 7/95, S. 835 ff.

Nguyen, Minh Son: Droit public des étrangers, Bern, 2003.

Nguyen, Minh Son: Les projets LEtr et LAsi après leur passage devant le Conseil des Etats – Un compte rendu un brin polémique, ASYL, 2005/2+3, S. 40 f.

Povlakic Karine, Criminalité dans l'asile et article 6 CEDH, ASYL, 2007/1, S. 17 ff.

Raselli, Niccolo: Die neuen Zwangsmassnahmen im Ausländerrecht im Lichte der Verfassung und Menschenrechten, ASYL, 1995, S. 79 ff.

Spescha, Marc et al. (Hrsg.): Kommentar Migrationsrecht, Zürich, 2008.

Zünd, Andreas: Von den alten zu den neuen Zwangsmassnahmen, in: Achermann, Alberto et al. (Hrsg.): Jahrbuch für Migrationsrecht 2006/2007, Bern 2007, S. 97 ff.

V Nichteintretensentscheide

1. Einleitung

1.1 Allgemeine Eintretensvoraussetzungen

Nach den allgemeinen Grundsätzen des Verwaltungsverfahrens sind bestimmte Voraussetzungen erforderlich, damit die Behörden auf ein Gesuch oder ein Rechtsbegehren eintreten und es inhaltlich (materiell) prüfen können. Fehlen die notwendigen *Sachurteils- oder Prozessvoraussetzungen*, so treffen die Behörden einen *Nichteintretensentscheid*. Solche Voraussetzungen sind beispielsweise:

- Partei- und Prozessfähigkeit der Parteien,
- Rechtsschutzinteresse,
- Zuständigkeit der angerufenen Behörde,
- Bevollmächtigung der Rechtsvertretung,
- Nichtvorliegen eines rechtskräftigen Entscheides in der gleichen Streitsache,
- Wahrung der Rechtsmittelfrist (im Beschwerdeverfahren).

Fehlt eine dieser Voraussetzungen, kann die angerufene Behörde ein Gesuch oder Begehren nicht materiell prüfen und entsprechend nicht feststellen, ob es begründet oder unbegründet ist. Sie fällt *keinen Entscheid in der Sache* und äussert sich nicht materiell zu dem Vorbringen, sondern tritt auf das Gesuch nicht ein.

Diese allgemeinen, verwaltungsrechtlichen Eintretensvoraussetzungen gelten auch im Asylverfahren. Darüber hinaus kennt das Asylgesetz zahlreiche *spezialgesetzliche Nichteintretensgründe.*

1.2 Echte und unechte Nichteintretenstatbestände

Der Gesetzgeber hat in den letzten Jahren laufend neue Nichteintretensgründe ins Asylgesetz eingefügt. Die Artikel 32 bis 35 AsylG sehen heute 16 Tatbestände vor, in welchen Nichteintretensentscheide zu fällen sind. Hinzu kommt Art. 17b Abs. 3

AsylG, wonach die Nichtbezahlung eines Kostenvorschusses bei Wiedererwägungsgesuchen oder bestimmten Zweitgesuchen zum Nichteintreten führen kann. Nach der hier vorgeschlagenen Terminologie werden sie in «echte» und «unechte» Nichteintretenstatbestände unterteilt:

Vier Tatbestände des Asylgesetzes können als *«echte» Nichteintretenstatbestände* bezeichnet werden, weil sie mit den allgemeinen verwaltungsrechtlichen Nichteintretenstatbeständen vergleichbar sind. Wie bei diesen findet *keine materielle Prüfung des Gesuches* statt. Es handelt sich um die folgenden Nichteintretensgründe:

- Fehlen eines Asylgesuchs (Art. 32 Abs. 1 i. V. m. Art. 18 AsylG),
- Identitätstäuschung (Art. 32 Abs.2 lit. b AsylG),
- Verletzung der Mitwirkungspflicht (Art. 32 Abs. 2 lit. c AsylG),
- Nichtbezahlung des Kostenvorschusses (Art. 17b AsylG).

Eine *Anhörung mit Hilfswerksvertretung* gemäss Art. 29 und 30 AsylG findet nur bei Fehlen eines Asylgesuches statt. In den übrigen Fällen wird lediglich das *rechtliche Gehör* gewährt (vgl. Art. 36 AsylG).

Die zwölf übrigen Nichteintretenstatbestände können als «*unechte Nichteintretensgründe*» bezeichnet werden, weil in Abweichung der verwaltungsrechtlichen Grundsätze *vorfrageweise eine eingeschränkte, materielle Prüfung des Gesuchs* stattfindet. Dazu gehören die folgenden Tatbestände:

- Nichtabgabe von Reise- oder Identitätspapieren (Art. 32 Abs. 2 lit. a AsylG),
- Zweitgesuch (Varianten nach Art. 32 Abs. 2 lit. e AsylG und Art. 35a AsylG),
- abgelehntes Gesuch in einem EU- oder EWR-Staat (Art. 32 Abs. 2 lit. f AsylG),
- missbräuchliches Nachreichen eines Gesuches (Art. 33 AsylG),
- Herkunft aus einem verfolgungssicheren Staat («safe country», Art. 34 Abs. 1 AsylG),
- Zuständigkeit eines Drittstaates (fünf Varianten in Art. 34 Abs. 2 lit. a–e AsylG),
- Asylgesuche nach Aufhebung des vorübergehenden Schutzes (Art. 35 AsylG).

Diese «unechten» Nichteintretenstatbestände sind als *widerlegbare Vermutungen* konzipiert: Das Gesetz enthält die Vermutung, dass bei bestimmten Konstellationen kein Schutzbedürfnis vorhanden ist, weshalb auf das Asylgesuch nicht einzutreten ist. Diese Vermutung kann aber umgestossen werden. So gilt zum Beispiel bei Herkunft aus einem verfolgungssicheren Staat (Art. 34 Abs. 1 AsylG) die Vermutung, dass der Herkunftsstaat sicher ist und keine Verfolgung vorliegt. Diese Vermutung wird aber widerlegt, wenn «Hinweise auf Verfolgung» vorliegen. Liegen solche Hinweise vor, muss auf das Gesuch eingetreten und es muss vollumfänglich materiell im ordentlichen Asylverfahren geprüft werden.

Um zu prüfen, ob die Vermutung des fehlenden Schutzbedürfnisses umgestossen werden kann, muss im Nichteintretensverfahren vorfrageweise eine *beschränkte, summarische, materielle Auseinandersetzung* mit den inhaltlichen Gründen für das Asylgesuch, den Verfolgungsvorbringen, stattfinden. Eine umfassende Prüfung der Flüchtlingseigenschaft ist hingegen weder erforderlich noch möglich, es soll lediglich geprüft werden, ob Gründe vorliegen, die ein ordentliches Asylverfahren rechtfertigen.[1]

- Anders als im ordentlichen Asylverfahren gilt für diese summarische Prüfung des Verfolgungsvorbringens in der Regel ein *tiefer Beweismassstab.* Ergeben sich aufgrund einer summarischen Prüfung des Verfolgungsvorbringens im Nichteintretensverfahren *greifbare Hinweise auf mögliche Nachteile*, so ist die Vermutung widerlegt und auf das Gesuch ist einzutreten. Ein Nichteintretensentscheid wird in der Regel nur gefällt, wenn *auf den ersten Blick* (prima facie) erkennbar ist, dass die Verfolgungsvorbringen unglaubhaft oder unbegründet sind.[2] Es geht also nicht um das Glaubhaftmachen oder den Nachweis der Flüchtlingseigenschaft (Art. 7 AsylG) wie im ordentlichen Asylverfahren.
- Zudem gilt in der Regel ein *weiter Verfolgungsbegriff*: Es ist nicht erforderlich, dass Nachteile im Sinne der Flüchtlingseigenschaft nach Art. 3 AsylG geltend gemacht werden. Auch nicht offensichtlich unbegründete Hinweise auf andere, drohende oder erlittene Nachteile, die von Menschenhand ausgehen, reichen in der Regel aus, damit auf ein Asylgesuch eingetreten werden muss.[3]

Die Gründe, welche die Vermutung des fehlenden Schutzbedürfnisses widerlegen können, sowie die Beweisanforderungen sind je nach Nichteintretenstatbestand unterschiedlich formuliert:

- «*Hinweise auf Verfolgung*», die zum Eintreten führen, sind bei Herkunft aus einem verfolgungssicheren Staat (Art. 34 Abs. 1 AsylG), bei missbräuchlicher Nachreichung eines Gesuchs (Art. 33 Abs. 3 lit. b AsylG) und bei Nichteintreten nach Aufhebung des vorübergehenden Schutzes (Art. 35 AsylG) vorgesehen. Es gelten ein *tiefer Beweismassstab* und *ein weiter Verfolgungsbegriff.* Liegen Hinweise auf Verfolgung durch Menschenhand vor, die nicht auf den ersten Blick als unglaubhaft erkennbar sind, ist auf ein Asylgesuch einzutreten und es ist materiell zu prüfen.
- «*Hinweise, die geeignet sind, die Flüchtlingseigenschaft zu begründen, oder die für die Gewährung des vorübergehenden Schutzes relevant sind*», spielen eine Rolle bei Zweitgesuchen (Art. 32 Abs. 2 lit. e AsylG), bereits abgelehntem Asylgesuch in einem EU- oder EWR-Staat (Art. 32 Abs. 2 lit. f AsylG) und Stellen eines Asylgesuches nach Abschreibung (Art. 35a AsylG). Gemäss höchstrich-

1 So kann z. B. im Rahmen einer summarischen Prüfung nicht geprüft werden, ob eine inländische Fluchtalternative vorliegt, vgl. EMARK 2004/35, EMARK 1993/17.

2 EMARK 2004/34, EMARK 1999/16.

3 EMARK 2003/18.

terlicher Praxis gelten auch bei diesen Tatbeständen die *tiefen Anforderungen an das Beweismass.*[4]

- *Spezifische Ausnahmen* zum Nichteintreten mit Prüfung von materiellen Aspekten eines Gesuchs kennen die Tatbestände der Papierlosenbestimmung (Art. 32 Abs. 2 lit. a AsylG i. V. m. Art. 32 Abs. 3 AsylG), der Drittstaatensicherheit (Art. 34 Abs. 2 AsylG) oder des missbräuchlichen Nachreichens (Art. 33 AsylG).

Bei unechten Nichteintretensgründen findet in der Regel eine Anhörung mit Hilfswerksvertretung statt (vgl. Art. 36 AsylG). Im Rahmen von Nichteintretensverfahren wegen Dublin wird nur das rechtliche Gehör gewährt.

1.3 Weitere Besonderheiten

Das Asylgesetz enthält eine *abschliessende* Aufzählung der Nichteintretensgründe.[5] Es ist den Behörden somit namentlich verwehrt, aus dem allgemeinen Grundsatz des Rechtsmissbrauchsverbots zusätzliche Gründe für einen Nichteintretensentscheid abzuleiten.

Es handelt sich *nicht* um *«Kann»-Bestimmungen*: Sind die Voraussetzungen erfüllt, so haben die zuständigen Behörden einen Nichteintretensentscheid zu fällen.[6] Als allgemeine Richtschnur für die Rechtsanwendung gilt aber eine «restriktive Auslegung» der gesetzlichen Tatbestände.[7]

Das *Verfahren* vor Nichteintreten zeichnet sich im Vergleich zum ordentlichen Asylverfahren durch zahlreiche Besonderheiten wie verkürzte Verfahrens- und Beschwerdefristen und der Möglichkeit von Freiheitsbeschränkungen aus (vgl. Ziff. 4).

---

4 EMARK 2000/14 zu Art. 32 Abs. 2 lit. e AsylG, EMARK 2006/33 zu Art. 32 Abs. 2 lit. f AsylG.
5 Vgl. Botschaft 1995, BBl 1996 II, S. 56; EMARK 1998/32.
6 EMARK 2002/15. Zur Ausnahme von Art. 34 AsylG siehe Ziff. 3.6.
7 EMARK 1997/9. S. 65.

2. Echte Nichteintretensgründe

2.1 Fehlen eines Asylgesuchs (Art. 32 Abs. 1 AsylG)

Die Behörden fällen einen Nichteintretensentscheid, wenn kein Asylgesuch im Sinne von Art. 18 AsylG vorliegt, das heisst, die «asylsuchende» Person gibt gar nicht zu erkennen, dass sie die Schweiz um Schutz vor Verfolgung ersucht.

Der Artikel kommt zur Anwendung, wenn *ausschliesslich* asylfremde Gründe vorgebracht werden. Wird *zusätzlich* zu asylfremden Gründen eine verfolgungsrelevante Bedrohungslage angesprochen, ist auf das Asylgesuch einzutreten. Es gilt der weite Verfolgungsbegriff, der sämtliche von Menschenhand verursachten Verfolgungssituationen umfasst.[8] Einzutreten ist in Anlehnung an die übrigen Nichteintretensgründe, sobald «Hinweise auf Verfolgung» vorliegen. Die Prüfung der Glaubwürdigkeit ist – im Anschluss an das Eintreten – Sache der materiellen Beurteilung eines Asylgesuchs. Als eigenständiges Asylgesuch gilt auch das Gesuch um den Einbezug in die bereits anerkannte Flüchtlingseigenschaft.[9]

Es findet eine Anhörung mit Hilfswerksvertretung statt (Art. 36 AsylG).

2.2 Identitätstäuschung (Art. 32 Abs. 2 lit. b AsylG)

Gemäss dieser Bestimmung treten die Asylbehörden auf Asylgesuche nicht ein, wenn die Asylsuchenden die Behörden über ihre Identität täuschen und dies aufgrund einer erkennungsdienstlichen Behandlung oder anderer Beweismittel – «mit Sicherheit» – feststeht.[10]

Zum Begriff der *Identität* ist Folgendes zu beachten:

- Zur *Identität* gehören gemäss Art. 1 lit. a AsylV1 Namen, Vornamen, Staatsangehörigkeiten, Ethnie, Geburtsdatum, Geburtsort und Geschlecht. Die Aufzählung der Begriffsmerkmale der Identität ist abschliessend, die «Herkunft» oder der Ort der Sozialisation sind keine Identitätsmerkmale.[11] Wenn sich die «Täuschung» der Behörden also auf andere als die erwähnten Merkmale bezieht, liegt keine Identitätstäuschung im Sinne von Art. 32 AsylG vor, welche einen Nichteintretensentscheid rechtfertigt.
- Art. 1 lit. a AsylV1 erwähnt auch die *Ethnie* als Identitätsmerkmal, was die Rechtsprechung relativiert: Der Begriff der Ethnie ist wissenschaftlich nicht

8 EMARK 2003/18, Grundsatzurteil, vgl. auch EMARK 1993/16 und 17.
9 EMARK 2002/5.
10 Vgl. EMARK 1996/15
11 EMARK 2001/7 E. 5e.

zweifelsfrei bestimmbar. Viele Menschen lassen sich keiner Ethnie zuordnen, das ethnische Eigenverständnis und die von Dritten erfolgte ethnische Zuordnung können auseinanderklaffen, womit es sich nicht um ein objektives Kriterium handelt.[12] Das Asylrecht verwendet insofern einen vom übrigen Recht abweichenden Identitätsbegriff.[13]
- Der Begriff der «Identität» kommt auch im Rahmen des Nichteintretensgrundes der fehlenden Reise- oder Identitätspapiere (vgl. Ziff. 3.2) und der Verletzung der Mitwirkungspflicht zum Tragen.

Als *Täuschung* wird die absichtliche Falschangabe oder das Verschweigen richtiger bzw. wahrer Identitätsmerkmale verstanden.

Die *Beweislast* für die Täuschung über die Identität tragen die Behörden.[14] Misslingt den Behörden der Nachweis der Täuschung über die Identität, so kann kein Nichteintretensentscheid nach Art. 32 Abs. 2 lit. b AsylG gefällt werden.[15] Die Feststellung der Identitätstäuschung kann mit verschiedenen Beweismitteln erfolgen:
- Die «*erkennungsdienstliche Behandlung*» umfasst das Anfertigen einer Fotografie und die Abnahme von Fingerabdrücken. Sie genügt jedenfalls als Beweismittel für die Feststellung der Identitätstäuschung. Eine solche kann aber auch durch andere Beweismittel (vgl. Kap. VI, Ziff. 4) nachgewiesen werden wie übereinstimmende Zeugenaussagen oder taugliche Dokumente u. Ä.
- Grundsätzlich als Beweismittel anerkannt sind *Lingua-Analysen.*[16] Mit Lingua-Analysen will das BFM mithilfe von Experten den geografischen Raum und/oder das ethnische oder soziale Milieu, in dem die Hauptsozialisation der gesuchstellenden Personen stattgefunden hat (also nicht deren Staatsangehörigkeit bzw. Nationalität), feststellen. Lingua-Analysen sind aber nur dann als Grundlage für einen Nichteintretensentscheid akzeptiert, wenn sie mit hinreichender Sicherheit Aussagen über ein überprüfbares Identitätsmerkmal machen.[17] Dies hat die ARK verneint bei einer Analyse, welche die Abstammung aus einer gemischt-ethnischen Familie bezweifelte.[18] Auch wenn aufgrund einer Lingua-Analyse nicht eindeutig ausgeschlossen werden kann, dass der Gesuchsteller aus dem Land stammt, dessen Nationalität er angibt, kann

12 EMARK 2002/14, S. 120.
13 In schweizerischen Identitätsausweisen werden nur objektive Merkmale eingetragen. Vgl. Art. 14 Verordnung vom 20. September 2002 über die Ausweise für Schweizer Staatsangehörige, Ausweisverordnung, VAwG, SR 143.11, mit Verweis auf das Familienregister bzw. das elektronische Zivilstandsregister.
14 EMARK 2005/16, S. 143.
15 EMARK 1996/32, Erw. 3b in fine, S. 304.
16 EMARK 1999/19, S. 122.
17 EMARK 2002/14, S. 117.
18 EMARK 2002/14, S. 120 f.

ihm keine Täuschung über die Identität angelastet werden.[19] Die ARK sah keine Täuschung der Identität bei einem jugoslawischen Asylsuchenden, der behauptete, aus Südserbien zu stammen, nach Auffassung der Behörden aber aus dem Kosovo stammte, weil beide Gebiete Bestandteil desselben Staates, der Bundesrepublik Jugoslawien sind.[20]

- Die Rechtsprechung hat bestätigt, dass *Handknochenröntgenanalysen* zur Feststellung des chronologischen Alters einer Person ein Beweismittel darstellen und zu einem Nichteintretensentscheid führen können. In mehreren Urteilen der ARK werden die inhaltlichen Anforderungen an die radiologischen Gutachten präzisiert: Zum einen genügen die Untersuchungen zum Nachweis einer Identitätstäuschung, wenn die Abweichung zwischen dem festgestellten Knochenalter und dem behaupteten Alter drei Jahre übersteigt.[21] Zum anderen müssen die kommunizierten Analyseberichte schlüssig, hinreichend begründet, widerspruchsfrei sein und unzweifelhaft objektiv und vertrauenswürdig erscheinen.[22] Erforderlich sind zudem Angaben betreffend die fachliche Qualifikation der Ärztin oder des Arztes, die Identität des Exploranden, von diesem allfällig geltend gemachte Krankheiten oder besondere Lebensumstände, die angewandte Analysemethode, die Umschreibung des festgestellten Befunds und die daraus abgeleitete Schlussfolgerung.[23]

Eine bereits einmal registrierte, *andere Identität* führt nicht automatisch zu Nichteintreten:

- Hat sich eine asylsuchende Person vor der Einreichung ihres Gesuchs bereits einmal unter einer anderen Identität in der Schweiz aufgehalten, kann ein Nichteintretensentscheid nur dann ergehen, wenn dies *im Rahmen eines Asylverfahrens* war. Das frühere Geltendmachen anderer Personalien ausserhalb des Asylverfahrens (z. B. im Rahmen eines Strafverfahrens) ist kein Nichteintretensgrund.[24]
- Asylsuchende, die sich erwiesenermassen bereits einmal unter einer *anderen Identität* in der Schweiz aufgehalten haben, diese Tatsache jedoch *offenlegen* (und somit an sich keine Identitätstäuschung begehen), haben sich gemäss Praxis besonders zu bemühen, die angegebene Identität glaubhaft zu machen.

---

19 EMARK 2004/4, E. 5b, S. 30. Vgl. zur Frage der Gewährung des rechtlichen Gehörs bei Lingua-Gutachten EMARK 1999/20, E. 3, S. 130 f., 1998/34, E. 9b, S. 290 f.

20 EMARK 2001/27.

21 EMARK 2001/23, EMARK 2000/19, Grundsatzurteil.

22 EMARK 2002/13 Erw. 6c S. 115, EMARK 2002/18, S. 144 ff. mit Verweis auf EMARK 1998/34 Erw. 8, S. 288.

23 EMARK 2004/31, S. 218.

24 EMARK 1996/32, vgl. auch Botschaft zum BMA, BBl 1998, S. 3233.

Das unbegründete Unterlassen solcher Anstrengungen kann ebenfalls einen Nichteintretensentscheid wegen Identitätstäuschung zur Folge haben.[25]

- Sind Asylsuchende vor der Einreichung eines Asylgesuches in der Schweiz *in einem anderen Staat* unter anderer Identität in Erscheinung getreten, genügt dies allein noch nicht für einen Nichteintretensentscheid.[26] Zusätzliche Anstrengungen für das Glaubhaftmachen der angegebenen Personalien werden hier nicht verlangt.

Es findet keine Anhörung mit Hilfswerksvertretung statt, sondern es wird nur das rechtliche Gehör gewährt (Art. 36 Abs. 2 AsylG).

2.3 Schuldhafte und grobe Verletzung der Mitwirkungspflicht (Art. 32 Abs. 2 lit. c AsylG)

Gemäss Art. 8 AsylG müssen Asylsuchende an der Feststellung des Sachverhalts mitwirken und insbesondere ihre Identität offenlegen, vorhandene Reise- und Identitätspapiere abgeben, ihr Asylgesuch begründen, allfällige Beweismittel vollständig bezeichnen, diese unverzüglich einreichen oder sich um ihre Beschaffung bemühen sowie allfällige fremdsprachige Dokumente übersetzen lassen. Asylsuchende haben sich ferner den Behörden zur Verfügung zu halten und namentlich jede Adressänderung mitzuteilen. Der Wortlaut der Bestimmung («insbesondere») macht deutlich, dass Art. 8 AsylG keine abschliessende Aufzählung der auferlegten Pflichten zur Mitwirkung im Verfahren enthält (zur Mitwirkungspflicht vgl. Kap. VI, Ziff. 3.).

Gemäss Art. 32 Abs. 2 lit. c AsylG führt die *schuldhafte und grobe Verletzung* dieser Mitwirkungspflichten zu einem Nichteintretensentscheid. Die Bestimmung ist subsidiär zu Nichteintretensgründen, welche für spezielle Mitwirkungspflichtverletzungen vorgesehen sind (vgl. Art. 32 Abs. 2 lit. a AsylG, Nichtabgabe von Reisepapieren und Identitätsdokumenten; Art. 32 Abs. 2 lit. b AsylG, Identitätstäuschung).

Mit der Revision von 1998 wurde der Begriff «*schuldhaft*» als Ersatz für die «vorsätzliche» Verletzung der Mitwirkungspflicht eingeführt:

- Der Begriff «schuldhaft» setzt gemäss bundesrätlicher Botschaft nicht voraus, dass die asylsuchende Person über ihre Pflichten Kenntnis hatte; immerhin muss die asylsuchende Person die Mitwirkungspflichtverletzung persönlich zu verantworten haben. [27] Die ARK hat mit Grundsatzurteil bestätigt, dass die

25 EMARK 1995/4.

26 EMARK 2003/27, S. 187, Präzisierung der Praxis von EMARK 1996/32, E. 4b-d.

27 Siehe Botschaft 1995, BBl 1996 II, S. 57.

noch unter dem alten Recht vor 1998 entwickelte Praxis grundsätzlich weiterhin Gültigkeit hat.[28]

- An die «Schuldhaftigkeit» der Verletzung der Mitwirkung sind allerdings weniger strenge Anforderungen zu stellen, als wenn diese «vorsätzlich» erfolgt wäre. Die Behörden tragen die Beweislast dafür, dass eine Mitwirkungspflichtverletzung vorsätzlich, d. h. mit Wissen und Wollen erfolgt war. Nach dem gültigen Gesetz genügt es, dass die Behörden die Pflichtverletzung feststellen. Die ARK griff zur Auslegung des Begriffs auf die Aussagen von Bundesrat Arnold Koller zurück: «Mit ‹schuldhaft› möchten wir – im Gegensatz zur strafrechtlichen Terminologie – ausdrücken, dass eine Person die Mitwirkung dann verletzt, wenn sie durch aktives Handeln dazu beiträgt oder wenn sie ein Tun, das ihr aufgrund ihres Alters, ihrer Ausbildung, ihrer beruflichen und sozialen Stellung vernünftigerweise zugemutet werden kann, unterlässt. Es sollen daher nur grobe Verletzungen von wesentlichen Mitwirkungspflichten, denen ein schuldhaftes Verhalten der betreffenden Person zugrunde liegt, zu einem Nichteintretensentscheid führen.»[29]

In der Praxis wurde das Vorliegen einer schuldhaften, groben Verletzung der Mitwirkungspflicht etwa in folgenden Fällen angenommen:

- Bewusstes Verschweigen einer relevanten Tatsache (z. B. Aufenthalt in einem Drittstaat), sofern weitere Irreführungen dazukommen und dadurch die Prüfung des Asylgesuchs effektiv behindert wird.[30]
- Das Nichtbefolgen einer (für den Asylsuchenden erkennbarerweise vom BFM stammenden) Vorladung für eine ergänzende Befragung. Vom Asylsuchenden wird in einem solchen Fall verlangt, sich bei der Behörde nach dem Inhalt des Schreibens zu erkundigen.[31]
- Das verspätete Erscheinen an einer Anhörung ohne Begründung.[32]

Nicht als schuldhafte, grobe Verletzung wurden folgende Situationen beurteilt:

- Die Verweigerung der Teilnahme an einer Anhörung, die in einer vom Asylsuchenden nicht beherrschten Sprache abgehalten werden sollte.[33]
- Voraussetzung ist, dass eine bestimmte, konkret vorgesehene Verfahrensverhandlung tatsächlich verhindert wird, die theoretische Verhinderung einer bloss möglichen Amtshandlung reicht nicht. Einzutreten war auf das Gesuch eines Asylsuchenden, der nicht im ihm zugewiesenen Zentrum wohnte, wes-

28 EMARK 2000/8, Grundsatzurteil.
29 AB SR 1997 1203, zitiert nach EMARK 2000/8, S. 68.
30 EMARK 1995/18.
31 EMARK 2003/22, EMARK 1997/3.
32 EMARK 2000/8.
33 EMARK 1993/36.

wegen die Behörden auf die Gewährung des rechtlichen Gehörs auf postalischem Weg verzichteten. Tatsächlich hatte noch keine Handlung stattgefunden, welche die Mitwirkung des Asylsuchenden verlangt hätte, weshalb auf sein Asylgesuch einzutreten war.[34]

Es findet keine Anhörung mit Hilfswerksvertretung statt, sondern es wird nur das rechtliche Gehör gewährt (Art. 36 AsylG).

2.4 Nichtbezahlung eines Gebührenvorschusses (Art. 17b AsylG)

Gemäss Art. 17b Abs. 3 AsylG kann das BFM einen Gebührenvorschuss für die Prüfung von Wiedererwägungsgesuchen erheben, die nach rechtskräftigem Abschluss eines Asyl- und Wegweisungsverfahrens gestellt werden. Es hat darauf zu verzichten, wenn das Gesuch nicht von vornherein aussichtslos und die Person bedürftig ist oder es sich um eine unbegleitete minderjährige Person handelt. Die Folge der Nichtbezahlung ist das Nichteintreten auf das Gesuch. Ein Kostenvorschuss kann auch erhoben werden, wenn eine Person nach rechtskräftigem Abschluss ihres Asyl- und Wegweisungsverfahrens oder nach Rückzug ihres Asylgesuches erneut ein Asylgesuch stellt. Nur bei Rückkehr aus dem Herkunfts- oder Heimatstaat darf kein Gebührenvorschuss erhoben werden (vgl. dazu Ziff. 3.2).

3. Unechte Nichteintretensgründe

3.1 Fehlen von Reise- oder Identitätspapieren (Art. 32 Abs. 2 lit. a AsylG)

Der Tatbestand der Papierlosigkeit wurde mit dem Dringlichen Bundesbeschluss von 1998 ins Asylgesetz eingeführt und mit der letzten Revision per 1. Januar 2007 verschärft.

Gemäss Art. 32 Abs. 2 lit. a AsylG ist ein Nichteintretensentscheid zu fällen, wenn die asylsuchende Person den Behörden nicht innerhalb von 48 Stunden nach Einreichung des Gesuches *Reise- oder Identitätspapiere* abgibt. Damit sind als erste Voraussetzung die Anforderungen an die Qualität von Papieren zu klären:

---

34 EMARK 2001/19 mit Verweis auf EMARK 2000/8, 1994/15.

- Mit der Revision wollte der Bundesrat erreichen, «dass auf Grund der abgegebenen Papiere eine zweifelsfreie Identifikation möglich ist».[35] In der parlamentarischen Debatte wurde zudem als weiteres Ziel der rasche Wegweisungsvollzug betont.
- Als *Reisepapier* gilt laut Art. 1 lit. b AsylV1 ein amtliches Dokument, das zur Einreise in den Heimatstaat oder in andere Staaten berechtigt, namentlich ein Pass oder ein Ersatzreisedokument.
- Als *Identitätspapier* gilt ein amtliches Dokument mit Fotografie, welches zum Zweck des Nachweises der Identität seiner Inhaberin oder seines Inhabers ausgestellt wurde (Art. 1 lit. c AsylV1). Gemäss Bundesverwaltungsgericht genügen demnach Papiere nicht mehr, die zwar Hinweise auf die Identität geben, aber in erster Linie einem anderen Zweck dienen wie Führerscheine, Geburtsurkunden oder Schulzeugnisse.[36] Werden Papiere erst auf Beschwerdeebene eingereicht, ohne dass glaubhafte Entschuldigungsgründe vorliegen, so ändert das an einem bereits gefällten Nichteintretensentscheid grundsätzlich nichts.[37]

Artikel 32 Abs. 3 AsylG nennt drei *Ausnahmen* vom Grundsatz des Nichteintretens:

1. Asylsuchende können *Entschuldigungsgründe* für die fehlende Möglichkeit der Beibringung von Papieren glaubhaft machen. Diese Formulierung wurde unverändert ins neue Gesetz übernommen. Das Bundesverwaltungsgericht hat festgehalten, dass aufgrund des neuerdings engen Begriffs der zugelassenen Papiere Entschuldigungsgründe entsprechend häufiger berücksichtigt werden müssen:
   - Nicht in allen Staaten sind die Papiere, welche die Voraussetzungen erfüllen, überhaupt erhältlich.[38]
   - Als Entschuldigungsgrund akzeptiert wird daneben etwa, wenn spezifische *Fluchtumstände* zum Verlust der Papiere führen oder es nicht erlauben, solche mitzunehmen. So war z. B. bekannt, dass die serbischen Besatzer des Kosovos 1999 systematisch Identitätspapiere abnahmen und vernichteten.
   - Auch der *Zusammenbruch staatlicher Strukturen* im Gefolge von Unruhen oder Bürgerkrieg kann dazu führen, dass gar keine Papiere mehr ausgegeben werden.
   - Die Auslegung hat sich an der Zweckbestimmung der Norm zu orientieren, nämlich der Missbrauchsbekämpfung. Entschuldbare Gründe hat demnach auch, wer während der Flucht als Opfer einer *Straftat* (Diebstahl, Raub, Nötigung etc.) seine Papiere verliert. Folgenlos für das Asylverfahren muss

35 Antrag Nr. 12 des Bundesrates vom 25. August 2004 an die Staatspolitische Kommission des Ständerates.

36 BVGE, 11.07.2007, (D-2279/2007), S. 14.

37 EMARK 1999/16.

38 BVGE, 11.07.2007, (D-2279/2007), S. 14.

es daher u. E. auch sein, wenn die Papiere unter Zwang dem «Schlepper» übergeben werden mussten.

Nicht entschuldbar ist das Vernichten, Beschädigen oder Vorenthalten vorhandener Papiere, um die Prüfung des Asylgesuchs zu erschweren, die Einreise zu erzwingen, die Wegweisung zu vereiteln etc.[39]

2. Aufgrund der Anhörung wird festgestellt, dass die Flüchtlingseigenschaft glaubhaft gemacht wird.
3. Aufgrund der Anhörung erweist sich, dass zusätzliche Abklärungen zur Feststellung der Flüchtlingseigenschaft oder eines Wegweisungsvollzugshindernisses nötig sind.

Die beiden letzten Ausnahmen wurden mit der Teilrevision von 2005 eingeführt. Sie ersetzten die Ausnahmebestimmung, wonach auf ein Asylgesuch trotz fehlender Papiere einzutreten ist, wenn «Hinweise auf Verfolgung vorliegen, die nicht offensichtlich haltlos sind».[40] Die neue Formulierung würde die Flüchtlingseigenschaft zum Gegenstand eines Nichteintretensverfahrens machen, was an sich der Rechtssystematik widerspricht. Statt einer bloss summarischen, eingeschränkten und vorfrageweisen Prüfung materieller Aspekte eines Gesuchs, müsste demnach eine vollumfängliche materielle Prüfung des Asylgesuchs im Rahmen eines Nichteintretensverfahrens stattfinden. Gestützt auf die Materialien und die Entstehungsgeschichte urteilte das Bundesverwaltungsgericht, dass sich keine klare und widerspruchsfreie Aussage zur Frage ergibt, in welchen Fällen ein ordentliches materielles Verfahren durchzuführen ist. Im Rahmen der Auslegung hielt das Gericht schliesslich fest, dass der Gesetzgeber ein eingeschränktes, *summarisches Verfahren für offensichtlich klare Fälle* schaffen wollte mit folgender Konsequenz:

- Lässt sich das Bestehen oder Nichtbestehen der Flüchtlingseigenschaft nur mittels zusätzlicher (auch interner) sachlicher oder rechtlicher Abklärungen beurteilen, ist ein Nichteintretensentscheid nicht gerechtfertigt. Als sachlich sind etwa Abklärungen zu beurteilen, welche die politische Lage in einem bestimmten Land oder die Situation einer bestimmten Bevölkerungsgruppe beinhalten.
- Nur wenn sich ohne Begründungsaufwand die Flüchtlingseigenschaft *offenkundig* ausschliessen lässt, darf ein Nichteintretensentscheid gefällt werden.[41]

---

39 Vgl. dazu Schertenleib, J., Die neuen Nichteintretensgründe, ASYL, 1999/3, S. 5 f.

40 Der Begriff der Hinweise auf Verfolgung findet sich auch in den Nichteintretenstatbeständen von Art. 33 (missbräuchliches Nachreichen), Art. 35 (Aufhebung des vorübergehenden Schutzes) und mit ähnlicher Bedeutung auch in Art. 32 Abs. 2 lit. f AsylG (negative Beurteilung in EU- oder EWR-Staat) und Art. 35a Abs. 2 AsylG (Wiederaufnahme bei neuem Asylgesuch).

41 BVGE, 11.07.2007, (D- 668/2007).

Wie das BVGer feststellte, ist damit das *Beweismass* nicht weit von der Praxis entfernt, wie sie die ARK zum Begriff der «nicht offensichtlich haltlosen Hinweise auf eine Verfolgung» entwickelt hat. Demnach gilt ein tiefes Beweismass: Als offensichtlich haltlos gelten nur Vorbringen, die *auf den ersten Blick als unglaubhaft* erkennbar sind.[42] Ob mit der neuen Bestimmung auch der weite Verfolgungsbegriff Anwendung findet, der alle von Menschenhand zugefügten oder drohenden Nachteile umfasst, hat das Bundesverwaltungsgericht noch offen gelassen. Nachdem aber der Tatbestand von Art. 32 Abs. 3 lit. c AsylG nicht nur Abklärungen zur Flüchtlingseigenschaft sondern auch zu einem Wegweisungsvollzugshindernis nennt, müsste dies u. E. jedenfalls bejaht werden und darüber hinaus auch weitere Fragen umfassen, wie Pflegebedürftigkeit infolge Krankheit usw., welche nicht als Verfolgung von Menschenhand zu betrachten sind. Letztlich entspricht es der Rechtslogik, wenn materielle Fragen in einem ordentlichen Verfahren geprüft werden.

In Art. 28a AsylV1 hat der Bundesrat eine Reihe von sachlichen und rechtlichen Abklärungen aufgeführt, welche trotz des Urteils des BVGer zum Nichteintreten führen sollen. Ausgenommen wären demnach sämtliche Massnahmen zur Feststellung der Identität wie Lingua-Analysen, Länderwissenstests, Knochenaltersanalysen, Echtheitsprüfungen von Dokumenten oder daktyloskopische Abklärungen. Zu beachten ist allerdings, dass der Gesetzgeber den Tatbestand der Identitätstäuschung in Art. 32 Abs. 2 lit. b AsylG, in dessen Zusammenhang die genannten Überprüfungen der Angaben zur Identität nötig sind, in einer Spezialbestimmung geregelt hat. Sind die Voraussetzungen der Identitätstäuschung erfüllt, so ist ein Nichteintretensentscheid nach Art. 32 Abs. 2 lit. b AsylG zu fällen.[43]

Nach Art. 28a AsylV1 sollen auch amtsinterne Recherchen im Internet oder in Informations- und Dokumentationssystemen nach Artikel 102 AsylG keine Abklärungen darstellen, die zum Eintreten auf ein Gesuch führen. In vielen Fällen dürfte es sich dabei allerdings um Situationen handeln, in denen eben gerade nicht offenkundig ist, dass weder die Flüchtlingseigenschaft noch ein Wegweisungshindernis vorliegt. Damit ist davon auszugehen, dass die Verordnungsbestimmung der Praxis des Bundesverwaltungsgerichts widerspricht und dafür keine hinreichende gesetzliche Grundlage besteht.

In verfahrensrechtlicher Hinsicht findet eine Anhörung mit Hilfswerksvertretung statt (Art. 36 Abs. 1 lit. a AsylG).

---

42 Vgl. dazu EMARK 2005/1, 2004/34,22, EMARK 2003/20,19, EMARK 1999/16.

43 Vgl. zur Abgrenzung der Tatbestände von Art. 32 Abs. 2 lit. a und b/c EMARK 2003/27, E. 4e.

3.2 Zweitgesuch mit oder ohne Rückkehr in den Herkunftsstaat (Art. 32 Abs. 2 lit. e AsylG)

Ein «Zweitgesuch» liegt vor, wenn ein erstes Asylgesuch rechtskräftig *abgewiesen* wurde. Ein Zweitgesuch im Sinne von Art. 32 Abs. 2 lit. e AsylG liegt überdies vor, wenn die asylsuchende Person während des *hängigen* Asylverfahrens in den Heimat- oder Herkunftsstaat zurückgekehrt ist und anschliessend erneut ein Asylgesuch einreicht.[44] Mit der Teilrevision von 2005 wurde der Rückzug des Asylgesuches aus dem Tatbestand herausgelöst und als Artikel 35a AsylG zu einem eigenen Tatbestand geformt (vgl. Ziff. 3.9). Zudem kann das BFM für die Prüfung eines Zweitgesuchs unter Androhung des Nichteintretens einen Gebührenvorschuss erheben, wenn die asylsuchende Person nicht in den Herkunfts- oder Heimatstaat zurückgekehrt ist.[45]

Eine inhaltliche Prüfung eines Zweitgesuchs erübrigt sich allgemein dann, wenn weder aufgrund des individuellen Vorbringens noch aufgrund der Lage im Herkunftsland auf veränderte Umstände geschlossen werden kann. Gemäss dem Wortlaut der Bestimmung sind dann *veränderte Umstände* anzunehmen, wenn *Hinweise* dafür vorliegen, dass zwischenzeitlich «Ereignisse eingetreten sind, die geeignet sind, die Flüchtlingseigenschaft zu begründen oder die für die Gewährung des vorübergehenden Schutzes relevant sind». Gemäss Rechtsprechung sind die Anforderungen an das *Beweismass* gleich tief zu setzen wie bei Hinweisen auf Verfolgung: Sobald nicht offensichtlich haltlose Hinweise auf eine relevante Verfolgung vorliegen, muss auf ein Asylgesuch eingetreten werden.[46]

Bezüglich des Verfahrens sind beim Zweitgesuch verschiedene Sachverhalte zu unterscheiden:

- Das Gesetz geht von der *Vermutung unveränderter Umstände* (und fehlenden relevanten «Hinweisen») aus, wenn die asylsuchende Person nach Erledigung des Erstgesuchs *nicht* in den Herkunftsstaat *zurückgekehrt* ist (Art. 32 Abs. 2 lit. e AsylG i. V. m. Art. 36 Abs. 1 AsylG). In diesem Fall wird allein «*rechtliches Gehör*» gewährt (vgl. Art. 36 Abs. 2 AsylG). Es findet keine Anhörung mit Hilfswerksvertretung statt.

44 Zur Abgrenzung zwischen Zweitgesuch und Wiedererwägungsgesuch vgl. EMARK 1998/1.

45 Art. 17b Abs. 4 AsylG, vgl. dazu Ziff. 2.4.

46 Vgl. dazu Ziff. 1.2 und EMARK 2005/2 mit Verweis auf die Botschaft zur Totalrevision des Asylgesetzes sowie zur Änderung des Bundesgesetzes über Aufenthalt und Niederlassung der Ausländer vom 4. Dezember 1995, S. 57 f.

- Eine Anhörung gemäss Art. 29 f. AsylG mit Hilfswerksvertretung findet in den Fällen einer zwischenzeitlich erfolgten Rückkehr in den Herkunftsstaat statt.[47]

3.3 Ablehnender Entscheid eines EU- oder EWR-Staates (Art. 32 Abs. 2 lit. f AsylG)

Nach Art. 32 Abs. 2 lit. f AsylG wird auf ein Asylgesuch nicht eingetreten, wenn Asylsuchende in einem Mitgliedsstaat der EU oder des Europäischen Wirtschaftsraumes (EWR) einen ablehnenden Asylentscheid erhalten haben, ausser die Anhörung ergebe Hinweise, dass in der Zwischenzeit Ereignisse eingetreten sind, die geeignet sind, die Flüchtlingseigenschaft zu begründen, oder die für die Gewährung vorübergehenden Schutzes relevant sind.[48] Der Tatbestand wurde mit dem Entlastungsprogramm 2003 per 1. April 2004 in Kraft gesetzt.

Die Anwendbarkeit des Art. 32 Abs. 2 lit. f AsylG dürfte in der Praxis beschränkt sein: Zum Zeitpunkt der Einführung des Nichteintretensgrundes war die Schweiz nämlich noch nicht mit Schengen und Dublin assoziiert. Der Bundesrat begründete denn auch die Einführung des Artikels mit der Befürchtung, dass die Schweiz zur Zweitdestination von Asylsuchenden werde, deren Gesuch bereits in einem EU-Staat abgelehnt worden war.[49] Mit dem Abschluss des Assoziierungsabkommens zu Dublin hat sich diese Situation grundlegend verändert. Die Zuständigkeit für die Prüfung von Gesuchen aber auch für die Rückführung von Asylsuchenden richtet sich nach dem Dubliner System, dessen Umsetzung in der Schweiz auf der gesetzlichen Grundlage von Art. 34 Abs. 2 lit. d AsylG erfolgt. Es ist davon auszugehen, dass Art. 34 Abs. 2 lit. d AsylG mit Verweis auf die staatsvertragliche Zuständigkeit dem Art. 32 Abs. 2 lit. f AsylG vorgeht.

Die ARK hat gestützt auf die Entstehungsgeschichte die Zielvorstellung des Gesetzgebers ermittelt. Diese lässt sich am besten mit folgender, zutreffenderen Formulierung des Tatbestandes erfassen:

---

47 Gemäss den Vorschlägen des Bundesrates von Januar 2009 soll Art. 32 Abs. 2 lit. e AsylG aufgehoben und durch einen neuen Art. 111c AsylG ersetzt werden. Dieser soll eine Regelung zu Behandlung von Mehrfachgesuchen enthalten. Demnach müssten Asylgesuche innerhalb von zwei Jahren nach Eintritt der Rechtskraft eines früheren Entscheides schriftlich und begründet eingereicht werden. Die Nichteintretensgründe nach den Art. 32 bis 35a AsylG sollen sinngemäss Anwendung finden. Vgl. Bericht zur Änderung des Asylgesetzes und des Bundesgesetzes über die Ausländerinnen und Ausländer vom 19. Dezember 2008, BBl 2009, Nr. 4, 573.

48 Vgl. dazu Schertenleib, J., Das Bundesgesetz über das Entlastungsprogramm 2003 im Asyl- und Ausländerbereich, ASYL, 2004/2, S. 3 ff.

49 Botschaft Entlastungsprogramm 2003, BBl 2003, S. 5756.

«Auf Asylgesuche von Personen, die einen ablehnenden Asylentscheid eines EU- oder EWR-Staates erhalten haben *und die darauf beruhende Vermutung, dass sie die Flüchtlingseigenschaft nach Art. 3 AsylG nicht erfüllen, nicht umstossen können*, ist nicht einzutreten, ausser die Anhörung ergebe Hinweise, dass in der Zwischenzeit Ereignisse eingetreten sind, die geeignet sind, die Flüchtlingseigenschaft zu begründen, oder die für die Gewährung vorübergehenden Schutzes relevant sind.»[50]

Daraus ergibt sich Folgendes:

- Als «*ablehnender Asylentscheid*» gilt ein rechtskräftiger Entscheid, mit dem nach einer materiellen Prüfung eines Asylgesuches festgestellt wurde, dass die Flüchtlingseigenschaft nicht erfüllt ist. Nicht vom Tatbestand erfasst werden damit alle anderen Verfahren, wie z. B. die Prüfung von Gesuchen um Anerkennung als subsidiär schutzbedürftige Person. Auch nicht erfasst sind formelle Entscheide, die z. B. aufgrund Fristablaufs o. Ä. gefällt werden. Der Umgang mit noch hängigen Verfahren richtet sich nicht nach Art. 32 Abs. 2 lit. f AsylG, sondern nach dem heutigen Art. 34 Abs. 2 lit. d AsylG (staatsvertragliche Zuständigkeit).[51]

Die *Vermutung der Richtigkeit des ablehnenden Entscheides* eines EU- oder EWR-Staates kann gemäss Praxis der ARK in zweierlei Hinsicht *widerlegt* werden.

- Erstens ist auf ein Asylgesuch einzutreten, wenn – wie im Tatbestand wörtlich vorgesehen – *zwischenzeitlich* Ereignisse eingetreten sind, welche geeignet sind, die Flüchtlingseigenschaft zu begründen, oder die für die Gewährung vorübergehenden Schutzes relevant sind. Zu denken ist etwa an eine neue Verurteilung, an neue Beweismittel oder den Ausbruch eines Krieges im Heimatland. Es gilt der tiefe Beweismassstab von «Hinweisen» auf eine relevante Gefährdung.
- Zweitens, wenn im Beurteilungszeitpunkt «*substanzielle Argumente* vorliegen, die in ihrer Gesamtheit ernsthaft und gewichtig genug sind, um mit einiger Wahrscheinlichkeit annehmen zu können, dass die asylsuchende Person *im Zeitpunkt des ausländischen Entscheids* die Flüchtlingseigenschaft im Sinne von Art. 3 AsylG erfüllt haben dürfte»[52]. Mit dieser Auslegung, die über den Wortlaut hinausgehend den Willen des Gesetzgebers erfasst, soll garantiert werden, dass auch auf Gesuche von Flüchtlingen eingetreten wird, die bereits im Moment des Entscheides des EU- oder EWR-Staates und nicht erst aufgrund späterer, d. h. «zwischenzeitlich eingetretener» Ereignisse die Flüchtlingseigen-

50 EMARK 2006/33, Grundsatzurteil.
51 EMARK 2006/33, S. 367 mit Verweis auf EMARK 1998/1.
52 EMARK 2006/33, S. 373 f., Hervorhebung durch den Verfasser.

schaft erfüllen. Die Schweiz hat dabei nicht zu prüfen, ob der Entscheid des EU- oder EWR-Staates korrekt war, sondern lediglich, ob *genügend gewichtige Argumente* vorhanden sind um anzunehmen, dass die asylsuchende Person im Moment des Entscheides die Flüchtlingseigenschaft erfüllte. Damit soll verhindert werden, dass Flüchtlinge zu Unrecht in einen Drittstaat und von dort in einen Verfolgerstaat abgeschoben werden. Die ARK stützt ihre Auslegung darauf, dass der Gesetzgeber lediglich Missbrauchsfälle und keine tatsächlich Verfolgten treffen wollte. Vergleichend ist auf die Ausnahmebestimmungen zugunsten von Verfolgten im Nichteintretenstatbestand der Drittstaatensicherheit hinzuweisen (Art. 34 Abs. 3 AsylG, siehe auch Ziff. 3.6). Zudem ist die Schweiz gestützt auf das Non-refoulement-Prinzip verpflichtet, auch indirekte Wegweisungen in Verfolgerstaaten zu verhindern, und muss deshalb auch aus völkerrechtlichen Gründen auf solche Gesuche eintreten.

Es findet eine Anhörung mit Hilfswerksvertretung statt (Art. Abs. 1 lit. a 36 AsylG).

3.4 Missbräuchliches Nachreichen eines Asylgesuchs bei illegalem Aufenthalt (Art. 33 AsylG)

Gemäss Art. 33 AsylG wird auf ein Asylgesuch einer – sich illegal in der Schweiz aufhaltenden – Person nicht eingetreten, wenn sie offensichtlich nur bezweckt, den drohenden Vollzug einer fremdenpolizeilichen Entfernungsmassnahme zu vermeiden. Dieser Zweck wird vermutet, wenn das Gesuch in engem zeitlichen Zusammenhang mit einer Verhaftung, einem Strafverfahren, dem Vollzug einer Strafe oder dem Erlass einer Wegweisungsverfügung eingereicht wird (Art. 33 Abs. 2 AsylG).

Sanktioniert werden soll die «Zweckentfremdung» des Instruments des Asylgesuchs, welches eingereicht wird, nicht um Schutz vor Verfolgung zu erlangen, sondern um eine drohende Wegweisung zu unterlaufen. So weisen Polizeibehörden etwa auf den Umstand hin, dass eine sofortige Ausschaffung aufgegriffener Kleinkrimineller oft nicht möglich ist, weil diese – im Wissen um die daraus entstehenden Verzögerungen – zum Zeitpunkt der Anhaltung Asylgesuche einreichen.

Abzustellen ist daher auf den mit dem Asylgesuch verfolgten *Zweck bzw. den Motiven*, die einer Asylgesuchseinreichung zugrunde liegen. Kein Missbrauch liegt vor, wenn eine illegal eingereiste Person zwar bei ihrer Anhaltung ein Asylgesuch stellt, aber gerade aus diesem Grund in die Schweiz eingereist ist. Falsch sind daher Nichteintretensentscheide, die auf eine illegale Einreise Bezug nehmen und in denen den Asylsuchenden entgegengehalten wird, sie hätten die Möglichkeit der Gesuchseinreichung an der Grenze gehabt.

Für den illegalen Aufenthalt sieht das Gesetz *keine Mindestdauer* vor. Eine rechtsmissbräuchliche Zweckentfremdung des Asylgesuchs wird gemäss Art. 33 Abs. 2 AsylG jedoch *vermutet*, wenn das Gesuch in einem engen zeitlichen Zusammenhang mit einer Verhaftung, einem Strafverfahren, dem Vollzug einer Strafe oder dem Erlass der Wegweisungsverfügung eingereicht wird.

Unter den aufgegriffenen Personen können sich selbst beim Vorliegen der oben erwähnten Umstände Flüchtlinge oder Personen befinden, die in asylrelevanter Weise gefährdet sind. Daher sieht das Gesetz in Abs. 3 der Bestimmung vor, dass immer dann einzutreten ist, wenn eine frühere Asylgesuchseinreichung *nicht möglich* (z. B. infolge einer Erkrankung, geschlossene Empfangsstelle[53]) oder *nicht zumutbar* (z. B. infolge Traumatisierung[54]) war oder wenn *Hinweise auf Verfolgung* vorliegen. In Bezug auf die Auslegung des Begriffs «Hinweise auf Verfolgung» gelten die tiefen Beweisanforderungen (nicht offensichtlich unbegründete Vorbringen) und der weite Verfolgungsbegriff (Verfolgung von Menschenhand).

Es findet eine Anhörung mit Hilfswerksvertretung statt (Art. 36 Abs. 1 lit. a AsylG).

3.5 Asylgesuch aus einem verfolgungssicheren Staat («Safe country», Art. 34 Abs. 1 AsylG)

Nach Artikel 34 Abs. 1 AsylG wird auf Gesuche nicht eingetreten, wenn die asylsuchende Person aus einem verfolgungssicheren Staat stammt. Art. 34 AsylG wurde im Rahmen des dringlichen Bundesbeschlusses vom 22. Juni 1990 eingeführt und mit der Revision von 2005 um sichere Drittstaaten erweitert. Laut Botschaft waren mit den redaktionellen Anpassungen von 2005 keine materiellen Änderungen beabsichtigt. Der Tatbestand wurde immerhin insofern verändert, als nach dem alten Wortlaut auf auch Beschwerden nicht einzutreten war.[55]

Ein Staat gilt dann als «*verfolgungssicher*», wenn er vom Bundesrat gemäss Art. 6a Abs. 2 AsylG als solcher bezeichnet wurde. Gemäss Botschaft gelten dabei folgende Kriterien:

- Politische Stabilität,
- die Achtung der Menschenrechte (wie sie im Pakt über bürgerliche und politische Rechte definiert sind),
- die besondere Situation jedes einzelnen Staates,
- die Ansicht anderer Staaten und
- die Beurteilung des UNHCR.[56]

53 Siehe BBl 1998, S. 3234.
54 Siehe BBl 1998, S. 3234.
55 Botschaft 2002, BBl 2002, S. 6883.
56 Botschaft 1995, BBl 1996 II, S. 58.

Am 1. April 2009 galten folgende Herkunftsstaaten als «Safe countries»: Albanien, Benin, Bosnien und Herzegowina, Bulgarien, Burkina-Faso, Gambia, Ghana, Indien, Kosovo, Kroatien, Mali, Mazedonien, Moldawien (ohne Transnistrien), Mongolei, Montenegro, Rumänien, Senegal, Serbien, die Ukraine sowie alle EU- und EFTA-Staaten.[57]

Der Bundesrat hat die Kriterienliste im Dezember 2006 insofern verändert, als auch Staaten als «verfolgungssicher» bezeichnet werden können, in denen die geforderten Menschenrechtsstandards *nicht im gesamten Staatsgebiet* gleichermassen gelten.[58] Dabei stellt sich allerdings die Frage, inwiefern sich diese Praxis mit dem Wortlaut des Gesetzes vereinbaren lässt, wonach immer nur «Staaten» und nicht Teilgebiete als sicher bezeichnet werden können.

Die Bestimmung sollte insbesondere auch eine präventive Wirkung entfalten: Der Bundesrat wollte auf politische Veränderungen in Ländern adäquat reagieren können «in denen die Verbesserung der demokratischen Verhältnisse zwar eingetreten ist, jedoch die Wanderungsbewegung aufgrund der wirtschaftlichen Situation nach wie vor anhält».[59] Bundesrat Koller versicherte im Parlament, er wolle «diese Bestimmung wirklich nur als ultima ratio für einen Fall, dass plötzlich beispielsweise an unserer Grenze [...] Tausende von Ungarn stehen und Asyl in unserem Land verlangen würden».[60]

Der Beschluss des Bundesrates, der gemäss Art. 6a Abs. 3 AsylG auf einer periodischen (in der Regel einmal jährlichen) Lagebeurteilung des BFM beruht, kann als Allgemeinverfügung von der asylsuchenden Person nicht angefochten werden. Ein allfälliger Änderungsbeschluss des Bundesrates kann sowohl auf einer Verschlechterung als auch auf einer Verbesserung der allgemeinen Menschenrechtssituation beruhen. Infolge einer Lageverschlechterung wurden beispielsweise die Länder Angola und Algerien wieder von der Liste der «safe countries» gestrichen. Als erster europäischer Staat hat die Schweiz Bosnien-Herzegowina schon im Juni 2003 als «Safe Country» bezeichnet.

Auch Art. 34 Abs. 1 AsylG ist als *widerlegbare Vermutung* konzipiert. Wenn im Einzelfall «Hinweise auf Verfolgung» vorliegen, ist auf das Gesuch einzutreten. Wie aus der Formulierung hervorgeht, ist das geforderte Beweismass tief (nicht offensichtlich unbegründetes Vorbringen) und es findet der weite Verfolgungsbegriff (von Menschenhand verursachte Verfolgung) Anwendung. Wer also Hinweise auf Verfolgung geltend macht, die nicht offensichtlich haltlos sind, hat einen Anspruch auf materielle Prüfung des Gesuchs im ordentlichen Verfahren. So hat die ARK

57 Medienmitteilung des EJPD vom 19. März 2009.
58 Medienmitteilung des EJPD vom 8. Dezember 2006.
59 Botschaft 1990, BBl 1990 II, S. 626.
60 Amtl. Bull. NR 1990, S. 836.

zum Beispiel die Beschwerde eines indischen Staatsangehörigen gutgeheissen, weil das BFF auf das Asylgesuch mit dem pauschalen Hinweis auf eine mögliche inländische Fluchtalternative nicht eingetreten war. Die ARK hat diesbezüglich festgehalten, dass die Frage des Vorhandenseins einer inländischen Fluchtalternative Teil der materiellen Prüfung des Asylgesuchs und keine Eintretensfrage ist.[61]

Hinzuweisen ist auf folgende Besonderheiten, die während des Beschwerdeverfahrens zu beachten sind:

- Wird das Herkunftsland erst während des Beschwerdeverfahrens durch einen entsprechenden Beschluss des Bundesrates zum «safe country», wird das Vorliegen von Verfolgungshinweisen nur dann anerkannt, wenn sich die ursprünglich geltend gemachten Befürchtungen auch nach den geänderten Verhältnissen aufrechthalten lassen.[62]
- Wird der «safe country-Beschluss» während des Beschwerdeverfahrens widerrufen, hat das BFM seinen Nichteintretensentscheid in Wiedererwägung zu ziehen und einen neuen Entscheid zu fällen.[63]

Es findet eine Anhörung mit Hilfswerksvertretung statt (Art. 36 Abs. 1 lit. a AsylG).

Die Schweiz führte 1993 als erster europäischer Staat das Safe-Country-Konzept ein. Die Verfahrensrichtlinie der EU führt in Anhang II die Kriterien für die Bezeichnung von verfolgungssicheren Staaten auf. Nach Artikel 29 ist der Rat zuständig für die Erstellung einer Minimalliste sicherer Herkunftsstaaten. Die einzelnen Mitgliedsstaaten erhalten nach Artikel 30 die Kompetenz, weitere Staaten aufgrund nationaler Vorschriften als sicher zu betrachten.[64]

3.6 Drittstaatenklauseln («Safe Third Country», Art. 34 Abs. 2 lit. a–e AsylG)

3.6.1 Grundsätze

Nach Art. 34 Abs. 2 AsylG wird auf Asylgesuche in der Regel nicht eingetreten, wenn Asylsuchende in einen *sicheren Drittstaat zurückkehren* oder *weiterreisen* können.

---

61 EMARK 2004/35, EMARK 1993/17.

62 EMARK 1994/6.

63 EMARK 1994/23.

64 Richtlinie 2005/85/EG des Rates vom 1. Dezember 2005 über Mindestnormen für Verfahren in den Mitgliedsstaaten zur Zuerkennung und Aberkennung der Flüchtlingseigenschaft Amtsblatt Nr. L 326 vom 13.12.2005, S. 13–34. Der Europäische Gerichtshof hat das Verfahren zur Festlegung sicherer Herkunfts- und Drittstaaten in der Asylverfahrensrichtlinie für nichtig erklärt und damit einer Klage des Europäischen Parlaments stattgegeben, Urteil vom 06.05.2008-C-133/06.

Der Tatbestand kennt fünf Varianten:

1. Rückkehrmöglichkeit in einen vom *Bundesrat vorgängig als sicher beurteilten Staat* (Art. 32 Abs. 2 lit. a AsylG). Der Bundesrat hat alle EU- und EFTA-Staaten (Norwegen, Island, Liechtenstein) als sicher beurteilt.[65] Die Sicherheit wird vermutet, kann aber im Einzelfall widerlegt werden.
2. Möglichkeit der Rückkehr in einen Staat, der *im Einzelfall* als sicher beurteilt wird (Art. 32 Abs. 2 lit. b AsylG). Die Beweislast für die Sicherheit im Einzelfall tragen in diesem Fall (wie in den nachfolgenden Konstellationen von Art. 32 Abs. 2 lit. c-e) die Behörden.
3. Möglichkeit der Weiterreise in einen Drittstaat, für den ein *Visum* vorhanden ist und in welchem um Schutz nachgesucht werden kann (Art. 34 Abs. 2 lit. c AsylG).
4. Möglichkeit der Ausreise in einen Drittstaat, der *staatsvertraglich* für die Durchführung des Asyl- und Wegweisungsverfahrens zuständig ist (Art. 34 Abs. 2 lit. d AsylG). Der Artikel ist die gesetzliche Grundlage für die Anwendung des Dublin-Verfahrens in der Schweiz.
5. Möglichkeit der Weiterreise in einen Drittstaat, in dem *nahe Angehörige* oder andere Personen leben, zu denen *enge Beziehungen* bestehen (Art. 34 Abs. 2 lit. e AsylG).

In den Fällen von Art. 34 Abs. 2 lit. a, b, c, e AsylG findet eine Anhörung mit Hilfswerksvertretung statt (Art. 36 Abs. 1 lit. a AsylG). Im Rahmen von Nichteintretensverfahren wegen Dublin wird lediglich das rechtliche Gehör gewährt.

Mit Ausnahme der vierten Variante, der staatsvertraglichen Zuständigkeit nach Dublin, gelten drei Ausnahmen, in denen die Schweiz die Gesuche prüft, auch wenn ein Tatbestand der Drittstaatensicherheit an sich erfüllt wäre (Art. 34 Abs. 3 AsylG, 3.6.7.).

Der Artikel wurde – mit Ausnahme des Gehaltes von Art. 34 Abs. 2 lit. d AsylG[66] (staatsvertragliche Zuständigkeit eines Drittstaates) – mit der Asylgesetzrevision von 2005 per 1. Januar 2007 eingeführt und ersetzte die frühere vorsorgliche Wegweisung in einen Drittstaat (Art. 23 aAsylG im Flughafenverfahren, Art. 42 aAsylG im Inlandverfahren). Im Unterschied zur vorsorglichen Wegweisung, die als Zwischenverfügung ausgestaltet war, wird das Verfahren nach Art. 34 Abs. 2 AsylG mit einem Nichteintretensentscheid abgeschlossen.

---

65 Medienmitteilung des EJPD vom 14.12.2007. Der Bundesrat hatte angekündigt, sich auf die Staaten der EU und insbesondere die Nachbarstaaten der Schweiz zu beschränken, siehe Botschaft 2002, BBl 2002, S. 6878.

66 Vor der Revision von 2005 in Art. 32 Abs. 2 lit. d AsylG.

Anders als bei den übrigen Nichteintretensgründen wird den Behörden insofern ein Ermessen eingeräumt, als das Nichteintreten nur als Regel und nicht als zwingende Folge der Erfüllung der Tatbestandsvoraussetzungen formuliert wird.

3.6.2 Kriterien der Sicherheit von Drittstaaten

Zur Sicherheit von Drittstaaten verlangt das Gesetz, dass *effektiver Schutz vor Rückschiebung* besteht (Art. 6a Abs. 2 lit. b AsylG). Laut Botschaft dürfen auch keinerlei Hinweise auf Verfolgung durch den Drittstaat selber vorliegen.[67] Darüber hinaus gelten laut bundesrätlicher Botschaft die folgenden Anforderungen:

- Ratifizierung und Einhaltung der Europäischen Menschenrechtskonvention und der Flüchtlingskonvention oder gleichwertiger Rechtsnormen,
- Politische Stabilität, welche die Einhaltung der genannten Rechtsnormen garantiert,
- Beachtung der Prinzipien eines Rechtsstaates.

Als Orientierung soll darüber hinaus die Empfehlung des Europarates Nr. R [97] 22 gelten, verabschiedet vom Ministerkomitee am 25.11.1997, mit den grundsätzlichen Voraussetzungen für die Bezeichnung und die Verfahren bei Wegweisung in Drittstaaten sowie Verweis auf die FoK und den IPbpR.[68] Entscheidend ist die *Möglichkeit, in einem Drittstaat Schutz zu finden.*[69] Dies ist insbesondere ausgeschlossen, wenn kein Zugang zu einem Asylverfahren besteht oder der Drittstaat die Flüchtlingskonvention ausschliesslich auf europäische Flüchtlinge anwendet.[70] Dies setzt u. E. auch voraus, dass hinreichende Garantien für einen legalen Aufenthalt für die voraussichtliche Dauer des Asylverfahrens bestehen, wie sie die ARK unter dem alten Recht forderte.[71]

Für den Bundesrat sind die Kriterien der Sicherheit in allen EU- und EFTA-Staaten erfüllt.[72]

3.6.3 Beweislast für die Drittstaatensicherheit

Der Tatbestand unterscheidet zwei Varianten mit unterschiedlichen *Anforderungen an die Beweispflicht* betreffend die Drittstaatensicherheit:

- Einerseits wird auf Asylgesuche nicht eingetreten, wenn Asylsuchende in einen *vom Bundesrat als sicher bezeichneten Drittstaat* zurückkehren können (Art. 34

67 Botschaft 2002, BBl 2002, S. 6886.

68 Botschaft 2002, BBl 2002, S. 6877.

69 Botschaft 2002, BBl 2002, S. 6850.

70 Vgl. EMARK 2000/10, EMARK 2001/14.

71 Zum sog. «séjour durable», vgl. EMARK 1998/24, EMARK 2004/40.

72 Medienmitteilung des EJPD vom 14.12.2007. Der Bundesrat hatte angekündigt, sich auf die Staaten der EU und insbesondere die Nachbarstaaten der Schweiz zu beschränken, siehe Botschaft 2002, BBl 2002, S. 6878.

Abs. 2 lit. a AsylG i.V.m. Art. 6a Abs. 2 AsylG).[73] In diesem Fall müssen die Behörden *keine Prüfung der Sicherheit im konkreten Einzelfall* mehr vornehmen, sie wird vermutet. Diese Vermutung kann im Einzelfall durch Hinweise auf fehlenden effektiven Schutz vor Rückschiebung widerlegt werden (Art. 34 Abs. 3 lit. c AsylG). Davon unberührt muss im Einzelfall im Rahmen des Nichteintretensverfahrens geprüft werden, ob der Wegweisungsvollzug in den Drittstaat auch tatsächlich durchführbar und zumutbar ist.

- Drittstaatensicherheit *im Einzelfall* kann auch für weitere Staaten angenommen werden, die nicht vom Bundesrat als sicher bezeichnet wurden. Diesfalls tragen die Behörden die Beweislast für die Sicherheit im konkreten Einzelfall (Art. 34 Abs. 2 lit. b–e AsylG). Laut bundesrätlicher Botschaft von 2002 ist in den Fällen der Drittstaatensicherheit im Einzelfall nicht entscheidend, ob ein Asylverfahren noch hängig oder schon abgeschlossen ist, der Tatbestand sollte auf alle Sachverhalte Anwendung finden.[74]

3.6.4 Möglichkeit der Rück- oder Weiterreise in den Drittstaat

Erforderlich ist in allen Fällen, dass der Vollzug dank einer *Rückübernahmezusicherung des Drittstaates* auch tatsächlich stattfinden kann.[75] Damit ist die Frage der Möglichkeit des Wegweisungsvollzugs in den Drittstaat materiell im erstinstanzlichen Nichteintretensverfahren zu prüfen und nicht erst im Wegweisungspunkt oder gar durch die Vollzugsbehörden.

3.6.5 Qualität der Beziehungen zum Drittstaat

Die Tatbestandsvarianten unterscheiden sich im Übrigen durch unterschiedliche *Anforderungen an die Qualität der Beziehungen zum Drittstaat:*

- Art. 32 Abs. 2 lit. a und lit. b AsylG setzen voraus, dass sich Asylsuchende vorgängig im fraglichen Drittstaat *aufgehalten* haben. Laut bundesrätlicher Botschaft soll die *Dauer* des Aufenthalts oder ein *besonders enger Bezug* zum Drittstaat nicht massgeblich sein, der frühere Aufenthalt allein soll ausreichen.[76] Mit «Aufenthalt» ist jedenfalls vom Wortsinn her eine andere Qualität des Verweilens gemeint als eine blosse Durchreise. UNHCR sieht in erster Linie den Staat für die Schutzgewährung für verantwortlich, in dem ein Asylgesuch gestellt wurde, und verlangt «massgebliche Bindungen oder Beziehungen», die für Asylsuchende das Stellen eines Asylgesuches in einem Drittstaat zumutbar erscheinen lassen.[77] Auch der Bundesrat weist dar-

---

73 Als sicher erklärt hat der Bundesrat zurzeit alle EU- und EWR-Staaten.

74 Botschaft 2002, BBl 2002, S. 6884.

75 Botschaft 2002, BBl 2002, S. 6850.

76 Botschaft 2002, BBl. 2002, S. 6884.

77 Ergänzende UNHCR-Stellungnahme von August 2003 zum geänderten Vorschlag für eine Richtlinie des Rates über Mindestnormen für Verfahren in den Mitgliedsstaaten zur Zuerkennung oder Aberkennung der Flüchtlingseigenschaft, Juli 2003.

aufhin, dass im Einzelfall vorfrageweise zu prüfen ist, ob *Wegweisungshindernisse* (Zulässigkeit, Zumutbarkeit und Möglichkeit des Wegweisungsvollzugs) im Hinblick auf den Drittstaat vorliegen.[78] Damit sind aber nicht nur die bereits erwähnte Zulässigkeit (keine Verletzung des Non-refoulement-Gebots durch den Drittstaat) und die Möglichkeit des Wegweisungsvollzugs (Zustimmung des Drittstaates) Tatbestandsvoraussetzung, sondern auch die Frage der individuellen Zumutbarkeit.[79]

- Auf ein Asylgesuch wird nicht eingetreten, wenn Asylsuchende in einen Drittstaat *weiterreisen* können, von dem sie *ein Visum besitzen* und in dem sie um Schutz nachsuchen können (Art. 34 Abs. 2 lit. c AsylG). Dieser Sachverhalt entspricht mit redaktionellen Anpassungen dem altrechtlichen Artikel 23 Abs. 1 lit. c AsylG, welcher die vorsorgliche Wegweisung im Flughafenverfahren regelte. Aufgrund der Visumserteilung muss jedenfalls die Möglichkeit der Einreise in den Drittstaat nicht weiter überprüft werden. Mit der Visumserteilung besteht aber auch die Vermutung einer Beziehung von gewisser Qualität zum Drittstaat. Im Übrigen sind auch hier die Behörden für die Drittstaatensicherheit und die Zumutbarkeit im konkreten Einzelfall beweispflichtig.
- Auf ein Asylgesuch wird nicht eingetreten, wenn Asylsuchende in einen Drittstaat *weiterreisen* können, in dem *Personen leben, zu denen sie enge Beziehungen haben, oder nahe Angehörige* (Art. 34 Abs. 2 lit. e AsylG). Der Tatbestand war sinngemäss auch in der altrechtlichen vorsorglichen Wegweisung vorgesehen (Art. 42 Abs. 2 lit. c aAsylG betreffend das Inlandverfahren und Art. 23 Abs. 1 lit. d aAsylG betreffend das Flughafenverfahren). Die ARK hat dazu festgehalten, dass die Personen im Drittstaat über ein gefestigtes Aufenthaltsrecht verfügen müssen, der blosse Aufenthalt als Asylsuchende reicht dazu nicht.[80] Die Behörden tragen die Beweispflicht für die Drittstaatensicherheit im Einzelfall sowie für die Möglichkeit der Einreise zu einem legalen Aufenthalt während des Asylverfahrens.[81]

---

78 Botschaft 2002, BBl 2002, S. 6884.

79 Bei der Beurteilung der Zumutbarkeit der vorsorglichen Wegweisung verlangte die ARK unter altem Recht per Grundsatzentscheid EMARK 2000/1, dass das Stellen eines Asylgesuches in einem Drittstaat vernünftigerweise eine *Beziehung zum Drittstaat von gewisser Qualität* erfordere (vgl. auch EMARK 1999/21). Abgestellt wurde zudem auf die 20-Tage-Regel, wonach grundsätzlich ein Aufenthalt von 20 Tagen im Drittstaat geeignet war, eine Beziehung von genügender Qualität zu begründen. Abweichungen nach unten oder oben waren möglich. Wer sich z. B. zwecks Stellen eines Asylgesuchs an den Drittstaat gewendet hatte, drückte damit eine qualitativ genügende Beziehung aus (EMARK 1999/23). Umgekehrt galt ein früherer Aufenthalt zwecks blosser Organisation der Durchreise nicht als genügend (EMARK 1999/22).

80 Vgl. EMARK 1999/21.

81 Diese Zuständigkeit des Drittstaates bildet das symmetrische Gegenstück zur Zuständigkeit der Schweiz nach Art. 34 Abs. 3 lit. a AsylG. Demgemäss tritt die Schweiz auf ein Gesuch trotz Drittstaatensicherheit ein, wenn Asylsuchende Beziehungen zu Personen in der Schweiz haben.

Rechtsvergleichend ist auf Artikel 27 der Verfahrensrichtlinie hinzuweisen, welcher die Bedingungen zur Anwendung von Drittstaatenregeln im Verhältnis zu Nicht-EU- bzw. Dublin-Mitgliedsstaaten regelt.[82]

3.6.6 Staatsvertragliche Zuständigkeit (Dublin)

Besondere Betrachtung verdient der Nichteintretenstatbestand, wonach auf ein Asylgesuch nicht eingetreten wird, wenn ein anderer Staat *staatsvertraglich für die Durchführung des Asylverfahrens zuständig* ist (Art. 34 Abs. 2 lit. d AsylG). Der Artikel legt die Grundlage für die Umsetzung der *Dublin-Verordnung* in der Schweiz.[83] Als Staatsvertrag gehen die Assoziierungsabkommen im Verhältnis zu den angeschlossenen Drittstaaten allen anderen Regeln zur Drittstaatensicherheit vor.

Auch wenn Art. 34 Abs. 2 lit. d AsylG systematisch zu den Tatbeständen gehört, in denen die Behörden die Sicherheit im Einzelfall nachzuweisen haben, hat der Bundesrat bereits sämtliche Staaten, die an Dublin teilnehmen, als sicher bezeichnet, d. h., ihre Sicherheit wird vermutet. Zusätzlich beruht das Dublin-System selber auf der Vermutung der Sicherheit der Mitgliedsstaaten, wobei diese sich gestützt auf die Europäische Menschenrechtskonvention nicht aus der Verantwortung der Überprüfung des Non-refoulement-Gebotes entziehen können (vgl. dazu Ziff. 3.6.7).

Nach Art. 29a AsylV1 richtet sich die Prüfung der Zuständigkeit für die Asylgesuchsprüfung nach der Dublin-Verordnung. Dieser zufolge bestimmt sich die *Zuständigkeit* des verantwortlichen Staates kaskadenartig nach den in den Art. 6–12 der Dublin-Verordnung enthaltenen *Kriterien*:[84] (vgl. dazu im Einzelnen Kap. III, Ziff. 2.2) Es findet keine Anhörung mit Hilfswerksvertretern statt, sondern es wird lediglich das rechtliche Gehör gewährt.

3.6.7 Ausnahmen zum Nichteintreten

Art. 34 Abs. 3 AsylG sieht Ausnahmen zum Nichteintreten vor. Diese finden auf alle Drittstaatenvarianten *mit Ausnahme der staatsvertraglichen Zuständigkeit* (Dublin) nach Art. 34 Abs. 2 lit. d AsylG Anwendung. Die Ausnahmen sind geeignet, die Ver-

82 Richtlinie 2005/85/EG des Rates vom 1. Dezember 2005 über Mindestnormen für Verfahren in den Mitgliedsstaaten zur Zuerkennung und Aberkennung der Flüchtlingseigenschaft, Amtsblatt Nr. L 326 vom 13.12.2005, S. 13–34.

83 Verordnung (EG) Nr. 343/2003 des Rates vom 18. Februar 2003 zur Festlegung der Kriterien und Verfahren zur Bestimmung des Mitgliedsstaats, der für die Prüfung eines von einem Drittstaatsangehörigen in einem Mitgliedsstaat gestellten Asylantrags zuständig ist, Amtsblatt Nr. L 50 vom 25.02.2003, S. 1–10.

84 Verordnung (EG) Nr. 1560/2003 der Kommission vom 2. September 2003 mit Durchführungsbestimmungen zur Verordnung (EG) Nr. 343/2003 des Rates zur Festlegung der Kriterien und Verfahren zur Bestimmung des Mitgliedsstaats, der für die Prüfung eines von einem Drittstaatsangehörigen in einem Mitgliedsstaat gestellten Asylantrags zuständig ist, Amtsblatt Nr. L 222 vom 05.09.2003, S. 3–23.

mutung der Drittstaatensicherheit im konkreten Fall umzustossen. Liegt eine der Ausnahmen vor, hat eine materielle Prüfung des Gesuches im ordentlichen Verfahren stattzufinden. Drei Konstellationen sind zu unterscheiden:

- Die asylsuchende Person hat *enge Beziehungen zu in der Schweiz lebenden Personen oder nahen Angehörigen*, die in der Schweiz leben (Art. 34 Abs. 3 lit. a AsylG). Dieser Tatbestand ist das Gegenstück zu Art. 34 Abs. 2 lit. c AsylG, wonach das Vorhandensein solcher Beziehungen zu Personen in einem Drittstaat grundsätzlich dessen Zuständigkeit begründen soll (vgl. dazu Ziff. 3.6.5).
- Die asylsuchende Person erfüllt *offensichtlich die Flüchtlingseigenschaft* nach Artikel 3 AsylG. Ähnlich wie in Art. 32 Abs. 3 lit. b AsylG wird hier die Flüchtlingseigenschaft zum Gegenstand eines Nichteintretensverfahrens (vgl. dazu Ziff. 3.1). Das Ziel der Bestimmung ist zu verhindern, dass «offensichtlich echten Flüchtlingen» der Zugang zum Schweizer Asylverfahren verwehrt wird, was der humanitären Tradition der Schweiz widersprechen würde.[85] Damit stellt sich die Frage, welche Beweisanforderungen an das Vorliegen der Flüchtlingseigenschaft zu stellen sind. Laut bundesrätlicher Botschaft sollen blosse «Hinweise auf Verfolgung im Heimtland» wie bei einigen Nichteintretenstatbeständen nicht genügen. Mit Grundsatzurteil zu Art. 32 Abs. 2 lit. f AsylG (bereits abgelehntes Gesuch in EU- oder EWR-Staat) hat die ARK festgestellt, dass das vom Gesetzgeber beabsichtigte Ziel eine summarische Prüfung der Flüchtlingseigenschaft ist.[86] Ihre Auslegung stützte sie massgeblich auf die Botschaft des Bundesrates zu Art. 34 Abs. 3 AsylG. Entsprechend muss zum Schutz von Flüchtlingen nicht nur auf ein Gesuch eingetreten werden, wenn die Flüchtlingseigenschaft offensichtlich erfüllt ist, sondern auch wenn «substanzielle Argumente vorliegen, die in ihrer Gesamtheit ernsthaft und gewichtig genug sind, um mit einiger Wahrscheinlichkeit annehmen zu können, dass die asylsuchende Person [...] die Flüchtlingseigenschaft im Sinne von Art. 3 AsylG erfüllt».[87] In einem solchen Fall wird die Vermutung der fehlenden Flüchtlingseigenschaft umgestossen. Mit dieser Auslegung kann erreicht werden, dass Flüchtlinge entsprechend der humanitären Tradition der Schweiz aufgenommen und nicht in sichere Drittstaaten abgeschoben werden.

85 Botschaft 2002, BBl 2002, S. 6885.
86 EMARK 2006/33, Grundsatzurteil.
87 Vgl. dazu EMARK 2006/33, Grundsatzurteil.

- Es bestehen *Hinweise* darauf, dass im *Drittstaat kein effektiver Schutz vor Rückschiebung* besteht (Art. 34 Abs. 3 lit. c AsylG). Mit «Hinweise» ist ein tiefer Beweismassstab gemeint, der weder den Anforderungen des Nachweises noch des Glaubhaftmachens von Art. 7 AsylG entsprechen muss. Um die Vermutung der Drittstaatensicherheit zu widerlegen, muss genügen, dass nicht auf den ersten Blick als unglaubhaft erkennbare Hinweise vorliegen, wonach der Drittstaat in Verletzung des Non-refoulement-Gebotes eine Person in den Herkunftsstaat abzuschieben droht.[88] Der Europäische Gerichtshof für Menschenrechte hatte im Fall T. I. gegen Grossbritannien festgestellt, dass die europäischen Staaten sich nicht gestützt auf Dublin ihrer Pflicht zur Achtung des menschenrechtlichen Non-refoulement-Gebotes von Art. 3 EMRK entbinden können.[89] Auch im Rahmen von Dublin ist die Sicherheit im konkreten Einzelfall zu prüfen, wenn *substanzielle Hinweise auf eine mögliche Verletzung von Art. 3 EMRK* vorliegen.

Der Bundesrat schlägt im Rahmen seiner neuesten Vorschläge von Januar 2009 vor, diese Ausnahmen zu begrenzen. Künftig soll als einzige Ausnahme zum Nichteintreten wegen Drittstaatensicherheit nach Art. 34 Abs. 2 lit. b, c und e AsylG gelten, wenn Hinweise darauf bestehen, dass im Drittstaat im Einzelfall kein effektiver Schutz vor Rückschiebung besteht. Die Ausnahmen der verwandtschaftlichen Beziehungen zu Personen in der Schweiz oder der offensichtlichen Flüchtlingseigenschaft wären demnach nicht mehr gültig.[90]

3.7 Nichteintreten nach Aufhebung des vorübergehenden Schutzes (Art. 35 AsylG)

Der Nichteintretensgrund gemäss Art. 35 AsylG steht im Zusammenhang mit dem Status für Schutzbedürftige (vgl. Kap. XII). Bei einem Entscheid des Bundesrates, eine bestimmte Personengruppe als «schutzbedürftig» vorübergehend aufzunehmen, werden allfällige Asylgesuche grundsätzlich sistiert (vgl. Art. 69 Abs. 3 AsylG und Kap. XII, Ziff. 5.2). Bei einer Aufhebung des Status werden die sistierten Verfahren wieder aufgenommen, wobei gemäss Art. 35 AsylG rechtliches Gehör gewährt wird. Nach Artikel 48 AsylV1 erfolgt die Gewährung des rechtlichen

---

88 Vgl. dazu Kälin, W., Rechtsfragen im Zusammenhang mit der geplanten Revision des Asylgesetzes, Gutachten zuhanden UNHCR, ASYL, 2001/1, S. 3 ff.

89 Decision of the European Court of Human Rights of 7 March 2000 as to the Admissibility of Application no. 43844/98 by T. I. against the United Kingdom.

90 Bericht zur Änderung des Asylgesetzes und des Bundesgesetzes über die Ausländerinnen und Ausländer vom 19. Dezember 2008, BBl 2009, Nr. 4, S. 573.

Gehörs in der Regel schriftlich.[91] Liegen danach keine Hinweise auf Verfolgung vor, wird das Asylgesuch nicht materiell abgewiesen, sondern durch einen Nichteintretensentscheid erledigt. Seit der Einführung des Schutzbedürftigenstatus mit der Revision von 1998 bis 2008 ist es allerdings zu keinem Anwendungsfall gekommen.

Es wird nur das rechtliche Gehör gewährt ohne Anhörung mit Hilfswerksvertretung.

3.8 Abschreibung und Nichteintreten nach Wiederaufnahme des Verfahrens (Art. 35a AsylG)

Nach Art. 35a AsylG wird auf ein Asylgesuch nicht eingetreten, wenn nach Abschreibung eines Asylgesuches ein neues Asylgesuch gestellt wird und im Rahmen der Wiederaufnahme des Verfahrens keine Hinweise vorliegen, welche geeignet sind, die Flüchtlingseigenschaft zu begründen, oder die für die Gewährung des vorübergehenden Schutzes relevant sind.

Der Tatbestand wurde mit der Revision von 2005 eingeführt. Abschreibungen finden etwa statt, wenn ein Asylgesuch im Hinblick auf die Erteilung einer Aufenthaltsbewilligung z. B. infolge Heirat zurückgezogen wird oder wenn eine Person unbekannten Aufenthaltes ist. *Rückzug* allein bedeutet also nicht automatisch, dass keine asylrelevante Gefährdung vorliegt.[92] Es ist davon auszugehen, dass der tiefe Beweismassstab Anwendung findet: Sobald nicht offensichtlich haltlose Hinweise auf eine Gefährdung vorliegen, sollte das Asylverfahren wieder aufgenommen werden.

Die Wiederaufnahme ist in einer Zwischenverfügung festzustellen. Eine ordentliche Anhörung mit Hilfswerksvertretung findet statt, wenn bisher noch keine solche durchgeführt wurde oder wenn Ereignisse geltend gemacht werden, die sich nach der Abschreibung zugetragen haben. Es findet keine erneute Anhörung statt, wenn die asylsuchende Person im Rahmen des rechtlichen Gehörs Asylgründe vorbringt, zu denen sie bereits angehört wurde (Art. 36 Abs. 1 lit. c AsylG).[93]

---

91 Es stellt sich die Frage, inwiefern die Form der Schriftlichkeit der Gehörsgewährung angesichts der bei den Asylsuchenden oft fehlenden Kenntnisse einer Amtssprache praktikabel ist und dem Anspruch auf rechtliches Gehör genügt. Vergleichend sei auf die EU hingewiesen, die im Rahmen der Richtlinie über vorübergehenden Schutz eine Pflicht der Staaten vorsieht, die jederzeitige Prüfung eines Asylgesuches zu gewährleisten, vgl. Art. 17 Abs. 1 Richtlinie 2001/55/EG des Rates vom 20. Juli 2001 über Mindestnormen für die Gewährung vorübergehenden Schutzes im Falle eines Massenzustroms von Vertriebenen und Massnahmen zur Förderung einer ausgewogenen Verteilung der Belastungen, die mit der Aufnahme dieser Personen und den Folgen dieser Aufnahme verbunden sind, auf die Mitgliedsstaaten, Amtsblatt Nr. L 212 vom 07.08.2001, S. 12–23.

92 Siehe Achermann, A.; Hausammann, Ch., Handbuch des Asylrechts, Bern/Stuttgart, 1991, S. 297.

93 Vgl. Botschaft 2002, BBI 2002, S. 6886.

4. Verfahren und Rechtsfolgen

4.1 Anhörung oder rechtliches Gehör

Die *Verfahren* unterscheiden sich, je nachdem, welcher Nichteintretensgrund zur Anwendung gebracht wird.

Eine *Anhörung mit Hilfswerksvertretung* wie im ordentlichen Asylverfahren (Art. 29 und 30 i. V. m. Art. 36 AsylG) findet in folgenden Fällen statt:

- Fehlen eines Asylgesuchs (Art. 32 Abs. 1 i. V. m. Art. 18 AsylG),
- Nichtabgabe von Reise- oder Identitätspapieren (Art. 32 Abs. 2 lit. a AsylG),
- Zweitgesuch (Art. 32 Abs. 2 lit. e AsylG), wenn die asylsuchende Person aus ihrem Heimat- oder Herkunftsstaat in die Schweiz zurückgekehrt ist.
- abgelehntes Gesuch in einem EU- oder EWR-Staat (Art. 32 Abs. 2 lit. f AsylG),
- missbräuchliches Nachreichen eines Gesuches (Art. 33 AsylG),
- Herkunft aus einem verfolgungssicheren Staat («safe country», Art. 34 Abs. 1 AsylG),
- Zuständigkeit eines Drittstaates (vier Varianten in Art. 34 Abs. 2 lit. a–c, e AsylG),
- Wiederaufnahme des Verfahrens nach Abschreibung, falls im vorhergehenden Verfahren noch keine Anhörung stattgefunden hat (Art. 35a Abs. 2 AsylG).

Statt einer Anhörung wird in folgenden Fällen nur das *rechtliche Gehör* ohne Anwesenheit einer Hilfswerksvertretung gewährt (Art. 36 Abs. 2 AsylG):

- Identitätstäuschung (Art. 32 Abs. 2 lit. b AsylG),
- Verletzung der Mitwirkungspflicht (Art. 32 Abs. 2 lit. c AsylG),
- Zweitgesuch (Art. 32 Abs. 2 lit. e AsylG), wenn die asylsuchende Person *nicht* aus ihrem Heimat- oder Herkunftsstaat in die Schweiz zurückgekehrt ist,
- Drittstaatenzuständigkeit aus staatsvertraglicher Regelung (Dublin-Verfahren), (Art. 34 Abs. 2 lit. d),
- Aufhebung des vorübergehenden Schutzes (Art. 35 AsylG),
- Wiederaufnahme des Verfahrens (Art. 35a Abs. 2 AsylG), wenn im bisherigen Verfahren bereits eine Anhörung stattgefunden hat.
- Nichtbezahlung eines Gebührenvorschusses bei Zweit- oder Wiedererwägungsgesuchen (Art. 17b AsylG).

4.2 Verfahrensfristen

Seit Januar 2008 sollten Nichteintretensentscheide erstinstanzlich in der Regel innerhalb von zehn Arbeitstagen nach der Gesuchsstellung gefällt und summarisch begründet werden (Art. 37 Abs. 2 AsylG). Es handelt sich dabei um eine *Ordnungsfrist.* Sie verdeutlicht, dass nur in offensichtlichen Fällen ein Nichteintretensentscheid gefällt werden kann. Werden weitere Abklärungen durchgeführt, z. B. eine weitere Anhörung, kann kein Nichteintretensentscheid mehr gefällt werden.[94] Umgekehrt ist auch dann ein Nichteintretensentscheid zu fällen, wenn zwar die Ordnungsfrist verstrichen aber die Voraussetzungen für das Nichteintreten erfüllt sind.[95]

Beschwerden gegen Nichteintretensentscheide müssen innerhalb von fünf Arbeitstagen eingereicht werden (Art. 108 Abs. 2 AsylG). Sie haben grundsätzlich aufschiebende Wirkung.

Als *Sonderfall* ist das Verfahren bei Beschwerden gegen Dublin-Entscheide ausgestaltet: Nach Art. 107a AsylG haben Beschwerden gegen Nichteintretensentscheide wegen staatsvertraglicher Zuständigkeit eines anderen Staates keine aufschiebende Wirkung. Liegen hingegen *begründete Anhaltspunkte* für eine Verletzung der EMRK durch den zuständigen Staat vor, so kann die aufschiebende Wirkung gewährt werden. Die Verletzung der EMRK kann insbesondere in einer vom Drittstaat bereits angeordneten Wegweisung in den Herkunftsstaat liegen, in dem eine nach Art. 3 EMRK verbotene, unmenschliche Behandlung droht. Der Beweismassstab hat sich u. E. an der Praxis der «nicht offensichtlich haltlosen Hinweise auf Verfolgung» auszurichten, zumal es lediglich um die Gewährung der aufschiebenden Wirkung und nicht schon um die Frage geht, ob die Wegweisung in den Drittstaat tatsächlich unzulässig ist. Der Wegweisungsvollzug kann u. E. jedenfalls während der laufenden Beschwerdefrist von fünf Arbeitstagen auch bei Nichteintreten nach Dublin nicht durchgeführt werden.

Die fünftägige Beschwerdefrist hat der Bundesrat per 1. April 2004 als völkerrechtliches Minimum gestützt auf ein Gutachten von Walter Kälin und die Rechtsprechung der EMRK-Organe eingeführt.[96] Damit ersetzte er das als völkerrechtswidrig erachtete System, wonach innerhalb von 24 Stunden nach einem Nichteintretensentscheid ein Gesuch um Wiederherstellung der aufschiebenden Wirkung zu stellen war. Bei der fünftägigen Beschwerdefrist handelt es sich demnach um ein von Verfassung und Völkerrecht vorgeschriebenes Minimum, das auch bei Dublin-Beschwerden zu beachten ist. Sobald hingegen eine fristgerechte Beschwerde beim Bundesverwaltungsgericht eingereicht ist, kann das Bundesverwaltungsgericht über die Wiederherstellung der aufschiebenden Wirkung entscheiden. Bis zu diesem Entscheid darf u. E. der Vollzug nicht durchgeführt werden.

Für die Behandlung von Beschwerden gegen Nichteintretensentscheide gilt eine *Ordnungsfrist* von sechs Wochen für das Bundesverwaltungsgericht (Art. 109

---

94 EMARK 2005/20.
95 EMARK 2002/15.
96 Botschaft 2002, BBl 2002, S. 6851.

Abs. 2 AsylG). Diese Frist erlaubt den Behörden, das Nichteintretensverfahren inkl. Beschwerde während des Aufenthaltes von Asylsuchenden in einer Empfangsstelle durchzuführen. Der Aufenthalt in einer Empfangsstelle sollte nicht länger als 60 Tage dauern und darf nur aus triftigen Gründen verlängert werden (Art. 16 AsylV1).

4.3 Einschränkung der Bewegungsfreiheit

Mit Eröffnung bestimmter Nichteintretensentscheide kann während laufender Beschwerdefrist *Ausschaffungshaft* angeordnet werden:

- Wenn ein Nichteintretensentscheid in einem EVZ eröffnet wird und der Vollzug absehbar ist, kann Ausschaffungshaft bis zu 20 Tagen angeordnet werden (Art. 76 Abs. 1 lit. b Ziff. 5 AuG).
- Ausschaffungshaft bis längstens 18 Monate kann im Anschluss an die Eröffnung eines Nichteintretensentscheides nach Art. 32 Absatz 2 lit. a–c oder 33 AsylG angeordnet werden (Art. 76 Abs. 1 lit. b Ziff. 2 AuG). Es handelt sich um Nichteintretenstatbestände, denen aus Sicht des Gesetzgebers ein missbräuchliches Verhalten zugrunde liegt, inkl. fehlender Reisepapiere.

Während des Aufenthalts im EVZ kann die *Bewegungsfreiheit* von Asylsuchenden zudem gestützt auf die Empfangsstellenverordnung eingeschränkt werden. Angesichts der kurzen Fristen, der oft fehlenden Kenntnisse einer Amtssprache und des Rechtssystems sowie auf dem Hintergrund der potenziell schwerwiegenden Folgen eines Entscheides stellt sich die Frage, ob Asylsuchende das menschenrechtlich garantierte Recht auf eine Beschwerde (Art. 13 EMRK) effektiv wahrnehmen können. Nach Art. 17 Abs. 4 AsylG hat der Bund den Zugang zu Rechtsberatung in den Empfangsstellen zu regeln. Nach Art. 7a AsylV1 werden Asylsuchende über die Möglichkeit informiert, sich verbeiständen zu lassen oder sich an eine Rechtsberatung zu wenden. Sie sollen zudem die Mittel für die Kontaktaufnahme mit einer Rechtsberatung oder Rechtsvertretung erhalten und der persönliche Kontakt soll im Rahmen der Empfangsstellenverordnung ermöglicht werden.

Gemäss den neusten Vorschlägen des Bundesrates soll künftig Vorbereitungs- oder Ausschaffungshaft im Zusammenhang mit Dublin-Verfahren möglich sein, wenn Drittstaaten der Überstellung der Person zugestimmt haben, diese aber die Zuständigkeitsgründe bestreiten.[97]

---

97 Vgl. Art. 75 Abs. 1 AuG und Art. 76 Abs. 1 lit. b Ziff. 1 AuG gemäss Bericht des Bundesrates zur Änderung des Asylgesetzes und des Bundesgesetzes über die Ausländerinnen und Ausländer vom 19. Dezember 2008, BBl 2009, Nr. 4, S. 573.

4.4 Rechtsfolgen

Wird auf ein Asylgesuch nicht eingetreten, so wird in der Regel die Wegweisung verfügt und der Vollzug angeordnet (Art. 44 AsylG). Im Rahmen des Verfahrens sind gleich wie bei negativen Entscheiden die Wegweisungshindernisse zu prüfen (vgl. dazu Kap. IX). Ist der Vollzug der Wegweisung völkerrechtlich zulässig, zumutbar und möglich, wird er durchgeführt. Wird ein Wegweisungshindernis festgestellt, so ist die vorläufige Aufnahme anzuordnen (Art. 44 Abs. 2 AsylG i.V.m. Art. 83 AuG). Damit ist also denkbar, dass zwar auf ein Asylgesuch z.B. wegen Herkunft aus einem «safe country» nicht eingetreten wird, aber wegen fehlender Behandlungsmöglichkeiten einer schwerwiegenden Krankheit die vorläufige Aufnahme gestützt auf die Unzumutbarkeit des Wegweisungsvollzugs angeordnet wird.

Ist kein Tatbestand des Nichteintretens erfüllt oder gelingt im Rahmen des Verfahrens die Widerlegung einer Vermutung oder liegt ein Ausnahmetatbestand vor, so ist auf das Asylgesuch einzutreten. Dies bedeutet, dass ein ordentliches Verfahren mit einer vollumfänglichen materiellen Prüfung des Gesuches mit den normalen Verfahrens- und Beschwerdefristen stattfindet. Dieses Verfahren führt zu einem materiellen Entscheid über das Asylgesuch. Das Asylgesuch kann nun nach den üblichen Kriterien abgelehnt oder gutgeheissen werden. Zur Feststellung, dass kein Nichteintretensgrund vorliegt und das ordentliche Verfahren stattfindet, wird keine Zwischenverfügung erlassen.

Der vom Gesetz angestrebte Regelfall ist, dass Nichteintretensverfahren in der Empfangsstelle durchgeführt werden. Bei absehbaren Schwierigkeiten, eine Wegweisung zu vollziehen (z.B. bei fehlenden Reisedokumenten), kann das angestrebte Verfahren in der Praxis vielfach nicht in der Empfangsstelle zu Ende geführt werden. In diesen Fällen ergehen Nichteintretensentscheide erst, nachdem die Asylsuchenden einem Kanton zugewiesen worden sind.

Literaturhinweise

Achermann, Alberto; Hausammann, Christina: Handbuch des Asylrechts, Bern/Stuttgart 1991.

Beck, Alexander: Juristischer Balanceakt auf einer verunglückten Norm, Anmerkungen zum Nichteintretenstatbestand wegen Papierlosigkeit nach dem Urteil des Bundesverwaltungsgerichts vom 11. Juli 2007, ASYL, 2008/1, S. 3 ff.

Cotting-Schalch, Claudia: Les procédures urgentes prévues par la loi du 26 juin 1998 sur l'asile, ASYL, 2001/2, S. 3 ff.

Gattiker, Mario: Asylverfahren bei fehlenden Identitätsausweisen, ASYL, 1995, S. 48 ff.

Gattiker, Mario: Das Asyl- und Wegweisungsverfahren, SFH, Bern, 1999.

Gattiker, Mario: Entwicklungen und Perspektiven der Drittstaatenregelung im schweizerischen Asylrecht, ASYL, 2001/1, S. 3 ff.

Hailbronner, Kay: Stellungnahme zu Art. 32 Abs. 2 lit. a und Abs. 3 Asylgesetz, Jusletter 14. Mai 2006.

Hertig, Maya: La nouvelle loi sur l'asile à l'épreuve des droits de l'homme: la Communication Jean Patrick Iya c. Suisse du Comité contre la torture du 16 novembre, Jusletter 28. April 2008.

Kälin, Walter: Grundriss des Asylverfahrens, Basel/Frankfurt, 1990.

Kälin, Walter: Nichteintreten auf Asylgesuche bei fehlenden Ausweispapieren oder illegalem Aufenthalt, ASYL, 1998/2, S. 23 ff.

Kälin, Walter: Rechtsfragen im Zusammenhang mit der geplanten Revision des Asylgesetzes, Gutachten zuhanden UNHCR (Verbindungsbüro für die Schweiz), ASYL, 2001/4, S. 3 ff.

Kälin, Walter: Rechtsfragen im Zusammenhang mit den Vorschlägen des BFF für «Zusätzliche Massnahmen im Rahmen der Teilrevision des Asylgesetzes», ASYL, 2004/4, S. 3 ff.

Kälin, Walter: Bemerkungen zum Antrag des Bundesrates vom 25. August 2004 zum Nichteintretensgrund der fehlenden Reisepapiere, ASYL, 2005/2+3, S. 12 f.

Malinverni, Giorgio; Hottelier, Michel: La réglementation des décisions de non-entrée en matière dans la domaine du droit d'asile – Aspects constitutionnels, Aktuelle Juristische Praxis (AJP/PJA), 2004, S. 1348 ff.

Miccoli Malherbe, Raffaela: Accès aux soins des requérants d'asile frappés d'une décision de non-entrée en matière, ASYL, 2006/3, S. 31 ff.

Nguyen, Minh Son: Vos papiers SVP! Documents de voyage et pieces d'indentité dans la LEtr et la revision partielle de la LAsi, ASYL, 2006/2, S. 26 f.

Raselli, Niccolo: Zur Problematik des Nichteintretensgrundes der groben Verletzung der Mitwirkungspflicht gemäss Art. 16 Abs. 1 lit. e AsylG, ASYL, 1991/3, S. 8 ff.

Schertenleib, Jürg: Die neuen Nichteintretensgründe, ASYL, 1999/3, S. 3 ff.

Schertenleib, Jürg: Das Bundesgesetz über das Entlastungsprogramm 2003 im Asyl- und Ausländerbereich, ASYL, 2004/2, S. 3 ff.

Stöckli, Walter: Asyl, in: Uebersax, Peter et al. (Hrsg.): Ausländerrecht, Eine umfassende Darstellung der Rechtsstellung von Ausländerinnen und Ausländern in der Schweiz von A(syl) bis Z(ivilrecht), Basel/Genf/München, 2009, S. 521 ff.

Uebersax, Peter: Migrationsrechtliche Auswirkungen der Bilateralen II, insbesondere von Schengen und Dublin, AJP 2005, S. 918 ff.

VI Ermittlung des Sachverhalts, Nachweis und Glaubhaftmachen

1. Übersicht

Voraussetzung der Anerkennung als Flüchtling ist, dass die asylsuchende Person die Flüchtlingseigenschaft *nachweist* oder mindestens *glaubhaft macht* (Art. 7 Abs. 1 AsylG). Die Asylbehörden sind gemäss dem allgemeinen verwaltungsrechtlichen *Untersuchungsgrundsatz* (vgl. Art. 12 VwVG und als Beschwerdegrund Art. 49 lit. b VwVG) verpflichtet, von Amtes wegen den Sachverhalt vollständig und richtig abzuklären, damit ein Entscheid über das Asylgesuch möglich wird. Die Asylsuchenden trifft dabei eine detailliert umschriebene *Mitwirkungspflicht* bei der Sachverhaltsermittlung (Art. 8 AsylG, Art. 13 VwVG). Nach ständiger Praxis der Asylbehörden gelten die genannten Grundsätze nicht nur hinsichtlich der geltend gemachten Flüchtlingseigenschaft sondern auch für allfällige Wegweisungshindernisse.[1]

1 Nach Art. 83 Abs. 5 (neu) AuG, der im Januar 2009 in die Vernehmlassung geschickten Revision des Asyl- und Ausländergesetzes, müssen persönliche Wegweisungshindernisse, die gegen die Zumutbarkeit der Wegweisung geltend gemacht werden, künftig nachgewiesen werden, während andere Wegweisungshindernisse glaubhaft gemacht werden müssen; BBl 2009, Nr. 4, S. 573.

2. Untersuchungsgrundsatz

Der Untersuchungsgrundsatz auferlegt den Asylbehörden die Pflicht, die für das Verfahren erforderlichen Sachverhaltsunterlagen zu beschaffen, die rechtlich relevanten Umstände abzuklären und darüber ordnungsgemäss Beweis zu führen.[2] Dazu gehört, Asylsuchende umfassend und korrekt *anzuhören* (Art. 29 AsylG, Art. 32 VwVG) und alle *Abklärungen* zu treffen, die für eine Feststellung des Sachverhaltes und damit für die Wahrheitsfindung unerlässlich sind. Daraus ergibt sich die allgemeine Pflicht der Behörden, die Menschenrechtssituation und die politische Entwicklung in den jeweiligen Herkunftsländern von Asylsuchenden möglichst umfassend zu dokumentieren und diese Informationen im Einzelfall zu verwenden. Gesetzliche Vermutungen, wie sie im Rahmen von *Nichteintretensgründen* vorkommen (z. B. Herkunft aus einem verfolgungssicheren Staat nach Art. 33 AsylG oder Drittstaatenregeln nach Art. 34 AsylG), schränken den Untersuchungsgrundsatz ein (vgl. Kap. V). Statt einer Anhörung kann im Nichteintretensverfahren in bestimmten Fällen auch nur das rechtliche Gehör gewährt werden (vgl. Art. 36 Abs. 2 AsylG).

Ein Asylgesuch wird *ohne weitere Abklärungen* gestützt auf die Anhörung gutgeheissen, wenn die Flüchtlingseigenschaft nachgewiesen oder glaubhaft gemacht wird und keine Asylausschlussgründe vorliegen (Art. 38 AsylG). Ebenso wird der vorübergehende Schutz gewährt, wenn aufgrund der Anhörung offenkundig ist, dass eine Person zu einer Gruppe Schutzbedürftiger gehört (Art. 39 AsylG).

Sofern zur Feststellung des Sachverhalts notwendig, sind die Behörden über die Anhörung hinaus zu *weiteren Abklärungen* verpflichtet (vgl. Art. 41 AsylG). Gemäss Rechtsprechung besteht eine Notwendigkeit zu weiteren Abklärungen, wenn aufgrund der Vorbringen der asylsuchenden Person und der von ihr eingereichten oder angebotenen Beweismittel Zweifel und Unsicherheiten am Sachverhalt weiter bestehen, die voraussichtlich nur mit Ermittlungen von Amtes wegen beseitigt werden können.[3]

Weitere Abklärungen können sein:

- *Ergänzende Anhörung* (Art. 41 Abs. 1 AsylG): Das Bundesamt kann die asylsuchende Person ergänzend anhören (sog. Zweitbefragung) oder ihr durch die zuständige kantonale Behörde Ergänzungsfragen stellen lassen. Eine Anhörung kann im Beschwerdeverfahren auch das Bundesverwaltungsgericht anordnen (Art. 40 Abs. 2 VGG, vgl. Kap. III, Ziff. 7.4).

---

2 Vgl. EMARK 2004/14.
3 EMARK 1995/23.

- *Botschaftsabklärung* (Art. 41 Abs. 1 AsylG): Es kann notwendig sein, gewisse Abklärungen im Herkunftsland vorzunehmen, was meist durch einen entsprechenden Auftrag an die schweizerische Auslandsvertretung geschieht. Die schweizerische Botschaft wiederum beauftragt mit solchen Abklärungen oft Vertrauensanwälte. Der Bundesrat kann auch mit Drittstaaten und internationalen Organisationen Vereinbarungen über die Zusammenarbeit bei der Ermittlung des Sachverhalts abschliessen, insbesondere zur Abklärung der Fluchtgründe einer asylsuchenden Person im Heimat- oder Herkunftsstaat, ihres Reiseweges und ihres Aufenthalts in einem Drittstaat (Art. 41 Abs. 3 AsylG).
- *Gutachten und Expertisen*: Zur Feststellung des Sachverhaltes kann es auch notwendig sein, Expertengutachten oder -berichte in Auftrag zu geben. Infrage kommen etwa *medizinische Gutachten* zur Abklärung geltend gemachter Folter oder *wissenschaftliche Expertisen* über die Echtheit eines eingereichten Dokumentes. Häufig angeordnet werden sog. *Lingua-Analysen*. Dabei analysieren Expertinnen und Experten des BFM das Sprach- und Sachverhaltswissen von asylsuchenden Personen, um deren mutmassliche Herkunft zu eruieren. Mit der *Knochenaltersanalyse* wird versucht, die Altersangaben einer Person zu überprüfen.
- Auskünfte von *Zeuginnen und Zeugen* oder *Drittpersonen*: Die Asylbehörden können zur Wahrheitsfindung z. B. einen Bericht der Hilfswerksvertretung oder eine Stellungnahme des UNHCR einholen. Eine Stellungnahme des UNHCR hat infolge der grossen Sachkenntnis dieser Organisation und der gesetzlich verankerten Zusammenarbeit (vgl. Art. 113 AsylG und Art. 28 AsylV1) bei der Beurteilung der Glaubhaftmachung der Verfolgung einen erhöhten Stellenwert.[4]

Die Behörden sind nach dem Untersuchungsgrundsatz gehalten, nicht nur nach Elementen zu suchen, die gegen die Asylsuchenden sprechen, sondern auch nach solchen zu ihren Gunsten. Gesuchstellende dürfen durch Aufdecken und Vorlegen von Widersprüchen der Unwahrheit überführt werden, doch haben die Behörden auch alle Hinweise ernst zu nehmen, die zugunsten der Person sprechen. Die Aussage eines Asylsuchenden, er sei gefoltert worden und an seinem Körper seien noch Spuren erkennbar, dürfte zum Beispiel in der Regel nicht einfach bloss deshalb übergangen werden, weil er sich kurz zuvor in einem kapitalen Punkt widersprochen hat.

Im Zusammenhang mit dem Untersuchungsgrundsatz ist auch der *Anspruch auf rechtliches Gehör* zu beachten (Art. 29 Abs. 2 BV, Art. 29–33a VwVG), woraus verschiedene Garantien fliessen:

---

4 Vgl. EMARK 1997/25.

- Die zuständige Behörde hat die Vorbringen der Asylsuchenden *zu hören, sorgfältig und ernsthaft zu prüfen* und in der Entscheidfindung *zu berücksichtigen*, was sich entsprechend in der *Begründung eines Entscheides* niederschlagen muss (vgl. Art. 35 Abs. 1 VwVG). Auch verspätete Vorbringen sind zu berücksichtigen, wenn sie relevant sind (Art. 32 Abs. 2 VwVG). Die Behörde hat die Überlegungen zu nennen, von denen sie sich leiten liess und auf die sich ihr Entscheid stützt. Eine hinreichende Begründung ist die Grundlage für eine sachgerechte Anfechtung der Verfügung durch die Betroffenen und stellt gleichzeitig eine unabdingbare Voraussetzung für die Beurteilung ihrer Rechtmässigkeit durch die Beschwerdeinstanz dar.[5] Die Behörde muss sich nicht ausdrücklich mit jeder Behauptung und jedem rechtlichen Einwand auseinandersetzen, sondern darf sich auf die wesentlichen Gesichtspunkte beschränken.[6] Die Begründungsdichte richtet sich nach dem Verfügungsgegenstand, den Verfahrensumständen und den Interessen des Betroffenen, wobei laut höchstrichterlicher Rechtsprechung bei schwerwiegenden Eingriffen in rechtlich geschützten Interessen – wie bei der Frage der Gewährung von Asyl – eine sorgfältige Begründung verlangt wird.[7] In geeigneten Fällen lässt das Asylgesetz auch eine mündliche Eröffnung mit summarischer Begründung zu, die protokollarisch festzuhalten ist (Art. 13 Abs. 1 AsylG). Eine summarische Begründung reicht auch aus, wenn aufgrund der Anhörung offensichtlich wird, dass Asylsuchende ihre Flüchtlingseigenschaft weder beweisen noch glaubhaft machen können (Art. 40 Abs. 2 AsylG).
- Asylsuchende haben das Recht, zu entscheidrelevanten Tatsachen *Beweise anzubieten* und deren *Abnahme* zu *verlangen* (Art. 33 VwVG).[8] Die Behörden nehmen die Beweise ab, wenn sie für die Feststellung des Sachverhaltes tauglich erscheinen. Ist die Abnahme mit verhältnismässig hohen Kosten verbunden, so kann die Behörde die Abnahme der Beweise von der Leistung eines Kostenvorschusses abhängig machen. Bedürftige Parteien sind von der Vorschusspflicht befreit. Im Asylverfahren spielt insbesondere die Übersetzung von Beweismitteln in eine schweizerische Amtssprache eine Rolle (vgl. dazu Art. 33a VwVG, Art. 8 Abs. 2 AsylG). Die asylsuchende Person hat in einem solchen Fall die Relevanz eines fremdsprachigen Dokumentes darzulegen. Die Übersetzung ist von den Behörden in Auftrag zu geben, wenn sie das Dokument als relevant erachten und die asylsuchende Person bedürftig ist. Die Behörde kann im Sinne einer antizipierten Beweiswürdigung von einer Abnahme angebotener Beweismittel absehen, wenn sie den rechterheblichen Sachverhalt als hinrei-

---

5 EMARK 2004/38.
6 EMARK 1995/5.
7 EMARK 2006/24.
8 Vgl. dazu EMARK 2004/17.

chend erstellt erachtet und nach Treu und Glauben davon ausgehen kann, dass weitere Beweiserhebungen nichts mehr daran ändern können.[9]

- *Recht auf Akteneinsicht* (Art. 26 ff. VwVG). Dieses Recht besteht in der Regel nach Abschluss des Instruktionsverfahrens und vor Erlass einer Verfügung,[10] kann aber eingeschränkt werden zum Beispiel bei überwiegenden öffentlichen Interessen an der Geheimhaltung (Art. 27 ff. VwVG).
- *Recht auf Stellungnahme zum Beweisergebnis*, d. h. zu den Resultaten der Beweismassnahmen, der Zeugenaussagen oder Gutachten (vgl. Art. 12 VwVG).

3. Mitwirkungspflicht

3.1 Inhalt und Umfang der Mitwirkungspflicht

Gemäss Art. 8 AsylG sind Asylsuchende verpflichtet, an der Feststellung des Sachverhalts mitzuwirken. Der Untersuchungsgrundsatz wird insofern begrenzt. Das Gesetz sieht insbesondere folgende Mitwirkungspflichten vor:

- *Offenlegen der Identität* (Art. 8 Abs. 1 lit. a AsylG): Die Asylsuchenden haben wahrheitsgetreue und vollständige Angaben über ihre Identität zu machen. Dazu gehört insbesondere die Bezeichnung des Vor- und Familiennamens, des Geburtsdatums sowie Angaben zur Staatsangehörigkeit.[11] Keine zulässigen Identitätsmerkmale stellen u. E. Angaben über die Ethnie und Zugehörigkeit zu einer bestimmten sozialen Gruppe dar, auch wenn Art. 1a lit. a AsylV1 die Ethnie ausdrücklich als Element der Identität nennt (vgl. Kap. V, Ziff. 2.2.). Die Pflicht zu diesbezüglichen Angaben kann sich allerdings aus der Begründungspflicht für das Asylgesuch ergeben. Asylsuchende haben ihr Alter glaubhaft zu machen.[12] Das Bundesamt darf im Übrigen im EVZ eine daktyloskopische Behandlung vornehmen (Erstellen von Fingerabdruckbogen und Fotografien) und biometrische Daten erheben (Art. 26 Abs. 2 AsylG).
- *Abgabe von Reisepapieren und Identitätsausweisen* (Art. 8 Abs. 1 lit. b AsylG): Vorhandene Reisepapiere und andere Ausweise, die Aufschluss über die Identität geben, sind den Asylbehörden bereits im EVZ oder – sofern sie erst später beschafft werden – umgehend nach Erhalt abzugeben. Eine Verletzung der Mit-

---

9 EMARK 2003/13.

10 EMARK 2001/8.

11 Vgl. zur Staatsangehörigkeit EMARK 2005/8.

12 Vgl. EMARK 2004/30.

wirkungspflicht liegt also insbesondere dann vor, wenn entsprechende Dokumente versteckt oder vernichtet werden. Asylsuchende und ihre mitgeführten Sachen können bei Unterbringung in einem EVZ oder einer Privat- oder Kollektivunterkunft auf Identitätspapiere hin untersucht werden (Art. 9 AsylG).

- *Begründung des Asylgesuchs* (Art. 8 Abs. 1 lit. c AsylG): Asylsuchende haben im Rahmen der Anhörung zu begründen, weshalb sie um Asyl nachsuchen. Die Begründungspflicht besteht dabei im Rahmen der einlässlichen Anhörungen, nicht aber bei der bloss summarischen «Erhebung» der Asylgründe und des Reisewegs in der Empfangsstelle. Eine Verletzung der Mitwirkungspflicht stellt nicht nur die Weigerung dar, auf bestimmte Fragen hin eine Antwort zu geben. Die Mitwirkungspflicht umfasst gemäss Rechtsprechung auch die Pflicht zu vollständigen und wahrheitsgetreuen Angaben über den Sachverhalt. Verletzt ist die Begründungspflicht also auch, wenn bewusst eine für den Entscheid über das Asylgesuch relevante Tatsache (z. B. ein vorangehender Aufenthalt in einem Drittstaat oder eine frühere Einreichung eines Asylgesuchs) verheimlicht oder verschwiegen wird.[13]
- *Beibringen von Beweismitteln* (Art. 8 Abs. 1 lit. d AsylG): Allenfalls vorhandene oder beschaffbare Beweismittel (z. B. Anklageschrift, Gerichtsurteil, Rekrutierungsbefehl, vorhandene Arztberichte, Zeitungsartikel etc.) sind vollständig zu bezeichnen und unverzüglich einzureichen. Eine Verletzung der Mitwirkungspflicht kann auch vorliegen, wenn gefälschte oder verfälschte Beweismittel eingereicht werden. Anwälte und Anwältinnen, die Asylsuchende vertreten, haben Beweismittel vor dem Einreichen auf ihre Echtheit zu prüfen und obliegen diesbezüglich einer Sorgfaltspflicht. Das Einreichen leicht erkennbarer Fälschungen gilt als mutwillige Prozessführung und kann vom Bundesverwaltungsgericht in krassen Fällen mit einem Verweis oder mit einer Busse geahndet werden.[14]
- *Mitwirkung bei der Erhebung biometrischer Daten* (Art. 8 Abs. 1 lit. e AsylG).
- Die Behörden können von Asylsuchenden verlangen, dass sie *fremdsprachige Dokumente* in eine der Amtssprachen übersetzen lassen (Art. 8 Abs. 2 AsylG). In der Praxis werden bei Mittellosigkeit die Dokumente oder zumindest deren relevante Passagen von Amtes wegen übersetzt, was sich auch aus Art. 33 Abs. 2 und Art. 33a Abs. 4 VwVG ergibt.
- Asylsuchende sind weiter verpflichtet, sich während des Verfahrens den eidgenössischen und kantonalen *Behörden zur Verfügung zu halten* und insbesondere allfällige Adressänderungen umgehend anzuzeigen (Art. 8 Abs. 3 AsylG). Nach der Rechtsprechung sind Asylsuchende jedoch nicht verpflichtet, sich jederzeit am zugewiesenen Aufenthaltsort physisch aufzuhalten. Kurze und vorüber-

13 Vgl. EMARK 1995/18, 19.
14 Vgl. EMARK 2001/19, EMARK 2000/8, EMARK 1994/4.

gehende Abwesenheiten begründen keine Verletzung der Mitwirkungspflicht, sofern die Asylsuchenden postalisch erreichbar bleiben. So kann nicht schon durch die blosse Abwesenheit eine Mitwirkungspflichtsverletzung erfolgen. Voraussetzung ist, dass im fraglichen Zeitraum eine konkrete Verfahrenshandlung vorgesehen war, die infolge Abwesenheit der asylsuchenden Person nicht durchgeführt werden konnte.[15] Asylsuchende Personen haben jedoch Vorkehrungen zu treffen, dass sie von allfälligen behördlichen Vorladungen dennoch Kenntnis erhalten. Sie haben insbesondere die Pflicht, sich über den Inhalt eines behördlichen Schreibens in Kenntnis setzen zu lassen und einer *Vorladung zur Anhörung* Folge zu leisten.[16]
- Schliesslich sind asylsuchende Personen verpflichtet, beim Vorliegen einer vollziehbaren (d. h. unter Umständen noch nicht rechtskräftigen) Wegweisungsverfügung bei der Beschaffung gültiger *Reisepapiere* mitzuwirken (Art. 8 Abs. 4 AsylG). Diese Mitwirkung kann beispielsweise darin bestehen, Formulare für Reisepapiere zuhanden der heimatlichen Behörden (bzw. deren Auslandsvertretungen) auszufüllen, an vermittelten Gesprächen mit Vertretern der heimatlichen Behörden teilzunehmen etc.

Selbstverständlich liegt eine Pflichtverletzung nur dann vor, wenn die Mitwirkung der asylsuchenden Person überhaupt *möglich* ist und ihr auch *zugemutet* werden kann.[17] Demnach begeht eine asylsuchende Person beispielsweise *keine Verletzung* der Mitwirkungspflicht, wenn sie:
- anlässlich der Anhörung die im Herkunftsstaat erlittene Folter zunächst verschweigt, und dieses Verhalten auf die erlittene Traumatisierung zurückgeführt werden muss,[18]
- die Zugehörigkeit zu einer bestimmten politischen Gruppierung nicht gleich zu Beginn den Asylbehörden offenbart, da sie um das Schicksal der zurückgebliebenen Angehörigen fürchtet,[19]
- die Teilnahme an einer Anhörung verweigert, die in einer von ihr nicht beherrschten Sprache abgehalten wird.[20] Im konkreten Fall ging es um das Asylverfahren eines türkischen Asylsuchenden kurdischer Ethnie. Die Asylbe-

---

15 Vgl. EMARK 2004/15, EMARK 1994/15.

16 EMARK 2003/22, EMARK 2000/8.

17 Art. 12b des AsylG in der Fassung des Asylverfahrensbeschlusses vom 22. Juni 1990 hielt diesbezüglich noch explizit fest: «Die Mitwirkungspflicht ist nicht verletzt, wenn der Gesuchsteller sie unverschuldet nicht erfüllen konnte.» Eine entsprechende Bestimmung fehlt zwar seit der Revision von 1999, doch war damit keine materielle Änderung der Rechtslage beabsichtigt (vgl. Botschaft 1995, BBl 1996 II, S. 44).

18 Vgl. EMARK 1996/17.

19 Vgl. EMARK 1998/4.

20 EMARK 1993/36.

hörden wollten trotz ungenügenden Türkisch-Kenntnissen des Asylsuchenden die Befragung mit einem bloss türkisch sprechenden Dolmetscher abhalten.

Keines weiteren Kommentars bedürfen Fälle, bei welchen es den asylsuchenden Personen verwehrt ist, an einer Befragung infolge Unfall oder Krankheit teilzunehmen.

In Bezug auf das Asylverfahren von *unbegleiteten Minderjährigen* gilt gemäss Rechtsprechung, dass die Anforderungen an die Erfüllung der Mitwirkungspflicht herabgesetzt sein können, soweit es um die Klarheit und Vollständigkeit der Darlegung der Asylgründe anlässlich der Anhörung geht.[21]

3.2 Folgen der Verletzung der Mitwirkungspflicht

Qualifizierte, schwere Verletzungen der Mitwirkungspflicht können zu einem *Nichteintretensentscheid* (vgl. Kap. V, Ziff. 2.3) führen, so insbesondere, wenn vorhandene Reise- oder Identitätspapiere nicht rechtzeitig abgegeben werden (Art. 32 Abs. 2 lit. a AsylG), die Behörden über die Identität getäuscht werden (Art. 32 Abs. 2 lit. b AsylG) oder wenn die Mitwirkungspflicht schuldhaft auf andere Weise grob verletzt wird (Art. 32 Abs. 2 lit. c AsylG).

Andere Mitwirkungspflichtverletzungen können die *Glaubwürdigkeit* einschränken.[22] Mitwirkungspflichtverletzungen können auch zur Anordnung ausländerrechtlicher *Zwangsmassnahmen* führen, insbesondere zur Anordnung der Ausschaffungs- oder Durchsetzungshaft (siehe Kap. IV, Ziff. 3.4). So kann unter anderem dann Ausschaffungshaft angeordnet werden, wenn eine asylsuchende Person versucht, sich durch Untertauchen der angeordneten Wegweisung zu entziehen, statt sich den Behörden zur Verfügung zu halten. Schliesslich können der einmal erteilte Asylstatus (Art. 63 Abs. 1 lit. a AsylG), der Schutzbedürftigenstatus (Art. 78 Abs. 1 lit. a AsylG) und die vorläufige Aufnahme (Art. 62 lit. a AuG) widerrufen werden, wenn später festgestellt wird, dass Falschangaben zu wesentlichen Tatsachen gemacht, Umstände verschwiegen oder Dokumente vorenthalten wurden.

---

21 EMARK 1999/2.
22 EMARK 1995/18.

4. Nachweis der Flüchtlingseigenschaft

Die Flüchtlingseigenschaft ist nachgewiesen, wenn die entscheidende Behörde «völlige Sicherheit vom Vorliegen der Tatsache erlangt» hat.[23] Flüchtlinge befinden sich jedoch oft in einem *Beweisnotstand*: Sie berufen sich auf Vorkommnisse, welche sich in der Regel im Ausland ereignet haben, was sowohl für die Asylbehörden wie die Asylsuchenden eine Schwierigkeit darstellt. Oft handelt es sich um Ereignisse, die den Gesetzen des Herkunftsstaates widersprechen und kaum dokumentierbar sind: Wenn Oppositionelle oder Verdächtigte wiederholt in Polizeihaft genommen werden, ohne dass die gesetzlich zulässige Dauer überschritten wird oder wenn Sicherheitskräfte widerrechtlich die zulässige Dauer der Polizeihaft überschreiten, wird das von den Betroffenen später im Asylverfahren kaum – jedenfalls nicht mittels Dokumenten – zu beweisen sein. «Illegale» Übergriffe und «informelle» Verfolgung durch Sicherheitskräfte sind jedoch gerade für Länder mit schlechten Menschenrechtsbedingungen typisch und häufig. Der strikte Beweis kann deshalb nur verlangt werden, wenn dies den Asylsuchenden *zumutbar und möglich* ist, was aufgrund der Umstände des Einzelfalles auf dem Hintergrund der länderspezifischen Situation zu beurteilen ist.[24] Als zumutbar gilt der Beweis etwa mit Dokumenten, welche Asylsuchende mit sich führen oder im Heimatstaat ohne Gefahr beschaffen können. Unzumutbar ist die Beschaffung von Beweisen zum Beispiel, wenn dadurch Angehörige im Herkunftsstaat gefährdet würden.[25]

Das Verwaltungsverfahrensgesetz (Art. 12 VwVG) nennt als Beweismittel:

- *Urkunden* (z. B. ein Haftbefehl, eine Anklageschrift, ein Gerichtsurteil),
- *Auskünfte der Parteien* (z. B. das Ergebnis der Anhörung durch die Asylbehörden),
- *Auskünfte von Zeugen oder Drittpersonen* (z. B. Auskunft der Rechtsanwaltschaft im Herkunftsland, fallbezogene Stellungnahmen und Auskünfte von Menschenrechtsorganisationen und internationalen Organisationen wie Amnesty International, UNHCR etc.),
- *Augenschein* und
- *Gutachten von Sachverständigen* (z. B. ein gerichtsmedizinisches Gutachten). Vom BFM oder vom Bundesverwaltungsgericht eingeholte Gutachten haben besonderen formellen Anforderungen zu genügen (vgl. Art. 57–61 Bundesgesetz über den Bundeszivilprozess i. V. m. Art. 19 VwVG), die teilweise durch das AsylG eingeschränkt werden. So haben Asylsuchende nach Art. 11 AsylG kein

---

23 Siehe Achermann, A.; Hausamman, Ch., Handuch des Asylrechts, Bern/Stuttgart, 1991, S. 136.

24 Vgl. Werenfels, S., Der Begriff des Flüchtlings im schweizerischen Asylrecht, Frankfurt/New York/Paris, 1987, S. 133 f.

25 Vgl. BFM (Hrsg.), Handbuch des Asylverfahrens, Stand Dezember 2008, Kapitel E, 1, S. 2.

Recht, zur Beweisanordnung vorgängig Stellung zu nehmen. Sie haben aber das Recht, nachträglich zum Gutachten Stellung zu nehmen sowie dessen Erläuterung oder Ergänzung oder eine neue Begutachtung zu beantragen.[26]

Im Asylverfahren spielen *ärztliche Berichte und Gutachten* eine besondere Rolle, die Aussagen zu den erlittenen Folterungen oder Misshandlungen von Asylsuchenden enthalten. Ein förmliches medizinisches Gutachten besteht in der Regel aus der Materialsammlung (Anamnese, ärztliche Befunde, Spezialuntersuchungen usw.) und einem zweiten Teil mit einer Diskussion und Zusammenfassung der Ergebnisse der Materialsammlung und der daraus resultierenden Schlüsse.[27] Gutachten und Expertisen können von Amtes wegen in Auftrag gegeben werden (z. B. «Gerichtsgutachten») oder von den Asylsuchenden beigebracht werden («Privatgutachten»).

Zur Beurteilung des *Beweiswertes von medizinischen Gutachten* sind aber grundsätzlich weder der Auftraggeber (Behörde oder Partei) noch die Bezeichnung als Bericht oder Expertise sondern ihre Qualität und Aussagekraft massgeblich. Einem «Privatgutachten kommt grundsätzlich durchaus gleicher Beweiswert wie einem gerichtlichen Gutachten zu».[28] Entscheidend ist, «ob der Bericht für die streitigen Belange umfassend ist, auf allseitigen Untersuchungen beruht, in Kenntnis der Vorakten (Anamnese) abgegeben worden ist, in der Darlegung der medizinischen Zusammenhänge und in der Beurteilung der medizinischen Situation einleuchtet und ob die Schlussfolgerungen des Experten begründet sind».[29] Mangelhaft sind (Privat-)Gutachten namentlich, wenn sie summarisch abgefasst sind, sich einzig auf die Aussagen der asylsuchenden Person stützen, die Unabhängigkeit vermissen lassen (was z. B. in Empfehlungen hinsichtlich der Asylgewährung zum Ausdruck kommen kann), widersprüchlich erscheinen oder nicht nachvollziehbar begründet sind.[30] Der Beweiswert eines ärztlichen Berichts kann aber nur verneint werden, «wenn konkrete Indizien vorliegen, welche geeignet sind, die Zuverlässigkeit eines Berichts in Zweifel zu ziehen».[31]

Ärztliche Zeugnisse sind weniger ausführlich als Gutachten. Sie können ebenso wie mangelhafte Privatgutachten unter Umständen Anlass zu weiteren Abklärungen von Amtes wegen, z. B. einer fachärztlichen Begutachtung, geben.

Lingua-Analysen des BFM sind gemäss Rechtsprechung keine Gutachten im Sinne des VwVG, können aber bei Einhaltung gewisser Minimalanforderungen zur

26 EMARK 2004/31 mit Verweis auf EMARK 1998/34.
27 Vgl. EMARK 2004/31.
28 BVGE 2007/31.
29 EMARK 2004/31, S. 223.
30 EMARK 1995/5, 1999/6.
31 Vgl. EMARK 2002/18.

Gewährleistung der Zuverlässigkeit, Objektivität und Neutralität einen erhöhten Beweiswert haben.[32]

Knochenaltersanalysen zur Altersbestimmung gelten ebenfalls nicht als Gutachten, sondern als schriftliche Auskünfte. Sofern sie schlüssig erscheinen, nachvollziehbar begründet sowie in sich widerspruchsfrei sind und keine Indizien gegen ihre Zuverlässigkeit bestehen, kommt ihnen ein erhöhter Beweiswert zu.[33]

Das Asylgesetz kennt spezifische *Fristen* für das Beibringen von Beweismitteln (Art. 110 Abs. 2 AsylG): Sieben Tage für Beweismittel aus dem Inland, 30 Tage für Beweismittel aus dem Ausland und für Gutachten. Nach Art. 32 Abs. 2 VwVG können verspätete Parteivorbringen berücksichtigt werden, wenn sie ausschlaggebend erscheinen.

5. Glaubhaftmachen der Flüchtlingseigenschaft

5.1 Begriff

Das Asylgesetz trägt den bereits geschilderten Beweisschwierigkeiten von Flüchtlingen Rechnung (vgl. Ziff. 4) und lässt es genügen, wenn die Flüchtlingseigenschaft «[...] zumindest glaubhaft» gemacht wird. Gemäss Art. 7 Abs. 2 AsylG ist dies dann der Fall, «wenn die Behörde ihr Vorhandensein mit überwiegender Wahrscheinlichkeit für gegeben hält».

Die Rechtsprechung umschreibt den Begriff des Glaubhaftmachens wie folgt:

> «Grundsätzlich sind die Vorbringen eines Gesuchstellers dann glaubhaft, wenn sie genügend substanziiert, in sich schlüssig und plausibel sind; sie dürfen sich nicht in vagen Schilderungen erschöpfen, in wesentlichen Punkten nicht widersprüchlich sein oder der inneren Logik entbehren und auch nicht den Tatsachen oder der allgemeinen Erfahrung widersprechen. Darüber hinaus muss der Gesuchsteller persönlich glaubwürdig erscheinen, was insbesondere dann nicht der Fall ist, wenn er seine Vorbringen auf gefälschte oder verfälschte Beweismittel abstützt, aber auch dann, wenn er wichtige Tatsachen unterdrückt

---

32 Vgl. EMARK 1998/34, EMARK 2003/14.

33 Vgl. EMARK 2004/31. Vgl. Gattiker, M., Rechtliche Probleme der Altersbestimmung bei minderjährigen Asylsuchenden, ASYL, 2000/1, S. 16 ff.

> oder bewusst falsch darstellt, im Laufe des Verfahrens Vorbringen auswechselt, steigert oder unbegründet nachschiebt, mangelndes Interesse am Verfahren zeigt oder die nötige Mitwirkung verweigert. Glaubhaftmachung bedeutet ferner – im Gegensatz zum strikten Beweis – ein reduziertes Beweismass und lässt durchaus Raum für gewisse Einwände und Zweifel an den Vorbringen des Gesuchstellers. Entscheidend ist, ob die Gründe, die für die Richtigkeit der Sachverhaltsdarstellung des Gesuchstellers sprechen, überwiegen oder nicht. Dabei ist auf eine objektivierte Sichtweise abzustellen [...]».[34]

Die Asylbehörden haben daher im Rahmen der Entscheidfindung im konkreten Fall zunächst eine *Auslegeordnung* aller Elemente zu machen, die für das Ergebnis relevant sein können. Die einzelnen Elemente sind dabei zu *gewichten*: Ein wesentlicher Widerspruch bezüglich der zentralen Verfolgungsvorbringen hat dabei in der Regel mehr Gewicht als eine Ungereimtheit bezüglich der Fluchtroute. Schliesslich hat die Asylbehörde eine *Abwägung aller Elemente* und eine Gesamtwürdigung vorzunehmen. Die Flüchtlingseigenschaft ist glaubhaft gemacht, wenn die für die asylsuchende Person sprechenden Punkte klar überwiegen, ohne dass dabei alle Zweifel restlos ausgeräumt sein müssen. Art. 7 Abs. 2 AsylG spricht denn auch von einer «überwiegenden Wahrscheinlichkeit».

Laut Rechtsprechung gilt:

> «Bei der Beurteilung der Glaubhaftmachung geht es um eine Gesamtbeurteilung aller Elemente (Übereinstimmung bezüglich des wesentlichen Sachverhaltes, Substantiiertheit und Plausibilität der Angaben, persönliche Glaubwürdigkeit etc.), die für oder gegen den Gesuchsteller sprechen. Glaubhaft ist eine Sachverhaltsdarstellung nur, wenn die positiven Punkte überwiegen. Für die Glaubhaftmachung reicht es demnach nicht aus, wenn der Inhalt der Vorbringen zwar möglich ist, aber in Würdigung der gesamten Aspekte wesentliche oder überwiegende Umstände gegen die vorgebrachte Sachverhaltsdarstellung sprechen.»[35]

Bei der Beurteilung des Glaubhaftmachens verbietet sich insbesondere ein allzu schematisches Vorgehen wie zum Beispiel, vom Vorhandensein eines Widerspruchs in den Aussagen auf generelle Unglaubwürdigkeit zu schliessen, ohne eine Gesamtsicht aller Fakten und Elemente vorzunehmen.[36]

---

34 EMARK 2004/1, E. 5a.
35 EMARK 1996/28.
36 EMARK 1993/6.

5.2 Kriterien des Glaubhaftmachens

Das Gesetz enthält in Art. 7 Abs. 3 AsylG eine nicht abschliessende Aufzählung von Kriterien, wann Vorbringen als «unglaubhaft» einzustufen sind. Gemäss dieser Bestimmung sind dies Vorbringen «insbesondere» dann, wenn sie «in wesentlichen Punkten zu wenig begründet oder in sich widersprüchlich sind, den Tatsachen nicht entsprechen oder massgeblich auf gefälschte oder verfälschte Beweismittel» abgestützt werden. Gemäss Rechtsprechung ist die «wahrheitsgemässe Schilderung einer tatsächlichen Verfolgung gekennzeichnet durch Korrektheit, Originalität, hinreichende Präzision und innere Übereinstimmung».[37]

Mit Kälin lassen sich die Grundanforderungen an das Glaubhaftmachen wie folgt zusammenfassen[38]:

- *Substantiiertheit der Angaben*: Die Angaben der Asylsuchenden, z. B. bezüglich der Beschreibung eines Gefängnisses, müssen soweit möglich detailliert und präzise sein. Dagegen sind Angaben dann unsubstantiiert und die Glaubwürdigkeit wird beeinträchtigt, wenn die Schilderungen vage sind oder sich auf blosse Gemeinplätze beschränken. Art. 7 Abs. 3 AsylG spricht von Vorbringen, die in wesentlichen Punkten «zu wenig begründet» sind und meint damit die *Begründungsdichte* der Aussagen.[39]
- *Schlüssigkeit der Angaben*: Die Vorbringen des Asylsuchenden müssen in sich schlüssig sein, was insbesondere bedeutet, dass sie bezüglich des wesentlichen Sachverhalts keine Widersprüche enthalten. Aussagen, die anlässlich derselben oder verschiedener Anhörungen gemacht werden, müssen daher grundsätzlich übereinstimmen.
    - Widersprüche sind jedoch nur dann der Glaubwürdigkeit abträglich, wenn sie wesentliche Punkte der Asylbegründung betreffen.[40] Widersprüche in marginalen Punkten der Asylbegründung sind nicht entscheidend.[41] Gravierend sind insbesondere abweichende Darstellungen bezüglich Zeitpunkt, Umfang und Ursache der geltend gemachten Verfolgung, weniger gewichtig dürften in der Regel Ungereimtheiten bezüglich Reiseweg, Umstände der Flucht etc. sein. So galt laut Rechtsprechung ein Widerspruch eines Asylsuchenden, der bei den Befragungen einen früheren Aufenthalt in einem

---

37 EMARK 1996/28.

38 Vgl. Kälin, W., Grundriss des Asylverfahrens, Basel/Frankfurt, 1990, S. 302 ff.

39 Im Wortlaut des alten Rechts (Art. 12a a AsylG) fand sich der Begriff «zu wenig substantiiert», was dem Sinn der Bestimmung besser entsprach.

40 EMARK 1993/6.

41 EMARK 2004/1.

Drittstaat einmal ins Jahr 1985 und einmal ins Jahr 1987 gelegt hat, als «nicht wesentlich».[42]

Nur mit Zurückhaltung zum Vergleich herangezogen werden dürfen die in der im Rahmen der summarischen Befragung in der *Empfangsstelle* gemachten Aussagen, da diese nicht die Abklärung der Flüchtlingseigenschaft bezweckt. Die ARK hat diesbezüglich in einem frühen Grundsatzentscheid festgehalten, dass Widersprüche, die zwischen Befragungen bei der Empfangsstelle und beim Kanton oder Bund entstanden sind, nur dann für die Beurteilung der Glaubwürdigkeit herangezogen werden dürfen, wenn klare Aussagen diametral voneinander abweichen oder wenn bestimmte Ereignisse oder Befürchtungen, die später als zentrale Asylgründe genannt werden, nicht bereits in der Empfangsstelle zumindest ansatzweise erwähnt werden. Keine entscheidrelevante Bedeutung haben in der Empfangsstellenbefragung gemachte Aussagen, welche sich im Vergleich zu späteren Vorbringen als blosse Unvollständigkeiten und unwesentliche Abweichungen erweisen.[43]

- Nachteilig wirkt sich in der Regel aus, wenn die asylsuchende Person den Sachverhalt im Verlauf des Asylverfahrens «aufbläht» und *gewichtige Ereignisse nachschiebt*, z. B. eine erlittene längere Inhaftierung oder Folterung erst im Rahmen einer zweiten Befragung oder auf Beschwerdestufe erwähnt. Allerdings kann ein solches Verhalten unter Umständen nachvollziehbar erklärt werden, was von der Praxis anerkannt wird. So kann die Furcht, dass zurückgebliebene Angehörige durch Aussagen im Asylverfahren gefährdet werden, Anlass für eine anfängliche Zurückhaltung sein.[44] Entschuldbar können entsprechende Verhaltensweisen auch bei *Folteropfern* – insbesondere bei erlittener sexueller Gewalt – sein, wenn vorhandene Schamgefühle, psychologisch begründete Verdrängungsprozesse oder eine *posttraumatische Belastungsstörung* (PTBS) eine anfängliche Aussage verunmöglichen.[45]

- *Plausibilität der Angaben*: Die Aussagen des Asylsuchenden müssen sich mit den bekannten Fakten vereinbaren lassen und mit der allgemeinen Erfahrung übereinstimmen. Die Überprüfung der «Faktentreue» von Aussagen setzt von den Behörden genaue Länderkenntnisse voraus. Das BFM betreibt zusammen mit dem Bundesverwaltungsgericht automatisierte Informations- und Dokumentationssysteme, in welchen Presseerzeugnisse, Berichte von Menschenrechtsorganisationen, Länderexpertisen etc. ausgewertet werden (vgl. Art. 102

---

42 EMARK 1993/6.

43 EMARK 1993/3, Grundsatzentscheid.

44 Vgl. EMARK 1998/4.

45 Vgl. EMARK 2005/21, EMARK 2003/17, EMARK 2002/13, EMARK 1996/18, EMARK 1996/16.

AsylG). Diese Dokumentationen erlauben eine Überprüfung der Plausibilität von Aussagen, wobei Informationslücken nie auszuschliessen sind.[46]

- *Persönliche Glaubwürdigkeit:* Asylsuchende müssen persönlich glaubwürdig erscheinen. Diesem Eindruck abträglich ist, wenn die Aussagen auf gefälschte Beweismittel abgestützt werden, wenn wichtige Tatsachen bewusst verschwiegen oder falsch dargestellt oder erst in einem späteren Zeitpunkt des Verfahrens den Behörden zur Kenntnis gebracht werden, oder die notwendige und zumutbare Mitwirkung verweigert wird (zur Mitwirkungspflicht vgl. Ziff. 3.1). Demgegenüber hat die ARK in einem konkreten Fall einem Asylsuchenden zugutegehalten, dass «der Eindruck einer überwiegenden Wahrscheinlichkeit seines Asylvorbringens [...] durch sein glaubwürdiges Auftreten bei den Anhörungen und insbesondere seine Mitwirkungsbereitschaft bestätigt» wird.[47]

5.3 Spezifische Schwierigkeiten des Glaubhaftmachens

Die Anwendung der Kriterien bei der Beurteilung der Glaubwürdigkeit von Aussagen wird erschwert durch spezifische, für das Asylverfahren typische Gegebenheiten. Folgende Faktoren können den Prozess der Wahrheitsfindung beeinträchtigen, wenn ihnen nicht hinreichend Rechnung getragen wird:

- *Sozio-kulturelle Faktoren* beeinflussen die Kommunikation erheblich. Im Asylverfahren stehen sich oft Menschen gegenüber, die einen völlig verschiedenen Hintergrund bezüglich Sprache, Ausbildung, Geschlecht, Alter, Sozialisierung usw. aufweisen. Der unbegleitete Minderjährige aus Eritrea wird sich bei der Schilderung seiner Erlebnisse anders ausdrücken als die kolumbianische Staatsanwältin. Der unterschiedliche sozio-kulturelle Hintergrund der Verfahrensbeteiligten muss berücksichtigt werden, um *Missverständnisse und Fehlinterpretationen* zu vermeiden.
- *Übersetzungsprobleme:* Bei fast jeder Befragung ist der Beizug eines Dolmetschers oder einer Dolmetscherin notwendig. Die Übersetzung kann Ursache von Missverständnissen und Widersprüchen sein. Asylsuchenden, die sich bei

---

46 Dies belegt der folgende Fall: Ein Asylsuchender hatte geltend gemacht, er sei gefoltert worden, indem man ihm u. a. einen mit Petrol gefüllten Plastiksack über den Kopf gestülpt und diesen dann am Hals zusammengebunden habe. Das damalige BFF hielt in seinem Entscheid diese Foltermethode für abwegig, «da es kaum möglich ist und auch keinen Sinn macht, einen mit Flüssigkeit gefüllten Beutel über den Kopf zu ziehen und dann zusammen zu binden, weil die Flüssigkeit so in jedem Fall sofort auslaufen würde». Die vom BFF in Zweifel gezogene und angeblich der «allgemeinen Erfahrung widersprechende» Foltermethode wird jedoch in einem UNHCR-Hintergrundbericht zum betreffenden Land (Sri Lanka) ausdrücklich erwähnt. Vgl. zu diesem Fall Schertenleib, J., Die neuen Nichteintretensgründe, ASYL, 1999/3, S. 9.

47 EMARK 1996/27.

Ungereimtheiten zwischen verschiedenen Aussagen auf Übersetzungsprobleme berufen, wird in den Entscheidungen und Urteilen vielfach entgegengehalten, durch ihre Unterschrift unter das Protokoll die Korrektheit der Befragung und erfolgten Rückübersetzung bestätigt zu haben. Asylsuchende sind aber in aller Regel gerade nicht in der Lage, die Richtigkeit der Übersetzung zu überprüfen, da dies eine genaue Kenntnis der Amtssprache voraussetzt.

- *Auswirkungen von posttraumatischen Belastungsstörungen*: Folter- und andere Gewaltopfer haben oft besonders Mühe, über ihre Erlebnisse zu sprechen, da Verdrängungsprozesse eintreten; dies gilt insbesondere auch für vergewaltigte Frauen. Dabei kann der sozio-kulturelle Hintergrund eine zusätzliche Rolle spielen: In der traditionellen hinduistischen Gesellschaft beispielsweise werden vergewaltigte Frauen aus ihren gesellschaftlichen und familiären Beziehungsnetzen ausgestossen. Es ist daher denkbar, dass eine Tamilin aus Sri Lanka aus diesem Grund eine erlittene Vergewaltigung verschweigt. «Der Umstand, dass eine Vergewaltigung erst im Stadium eines ausserordentlichen Verfahrens vorgebracht wird, kann durch die Gefühle von Schuld und Scham sowie die vom Opfer entwickelten Selbstschutz-Mechanismen erklärt werden.»[48] Es handelt sich in solchen Fällen um eine unverschuldete Verletzung der Mitwirkungspflicht. Die Bedeutung geschlechtsspezifischer Verfolgung für die Beurteilung der Glaubwürdigkeit ist allgemein anerkannt.[49]

---

48 EMARK 2003/17, vgl. auch EMARK 2005/21 zur posttraumatischen Belastungsstörung und EMARK 2004/1 bei erlittener Folter. Vgl. zum Thema geschlechtsspezifische Verfolgung auch BFM, Stellung der Frau in der Asylpolitik, Würdigung frauen- bzw. geschlechtsspezifischer Aspekte im Asylverfahren, Bericht vom August 2005 als Antwort auf das Postulat Menétrey-Savary (00.3659).

49 BFM, a. a. O., S. 14.

Literaturhinweise

Achermann, Alberto; Hausammann, Christina: Handbuch des Asylrechts, Bern/Stuttgart, 1991.

Auer, Christoph et al. (Hrsg.): Kommentar zum Bundesgesetz über das Verwaltungsverfahren (VwVG), Zürich/St. Gallen, 2008.

BFM, Stellung der Frau in der Asylpolitik, Würdigung frauen- bzw. geschlechtsspezifischer Aspekte im Asylverfahren, Bericht vom August 2005 als Antwort auf das Postulat Menétrey-Savary (00.3659).

Cotting-Schalch, Claudia: La pratique de la CRA relative à l'appréciation de documents médicaux, ASYL, 2002/3, S. 16 ff.

Ebner, Gerhard et al.: Psychiatrische Arztzeugnisse und Gutachten im Asylverfahren, in: Ebner, Gerhard et al. (Hrsg.): Psychiatrie und Recht, Zürich, 2005, S. 359 ff.

Gattiker, Mario: Rechtliche Probleme der Altersbestimmung bei minderjährigen Asylsuchenden, ASYL, 2000/1, S. 16 ff.

Gierlichs, Hans Wolfgang et al.: Grenzen und Möglichkeiten klinischer Gutachten im Ausländerrecht, ZAR, 2005/5, S. 158 ff.

Kälin, Walter: Grundriss des Asylverfahrens, Basel/Frankfurt, 1990.

Kälin, Walter: Troubled Communication: Cross-Cultural Misunderstandings in the Asylum Hearing, International Migration Review, 20/1986, No. 2, S. 230 ff.

Kieser, Ueli: Die Würdigung von Gutachten – Hinweise und Einsichten aus sozialversicherungsrechtlicher Sicht, ASYL, 2002/3, S. 11.

Kuhn, Hanspeter; Steiner-König, Ursula: Ärztliche Berichte und Gutachten im Asylbereich – ausgewählte Aspekte aus Sicht der FMH, ASYL, 2002/3, S. 3 ff.; Schweizerische Ärztezeitschrift 2002, 83 Nr. 36.

Meyer, Liliane: Sprachanalysen zur Herkunftsbestimmung im Asyl- und Ausländerbereich: ein neues Gebiet der forensischen Linguistik, Kriminalistik 2006/11, S. 708 ff.

Rauchfleisch, Udo: Die Folter und ihre Folgen, ASYL, 1995, S. 8 ff.

Subilia, Laurent: Rapport médical et requête d'asile, Expertise médicale, 2005/2, S. 145-161.

Uebersax, Peter et al. (Hrsg.): Ausländerrecht, Eine umfassende Darstellung der Rechtsstellung von Ausländerinnen und Ausländern in der Schweiz von A(syl) bis Z(ivilrecht), Basel/Genf/München, 2009.

UNHCR, Handbuch über Verfahren und Kriterien zur Feststellung der Flüchtlingseigenschaft, Genf, September 1979.

Wicker, Hans-Rudolf: Vom Sinn und Unsinn ethnologischer Gerichtsgutachten, ASYL, 1996/4, S. 118 ff.

VII Flüchtlingsbegriff

1. Übersicht

Gemäss Art. 3 AsylG sind Flüchtlinge Personen, die in ihrem Heimatstaat oder im Land, in dem sie zuletzt wohnten, wegen ihrer Rasse, Religion, Nationalität, Zugehörigkeit zu einer bestimmten sozialen Gruppe oder wegen ihrer politischen Anschauungen ernsthaften Nachteilen ausgesetzt sind oder begründete Furcht vor derartigen Nachteilen haben. Als ernsthafte Nachteile gelten namentlich die Gefährdung von Leib, Leben oder Freiheit sowie Massnahmen, die einen unerträglichen psychischen Druck bewirken. Den frauenspezifischen Fluchtgründen ist dabei Rechnung zu tragen.

Der Flüchtlingsbegriff des Asylgesetzes entspricht demjenigen der Genfer Flüchtlingskonvention von 1951. Gemäss Art. 1 A GFK findet der Ausdruck «Flüchtling» Anwendung auf jede Person, die sich «[...] aus begründeter Furcht vor Verfolgung wegen ihrer Rasse, Religion, Nationalität, Zugehörigkeit zu einer bestimmten sozialen Gruppe oder wegen ihrer politischen Überzeugung ausserhalb ihres Heimatlandes befindet und dessen Schutz nicht beanspruchen kann oder wegen dieser Befürchtungen nicht beanspruchen will». Der Flüchtlingsbegriff steht im Zentrum der Prüfung des Asylgesuchs und besteht aus einzelnen Elementen und Teilelementen. Flüchtling im Sinne des Gesetzes ist nur, wenn die Voraussetzungen all dieser Elemente kumulativ erfüllt sind. Die Anerkennung als Flüchtling hat aber nur feststellenden und nicht konstitutiven Charakter, d. h. Flüchtling wird man nicht durch den Entscheid der Behörden, sondern eine Person ist Flüchtling, weil sie die Elemente des Flüchtlingsbegriffs erfüllt.

Dem Flüchtlingsbegriff der GFK lassen sich zunächst die Elemente *Verlassen des Heimatstaates, Bruch der Beziehung zum Heimatstaat* und *Verfolgung* entnehmen.

Der Begriff *Verfolgung* umfasst gemäss Lehre[1] und Rechtsprechung[2] folgende Teilelemente:

- Intensität der Verfolgung,
- Gezieltheit der Verfolgung,
- Verfolgungsmotive,
- Aktualität der erlittenen Verfolgung bzw. begründete Furcht vor Verfolgung,
- Fehlen einer inländischen Fluchtalternative.

Lange Zeit umfasste es – zumindest in der Schweizer Praxis – auch das Element der Staatlichkeit der Verfolgung. Im Folgenden wird auf die einzelnen Voraussetzungen näher eingegangen.

2. Verlassen des Heimatstaates

Wie aus der Definition der Flüchtlingskonvention hervorgeht, halten sich «Flüchtlinge» definitionsgemäss ausserhalb des Landes ihrer Staatsangehörigkeit auf. Staatenlose erfüllen dann das Erfordernis der Flucht, wenn sie sich ausserhalb des Landes befinden, in welchem sie gewöhnlich ihren Aufenthalt hatten. Wer sich noch in seinem Heimatstaat befindet, kann daher nicht «Flüchtling» sein, auch wenn die betroffene Person in asylrelevanter Weise verfolgt wird. Der völkerrechtliche Flüchtlingsschutz kann seine Wirkung nämlich nur entfalten, wenn die staatliche Souveränität des Verfolgerstaates dem nicht mehr entgegensteht. Aus diesem Grund ist eine direkte Asylgewährung an Personen, die in ihrem Heimatland auf der schweizerischen Botschaft ein Asylgesuch stellen, selbst bei einer unmittelbaren Gefährdungssituation nicht möglich.[3] Bei der Einreichung des Asylgesuchs aus dem Ausland wird daher bloss über die Erteilung einer Einreisebewilligung entschieden (vgl. Kap. III, Ziff. 2.2).

---

1 Kälin, W., Grundriss des Asylverfahrens, Basel/Frankfurt, 1990, S. 38 ff.
2 EMARK 1995/2.
3 EMARK 1997/15.

3. Bruch der Beziehungen zum Heimatstaat

Flüchtling ist nur, wer den Schutz seines Heimatsstaates nicht in Anspruch nehmen kann oder nicht in Anspruch nehmen will. Es versteht sich einerseits von selbst, dass diese Voraussetzung immer dann gegeben ist, wenn politische Verfolgung vom Heimat- oder Herkunftsstaat ausgeht. Andererseits erfüllt die Flüchtlingseigenschaft nur, wer selber und dauerhaft keinerlei Beziehungen mit dem angeblichen Verfolgerstaat aufrechterhält. Das Element «Bruch der Beziehungen» spielt namentlich auch bei der Beurteilung der Voraussetzungen des Widerrufs des Asyls eine wichtige Rolle. Ein Grund für die Beendigung des Asyls liegt vor, wenn der Flüchtling freiwillig wieder den Schutz des Heimatstaats in Anspruch nimmt, in dem er zu den Behörden des Herkunftsstaates enge Kontakte unterhält, regelmässige Reisen ins Herkunftsland unternimmt usw. (zu den einzelnen Beendigungsgründen des Asyls und dem Widerrufsgrund der Inanspruchnahme des Schutzes durch den Heimatstaat siehe Kap. XI, Ziff. 1.3).

4. Verfolgung

4.1 Intensität der Verfolgung

4.1.1 «Ernsthafte Nachteile» im Allgemeinen

Die Nachteile, die den Gesuchstellenden im Herkunftsland zugefügt werden oder drohen, müssen «ernsthaft» sein. Die Verfolgungsmassnahmen sind von einer derartigen *Intensität*, dass ein Verbleiben im Land oder eine Rückkehr in den Verfolgerstaat nicht zumutbar ist.

Im Vordergrund steht die Gefährdung der elementaren Güter Recht auf *Leben*, Recht auf *körperliche Unversehrtheit* und persönliche *Freiheit*. Es besteht eine Beziehung zwischen der Schwere der Grundrechtsverletzung und der Dauer des Eingriffes in das betroffene Rechtsgut. So sind Folter als lebensgefährdende Massnahme oder direkte Angriffe auf das Leben (Schüsse, Todesstrafe, Verweigerung der medizinischen Hilfe, Verdurstenlassen etc.) immer asylrelevant. Ein Freiheitsentzug hat demgegenüber von einer gewissen Dauer zu sein, um asylbeachtliche Intensität zu erlangen. Ausserdem sind in jedem Einzelfall die konkreten Umstände des Freiheitsentzuges zu berücksichtigen, wie z. B. die Haftbedingungen oder die generelle Beachtung der Menschenrechte durch die Sicherheitskräfte. In der Praxis wurde beispielsweise die Vertreibung nicht arabischer Ethnien im Rahmen der «Arabisierungspolitik» der irakischen Regierung unter Saddam Hussein als nicht intensiv genug im Sinne von Art. 3 AsylG beurteilt.[4] Auch die allgemeine Diskriminierung ethnischer Minderheiten, insbesondere von Tschetschenen in den Jahren 2003/2004, hat die Asylrekurskommission mangels der für die Asylgewährung erforderlichen Intensität nicht als asylrelevante (Kollektiv-)Verfolgung qualifiziert.[5]

Unerträglicher psychischer Druck im Sinne von Art. 3 Abs. 2 AsylG liegt vor, wenn Asylsuchende staatliche Massnahmen erdulden oder befürchten mussten, die objektiv ein Verbleiben im Land unter *menschenwürdigen Umständen* verunmöglichen.[6] Es geht hier nicht um Eingriffe in die Rechtsgüter Leib, Leben und Freiheit sondern um schwere Eingriffe in andere hochwertige Rechtsgüter, wie die Grundrechte der Meinungsäusserungsfreiheit, der Pressefreiheit, Versammlungsfreiheit oder die Religions- und Gewissensfreiheit, zum anderen auch um *wiederholte* Eingriffe in die persönliche Freiheit und körperliche Unversehrtheit, die für sich allein die Intensität nicht erreichen. Bei wirtschaftlichen Nachteilen (z. B. politisch motivierter Arbeitsplatzverlust) muss den Betroffenen gemäss Praxis die Existenzgrundlage gänzlich entzogen sein, um ein menschenwürdiges Leben zu verunmöglichen: So wurde das Asylgesuch eines entlassenen albanischen Lehrers aus dem Kosovo abgelehnt, weil nicht deutlich gemacht wurde, dass er keiner anderen Beschäftigung hätte nachgehen können.[7] Die Anforderungen an Massnahmen, die einen unerträglichen psychischen Druck erzeugen, sind gemäss Rechtsprechung der ARK grundsätzlich hoch. Ausgangspunkt, um einen unerträglichen psychischen Druck bejahen zu können, stellen in der Regel konkrete Eingriffe dar, die effektiv stattgefunden haben. Die Verfolgungsmassnahmen müssen in einer objektivierten Betrachtung zudem als derart intensiv erscheinen, dass der betroffenen Person ein weiterer Verbleib in ihrem Heimatstaat objektiv nicht mehr zugemutet werden kann. Ausschlaggebend ist mit anderen Worten nicht, wie die betroffene Person die Situation subjektiv erlebt hat, sondern ob aufgrund der tatsächlichen Situation für Aussenstehende nachvollziehbar ist, dass der psychische Druck unerträglich geworden ist.[8] Als Beispiele aus der Praxis, bei welchen ein unerträglicher psychischer Druck *bejaht* wurde, können erwähnt werden:

---

4 EMARK 2000/17, E. 11b.

5 EMARK 2005/17, E. 6.2.

6 EMARK 2000/17, E. 11b., EMARK 1996/28.

7 Hullmann/Levrat/Mattern, Die Rechtsprechung der Asylrekurskommission im Jahre 1995, Bern 1996, S. 2.

8 EMARK 2005/21, E. 10.3.1., EMARK 1996/30. E. 4d.

- Entlassung eines Kosovo-Albaners aus dem Staatsdienst, Ämterenthebung auf kommunaler Ebene, frühere Mitgliedschaft in einem Untersuchungsausschuss für ein zeitlich zurückliegendes Massaker, Polizeivorladungen, Androhung eines Strafverfahrens.[9]
- Ständige Kurzzeitverhaftungen eines PKK-Sympathisanten, dessen Cousin aktiver PKK-Kämpfer war und deswegen zu zwölf Jahren Gefängnis verurteilt wurde, und der befürchtete, dass er nun auch erneut verhaftet würde.[10]
- Unzumutbare Haftbedingungen, Ermordung der Schwiegermutter und konkrete Fluchtumstände, die bei einem Moslem aus Bosnien-Herzegowina zu einer psychiatrischen Behandlung geführt haben.[11]
- Einschränkungen in der Religionsausübung, wenn der Gläubige als religiös geprägte Persönlichkeit durch die ihm auferlegten Schikanen und Einschränkungen ähnlich schwer getroffen wird wie bei Eingriffen in die körperliche Unversehrtheit.[12]

Diese Beispiele machen deutlich, dass bei der Beurteilung eines allfälligen «unerträglichen psychischen Druckes» anhand der konkreten Umstände im Einzelfall untersucht wird, ob ein menschenwürdiges Weiterleben im Herkunftsland möglich war oder nicht.

Im Lichte der publizierten Rechtsprechung hat die für die frühere Asylpraxis bezeichnende «Sonderopfertheorie» heute keine Relevanz mehr bzw. ist nicht mehr haltbar. Gemäss dieser Praxis erfüllten bedrohte Personen, die einem unerträglichen psychischen Druck ausgesetzt waren, nur dann die Flüchtlingseigenschaft, wenn sie gegenüber der ebenfalls betroffenen Mitbevölkerung besonders betroffen waren, d. h. ein «Sonderopfer» erbrachten. Besonders bei der Beurteilung von Eingriffen in Leib, Leben und Freiheit führte das Erfordernis des «Sonderopfers» zum stossenden Ergebnis, dass die Chancen für eine Asylgewährung desto geringer sind, je schlechter sich die allgemeine Menschenrechtslage im betreffenden Herkunftsland präsentiert.[13] Die Problematik dieser Praxis kommt zum Ausdruck in einem Entscheid der ARK, der allerdings nicht der publizierten Rechtsprechung entspricht: Eine bosnische Asylsuchende hatte eine Gefangennahme in einem Internierungslager geltend gemacht, Sicherheitskräfte hätten ihr zudem mit Vergewaltigung gedroht. Die Asylbeschwerde der Asylsuchenden wurde mit der Begründung abgelehnt, dass sie im Vergleich zum Schicksal unzähliger anderer muslimi-

---

9 EMARK 1996/27.

10 EMARK 2005/21.

11 Hullmann/Levrat/Mattern, a. a. O., S. 3.

12 EMARK 1993/7.

13 Achermann, A., Hausammann, Ch., Handbuch des Asylrechts, Bern/Stuttgart, 1991, S. 81.

scher Frauen aus Bosnien-Herzegowina keiner besonderen Belastung unterworfen gewesen sei.[14]

4.1.2 Frauenspezifische Fluchtgründe

Im Zusammenhang mit der Umschreibung des Begriffs «ernsthafte Nachteile» wurde im Rahmen der Totalrevision des Asylgesetzes der Zusatz aufgenommen, wonach «frauenspezifischen Gründen Rechnung zu tragen» ist. Die Bedeutung dieser Ergänzung soll nachfolgend näher erläutert werden.

Im Verlauf des Gesetzgebungsverfahrens wurden verschiedene Vorschläge eingebracht, den Flüchtlingsbegriff mit Bezug auf die spezifische Verfolgungslage von Frauen zu *erweitern.* In der Tat fällt es schwer, die Verfolgung von Frauen dann unter den geltenden Flüchtlingsbegriff zu subsumieren, wenn diese Nachteile zu gewärtigen haben, weil sie sich gegen den sozialen Sittenkodex in ihren Herkunftsländern auflehnen.[15] Als Beispiele solcher Eingriffe sind etwa zu nennen: Die Bestrafung von Frauen wegen Verletzung der sog. «Tschador-Vorschriften» (dabei handelt es sich um die in einigen islamischen Ländern den Frauen auferlegte Pflicht, das Gesicht und den Körper vollständig zu verhüllen), Zwangssterilisation, Zwangsbeschneidung und -verstümmelung von Geschlechtsorganen sowie Zwangsverheiratung.

Besondere Schwierigkeiten bei der Beurteilung solcher Vorbringen im Lichte des Flüchtlingsbegriffs ergeben sich im Zusammenhang mit dem Verfolgungselement «Motiv» (siehe Ziff. 4.4). Auch unter dem Einfluss der Schlusserklärung der Weltfrauenkonferenz in Peking 1995 empfahl das UNHCR in seinen Leitlinien von 1995 den Staaten, Kriterien zu entwickeln, die bewirken, dass frauenspezifische Verfolgung im obenerwähnten Sinne zur Asylgewährung führen kann. Im Rahmen der Gesetzgebungsarbeiten wurde daher auch die Forderung diskutiert, die Verfolgungsmotive des Flüchtlingsbegriffs durch das Element des «Geschlechts» zu ergänzen.

Der Gesetzgeber ist dieser Forderung nicht nachgekommen, sondern hat sich – im Sinne eines Auftrags an die Praxis – mit dem allgemeinen Zusatz begnügt, frauenspezifischen Fluchtgründen Rechnung zu tragen. Die Systematik des modifizierten Flüchtlingsbegriffs legt nahe, die frauenspezifische Problematik nur im Zusammenhang mit der Auslegung des Verfolgungselementes der Intensität («ernsthafte Nachteile») zu berücksichtigen. Zwar hat der Gesetzgeber keine Erweiterung des Flüchtlingsbegriffs beabsichtigt, wie aus dem Votum des Berichterstatters im Ständerat hervorgeht: «Wenn wir frauenspezifische Fluchtgründe auf Gesetzesstufe

---

14 Hullmann/Levrat/Mattern, a. a. O., S. 2.

15 Hausammann, Ch., Berücksichtigung der besonderen Anliegen der Frauenflüchtlinge, ASYL, 1996/2, S. 39 ff.

nennen, geben wir dem Flüchtlingsbegriff keinen neuen Gehalt, aber wir nennen das Anliegen, dem ohnehin Rechnung getragen wird, viel prominenter.»[16]

Eine Beschränkung der Berücksichtigung der frauenspezifischen Problematik auf die Auslegung des Begriffs «ernsthafte Nachteile» scheint indessen ebenfalls nicht dem Willen des Gesetzgebers zu entsprechen. Der Gesetzesentwurf der vorberatenden Kommission sah vor, den Begriff «ernsthafte Nachteile» mit dem Element «Gefährdung der sexuellen Integrität» weiter zu konkretisieren. Das Parlament ist diesem Vorschlag nicht gefolgt und hat stattdessen einer *allgemeineren* Formulierung den Vorzug gegeben. Daraus ergibt sich, dass sich der Auftrag an die Rechtsanwendung, «frauenspezifischen Fluchtgründen Rechnung zu tragen», auf *alle Elemente* des Flüchtlingsbegriffs bezieht.[17] Für eine solche Auslegung spricht auch der Wortlaut, der von «*Flucht*gründen» spricht. Gründe zur Flucht hat nur, wer verfolgt ist; und verfolgt (im Sinne des Flüchtlingsbegriffs) ist nur, wer alle Voraussetzungen der Flüchtlingseigenschaft erfüllt.

Da keine Erweiterung des Flüchtlingsbegriffs beabsichtigt wurde, ergeben sich allein aufgrund des Wortlautes des ergänzten Art. 3 AsylG keine unmittelbaren Auswirkungen für die Praxis. Die rechtsanwendenden Behörden haben jedoch den Auftrag, die Entwicklung der Diskussion über eine «frauenspezifische» Auslegung der Elemente von Art. 1 GFK in ihre Praxis einzubeziehen und dabei insbesondere allfällige Interpretationen und Empfehlungen des UNHCR zu berücksichtigen.

Aufgrund des früheren Wortlauts von Art. 3 AsylG wurden in der Praxis frauenspezifische Fluchtgründe z. B. in folgenden Fällen berücksichtigt und eine asylrelevante Verfolgung angenommen:

- Entführung von Frauen zwecks Heirat in ländlichen Gegenden Äthiopiens. Ein relevantes Verfolgungsmotiv kann auch vorliegen, wenn eine Verfolgung allein an das Geschlecht anknüpft.[18]
- Genitalverstümmelung von Mädchen und Frauen in Somalia, wobei die Asylrekurskommission die Flüchtlingseigenschaft damals noch ablehnte alleine wegen des Grundes, dass es sich um eine rein private Verfolgung gehandelt hat[19] (vgl. zur Frage der Staatlichkeit der Verfolgung nachfolgend Ziff. 4.2).
- Begründete Furcht einer syrisch-orthodoxen Christin in der Türkei, angesichts bereits erlittener Belästigungen Opfer von Vergewaltigung, Entführung, Zwangsheirat mit einem muslimischen Mann und zwangsweiser Bekehrung zum Islam zu werden.[20]

---

16 Amtl. Bull. SR 1997, S. 1195.

17 Marugg, M., Das neue Asylrecht, Bern, 1998, S. 7.

18 EMARK 2006/32, E. 7 und 8.

19 EMARK 2004/14, E. 5b und 5e (vgl. betreffend Staatlichkeit der Verfolgung E. 6).

20 EMARK 1993/9.

- Erlittene Vergewaltigung durch Träger staatlicher Hoheitsgewalt, die ihre Amtspflichten verletzt haben. Im konkreten Fall wurde Asylrelevanz angenommen, weil es der betroffenen Frau nicht zumutbar war, eine Strafanzeige gegen die Fehlbaren einzureichen.[21]

4.2 Staatlichkeit der Verfolgung

4.2.1 Bisherige Praxis: Zurechenbarkeitstheorie

Die Praxis der schweizerischen Asylbehörden bis zum Grundsatzurteil der ARK vom 8. Juni 2006[22] lässt sich wie folgt zusammenfassen: Eine asylrelevante Verfolgung lag vor, wenn die Verfolgungsmassnahmen direkt von staatlichen Organen ausgingen, wenn der Staat eine Mitverantwortung trug, weil er diese Übergriffe unterstützte, förderte oder zumindest tolerierte. Fehlte es an einem staatlichen Gebilde, lag eine asylrelevante Verfolgung nur vor, wenn diese einem quasi-staatlichen Gebilde[23] angelastet werden konnte. Keine asylrelevante Verfolgung lag dagegen vor, wenn der Staat *unfähig* war, die Betroffenen vor Übergriffen zu schützen. Eine Problematik dieser auf die sog. Zurechenbarkeitstheorie gestützten Praxis war bei sogenannten «failed states» augenfällig (d.h. bei Staaten, die trotz Wegfalls der effektiven Staatsgewalt weiterhin zwar rechts- aber nicht mehr handlungsfähig sind): Je mehr Anarchie im Heimatland herrscht, desto weniger flüchtlingsrechtlicher Schutz wird im Aufnahmestaat gewährt. Die bis zum Grundsatzurteil der Asylrekurskommission vom 8. Juni 2008 gültige Praxis lässt sich auf diese Formel zuspitzen. Eine solche Praxis war aber mit dem Schutzgedanken der Flüchtlingskonvention in keiner Weise vereinbar.

4.2.2 Aktuelle Praxis: Schutztheorie statt Zurechenbarkeitstheorie

Damit stand die Schweizer Praxis auch im Widerspruch zur Auslegung des Flüchtlingsbegriffs, wie sie das UNHCR vornimmt.[24] Gemäss UNHCR gewährt die Flüchtlingskonvention internationalen Schutz für Personen, die keinen heimatstaatlichen Schutz beanspruchen können, unabhängig davon, ob der Staat den

---

21 EMARK 1996/16.

22 EMARK 2006/18, E. 7 und 8.

23 Quasi-Staatlichkeit wurde seitens der Praxis z.B. bejaht: Für die von den PUK und KPD beherrschten Kurdengebiete im Nordirak von 2000 bis 2005 (EMARK 2000/15 und 2006/19); für die von serbischen Milizen beherrschte Stadt Srebrenica im Juli 1995 (EMARK 1997/14); für die von den Taliban beherrschten Gebiete Afghanistans ab 1997 (EMARK 1997/4). Verneint wurde die Quasi-Staatlichkeit hingegen in folgenden Fällen: Für Warlords in Somalia im Sommer 1995 (EMARK 1995/25); für die LTTE in Sri Lanka (EMARK 1998/23); für die türkische Hizbollah (EMARK 2004/3).

24 UNHCR, Handbuch über Verfahren und Kriterien zur Feststellung der Flüchtlingseigenschaft, Genf, 2003, Rz. 65.

erforderlichen Schutz nicht gewähren will oder nicht gewähren kann. Das UNHCR verweist diesbezüglich auf den Wortlaut von Art. 1 GFK, die Entstehungsgeschichte der Konvention und deren «neutralen Charakter»: Die GFK will nicht Verantwortlichkeiten für das Verursachen von Flucht bezeichnen, sondern sicherstellen, dass den Opfern ausreichender Schutz gewährt wird.[25]

Gemäss Art. 1A Ziff. 2 GFK ist jede Person Flüchtling, die sich aus begründeter Furcht vor Verfolgung wegen ihrer Rasse, Religion, Staatszugehörigkeit, Zugehörigkeit zu einer bestimmten sozialen Gruppe oder wegen ihrer politischen Überzeugung ausserhalb ihres Heimatlandes (respektive des Wohnsitzstaates bei Staatenlosen) befindet und dessen Schutz nicht beanspruchen kann oder wegen dieser Befürchtungen nicht beanspruchen will. Weder die französische noch die englische Originalfassung von Art. 1A Ziff. 2 GFK nennt die direkte Verantwortlichkeit des Staates als Voraussetzung für die Anerkennung der Flüchtlingseigenschaft. In der Lehre wird die Auffassung vertreten, dass mit dem Kriterium der Zurechenbarkeit zum Staat ein zusätzliches Erfordernis in den Flüchtlingsbegriff hineininterpretiert wird, welches sich nicht mit dem tatsächlichen Wortlaut vereinbaren lasse.[26]

Aufgrund dieser Überlegungen ist die schweizerische Asylrekurskommission deshalb in ihrem Grundsatzurteil vom 18. Juni 2006 zum Schluss gekommen, dass die Schutztheorie der ratio legis dem Ziel und Zweck der Flüchtlingskonvention eindeutig besser entspricht als die bisher von den schweizerischen Asylbehörden praktizierte Zurechenbarkeitstheorie.[27] Dass die Schweiz ihre langjährige (völkerrechtswidrige) Praxis aufgegeben hat, dürfte auch vom Umstand beeinflusst gewesen sein, dass sich alle EU-Mitgliedsstaaten in Art. 6 lit. c der sogenannten «Qualifikationsrichtlinie» vom 29. April 2004 auf die Anwendung der Schutztheorie geeinigt haben.[28] Diese Bestimmung sieht ausdrücklich vor, dass flüchtlingsrechtlich relevante Verfolgung auch von nicht staatlichen Akteuren ausgehen kann. Deutschland, der letzte noch die Zurechenbarkeitstheorie verfolgende EU-Mitgliedsstaat, hat diese grundsätzliche Anerkennung der nicht staatlichen Verfolgung durch das umfangreiche Zuwanderungsgesetz vom 30. Juli 2004 mit Wirkung ab 1. Januar 2005 in das nationale Recht überführt.[29] Die Schweiz wäre somit der letzte Staat

---

25 UNHCR, An overview of Protection Issues in Western Europe: Legislative Trends and Positions taken by UNHCR, September 1995; siehe auch Kälin, W., Grundriss des Asylverfahrens, Basel/Frankfurt, 1990, S. 66 f.

26 Kälin, W., Nichtstaatliche Verfolgung und staatliche Schutzunfähigkeit, ASYL, 2001/3, S. 5.

27 EMARK 2006/18, E 7.5.5.

28 Richtlinie 2004/83/EG über Mindestnormen für die Anerkennung und den Status von Drittstaatsangehörigen oder Staatenlosen als Flüchtlinge oder als Personen, die anderweitig internationalen Schutz benötigen und über den Inhalt des zu gewährenden Schutzes.

29 Duchrow, J., Das deutsche Zuwanderungsgesetz – flüchtlingsrechtliche Profile und erste praktische Erfahrungen, ASYL, 2005/2, 3, S. 14 ff.

gewesen, welcher an der fragwürdigen Zurechenbarkeitstheorie festgehalten hätte. Die Schweiz hätte mit dem Inkrafttreten des Dubliner Erstasylabkommens befürchten müssen, dass die zuständigen Gerichte der EU-Staaten gestützt auf das Dubliner Erstasylabkommen vorzunehmende Rücküberführungen von Asylsuchenden in die Schweiz wohl wegen drohender Verletzung des flüchtlingsrechtlichen Refoulement-Verbots verweigern, wenn diese nicht staatliche Verfolgung zu befürchten haben und die übrigen Voraussetzungen für die Anerkennung der Flüchtlingseigenschaft erfüllen.

Auch mit der Anwendung der Schutztheorie erübrigt sich aber die Frage nach den Urhebern einer Verfolgung nicht. Gerade in denjenigen Fällen, in welchen die Verfolgung weder von einem Staat in unmittelbarer oder mittelbarer Weise ausgeht und auch nicht einem Quasistaat zuzurechnen ist, muss unbedingt geprüft werden, ob die verfolgte Person den staatlichen Schutz nicht in einem anderen Ort in ihrem Heimatstaat in Anspruch nehmen kann (innerstaatliche Schutzalternative).

4.3 Gezieltheit der Verfolgung

4.3.1 Gezieltheit im Allgemeinen

Gezieltheit bedeutet die konkrete Betroffenheit von Asylsuchenden durch die asylrelevante Verfolgung. Dieses Erfordernis geht aus dem Wortlaut des Flüchtlingsbegriffs nicht ausdrücklich hervor, ist jedoch in Lehre und Rechtsprechung anerkannt.[30] Für die Begründetheit eines Asylgesuchs reicht es nach dem Erfordernis der Gezieltheit nicht aus, auf eine allgemeine schlechte Menschenrechtssituation im Herkunftsland hinzuweisen. Die asylsuchende Person muss vielmehr darlegen, dass sie selber von einer konkreten, gegen sie gerichteten Verfolgungshandlung betroffen war oder begründete Furcht hat, Opfer einer derartigen Verfolgungshandlung zu werden.

Spezialfragen stellen sich bei der *Gruppenverfolgung*, der *Reflexverfolgung* und in Situationen von *Krieg und Bürgerkrieg*. Diese Fragestellungen werden nachfolgend näher erläutert.

4.3.2 Gruppenverfolgung

Eine asylsuchende Person kann ausnahmsweise davon befreit werden, im Asylverfahren eine individuelle, gezielt gegen sie gerichtete Verfolgung darzulegen. Dies ist dann der Fall, wenn sie zu einer Gruppe gehört, die in einem bestimmten Herkunftsland in ihrer Gesamtheit staatlichen, auf einem flüchtlingsrelevanten Motiv

---

30 Kälin, W., Grundriss des Asylverfahrens, Basel/Frankfurt, 1990, S. 74 ff. und dort zitierte Literatur; EMARK 1998/17, E. 4c bb.

beruhenden, intensiven Verfolgungshandlungen ausgesetzt ist. Bei einer solchen Konstellation hat jedes Gruppenmitglied jederzeit begründete Furcht vor Verfolgung. Man spricht in diesem Fall von einer Gruppenverfolgung oder Kollektivverfolgung. Die asylsuchende Person hat im Asylverfahren bloss nachzuweisen, dass sie der verfolgten Gruppe angehört. Trifft dies zu, erfüllt sie die Flüchtlingseigenschaft.

Gemäss der Rechtsprechung der Asylrekurskommission sind die Anforderungen an die Annahme einer Gruppenverfolgung sehr hoch. Allein die Zugehörigkeit zu einem Kollektiv, welches in seinen spezifischen Eigenschaften Ziel einer Verfolgungsmotivation ist, reicht in der Regel nicht, um die Flüchtlingseigenschaft zu begründen. Vielmehr kommen auch bei geltend gemachter Verfolgung aufgrund der blossen Zugehörigkeit zu einer bestimmten Gruppe die Kriterien der ernsthaften Nachteile oder der begründeten Furcht gemäss Art. 3 AsylG zur Anwendung. Solange die Übergriffe gegen das Kollektiv nicht derart intensiv und häufig sind, dass jedes Gruppenmitglied mit guten Gründen befürchten muss, getroffen zu werden, müssen besondere Umstände vorliegen, damit bereits aufgrund der blossen Zugehörigkeit zu einem bestimmten Kollektiv die Ernsthaftigkeit der Nachteile oder Begründetheit der Furcht als erfüllt beurteilt werden können. Bei der begründeten Furcht gilt es zu berücksichtigen, dass eine allgemein bekannte Gefährdung einer ganzen Bevölkerungsgruppe die Wahrscheinlichkeit erhöht, dass ein Angehöriger des Kollektivs tatsächlich einer Gefährdung ausgesetzt sein könnte. Der begründeten Furcht kommt somit eine Doppelnatur in dem Sinn zu, dass sie einerseits individuell gegen den Betroffenen gerichtete Massnahmen erfordert, anderseits aber für die Anerkennung der Flüchtlingseigenschaft auch genügen lässt, wenn Personen verfolgt wurden, die sich in der gleichen Situation wie der Betroffene befanden.[31] Zusammenfassend kann man festhalten, dass die Praxis die Annahme einer Gruppenverfolgung unter folgenden Umständen bejaht:
Gezielte, häufige und andauernde Massnahmen gegen grundsätzlich alle Mitglieder des Kollektivs, sodass eine erhebliche Verfolgungswahrscheinlichkeit für jedes einzelne Mitglied besteht. Die Verfolgungsmassnahmen müssen weit über das hinausgehen, was andere Minderheiten hinzunehmen haben, um das Erfordernis der Gezieltheit zu erfüllen.

Bejaht wurde eine Gruppenverfolgung von der Asylrekurskommission – immer bezogen auf die Verhältnisse zum Zeitpunkt der Urteile – in folgenden Fällen:

- Verfolgung der mehrheitlich muslimischen Bevölkerung von Srebrenica, Bosnien-Herzegowina im Gefolge der Eroberung der Stadt durch serbische Milizen im Juli 1995.[32]

31 EMARK 2006/1, E. 4.3 und EMARK 1995/1, E. 6a (mit weiteren Hinweisen).
32 EMARK 1997/14.

- Verfolgung der Angehörigen der Ethnie der Tutsi, die in Ruanda von April bis Juli 1994 einem systematischen und organisierten Völkermord ausgesetzt waren.[33]
- Yeziden in der Türkei.[34]

Verneint wurde das Vorliegen einer Gruppenverfolgung beispielsweise in folgenden Fällen (immer in Bezug auf die Situation im Zeitpunkt der Urteilsfällung):
- Jeziden im Irak.[35]
- Tibeter in China.[36]
- Tschetschenen auf dem Staatsgebiet der Russischen Föderation.[37]
- Syrisch-orthodoxe Christen aus der Türkei, die in Istanbul gelebt haben.[38]
- Roma und Ashkali im Kosovo.[39]
- Christlich-assyrische Minderheit in Syrien.[40]
- Glaubensgemeinschaft der Ahmadis in Pakistan.[41]
- Christen in Pakistan.[42]
- Situation der Kosovo-Albaner in der ehemaligen Bundesrepublik Jugoslawien.[43]
- Situation der Kurden in der Türkei.[44]

4.3.3 Reflexverfolgung

Von Reflexverfolgung ist zu sprechen, wenn Angehörige von politisch verfolgten Personen Repressalien ausgesetzt sind, um damit Druck auf diese oder die Familie auszuüben. Die ARK hat die Existenz einer Reflexverfolgung für Familienmitglieder von gesuchten oder inhaftierten Personen in der Türkei wiederholt anerkannt. So kann die Gefahr allfälliger Repressalien gegen Familienangehörige mutmasslicher Aktivisten der PKK (und ihrer Nachfolgeorganisationen) nicht ausgeschlossen werden (zur begründeten Furcht bei Reflexverfolgung vgl. Ziff. 4.5.3).[45]

4.3.4 Gezieltheit der Verfolgung bei Krieg und Bürgerkrieg

Situationen von Krieg und Bürgerkrieg haben in der Regel leidvolle Auswirkungen auf weite Teile der Zivilbevölkerung, die gezwungen werden, sich vor den Kriegs-

33 EMARK 1998/16.
34 EMARK 1995/1.
35 EMARK 2006/17.
36 EMARK 2006/1.
37 EMARK 2005/17, E. 6.2.
38 EMARK 2003/9.
39 EMARK 2001/13.
40 EMARK 1995/17.
41 EMARK 2002/3 und EMARK 1996/21.
42 EMARK 1996/23.
43 EMARK 1996/27.
44 EMARK 1993/37.
45 EMAKR 2005/21, E. 10.2.3.; vgl. auch: EMARK 1994/5, EMARK 1994/17 und EMARK 1993/6.

folgen ausser Landes oder in andere Landesteile zu flüchten. Solche Personen fallen in der Regel nicht unter den Flüchtlingsbegriff, da die geforderte Gezieltheit der Verfolgung fehlt.[46] Dies ist namentlich dann der Fall, wenn die Kriegshandlungen (Beschiessung von gegnerischen Stellungen, Zwangsevakuierungen, Zerstörung von Behausungen etc.) an sich eindeutig gegen die gegnerische Partei gerichtet sind und die Zivilbevölkerung «nur zufällig» Opfer von solchen Handlungen wird; die ARK spricht in diesen Fällen von «ungezielten Nebenfolgen»).[47] Anders verhält es sich, wenn Angriffe auf Teile der Zivilbevölkerung das beabsichtigte und erklärte Angriffsziel einer Kriegspartei darstellen. Einem solchen Vorhaben liegt in der Regel auch eine asylrelevante Verfolgungsmotivation zugrunde. Als Beispiel für asylrelevante Kriegshandlungen gegen die Zivilbevölkerung sind etwa die ethnischen Säuberungen im Gefolge der Eroberungszüge serbischer und kroatischer Milizen in Bosnien-Herzegowina (1992–1995)[48] oder der serbischen Sicherheitskräfte und Paramilitärs im Kosovo (März bis Mai 1999) zu nennen.

4.4 Verfolgungsmotive

4.4.1 Erfordernis eines asylrelevanten Verfolgungsmotivs

Gemäss Asylgesetz (und der Flüchtlingskonvention) muss einer Verfolgungshandlung ein bestimmtes Verfolgungsmotiv zugrunde liegen, damit die betroffene Person ein «Flüchtling» ist. Die Aufzählung der Motive (Rasse, Religion, Nationalität, Gruppenzugehörigkeit, politische Anschauungen) in Gesetz und Konvention ist abschliessend.

Der Begriff «*Rasse*» ist in einem weiten, sozialen Sinne zu verstehen und schliesst Rasse, Hautfarbe, Abstammung, der nationale Ursprung oder das Volkstum mit ein.[49] Auf «*Religion*» beruhende Verfolgung umfasst alle Massnahmen aufgrund von Konflikten über die «richtige» Anschauung, und kann also auch atheistische Personen treffen.[50] Verfolgung aufgrund der «*Nationalität*» bezieht sich nicht auf die Staatsangehörigkeit, sondern auf die Zugehörigkeit zu einer bestimmten ethnischen, sprachlichen oder kulturellen Volksgruppe und schliesst auch die Verfolgung von Staatenlosen mit ein, wenn die Verfolgung auf dem Fehlen dieser Staatsangehörigkeit beruht.[51] Das Kriterium der «*Zugehörigkeit zu einer bestimmten sozialen Gruppe*» dient als Auffangstatbestand und bezieht sich auf Personen, die

46 EMARK 1993/23.
47 EMARK 1998/17, E. 4c bb.
48 EMARK 2001/12.
49 Kälin, W., Grundriss des Asylverfahrens, Basel/Frankfurt, 1990, S. 92.
50 Kälin, W., a. a. O., S. 93.
51 Kälin, W., a. a. O., S. 94.

sich durch ein gemeinsames soziales Merkmal auszeichnen und Anknüpfungspunkt bildet für sachlich nicht gerechtfertigte (also illegitime) Verfolgungsmassnahmen. Unter bestimmten Voraussetzungen können unter diesem Verfolgungsmotiv auch Formen frauenspezifischer Verfolgung und der Verfolgung wegen Homosexualität subsumiert werden.[52] Beim Verfolgungsmotiv der «*politischen Anschauungen*» schliesslich kommt es nicht darauf an, welche Anschauung die verfolgte Person effektiv vertritt; relevant ist, welche Anschauung ihr vonseiten der Verfolgungsbehörden unterstellt wird.[53] Von dieser Präzisierung ist auch bei den anderen Kriterien auszugehen: Wichtig ist nicht, ob jemand eine bestimmte Rasse, Religion, Gruppenzugehörigkeit etc. hat, sondern ob der Verfolger zu Recht oder zu Unrecht davon ausgeht und daran sein Verfolgungsmotiv knüpft. Mit anderen Worten: Es geht nicht darum, ob die Asylbehörden eines Aufnahmestaates die Verfolgungsmerkmale einem der fünf Motive zuordnen können oder nicht. Allein relevant ist, ob der Verfolgerstaat – zu Recht oder zu Unrecht – vom Vorhandensein eines der oben erwähnten Motive ausgeht bzw. seine Verfolgung daran knüpft.

Die Verfolgungsmotive beziehen sich im Wesentlichen auf innere (z. B. Glauben, politische Anschauung, Lebensform etc.) oder äussere Merkmale (z. B Geschlecht, Abstammung, Hautfarbe etc.) einer Person. Flüchtlingsrelevant wird eine Verfolgung, wenn sie wegen einem in der Person liegenden Merkmal erfolgt, weil die Person in diesem Sinne eben «andersartig» ist, auch wenn die Verfolgung vordergründig eine Handlung dieser Person trifft (beispielsweise Demonstrieren, Missionieren, Dienstverweigern etc.). Wenn also eine Diskriminierung (wie sie z. B. in Art. 14 EMRK festgeschrieben ist) eine gewisse Intensität erreicht hat, dann wird die Verfolgung flüchtlingsrelevant.

4.4.2 Legitime oder illegitime Verfolgungshandlung?

Wie dargelegt, muss eine asylrelevante Verfolgung zumindest auf *einem* der oben erwähnten Motive beruhen. Damit ist auch gesagt, dass nicht jede Verfolgungshandlung, mag sie für die Betroffenen noch so einschneidend sein, zur Erfüllung der Flüchtlingseigenschaft führt. Es kann einem Staat insbesondere nicht verwehrt sein, sich gegen kriminelles Unrecht zur Wehr zu setzen; ebenfalls muss sich kein Staat innere oder äussere Angriffe gegen seine territoriale Integrität gefallen lassen. Beruht die Verfolgungshandlung auf einem asylrelevanten Motiv, spricht man auch von *illegitimer* Verfolgung, im anderen Fall von *legitimer* Verfolgung. Die Abgrenzung fällt – wie die nachstehenden Ausführungen zeigen – jedoch nicht immer einfach aus. Im Folgenden werden einzelne Anwendungsfälle dargestellt.

---

52 Kälin, W., a. a. O., S. 97 f., EMARK 2006/32, E. 8.1.

53 EMARK 1996/17, E. 6.

4.4.3 «Illegitime» Gesetzesnorm

In gewissen Staaten wird die Ausübung von Menschenrechten (Glaubens- und Gewissensfreiheit, Meinungsäusserungsfreiheit, Pressefreiheit, Versammlungsfreiheit etc.) bereits von Gesetzes wegen unter Strafe gestellt. Ihre Ausübung ist in Rechtsstaaten eine Selbstverständlichkeit; sie werden beispielsweise für Mitgliedsstaaten des Europarates durch die Europäische Menschenrechtskonvention (EMRK) garantiert. Die EMRK erlaubt ein Ausserkraftsetzen solcher Grundrechte nur unter ganz besonderen Umständen, wie z. B. in Kriegszeiten. Machen asylsuchende Personen Verfolgung aufgrund der angeblichen oder tatsächlichen Zuwiderhandlung gegen eine solche Strafnorm geltend, ist zu prüfen, ob diese Strafnorm allgemeinen rechtsstaatlichen Grundsätzen – wie sie etwa auch in der Allgemeinen Menschenrechtserklärung der Vereinten Nationen enthalten sind – entspricht. Hält die Strafnorm dieser Prüfung nicht stand, wird in der Regel eine illegitime Verfolgung vorliegen.

4.4.4 «Illegitime» Sanktion

Abgrenzungsprobleme ergeben sich auch, wenn die Strafe zwar auf eine in asylrechtlicher Hinsicht «unbedenkliche» Gesetzesnorm abstellt, aber bezüglich ihres *Strafmasses* oder der während des Strafverfahrens angewandten Methoden (z. B. Folter in Polizeihaft) unverhältnismässig ausfällt oder einen krassen Verstoss gegen die Menschenrechte darstellt. Als Anwendungsbeispiele können die Amputation von Gliedmassen als Bestrafung für einen Diebstahl, eine mehrjährige Gefängnisstrafe für das Bemalen einer Hausfassade oder die Folterung eines überführten Angehörigen einer militanten Gruppierung im Strafverfahren erwähnt werden. In solchen Fällen ist die Asylrelevanz immer dann zu bejahen, wenn die Höhe des Strafmasses oder die begangene Menschenrechtsverletzung auf einem *asylrelevanten Motiv* beruht («*polit malus*»).[54] Bei der Folterung von politischen Gegnern und Gegnerinnen dürfte das Vorliegen eines asylrelevanten Motivs stets zu bejahen sein. Gleich zu beurteilen sind auch Fälle, wo der Staat eine Strafnorm nur als Vorwand nimmt, um politische Verfolgung zu begehen.

4.4.5 Verfolgung von politischen Delikten

Politische Delikte richten sich gegen die politische oder soziale Organisation des Staates (sog. *absolut politische* Delikte, Beispiele sind Hochverrat, Landesverrat, staatsgefährliche Propaganda, verbotener Nachrichtendienst etc.) oder sind Straftaten, die je nach Motiv, Zweck und Begleitumständen einen vorwiegend politischen Charakter aufweisen (sog. *relativ politische* Delikte).[55]

---

54 BVGE 26.05.2008 (E-571/2008), E. 4.4.2.; EMARK 1996/29, E. 2g., EMARK 1996/34, E. 3 f.

55 Zu diesen Begriffen und der weiteren Kategorisierung der politischen Delikte vgl. BVGE 06.10.2008 (D-7186/2006) E. B., BVGE 22.06.2007 (E-7772/2006), E. 4.5.; EMARK 1993/8, E. 6a.

Die Anforderungen an die Annahme eines politischen Delikts sind hoch. Bei relativ politischen Delikten müssen beispielsweise folgende vom Bundesgericht in der Auslieferungspraxis entwickelte Voraussetzungen erfüllt sein: Die strafbare Handlung muss im Kampf um die Macht verübt worden sein und einen Staat treffen, welcher jede Opposition ausschliesst. Die Verletzung des fremden Rechtsgutes muss in einem angemessenen Verhältnis zum verfolgten Ziel stehen und die auf dem Spiel stehenden Interessen müssen wichtig genug sein, um die Tat einigermassen verständlich erscheinen zu lassen.[56] Die Praxis anerkennt die bewaffneten Kampfhandlungen militanter Gruppierungen in wichtigen Herkunftsländern (LTTE in Sri Lanka; PKK in der Türkei etc.) nicht als politische Delikte an.

Auch bei der Beurteilung der Asylrelevanz der Verfolgung von politischen Delikten ist die Frage eines allfälligen «polit malus» zu untersuchen. Zusätzlich wäre zu prüfen, ob die Tat angesichts des Charakters des im betreffenden Staat herrschenden Regimes gerechtfertigt erscheint, um rechtsstaatliche und demokratische Verhältnisse herzustellen. Die drohende Verfolgung aufgrund eines «Tyrannenmords» könnte somit zur Anerkennung als Flüchtling führen.

4.4.6 Verfolgungshandlungen im Gefolge von Krieg, Bürgerkrieg und Unruhen

Eine Sonderstellung nehmen Verfolgungsmassnahmen ein, die im Gefolge von Unruhen und Bürgerkriegswirren begangen werden. Dem Staat wird prinzipiell das Recht zuerkannt, Angriffe auf die öffentliche Ordnung und Sicherheit sowie auf seinen Bestand abzuwehren und die erforderlichen Massnahmen zu treffen. Razzien, Personenkontrollen und kurzzeitige Inhaftierungen einer Vielzahl von Personen zur Wiederherstellung der öffentlichen Ordnung und Sicherheit sind daher in der Regel keine asylrelevanten Verfolgungshandlungen. Zur politischen Verfolgung werden derartige Massnahmen dann, wenn sie weit über das im öffentlichen Interesse Erforderliche hinausgehen und mit unverhältnismässigen Mitteln (z. B. Folter, schwere Misshandlungen etc.) einhergehen. In diesen Fällen muss sich der Verfolgerstaat vorwerfen lassen, dass es ihm insbesondere darum geht, Angehörige der Bürgerkriegspartei wegen deren ethnischen, religiösen oder rassischen Zugehörigkeit oder der ihr unterstellten Parteinahme für den Bürgerkriegsgegner zu treffen.[57]

4.4.7 Bestrafung von Deserteuren und Refraktären

Die Verfolgung und Bestrafung von Personen, die im Militärdienst desertieren oder sich einer Rekrutierung durch Flucht entziehen (Refraktäre), ist grundsätzlich nicht asylrelevant,[58] es sei denn, die Bestrafung erfülle die Voraussetzungen eines «polit-malus».

---

56 BGE 106 IB 309; zum Begriff des politischen Delikts vgl. auch Kälin, W., a. a. O., S. 107 f., Achermann, A.; Hausammann, Ch., Handbuch des Asylrechts, Bern/Stuttgart, 1991, S. 162 ff.

57 Kälin, W., a. a. O., S. 119 f.; EMARK 2001/12, E. 3g.

58 EMARK 2004/2, E. 6b.

Die Asylpraxis ist bezüglich der Annahme einer Asylrelevanz von Verfolgung wegen Desertion zurückhaltend. So hat die Asylrekurskommission die Asylrelevanz der Zwangsrekrutierungen von Kosovo-Albanern durch die jugoslawische Bundesarmee stets verneint. Dies selbst zu einem Zeitpunkt, in welchem die Gräueltaten der jugoslawischen Streitkräfte in Kroatien und Bosnien längst bekannt waren und überdies eine Ausweitung des Krieges auf die Provinz Kosovo drohte.[59] Die Asylrekurskommission hat indessen die Flüchtlingseigenschaft eines bosnischen Asylsuchenden bejaht, der sich dem drohenden Einzug in die bosnisch-serbischen Streitkräfte der «selbst ernannten» Republik Srpska durch Flucht entzogen hatte. Zu Recht wurde anerkannt, dass in diesem Fall keine Verletzung staatsbürgerlicher Pflichten vorliegen kann. Die asylsuchende Person wäre durch den Kriegsdienst gezwungen worden, im Rahmen sezessionistischer, illegitimer Streitkräfte gegen die anerkannte Regierung Bosnien-Herzegowinas zu kämpfen, was mit dem Völkerrecht nicht vereinbar wäre.[60]

Asylrelevanz von Desertion wird auch angenommen, wenn Soldaten gezwungen werden, entweder im Interesse einer fremden Macht gegen ihre eigenen Landsleute zu kämpfen oder verpflichtet werden, gegen Angehörige einer bestimmten ethnischen oder religiösen Minderheit vorzugehen und so in einen schweren Gewissenskonflikt geraten. Schliesslich werden Personen, die sich dem Militärdienst entziehen, dann wegen der drohenden Bestrafung als politisch verfolgt anerkannt, wenn der Dienst selbst dazu dient, sie als Angehörige einer bestimmten sozialen, religiösen oder ethnischen Gruppe zu disziplinieren oder gar politisch umzuerziehen.[61] Diesen Umstand hat die Asylpraxis im Falle der Militärdienstverweigerung von syrisch-orthodoxen Christen in der Türkei anerkannt.[62] Gleiches gilt für die Dienstverweigerung von ethnischen Serben in der Armee von Bosnien-Herzegowina.[63]

Schliesslich stellt die Bestrafung wegen Kriegsdienstverweigerung dann eine politische Verfolgung dar, wenn sich die betroffene Person einer Armee entzieht, deren Kommandoebene die Verantwortung trägt für ein illegitimes Kriegsziel (Krieg gegen die Zivilbevölkerung, «ethnische Säuberung» etc.) oder den Einsatz illegitimer Mittel (Massenvergewaltigung, Erschiessungen, Massaker etc.). Begeht eine Armee solche Kriegsverbrechen (die z. B. zu einer Anklage beim Kriegsver-

---

59 EMARK 1995/12.

60 EMARK 1996/6.

61 Kälin, W., a. a. O., S. 116; vgl. EMARK 2006/3, E. 4.10 betreffend Dienstverweigerung in Eritrea und EMARK 2001/15, E. 8d sowie EMARK 2003/8, E. 6 betreffend Dienstverweigerung in Bosnien-Herzegowina.

62 EMARK 1993/9.

63 EMARK 2003/8, E. 6b.

brechertribunal der Vereinten Nationen oder zu einer Verurteilung durch den UN-Sicherheitsrat führen), muss davon ausgegangen werden, dass die Staatsgewalt ihre Legitimität zur Verteidigung «staatsbürgerlicher Pflichten» verwirkt hat. Eine drohende Bestrafung von Deserteuren und Refraktären muss unter diesen Umständen als illegitime Verfolgung gelten.[64] Zu berücksichtigen ist auch die Frage, ob die für Desertion und Dienstverweigerung angedrohte Sanktion verhältnismässig ist und unter welchen Haftbedingungen allfällige Freiheitsstrafen vollzogen werden. Unverhältnismässige Freiheitsstrafen und unmenschliche Haftbedingungen müssen sicherlich bei der Beurteilung der Wegweisung berücksichtigt werden, können aber auch bereits relevant sein im Hinblick auf die Beurteilung der Flüchtlingseigenschaft. So hat die Asylrekurskommission die Bestrafung von Dienstverweigerern in Eritrea als «unverhältnismässig streng» betrachtet. Sie ist darum davon ausgegangen, dass die Bestrafung politisch motiviert und deshalb für die Beurteilung der Flüchtlingseigenschaft relevant ist. [65]

4.5 Begründete Furcht vor Verfolgung

4.5.1 Übersicht

Gemäss Flüchtlingsbegriff der Genfer Flüchtlingskonvention ist Flüchtling, wer sich aus begründeter Furcht vor Verfolgung ausserhalb seines Heimat- oder Herkunftsstaates befindet. Der Flüchtlingsbegriff des Asylgesetzes ist inhaltlich identisch, unterscheidet aber gemäss seinem Wortlaut zwei unterschiedliche «Gruppen» von Flüchtlingen: Bei den einen ist die Verfolgungssituation zum Zeitpunkt der Flucht bereits eingetreten («*[...] ernsthaften Nachteilen ausgesetzt sind [...]*»), bei den anderen stehen die asylrelevanten Verfolgungshandlungen unmittelbar oder in naher Zukunft bevor («*[...] begründete Furcht haben, solchen Nachteilen ausgesetzt zu werden.*»). Bei den Flüchtlingen, die einer bereits eingetretenen Verfolgungshandlung entfliehen, wird als Regelvermutung stets auch eine begründete Furcht vor künftiger Verfolgung angenommen.[66]

4.5.2 Vorverfolgung und Aktualität der Verfolgung

Ist die Verfolgungssituation zum Zeitpunkt der Flucht bereits eingetreten (erlittene Polizeihaft oder Misshandlungen, hängiges Strafverfahren, Verzeigung wegen politischen Aktivitäten etc.), spricht man auch von Vorverfolgung. Um asylrelevant zu sein, muss die Verfolgungssituation indessen *aktuell* sein. Dies bedeutet, dass zwischen der Verfolgungshandlung und der Flucht *ein zeitlicher und sachlicher Kausalzusammenhang* bestehen muss.

64 So EMARK 2002/19, E. 6d. betreffend Dienstverweigerung in Ruanda.
65 EMARK 2006/3, E. 4.8.
66 Kälin, W., a. a. O., S. 127.

Der *zeitliche* Kausalzusammenhang ist unterbrochen, wenn zwischen der erlittenen Verfolgungsmassnahme und der Ausreise eine längere Zeit verstrichen ist.[67] Die noch «tolerierte» Zeitspanne lässt sich nicht allgemeingültig festlegen, sondern hängt von den konkreten Umständen im Einzelfall ab. So ist der zeitliche Zusammenhang ohne Zweifel nach wie vor gegeben, wenn eine verfolgte Person nach erlittener Haft und Folterung im Gefängnis noch ein Jahr bis zur Ausreise zuwartet, sich aber während dieser Zeit im Landesinnern versteckt hält und im Untergrund ihre Flucht vorbereitet. Die Asylrekurskommission anerkennt, dass es plausible objektive (z. B. Fehlen von Reisemitteln) und subjektive (z. B. Schockzustand, gesundheitliche Probleme) Gründe gibt, die eine zeitlich verzögerte Ausreise erklärbar machen.[68]

Bei der Beurteilung des Vorhandenseins eines *sachlichen* Kausalzusammenhanges ist der Frage nachzugehen, ob die Umstände, die zur Vorverfolgung geführt haben, auch zum Zeitpunkt der Flucht noch bestanden haben. Haben sich die Verhältnisse im Herkunftsland während des Asylverfahrens grundlegend geändert, hat sich die Prüfung des Kausalzusammenhanges auch auf den Zeitpunkt des Asylentscheides zu erstrecken. In Bezug auf die Beurteilung der Gesuche von Asylsuchenden aus Bosnien tendierte die Asylrekurskommission – mit Blick auf die eingetretenen Veränderungen der politischen Situation in Bosnien-Herzegowina seit dem Friedensabkommen von Dayton im Dezember 1995 – dazu, einen sachlichen Zusammenhang zwischen Verfolgung und Flucht bzw. Asylentscheid zu verneinen.[69]

Bei inzwischen eingetretenen grundlegenden Veränderungen im Herkunftsland ist gemäss Flüchtlingskonvention allerdings die Flüchtlingseigenschaft immer dann weiterhin vorhanden, wenn sich eine «vorverfolgte» Person auf *triftige, zwingende Gründe* berufen kann, eine Rückkehr abzulehnen (Art. 1 C Ziff. 5 Abs. 2 GFK).[70] Gemäss Rechtsprechung der Asylrekurskommission sind unter solchen «zwingenden Gründen» vorab traumatisierende, auf eine lange Zeit hinaus wirkende Verfolgungserlebnisse zu verstehen.[71] Die Asylrekurskommission hat in einem Grundsatzentscheid das Vorhandensein solcher «triftiger Gründe» für die Überlebenden des Massakers von Srebrenica/Bosnien-Herzegowina angenommen.[72] Eine Anerkennung zwingender Gründe gegen eine Rückkehr setzt indessen voraus, dass zum Zeitpunkt der Flucht *alle* Voraussetzungen der Flüchtlingseigenschaft

67 EMARK 1999/7, E. 4b.

68 EMARK 1996/25.

69 EMARK 1997/14.

70 EMARK 2001/3, E. 5c., vgl. auch ältere Praxis betr. «zwingender Gründe»: EMARK 1999/7, EMARK 1997/16, EMARK 1996/42, EMARK 1995/15, EMARK 1993/31.

71 EMARK 1995/16.

72 EMARK 1997/14.

erfüllt waren. Bei einer aus nicht entschuldbaren Gründen «verspäteten» Ausreise kann selbst bei einer schweren Traumatisierung keine Berufung auf «zwingende Gründe» erfolgen.[73]

Fehlt es an einem zeitlichen und sachlichen Kausalzusammenhang zwischen erlittener Verfolgung und Flucht, ist die Flüchtlingseigenschaft grundsätzlich zu verneinen.

4.5.3 Begründete Furcht

Wie eben dargelegt, setzt die Flüchtlingseigenschaft keine Vorverfolgung voraus. Flüchtling ist auch, wer begründete Furcht vor künftiger Verfolgung hat. Begründete Furcht liegt vor, «wenn eine beachtliche Wahrscheinlichkeit dafür spricht, dass sich die Befürchtungen in absehbarer Zeit verwirklichen». Begründete Furcht hat eine subjektive und eine objektive Komponente.[74]

In Bezug auf die *subjektive Seite* der Verfolgungsfurcht ist massgebend, welche Empfindungen ein vernünftig denkender, besonnener Mensch in einer vergleichbaren – durch drohende Verfolgungsmassnahmen geprägten – Situation hätte.[75] Allerdings ist nicht einfach das fiktive Empfinden einer vernünftigen Drittperson in vergleichbarer Lage ausschlaggebend; mit zu berücksichtigen gilt es auch, was die betroffene Person bereits erlebt hat und über welches Wissen sie bezüglich allfälliger Konsequenzen der Verfolgung (der drohenden Haft, der drohenden Misshandlungen etc.) verfügt.[76] Einer asylsuchenden Person, die infolge einer drohenden «Sippenhaft» ihr Land verlassen musste (z. B. als Ehefrau eines inhaftierten und schwer gefolterten politischen Gefangenen), ist eher «begründete Verfolgungsfurcht» zu attestieren als einer nicht in diesem Sinne «vorbelasteten» Person.

Schliesslich bildet auch eine – bereits weit zurückliegende und daher nicht mehr unmittelbar asylrelevante – Vorverfolgung Anlass, eine ausgeprägtere subjektive Furcht anzunehmen. So hat die Asylrekurskommission die Furcht vor erneuter Verfolgung eines ehemaligen Polizisten aus dem Kosovo, der bereits früher Opfer von Misshandlungen war, als «begründet» erachtet.[77]

Die Furcht vor Verfolgung muss durch konkrete und tatsächliche Umstände auch *objektiv* begründet erscheinen. Solche konkrete Umstände, die auf eine unmittelbar oder in nächster Zukunft drohende Verfolgung hinweisen, sind zum Bei-

---

73 EMARK 1999/7.

74 EMARK 2005/21, E. 7.1.; EMARK 2004/1, E. 6a.; EMARK 2000/9, E. 5a.; EMARK 1993/11.

75 EMARK 2004/1, E. 6a.; EMARK 1993/6.

76 EMARK 2004/1, E. 6a.; vgl. auch Marugg, M., Die Rechtsprechung der ARK im Jahre 1996, ASYL, 1997/3, S. 71.

77 EMARK 1997/17; vgl. auch EMARK 1993/11.

spiel: Die Existenz eines Haftbefehls, die Anklageerhebung, aber auch eingeleitete Vorbereitungshandlungen, staatliche Massnahmen wie polizeiliche Anhaltungen, Überwachung des Hauses und der näheren Umgebung etc. Bei der Beurteilung der konkreten, objektiven Umstände ist auch die allgemeine Menschenrechtssituation in einem Herkunftsland zu berücksichtigen, die «üblichen» angewandten Verfolgungsmuster, das generelle Verhalten der staatlichen Organe gegenüber vergleichbaren Personen und Gruppen etc.

Eine besondere Bedeutung im Zusammenhang mit der Beurteilung der Begründetheit der Verfolgungsfurcht haben namentlich die – in gewissen Ländern besonders ausgeprägt vorhandenen – Verfolgungsformen der Reflexverfolgung und der «Sippenhaft» (Repressionen gegen Familienangehörige). So hat die ARK bezüglich der Türkei festgestellt, dass Druck auf Angehörige von gesuchten Personen ausgeübt wird; aus diesem Grund seien für die Wahrscheinlichkeit drohender Verfolgung erleichterte Voraussetzungen anzunehmen.[78]

4.6 Fehlen einer inländischen Fluchtalternative

Aus dem Flüchtlingsbegriff der Genfer Flüchtlingskonvention geht hervor, dass nur Flüchtling ist, wer den Schutz seines Landes nicht in Anspruch nehmen kann oder infolge bestimmter Befürchtungen nicht in Anspruch nehmen will. Die Flüchtlingseigenschaft setzt also voraus, dass die betroffene Person *landesweiter* Verfolgung ausgesetzt ist.[79] Wer nur in einem bestimmten Landesteil oder in einer bestimmten Region Verfolgungsmassnahmen ausgesetzt ist, verfügt über eine sogenannte «inländische Fluchtalternative». Damit entfällt definitionsgemäss die Flüchtlingseigenschaft, da eine Schutzmöglichkeit zwar in einer anderen Region, aber noch im Land, besteht.

Gemäss der Rechtsprechung kann unter folgenden Voraussetzungen vom Vorhandensein einer inländischen Fluchtalternative ausgegangen werden:[80]

- Die betroffene Person darf am neuen (internen) Zufluchtsort nicht erneut asylrelevanten Behelligungen ausgesetzt sein.
- Die zur internen Flucht führende Verfolgung darf nicht von einer Zentralgewalt ausgehen.
- Die betroffene Person muss am neuen Ort auch vor mittelbarer Verfolgung (private Verfolgung, welche vom Staat geduldet wird) sicher sein.

78 EMARK 2005/21, E. 9ff., EMARK 1993/6.
79 UNHCR, Handbuch über Verfahren und Kriterien zur Feststellung der Flüchtlingseigenschaft, Genf, 2003, Ziff. 91.
80 EMARK 1996/1, Grundsatzentscheid.

- Die betroffene Person darf am neuen Ort nicht Behelligungen ausgesetzt sein, die zwar für sich betrachtet zu wenig intensiv sind, um Asylbeachtlichkeit zu erlangen, aber dazu führen, dass die betroffene Person gezwungen wird, erneut an ihren Ursprungsort zurückzukehren.

Bei der Beurteilung der inländischen Fluchtalternative ist demnach allein auf die *Sicherheitslage* am neuen Ort abzustellen; nach der Rechtsprechung der Asylrekurskommission führen ungünstige und unzumutbare Lebensbedingungen, die geprägt sind durch allfällige soziale, berufliche und wirtschaftliche Schwierigkeiten (Integrationserschwernisse, Arbeitsmarktsituation etc.) nicht zu einer Verneinung einer Fluchtalternative. Unzumutbare Lebensbedingungen werden gemäss schweizerischer Praxis nur bei der Beurteilung der Zumutbarkeit der Wegweisung und damit erst bei der Prüfung allfälliger Wegweisungshindernisse berücksichtigt.[81] Das Vorhandensein einer inländischen Fluchtalternative müsste indessen verneint werden, wenn die unzumutbaren Lebensumstände durch den Staat aufgrund einer *asylrelevanten Verfolgungsmotivation* mit verursacht werden (z. B. durch Verhängung von Berufsverboten; exzessive und willkürliche Besteuerung und andere Diskriminierungen, die nur gegen eine bestimmte Bevölkerungsgruppe gerichtet sind) und ihrer Intensität nach einen unerträglichen psychischen Druck bewirken.

Die Frage einer einschlägigen inländischen Fluchtalternative beschlägt nicht die Frage, ob zum vornherein gar keine Verfolgung vorliegen kann, sondern es geht um die Frage, ob allenfalls nach den Umständen in bestimmten Teilen des Landes Schutz vor Verfolgung besteht. Die Annahme einer innerstaatlichen Fluchtalternative bedingt somit eine umfassende und somit materielle Prüfung des Asylgesuchs, was voraussetzt, dass auf das Gesuch einzutreten ist.[82]

Schutz vor Verfolgung kann nicht nur durch staatliche Organe, sondern nach Auffassung der Asylrekurskommission auch durch qualifizierte quasistaatliche Organe gewährt werden[83] – ja eventuell sogar durch bestimmte internationale Organe.[84] Die EU-Qualifikationsrichtlinie geht diesbezüglich sogar weiter, indem sie in Art. 7

---

81 EMARK 2005/17, E. 6.3, EMARK 2001/13, E. 4c, EMARK 1996/1.

82 EMARK 2004/5, E. 4c dd., EMARK 1993/17 (Grundsatzentscheid). Diese Rechtsprechung hat unseres Erachtens auch nach Inkrafttreten des verschärften Nichteintretenstatbestandes von Art. 32 Abs. 2 lit. a AsylG Bestand, da die Rechtsprechung explizit eine umfassende materielle Prüfung voraussetzt und diese – trotz der Formulierung von Art. 32 Abs. 3 lit. b AsylG – im Rahmen der Prüfung eines Nichteintretenstatbestandes nicht stattfindet.

83 EMARK 2004/14, E. 6c (wobei die Dauerhaftigkeit der quasi-staatlichen Strukturen in Somalia verneint wurde); EMARK 2000/2, E. 8 und 9c., EMARK 2000/15, E. 10-12.

84 EMARK 2006/18, E. 10.2 (nicht abschliessend beantwortet); BVGE 2007/31, E. 5.3. geht von der Schutzgewährung durch KFOR und UNMIK im Kosovo aus.

Abs. 1 unter dem Randtitel «Akteure, die Schutz bieten können» auch internationale Organisationen erwähnt, «die den Staat oder einen wesentlichen Teil des Staatsgebiets beherrschen».[85]

Nachdem die Schweiz auch die Verfolgung durch nicht staatliche Organisationen anerkannt hat (Wechsel von der Zurechenbarkeits- zur Schutztheorie),[86] ist es naheliegend, dass dies nicht nur auf die Akteure, die Verfolgung ausüben, Auswirkung hat, sondern auch auf die Akteure, die Schutz bieten können. Eine Folge dieser neuen Praxis ist, dass nun auch eine innerstaatliche Fluchtalternative angenommen werden kann, wenn der Schutz durch internationale Organisationen oder Private angeboten wird. Es bleibt zu hoffen, dass die Anforderungen an die Schutzfähigkeit aber weiterhin hoch angesetzt werden. Eine weitere Folge dieser Praxisänderung müsste auch sein, dass allfällige unzumutbare Lebensbedingungen am Ort der innerstaatlichen Fluchtalternative nicht erst im Rahmen der Wegweisung, sondern bereits bei der Beurteilung der Flüchtlingseigenschaft geprüft werden. Die heutige Praxis, dass derartige Hindernisse der Inanspruchnahme der innerstaatlichen Fluchtalternative erst im Rahmen des Wegweisungsverfahrens geprüft werden, ist unseres Erachtens völkerrechtswidrig: Die betroffenen Personen werden nämlich als Folge davon nicht als Flüchtlinge anerkannt sondern nur vorläufig aufgenommen, obwohl für sie faktisch gar keine innerstaatliche Fluchtalternative besteht.

---

85 Richtlinie 2004/83/EG des Rates vom 29. April 2004 über Mindestnormen für die Anerkennung und den Status von Drittstaatsangehörigen oder Staatenlosen als Flüchtlinge, Amtsblatt L 304/12, 30.09.2004.

86 EMARK 2006/18.

Literaturhinweise

Achermann, Alberto, Hausammann, Christina: Handbuch des Asylrechts, Bern/Stuttgart, 1991.

Achermann, Alberto et al. (Hrsg.): Jahrbuch für Migrationsrecht 2006/2007, Bern, 2007.

Achermann, Alberto et al. (Hrsg.): Jahrbuch für Migrationsrecht 2007/2008, Bern, 2008.

Baur, Thomas: Die Rechtsprechung des Schweizerischen Bundesverwaltungsgerichts der Jahre 2007/ 2008, ASYL, 2009/1, S. 3 ff.

Bertschi, Martin: Ausländer- und Flüchtlingsrecht, in: Ziegler, A. et al. (Hrsg.): Rechte der Lesben und Schwulen in der Schweiz, Bern, 2007, S. 321–348.

Bertschi, Martin: Die asylrechtliche Behandlung der Verfolgung wegen Homosexualität, ASYL, 2007/4, S. 3 ff.

Binder, Andrea: Frauenspezifische Verfolgung auf dem Hintergrund einer menschenrechtlichen Auslegung des Flüchtlingsbegriffs der Genfer Flüchtlingskonvention, Basel, 2001.

Bolz, Susanne; Buchmann, Kathrin: Die Rechtsprechung der Schweizerischen Asylrekurskommission im Jahre 2006, ASYL, 2007/2, S. 18 ff.

Bolz, Susanne; Buchmann, Kathrin: Die Rechtsprechung der Schweizerischen Asylrekurskommission im Jahr 2004 und im ersten Halbjahr 2005, ASYL, 2005/4, S. 12 ff.

Buchmann, Kathrin: Die Rechtsprechung der Schweizerischen Asylrekurskommission im Jahr 2005, ASYL, 2006/2, S. 13 ff.

Caroni, Martina; Hofstetter, Sandro: Flüchtlingsrechtliche und rechtsstaatliche Überlegungen zur geplanten Teilrevision des Asylgesetzes betreffend Desertion und Dienstverweigerung, ASYL, 2008/3, S. 3 ff.

Golay, Yann: La jurisprudence de la Commission suisse de recours en matière d'asile en 2003, ASYL, 2004/2, S. 19 ff.

Goodwin-Gill, Guy; McAdam, Jane: The Refugee in International Law, Oxford, 2007.

Hausammann, Christina: Bestrebungen des UNHCR zum Schutze von Frauenflüchtlingen, ASYL, 1990/2, S. 3 ff.

Hausammann, Christina: Frauenverfolgung und Flüchtlingsbegriff, in: Eidg. Büro für die Gleichstellung von Frau und Mann (Hrsg.), Bern, April 1992.

Hausammann, Christina: Die Berücksichtigung der besonderen Anliegen der Frauenflüchtlinge in der laufenden Asylgesetzrevision, ASYL, 1996, S. 39 ff.

Illes, Ruedi: Asylverfahren und Flüchtlingsbegriff – Europäische Harmonisierungsbestrebungen aus der Optik des Schweizer Asylrechts betrachtet, ASYL, 2002/4, S. 3 ff.

Kälin, Walter: Grundriss des Asylverfahrens, Basel/Frankfurt, 1990.

Kälin, Walter: Refugees and Civil Wars: Only a Matter of Interpretation, IJRL, 1991.

Kälin, Walter: Die Bedeutung geschlechtsspezifischer Verfolgung im schweizerischen Asylrecht, ASYL, 2001/2, S. 7 ff.

Kälin, Walter: Nichtstaatliche Verfolgung und staatliche Schutzunfähigkeit, ASYL, 2001/3, S. 3 ff.

Luterbacher, Christa: Die flüchtlingsrechtliche Behandlung von Dienstverweigerung und Desertion, Basel, 2004.

Marugg, Michael: Völkerrechtliche Definitionen des Ausdrucks «Flüchtling», Basel/Frankfurt, 1990.

Marx, Reinhard: Handbuch zur Asyl- und Flüchtlingsanerkennung, Neuwied/Kriftel/Berlin, 1995 (mit Ergänzungslieferungen).

Stöckli, Walter: Asyl, in: Uebersax, Peter et al. (Hrsg.): Ausländerrecht, Eine umfassende Darstellung der Rechtsstellung von Ausländerinnen und Ausländern in der Schweiz von A(syl) bis Z(ivilrecht), Basel/Genf/München, 2009, S. 521 ff.

UNHCR, Handbuch über Verfahren und Kriterien zur Feststellung der Flüchtlingseigenschaft, Genf, September 1979.

von Gunten, Christina: Die Staatlichkeit der Verfolgung – eine Voraussetzung der Anerkennung als Flüchtling? Materialien und Position der SFH, ASYL, 2001/1, S. 22 ff.

Werenfels, Samuel: Der Begriff des Flüchtlings im schweizerischen Asylrecht, Frankfurt/ New York/Paris, 1987.

VIII Ausschluss aus Flüchtlingseigenschaft und Asylgewährung

1. Übersicht

Weisen Asylsuchende die Flüchtlingseigenschaft nach oder machen sie sie zumindest glaubhaft, so wird die Flüchtlingseigenschaft anerkannt. Laut Genfer Flüchtlingskonvention können Flüchtlinge *von der Anerkennung der Flüchtlingseigenschaft ausgeschlossen* werden (Art. 1 F GFK), so u. a. bei Kriegsverbrechen, schweren gemeinrechtlichen Verbrechen oder bei einem Verstoss gegen die Ziele der Vereinten Nationen (siehe Ziff. 2). Ein Kriegsverbrecher, der in seinem Herkunftsstaat gesucht wird, ist kein Flüchtling im Sinne der GFK und kann deren Rechte nicht geniessen.

Grundsätzlich erhalten anerkannte Flüchtlinge Asyl (Art. 49 AsylG). Das Asylgesetz enthält vier Ausnahmen von diesem Grundsatz, sog. *Asylausschlussgründe*:
- Aufnahme in einem Drittstaat (Art. 52 AsylG),
- Asylunwürdigkeit (Art. 53 AsylG),
- Subjektive Nachfluchtgründe (Art. 54 AsylG),
- Ausnahmesituationen (Art. 55 AsylG).

Rechtsfolgen des Vorliegens einer Ausschlussklausel sind die folgenden:
- Liegt gemäss Art. 1 F GFK ein *Ausschluss von der Flüchtlingseigenschaft* vor, wird das Asylgesuch abgelehnt und die Wegweisung verfügt. Die asylsuchende Person untersteht nicht dem flüchtlingsrechtlichen Rückschiebungsverbot gemäss Art. 5 AsylG und Art. 33 GFK, da sie kein Flüchtling ist. Je nach den Umständen greift jedoch das – absolut geltende – menschenrechtliche Rückschiebungsverbot gemäss Art. 3 EMRK wegen drohender Folter. In diesem Fall wird die betroffene Person vorläufig aufgenommen (zu den Rückschiebungsverboten gemäss GFK und EMRK vgl. Kap. IX).

- Im Fall des Vorliegens eines *asylgesetzlichen Asylausschlussgrundes* wird das Asylgesuch ebenfalls abgelehnt und die Wegweisung verfügt. Die asylsuchenden Personen gelten jedoch – da ihre Flüchtlingseigenschaft anerkannt wurde – als Flüchtlinge im Sinne von Art. 3 AsylG. Damit unterstehen sie dem Rückschiebungsverbot der GFK (Art. 33 GFK) und demjenigen des Asylgesetzes (Art. 5 AsylG). Sie werden also als Flüchtlinge vorläufig aufgenommen und geniessen die durch die GFK verbrieften Mindestrechte von Flüchtlingen (sog. Statusrechte, vgl. Kap. XIII).

2. Ausschluss von der Flüchtlingseigenschaft

Die Genfer Flüchtlingskonvention schützt die Opfer politischer Verfolgung und nicht (verfolgte) Täter, die ihrerseits schwere Menschenrechtsverletzungen oder andere schwere Verbrechen verübt haben. In diesem Sinne sind gemäss Art. 1 F GFK Personen keine «Flüchtlinge», wenn «ernsthafte Gründe für den Verdacht» bestehen, dass sie

- ein Verbrechen gegen den Frieden, ein Kriegsverbrechen oder ein Verbrechen gegen die Menschlichkeit begangen haben (siehe Art. 1 F lit. a GFK),
- andere schwere gemeinrechtliche Verbrechen, die nicht oder nicht überwiegend politisch motiviert waren, ausserhalb des Zufluchtstaates und vor der Aufnahme im Gaststaat begangen haben (siehe Art. 1 F lit. b GFK), oder
- gegen die Ziele und Grundsätze der Vereinten Nationen verstossen haben (siehe Art. 1 F lit. c GFK).

Als Verbrechen gemäss *lit. a* gelten zum Beispiel die Planung und Führung eines Angriffskrieges, die Ermordung oder Misshandlung von Angehörigen der Zivilbevölkerung oder von Kriegsgefangenen, die gewaltsame Vertreibung ganzer Volksgruppen («ethnische Säuberungen») oder andere inhumane Akte während eines Krieges.

Schwere gemeinrechtliche Verbrechen gemäss *lit. b* sind regelmässig Kapitalverbrechen, also gegen Leib, Leben oder Freiheit von Menschen gerichtet, wie z. B. Mord, Vergewaltigung, schwerer Drogenhandel etc. Als Flüchtlingsausschlussgrund sind zudem nur solche Verbrechen relevant, die ausserhalb des Zufluchtlandes begangen wurden. Verbrechen auf dem Gebiet des Zufluchtstaates sind grundsätzlich als Asylausschlussgrund zu behandeln und allenfalls unter dem Aspekt des

Vorbehalts zum Rückschiebungsverbot (Art. 5 Abs. 2 AsylG, Art. 33 Abs. 2 GFK, siehe dazu Kap. IX, Ziff. 2.1) zu bewerten. Keine Verbrechen im Sinne von Art. 1 F lit. b GFK sind zudem sog. politische Delikte (zum Begriff des politischen Delikts vgl. Kap. VII, Ziff. 4.4.5). In einem von der Asylrekurskommission zu entscheidenden Fall ging es um die Beurteilung eines Tötungsdelikts, das ein kurdischer Asylsuchender in der Türkei im Zusammenhang mit einer Gefangenenbefreiung in Mittäterschaft verübt hatte. Die Asylrekurskommission tendierte in ihrer Urteilsbegründung dazu, den politischen Charakter der Tat anzuerkennen, wobei sie dem «subjektiven Mass der Schuld» zugunsten des Asylsuchenden starkes Gewicht beimass. Berücksichtigt wurden dabei im konkreten Fall insbesondere das jugendliche Alter zum Tatzeitpunkt sowie die Tatsache, dass die asylsuchende Person die Tat zwar geplant, aber nicht selber begangen hatte. Die Asylrekurskommission hat im Ergebnis das Vorliegen eines gemeinrechtlichen Delikts im Sinne von Art. 1 F GFK verneint, aber den Asylausschlussgrund der Asylunwürdigkeit (Art. 8 aAsylG) zur Anwendung gebracht.[1]

Lit. c enthält inhaltlich keine Neuerungen gegenüber den vorangehenden Tatbeständen und findet nach Lehre und Rechtsprechung nur Anwendung auf Personen, die in der Regierung oder im Machtapparat eines bestimmten Regimes hohe Funktionen eingenommen haben und persönliche Mitverantwortung für die infrage stehende Regierungspolitik tragen.[2] Die Voraussetzung der *persönlichen Verantwortlichkeit,* die sich durch Mitbestimmung auszeichnet, gilt auch für die übrigen Tatbestände.[3]

In der Praxis hat die Asylrekurskommission die Voraussetzungen von Art. 1 F lit. a und c GFK als gegeben erachtet bei der Beurteilung eines Asylgesuchs, welches von einem hochrangigen Mitglied des diktatorischen Regimes von Siad Barré in Somalia eingereicht wurde.[4] Die Asylrekurskommission schloss die betreffende Person von der Anerkennung der Flüchtlingseigenschaft und – logischerweise – auch von der Asylgewährung aus.

Zum Beweismass verlangte die Asylrekurskommission in konstanter Rechtsprechung, dass «ernsthafte Gründe» für Annahme eines Ausschlusstatbestandes vorliegen müssen, blosse Mutmassungen reichen nicht.[5]

Obwohl in diesen Fällen die Flüchtlingseigenschaft vorliegt, wird sie nicht anerkannt. Der Ausschluss trifft aber nur jene Familienmitglieder, bei denen die Voraussetzungen dafür persönlich erfüllt sind. Erfüllen die Familienmitglieder die

---

1 EMARK 1993/8.
2 EMARK 1999/11.
3 EMAKR 2005/18, EMARK 1999/11, 1996/18.
4 EMARK 1996/18
5 EMARK 2006/29, 2005/18, EMARK 2002/9, EMARK 1999/12.

Flüchtlingseigenschaft selbstständig und liegen bei ihnen keine persönlichen Ausschlussgründe vor, so werden sie als Flüchtlinge anerkannt und erhalten Asyl.[6]

3. Ausschluss von der Asylgewährung

Flüchtlinge, bei denen ein Asylausschlussgrund vorliegt, werden als Flüchtlinge anerkannt, erhalten jedoch kein Asyl. Sie werden wegen Unzulässigkeit des Wegweisungsvollzugs vorläufig aufgenommen. Die Asylausschlussgründe im Einzelnen:

3.1 Aufnahme in einem Drittstaat

Einer Person, die sich im Ausland befindet, kann das Asyl verweigert werden, wenn es ihr zugemutet werden kann, sich in einem andern Staat um Aufnahme zu bemühen (Art. 52 AsylG).[7] Der Ausschlussgrund spielt im Zusammenhang mit Gesuchen aus dem Ausland eine Rolle (Art. 20 AsylG). Für die Bewilligung der Einreise sind demnach eine besondere Beziehungsnähe zur Schweiz sowie die Unzumutbarkeit der Schutzsuche in einem anderen Staat erforderlich.

Im Falle eines Kolumbianers, der auf der Schweizer Botschaft in Bolivien ein Asylgesuch stellte, hielt die ARK die Beziehungsnähe zur Schweiz für gering und die Schutzsuche in einem anderen südamerikanischen Land für zumutbar.[8] Im Falle eines ugandischen Asylsuchenden, der in Tokio ein Asylgesuch gestellt hatte, stellte die ARK hingegen fest, dass trotz fehlender Beziehungsnähe zur Schweiz die Einreise zu bewilligen war, weil einerseits Hinweise auf Verfolgung im Heimatland vorlagen und andererseits eine anderweitige Schutzsuche weder praktisch möglich noch objektiv zumutbar war.[9]

6 EMARK 2005/18.

7 Die früheren Tatbestandsvarianten der Ausreisemöglichkeit in einen Drittstaat, in welchem sich die asylsuchende Person früher aufgehalten hatte oder in welchem nahe Angehörige lebten, wurden per 1. Januar 2008 aufgehoben und durch die Drittstaatenregel im Rahmen des Nichteintretensverfahrens (Art. 34 AsylG) ersetzt.

8 EMARK 2004/20.

9 EMARK 2005/19.

3.2 Asylunwürdigkeit

Gemäss Art. 53 AsylG erhält kein Asyl, wer wegen verwerflicher Handlungen dessen unwürdig ist oder wer die innere oder äussere Sicherheit der Schweiz verletzt hat oder gefährdet. Der Tatbestand weist einen inhaltlichen Zusammenhang mit dem Flüchtlingsausschlussgrund von Art. 1 F GFK (vgl. Ziff. 2) auf.

Der Gesetzgeber des Asylgesetzes von 1979 hatte ursprünglich die Absicht, eine landesrechtliche Norm zu schaffen, deren Tragweite mit Art. 1 F GFK identisch ist. Die Praxis hat diesen Weg jedoch bereits früh verlassen und als «asylunwürdig» auch Handlungen bezeichnet, die entweder im Vergleich mit den durch Art. 1 F GFK erfassten Delikten *als weniger schwerwiegend* einzustufen sind oder die *in der Schweiz* begangen wurden (zum Ausschluss von der Flüchtlingseigenschaft gemäss Art. 1 F GFK führen nur Taten, die ausserhalb des Aufnahmelandes begangen wurden). Diese Praxis wurde in der Lehre kritisiert,[10] von der Asylrekurskommission jedoch gestützt.[11]

In einem Grundsatzurteil hat sich die Asylrekurskommission zudem zum *Verhältnis* des Flüchtlingsausschlussgrundes der GFK zur Asylunwürdigkeit des Asylgesetzes wie folgt festgelegt: Liegt ein schweres Delikt im Sinne von Art. 1 F GFK vor, ist die Asylunwürdigkeit sowohl als Ausschluss von der Flüchtlingseigenschaft wie auch von der Asylgewährung zu verstehen. Bei weniger gravierenden Taten schliesst die Asylunwürdigkeit gemäss Asylgesetz lediglich von der Asylgewährung aus, nicht aber von der Zuerkennung der Flüchtlingseigenschaft.[12] Mit der Revision von 1998 hat der Gesetzgeber diese Ordnung bewusst übernommen.[13]

3.2.1 Asylunwürdigkeit infolge «verwerflicher Handlungen»

Als «verwerflich» im Sinne von Art. 53 AsylG gelten alle von der asylsuchenden Person begangenen Delikte, deren Begehung durch das schweizerische Strafrecht mit einer Freiheitsstrafe von mehr als drei Jahren geahndet wird und als «Verbrechen» gelten.[14] «Verwerflich» sind demnach Delikte gegen Leib, Leben und Freiheit (z. B. Tötungsdelikte, Körperverletzung), die meisten Vermögensdelikte (Diebstahl, Raub, Hehlerei, Betrug), Angriffe auf die sexuelle Freiheit und Ehre (sexuelle Nötigung, Vergewaltigung) sowie Verstösse gegen das Betäubungsmittelgesetz (insbesondere Drogenhandel). Irrelevant ist, ob die Verbrechen *in der Schweiz oder im Ausland* verübt wurden, einen ausschliesslich gemeinrechtlichen Charakter haben oder als

10 Vgl. dazu Kälin, W., Grundriss des Asylverfahrens, Basel/Frankfurt, 1990, S. 173 ff; Achermann, A.; Hausammann, Ch., Handbuch des Asylrechts, Bern/Stuttgart, 1991, S. 160 ff.

11 EMARK 1993/8.

12 EMARK 1996/18, EMARK 1996/40.

13 Botschaft 1995, BBl 1996 71.

14 Vgl. dazu EMARK 1993/8, EMARK 1993/23.

politische Delikte einzustufen sind (zum politischen Delikt vgl. Ziff. 2 und Kap. VII, Ziff. 4.4.5). Unverjährbare Verbrechen sind klar ein Grund für Asylunwürdigkeit.[15]

Bei Asylgesuchen von Personen, die *Parteien oder Gruppierungen angehören*, die ihre politischen Ziele auch mit den Mitteln militärischer Gewalt verfolgen (z. B. die kurdische Arbeiterpartei PKK in der Türkei, die «Befreiungstiger» LTTE in Sri Lanka), wird in der Praxis dann Asylunwürdigkeit angenommen, wenn sie durch Zugehörigkeit zur Kommandoebene direkte oder indirekte Verantwortung für strafrechtlich relevante Delikte tragen. Die Mitgliedschaft allein ist noch kein Asylausschlussgrund.[16] Keine verwerfliche Handlung im Sinne von Art. 53 AsylG stellt das Töten oder Verletzen feindlicher Soldaten im Rahmen eines bewaffneten Konfliktes dar.[17] Auch die Beteiligung an einem Todesfasten in türkischen Gefängnissen, das von einer linksterroristischen Organisation ausgerufen wurde, führt nicht zum Asylausschluss.[18]

Klare Fälle der Asylunwürdigkeit sind die Verurteilung in der Schweiz zu einer Gefängnisstrafe von drei Jahren u. a. wegen Körperverletzung und Vergewaltigung,[19] Teilnahme an einer Gefangenenbefreiung und Tötung eines Gefängnisaufsehers im Herkunftsland.[20] Denkbar ist die Annahme von Asylunwürdigkeit auch in Fällen, wo zwar geringere, aber wiederholt begangene Delikte vorliegen, die mit einer Freiheitsstrafe von mehr als drei Jahren geahndet werden. Problematisch sind Asylentscheidungen, die Asylunwürdigkeit annehmen, obwohl kein rechtskräftiges Strafurteil vorliegt und die Taten von den asylsuchenden Personen ausdrücklich in Abrede gestellt werden. Gemäss Botschaft des Bundesrates ist eine rechtskräftige Verurteilung keine Voraussetzung für die Annahme der Asylunwürdigkeit. Nach seiner Auffassung ist es jedoch erforderlich, dass im konkreten Fall eine Anklage erhoben wurde und entweder ein Geständnis oder eine «liquide Beweislage» vorliegt.[21]

Die Asylrekurskommission ist schliesslich der in der Lehre[22] vertretenen Auffassung gefolgt, dass bei der Beurteilung der Asylunwürdigkeit auch der Grundsatz der Verhältnismässigkeit zu beachten ist. In diesem Sinn hat die ARK beispielsweise darauf verzichtet, Asylunwürdigkeit in Fällen anzunehmen, bei denen die Delikte lange Zeit zurückliegen und aus strafrechtlicher Sicht zum Zeitpunkt des Asylentscheides als verjährt gelten müssten. Berücksichtigt werden die individuellen Umstände wie das

---

15 EMARK 1996/18.
16 EMARK 2002/9.
17 EMARK 2006/29.
18 EMARK 2004/21.
19 EMARK 1993/23.
20 EMARK 1993/8.
21 Botschaft 1995, BBl 1996 II 72.
22 Vgl. Kälin, W., a. a. O., S. 185.

Alter zum Zeitpunkt der Tatbegehung, eine allfällige Veränderung der Lebensverhältnisse nach der Tat etc. Die Asylrekurskommission betont in diesem Zusammenhang, dass der Bestimmung zur Asylunwürdigkeit «weder ein pönalisierender noch ein moralischer Charakter» beizumessen ist; sie dient dem Schutz des Aufnahmestaates und dessen Bevölkerung.[23] Demgegenüber kann gemäss Praxis die Verurteilung zu einer Gefängnisstrafe wegen einer schweren Widerhandlung gegen das Betäubungsmittelgesetz auch bei Gewährung des bedingten Strafvollzuges zur Asylunwürdigkeit führen, wenn die deliktische Tätigkeit einige Zeit gedauert hat, besondere Gefährlichkeit oder einen Hang des Täters zur Delinquenz offenbart.[24]

3.2.2 Asylunwürdigkeit infolge «Gefährdung der inneren oder äusseren Sicherheit der Schweiz»

Asylunwürdigkeit liegt ferner vor, wenn Flüchtlinge die Staatssicherheit verletzen oder gefährden. Die Praxis hat sich gemäss Bundesrat an der Rechtsprechung zu Art. 121 Abs. 2 BV (bzw. Art. 70 aBV) als auch an den Weisungen des EJPD über die Durchführung des Staatsschutzes auszurichten. Gemeint ist die Gefährdung des Vorranges der staatlichen Gewalt im politischen und militärischen Bereich.[25] Zu denken ist an eine Bedrohung durch Terrorismus, gewalttätigen Extremismus, verbotenen Nachrichtendienst, organisierte Kriminalität und Handlungen, welche die auswärtigen Beziehungen der Schweiz ernsthaft gefährden oder auf eine gewaltsame Änderung der staatlichen Ordnung hinzielen.[26] Entsprechend dieser Aufzählung können nur schwerwiegende Fälle als «staatsgefährdend» gelten.

Die Asylrekurskommission hat mit Recht entschieden, dass die blosse Zugehörigkeit zur FIS (d. h. zur oppositionellen «Islamischen Heilsfront» Algeriens) kein Grund für die Annahme von Asylunwürdigkeit ist. Es wurde im konkreten Fall insbesondere auch darauf hingewiesen, dass in der Schweiz keine Strafverfolgung gegen den Asylsuchenden eröffnet worden war.[27]

«Extremistisch» eingestufte Ausländerinnen und Ausländer geraten in der Regel auch ins Visier der Bundesanwaltschaft, die sich unter Umständen in ihren Berichten zuhanden der Asylbehörden auch über eine allfällige Asylunwürdigkeit ausspricht. Gemäss Rechtsprechung haben diese Berichte mangels einer entsprechenden gesetzlichen Grundlage keinerlei Bindungswirkung in Bezug auf den Asylentscheid. Es handelt sich um Empfehlungen, welche die Asylbehörden zwar zur Kenntnis zu nehmen, aber frei zu würdigen haben.[28]

---

23 EMARK 1996/40.
24 EMARK 1998/28.
25 EMARK 1998/12.
26 Botschaft 1995, BBl 1996 II, S. 72.
27 EMARK 1998/12.
28 EMARK 1998/12.

3.3 Subjektive Nachfluchtgründe

3.3.1 Vorfluchtgründe und Nachfluchtgründe

Flüchtlinge, die erst wegen ihrer Ausreise oder ihrem Verhalten danach verfolgt werden, sind nach Art. 54 AsylG von der Asylgewährung wegen sogenannter subjektiver Nachfluchtgründe auszuschliessen. Zum Verständnis dieser Bestimmung sind zunächst die Begriffe «Vorfluchtgründe» und «Nachfluchtgründe» auseinanderzuhalten.

Unter *Vorfluchtgründe* fällt die Verfolgungssituation, die schliesslich zur Ausreise aus dem Verfolgerstaat geführt hat. *Nachfluchtgründe* liegen vor, wenn vor dem Verlassen des Heimat- oder Herkunftsstaates noch keine Gefährdungssituation bestanden hatte, sondern diese durch die Ausreise oder nach der Ausreise geschaffen wurde.

Bei den Nachfluchtgründen sind je nach Art ihrer *Entstehung* zwei Fallgruppen auseinanderzuhalten. Führen *äussere Umstände*, auf die der Flüchtling keinen Einfluss nehmen konnte, zur Verfolgungssituation im Falle einer Rückkehr, liegen *objektive Nachfluchtgründe vor.* So kann z. B. ein Regimewechsel dazu führen, dass früher geduldete exilpolitische Aktivitäten unter einer neuen Regierung verfolgt werden. Die Handlungen von politischen Aktivisten oder Aktivistinnen können alle Mitglieder der Familie gefährden (Reflexverfolgung oder Sippenhaft), sodass Angehörige, die sich im Ausland befinden, im Falle ihrer Rückkehr mit Verfolgung rechnen müssen.[29]

Demgegenüber werden subjektive Nachfluchtgründe erst *durch das Verhalten* der dadurch zum Flüchtling werdenden Person geschaffen. Entscheidend ist, dass die drohende Verfolgung nicht kausal für die Ausreise war.[30]

Während objektive Nachfluchtgründe zur Asylgewährung führen, begründen subjektive Nachfluchtgründe zwar die Flüchtlingseigenschaft, führen jedoch zum Ausschluss des Asyls. Die Sanktionierung subjektiver Nachfluchtgründe durch den Asylausschluss sollte ursprünglich das missbräuchliche Erzwingen des Asylstatus durch bloss vorgeschobene exilpolitische Aktivitäten verhindern. Angesichts möglicher Beweisschwierigkeiten hat der Gesetzgeber (die Bestimmung geht auf den Asylverfahrensbeschluss von 1990 zurück) bewusst darauf verzichtet, den Asylausschlussgrund auf rechtsmissbräuchlich gesetzte Nachfluchtgründe zu beschränken. Selbst wer also aufgrund echter Überzeugung exilpolitisch tätig ist und deswegen mit Verfolgung rechnen muss, wird vom Asyl ausgeschlossen.[31]

29 EMARK 1994/17.
30 Siehe Achermann, A.; Hausammann, Ch., a. a. O., S. 112.
31 EMARK 1995/7, Grundsatzurteil.

3.3.2 Subjektive Nachfluchtgründe im Einzelnen

Art. 54 AsylG kennt zwei unterschiedliche Tatbestände:

- Über subjektive Nachfluchtgründe verfügt eine Person, die erst *durch ihre Ausreise* aus dem Heimat- oder Herkunftsstaat Flüchtling im Sinne von Art. 3 AsylG wurde. Dies kann dann der Fall sein, wenn der Herkunftsstaat das Verlassen des Landes mit Strafe bedroht. Die Strafgesetze verschiedener osteuropäischer Staaten kannten vor 1990/1991 einen solchen Tatbestand der «Republikflucht».[32] Wichtig ist, dass durch die Ausreise nicht einfach eine allgemeine, sondern eine flüchtlingsrelevante Gefährdungssituation geschaffen wird. Wer im Zusammenhang mit der Ausreise gegen legitim erlassene Gesetze verstösst (also z. B. Steuergesetze verletzt, der allgemeinen Militärdienstpflicht nicht nachkommt oder unerlaubterweise Kriegsmaterial ausführt), wird dadurch nicht zum Flüchtling. Art. 54 AsylG kommt in diesen Fällen gar nicht erst zur Anwendung.
- Subjektive Nachfluchtgründe liegen weiter vor, wenn *das Verhalten nach der Ausreise* die Flüchtlingseigenschaft begründet. Massgeblich ist, dass dieses Verhalten mit hoher Wahrscheinlichkeit zu einer flüchtlingsrelevanten Verfolgung im Herkunftsstaat führt. Zu denken ist etwa an politische Exilaktivitäten, Religionswechsel, aber auch die drohende Verfolgung aufgrund der *Stellung eines Asylgesuchs* im Ausland, die in einzelnen Staaten als «staatsfeindliche Handlung» betrachtet wird.

  Ob Exilaktivitäten wie die Teilnahme an politischen Demonstrationen oder Versammlungen, Auftritte in der Öffentlichkeit wie Interviews gegenüber Zeitungen usw. zu Verfolgung führt, hängt zunächst davon ab, ob die Behörden des Heimatstaates von den verbotenen Aktivitäten überhaupt Kenntnis haben. Zu berücksichtigen sind diesbezüglich insbesondere der Grad der Überwachung von Regimegegnern im Ausland (Existenz eines Spitzelsystems, systematische Auswertung von ausländischen Presseerzeugnissen durch den Herkunftsstaat), der Bekanntheitsgrad der asylsuchenden Person für die Behörden des Herkunftstaates (abzuklären sind Fragen wie: Handelt es sich um Mitläufer oder um Kadermitglieder der verbotenen Organisation? Ist die asylsuchende Person den Heimatbehörden bereits aus früheren Aktivitäten bekannt? etc.), schliesslich allfällige Aktivitäten von Familienangehörigen, die eine erhöhte «Aufmerksamkeit» der Heimatbehörden nach sich ziehen.[33] Das Stellen eines Asylgesuchs durch illegal aus China ausgereiste Tibeterinnen und Tibeter führt jedenfalls dann mit hoher Wahrscheinlich zu Verfolgung, wenn kein vorgängiger, längerer Aufenthalt in Nepal oder Indien vorliegt.[34] Auch die illegale Aus-

---

32 Vgl. dazu EMARK 1993/7 betreffend Russland bzw. die ehemalige Sowjetunion.

33 Vgl. zur Praxis der ARK Marugg, M., Rechtsprechung, ASYL, 1997/3, S. 73.

34 EMARK 2006/1.

reise aus dem Irak unter Saddam Hussein mit der nachfolgenden Asylgesuchsstellung führte laut ARK zur Annahme subjektiver Nachfluchtgründe, weil mit hoher Wahrscheinlichkeit davon ausgegangen werden musste, dass den irakischen Behörden die Asylgesuchsstellung bekannt wurde.[35]

Die ARK hat in einem Grundsatzentscheid entschieden, dass ein «Addieren» von subjektiven Nachfluchtgründen und – allein für sich betrachtet – unzureichenden Vorfluchtgründen nicht zur Asylgewährung führen kann.[36] Asyl erhält also nur, wer infolge von ausreichenden Vorfluchtgründen oder objektiven Nachfluchtgründen Flüchtling ist; Flüchtlinge mit subjektiven Nachfluchtgründen erhalten in der Regel die vorläufige Aufnahme, es sei denn, es komme der Vorbehalt gemäss Art. 5 Abs. 2 AsylG zur Anwendung (siehe Kap. IX, Ziff. 5).

Der Bundesrat schlug im Januar 2009 vor, politische Tätigkeiten mit dem einzigen Zweck der Schaffung von subjektiven Nachfluchtgründen unter Strafe zu stellen, wobei auch Hilfeleistungen strafbar sein sollen.[37]

3.4 Ausnahmesituationen

Nach Art. 55 AsylG gewährt die Schweiz bei Ausbruch eines bewaffneten Konflikts, erhöhten internationalen Spannungen oder einem «ausserordentlich grossen Zustrom» von Asylsuchenden in Friedenszeiten nur so lange Asyl, als dies nach den Umständen möglich ist. Der Bundesrat erhält u. a. die Kompetenz, die erforderlichen Massnahmen zu erlassen und besondere Verfahrensbestimmungen aufzustellen oder die Voraussetzungen der Asylgewährung einschränkend zu regeln (z. B. durch die Gewährung von «temporärem Asyl», vgl. Art. 55 Abs. 3 AsylG).

Gemäss dem Willen des Gesetzgebers von 1986 erfordert die Annahme einer «Ausnahmesituation» nicht nur eine ausserordentlich hohe Zahl an Asylgesuchen, sondern auch eine Überlastung der vorhandenen Strukturen, welche eine Bewältigung der Gesuche im Normalverfahren auf unabsehbare Zeit nicht mehr zulässt. Die Annahme einer Ausnahmesituation ist Ultima Ratio in Extremsituationen.[38] Das Asylgesetz sieht für die Bewältigung einer Massenflucht den Status für Schutzbedürftige vor (siehe Kap. XII). Im Vordergrund des Anwendungsbereichs von Art. 55 AsylG steht damit insbesondere die Bewältigung von ausserordentlichen

---

35 EMARK 1999/29.

36 EMARK 1995/7.

37 Vgl. Art. 115 und Art. 116 lit. c, d AsylG gemäss Bericht zur Änderung des Asylgesetzes und des Bundesgesetzes über die Ausländerinnen und Ausländer vom 19. Dezember 2008. BBl 2009, Nr. 4, S. 573.

38 Siehe Botschaft 1985, BBl 1986 I 10; sowie Stöckli, W., Der Abstimmungskampf als Interpretationshilfe: Die Versprechen der Behörden, ASYL, 1987/2, S. 7 f.

Fluchtbewegungen, welche nicht durch eine Situation «allgemeiner Gewalt» im Sinne von Art. 4 AsylG hervorgerufen wurden. Es handelt sich um einen Asylausschlussgrund nach dem Landesrecht der Schweiz. Flüchtlingen nach der Genfer Flüchtlingskonvention sind auch im Anwendungsfall von Art. 55 AsylG die Rechte der Flüchtlingskonvention, insbesondere die Berücksichtigung des Non-refoulement-Gebotes, zu garantieren.

Literaturhinweise

Achermann, Alberto; Hausammann, Christina: Handbuch des Asylrechts, Bern/Stuttgart 1991.

Goodwin-Gill, Guy; McAdam, Jane: The Refugee in International Law, Oxford, 2007.

Kälin, Walter: Grundriss des Asylverfahrens, Basel/Frankfurt, 1990.

Kälin, Walter; Künzli, Jörg: Article 1F(b): Freedom Fighters, Terrorists, and the Notion of Serious Non-Political Crimes, International Journal of Refugee Law, Vol. 12/2000, Issue 1, pp. 46–78.

Kwakwa, Edward: Article 1F(c): Acts Contrary to the Purposes and Principles of the United Nations. International Journal of Refugee Law, Vol. 12/2000, Issue 1, pp. 79–91.

Pejic, Jelena: Article 1F(a): The Notion of International Crimes, International Journal of Refugee Law, Vol. 12/2000, Issue 1, pp. 11–45.

UNHCR, Richtlinien zum internationalen Schutz: Anwendung der Ausschlussklauseln: Artikel 1 F des Abkommens von 1951 über die Rechtsstellung der Flüchtlinge, HCR/GIP/03/05, 4. September 2003, Deutsch (Original: Englisch).

UNHCR, Handbuch über Verfahren und Kriterien zur Feststellung der Flüchtlingseigenschaft, Genf, September 1979; Neuauflage: Genf, Dezember 2003.

IX Wegweisungshindernisse

1. Übersicht

Folge der Ablehnung des Asylgesuchs oder eines Nichteintretensentscheides ist gemäss Art. 44 Abs. 1 AsylG die Anordnung des Vollzugs der Wegweisung aus der Schweiz. Grundsätzlich ist im Falle eines rechtskräftigen Entscheides der asylsuchenden Person eine Ausreisefrist zu setzen, damit sie das Land freiwillig verlassen kann. Lässt diese die Frist unbenutzt verstreichen, wird der zwangsweise Vollzug (Ausschaffung) in den Heimat-, Herkunfts- oder Drittstaat angeordnet.

Von diesem Regelfall kennt das Asylgesetz drei Ausnahmesituationen, indem es in Art. 44 Abs. 2 AsylG bestimmt, dass für den Fall, dass der Vollzug der Wegweisung *nicht zulässig, nicht zumutbar* oder *nicht möglich* ist, das weitere Anwesenheitsverhältnis durch Anordnung einer vorläufigen Aufnahme geregelt wird.

Die Voraussetzungen des Vollzugs der Wegweisung, d. h. insbesondere auch das allfällige Vorliegen von *Wegweisungshindernissen,* sind gesondert und im unmittelbaren Anschluss an die Asylfrage zu prüfen. Diese Prüfung ist integraler Teil eines Verfahrens, das im Grunde genommen aus zwei Teilen besteht: Einem *Asyl-* und einem *Wegweisungsverfahren.*

Die Voraussetzungen der einzelnen Wegweisungshindernisse werden in Art. 83 AuG aufgeführt, aber teilweise im Asylgesetz näher umschrieben (vgl. Art. 5 Abs. 1 und 2 AsylG, Rückschiebungsverbot). Die Situation von Personen, deren *Asyl*gesuch *abgelehnt* wurde bzw. auf deren Gesuch nicht eingetreten wurde, wird also wesentlich durch das AuG mitbestimmt.

Im Folgenden werden die einzelnen Wegweisungshindernisse erläutert.

2. Unzulässigkeit der Wegweisung: Völkerrechtliche Grenzen

Stehen völkerrechtliche Verpflichtungen der Schweiz dem Vollzug einer verfügten Wegweisung in den Heimat-, Herkunfts- oder einen Drittstaat entgegen, so ist gemäss Art. 44 Abs. 2 AsylG[1] der Vollzug der Wegweisung unzulässig. Die Schweiz würde Völkerrecht verletzen und sich völkerrechtlich verantwortlich machen, falls sie trotz Unzulässigkeit eine angeordnete Wegweisung vollzieht[2].

Solche völkerrechtlichen Verpflichtungen, die dem Wegweisungsvollzug entgegenstehen können, ergeben sich insbesondere aus dem internationalen Menschenrechtsschutz und dem internationalen Flüchtlingsrecht. Zu den relevanten und für die Schweiz verbindlichen völkerrechtlichen Verträgen in diesen Fachbereichen gehören vor allem die Europäische Menschenrechtskonvention (EMRK)[3], die UNO-Folterkonvention(FoK)[4], der UNO-Pakt II über die bürgerlichen und politischen Rechte[5] und natürlich die Genfer Flüchtlingskonvention(GFK)[6]. Bei minderjährigen Asylsuchenden ist zudem die UNO-Kinderrechtskonvention (KRK)[7] zu berücksichtigen.

Ein für nationales Asylrecht zentraler Grundsatz und Eckstein des internationalen Flüchtlingsrechts ist das Prinzip des Non-refoulement oder Verbot der Rückschiebung. Dieses Prinzip schützt vor einer Rückschiebung in einen Staat, wo ein Risiko der Verfolgung, Folter oder anderer Misshandlung oder die Todesstrafe droht. Sowohl nationales Recht als auch diverse völkerrechtliche Verträge verankern diesen Grundsatz, der auch Teil des Völkergewohnheitsrechts geworden ist. Als letzter Rettungsanker stellt sich dieses Prinzip einer Wegweisung entgegen und macht diese unzulässig.

---

1 Asylgesetz vom 26. Juni 1998 (Stand am 12. Dezember 2008), SR 142.31.

2 Sie kann sich dieser völkerrechtlichen Verantwortlichkeit auch nicht entziehen, indem sie sich auf eine Rechtsgrundlage im nationalen Recht beruft. Siehe Art. 27 des Wiener Übereinkommens vom 23. Mai 1969 über das Recht der Verträge, SR 0.111.

3 Konvention vom 4. November 1950 zum Schutze der Menschenrechte und Grundfreiheiten, SR 0.101.

4 Übereinkommen vom 10. Dezember 1984 gegen Folter und andere grausame, unmenschliche oder erniedrigende Behandlung oder Strafe, SR 0.105.

5 Internationaler Pakt vom 16. Dezember 1966 über bürgerliche und politische Rechte, SR 0.103.2.

6 Abkommen vom 28. Juli 1951 über die Rechtsstellung der Flüchtlinge, SR 0.142.30. Zu beachten bezüglich des Anwendungsbereiches ist ebenfalls das Protokoll vom 31. Januar 1962 über die Rechtsstellung der Flüchtlinge, SR 0.142.301.

7 Übereinkommen vom 20. November 1989 über die Rechte des Kindes, SR 0.107.

Als unzulässig kann sich auch eine Wegweisung erweisen, die gegen andere völkerrechtliche Pflichten der Schweiz verstösst. Zu denken ist insbesondere an Wegweisungen, welche die Trennung einer Familie zur Folge haben, was unter dem Aspekt der Achtung des Familienlebens in Art. 8 EMRK oder Art. 17 Pakt II problematisch ist[8]. Art. 44 Abs. 1 AsylG verpflichtet denn auch, bei der Anordnung und dem Vollzug der Wegweisung den Grundsatz der Einheit der Familie zu berücksichtigen.

Bei einer Wegweisung minderjähriger Asylsuchender ist die UNO-Kinderrechtskonvention zu berücksichtigen. Art. 3 Abs. 1 KRK, der zur vorrangigen Berücksichtigung des Kindeswohls verpflichtet, steht dabei im Vordergrund. Das Bundesverwaltungsgericht berücksichtigt Art. 3 KRK wie Art. 22 KRK im Rahmen einer völkerrechtskonformen Auslegung. Dies jedoch unter dem Titel der Zumutbarkeit des Wegweisungsvollzugs.[9]

2.1 Allgemeines zum Rückschiebungsverbot

Das Rückschiebungsverbot ist zum einen ein flüchtlingsrechtlicher Grundsatz und als solcher ausdrücklich in Art. 5 AsylG sowie in Art. 33 GFK statuiert. Daneben ist er als grund- und menschenrechtliches Prinzip sowohl in der Verfassung, wie auch in regionalen und internationalen Menschenrechtsverträgen verankert. Die EMRK und der UNO-Pakt II nennen das Rückschiebungsverbot nicht explizit. Jedoch leiten die beiden Überwachungsorgane, der Europäische Gerichtshof für Menschenrechte und der UNO-Menschenrechtsausschuss, dieses Prinzip in konstanter Praxis aus dem Verbot der Folter, unmenschlicher und erniedrigender Behandlung oder Strafe, in Art. 3 EMRK und Art. 7 Pakt II, ab. Die Verfassung sowie die UNO-Folterkonvention statuieren hingegen in Art. 25 Abs. 3 BV und in Art. 3 FoK ein ausdrückliches Rückschiebungsverbot.

Völkerrechtliche Verpflichtungen der Schweiz gehen dem Landesrecht und damit dem Asylgesetz und den -verordnungen grundsätzlich vor. Dies gilt auch für das Rückschiebungsverbot. Non-refoulement-Vorbringen sind in jedem Verfahrenszeitpunkt, auch noch im Vollzugsstadium, möglich und müssen aufgrund des unbedingten Vorrangs des Rückschiebungsverbots von den zuständigen Behörden geprüft und der Entscheid entsprechend geändert werden. In einem Grundsatzentscheid aus dem Jahre 1995 hatte die frühere Asylrekurskommission über ein Revisionsgesuch zu entscheiden, mit dem neue Verfolgungsgründe geltend gemacht

---

8 Siehe Achermann, A.; Hausammann, Ch., Handbuch des Asylrechts, Bern/Stuttgart, 1991, S. 46 ff.; Illes R., Das Recht auf Familienleben von Asylsuchenden und vorläufig aufgenommenen Ausländern, ASYL, 1999/2, S. 8 ff.

9 Vgl. EMARK 1998/13, E. 5d (Grundsatzentscheid) und EMARK 2006/24, E. 6.2. Zur Unzumutbarkeit des Wegweisungsvollzugs siehe Kap. IX, Ziff. 3.

wurden. Sie kam zum Schluss, «dass aus völkerrechtlicher Sicht der Umstand, dass ein Weggewiesener seine Vorbringen, welche nach dem materiellen Völkerrecht erheblich sind, mit Blick auf das Landesrecht prozessual verspätet geltend gemacht hat, tatsächlich nicht von Bedeutung sein kann».[10]

2.2 Flüchtlingsrechtliches Rückschiebungsverbot

Das flüchtlingsrechtliche Rückschiebungsverbot in Art. 5 AsylG und Art. 33 GFK ist zwar ein zentrales Prinzip im Flüchtlingsrecht[11], jedoch ist es in persönlicher Hinsicht beschränkt und der Refoulement-Schutz ist nicht absolut.

2.2.1 Persönlicher Anwendungsbereich: Refoulement-Schutz nur für Flüchtlinge

Gemäss Art. 33 Abs. 1 GFK darf kein Vertragsstaat «einen *Flüchtling* in irgendeiner Form in das Gebiet eines Landes ausweisen oder zurückstellen, wo sein Leben oder seine Freiheit wegen seiner Rasse, Religion, Staatsangehörigkeit, seiner Zugehörigkeit zu einer bestimmten sozialen Gruppe oder seinen politischen Anschauungen gefährdet wäre». Art. 5 AsylG orientiert sich an dieser Bestimmung und auch Art. 25 Abs. 2 BV schützt nur Flüchtlinge vor Ausschaffung und Auslieferung in einen Staat, in dem sie verfolgt werden.

Das flüchtlingsrechtliche Rückschiebungsverbot schützt daher ausschliesslich Flüchtlinge, d. h. Personen, welche die Voraussetzungen der Flüchtlingseigenschaft[12] gemäss Art. 1 A Abs. 2 GFK bzw. Art. 3 AsylG erfüllen. Dabei spielt der Status dieser Personen keine Rolle, da der Flüchtlingsbegriff materieller Natur ist und die formelle Anerkennung durch den Asylstaat nicht eine Voraussetzung für die Flüchtlingseigenschaft ist.[13] Geschützt werden anerkannte Flüchtlinge, aber auch solche, deren Asylgesuch noch hängig ist. Auch abgewiesene Asylsuchende können vom flüchtlingsrechtlichen Refoulement-Schutz profitieren, wenn sie als Flüchtlinge anerkannt worden sind, jedoch ein Asylausschlussgrund[14] gemäss dem Asylgesetz vorliegt.[15] Abgewiesene Asylsuchende, bei welchen die Flüchtlingseigen-

---

10 EMARK 1995/9, S. 85 (Grundsatzentscheid).

11 Dies äussert sich auch darin, dass Staaten zu Art. 33 GFK gemäss Art. 42 Abs. 1 GFK keine Vorbehalte anbringen dürfen. Siehe auch Kälin, W., Das Prinzip des Non-Refoulement, Bern, 1982, S. 119.

12 Zum Flüchtlingsbegriff siehe Kap. VII.

13 Kälin, W., a. a. O., S. 89.

14 Zu den Asylausschlussgründen siehe Kap. VIII.

15 Siehe z. B. EMARK 2006/1, welcher die Flüchtlingseigenschaft eines chinesischen Staatsangehörigen tibetischer Abstammung anerkannt, ihn aber von der Asylgewährung wegen subjektiver Nachfluchtgründe gemäss Art. 54 AsylG ausschliesst. Trotzdem fällt der Betroffene unter den Schutz des flüchtlingsrechtlichen Rückschiebungsschutzes.

schaft nachweislich fehlt, werden nicht geschützt.[16] Nicht in die Definition fallen auch Personen, bei denen ein Ausschlussgrund von der Flüchtlingseigenschaft gemäss Art. 1 F GFK vorliegt.

2.2.2 Materieller Anwendungsbereich: Umfang der Schutzverpflichtung

Der Umfang der Schutzverpflichtung des Aufenthaltsstaates umfasst sowohl die direkte Wegweisung in den Verfolgerstaat, als auch die indirekte Wegweisung. Letztere ist unter dem Titel «Kettenabschiebung» bekannt.

Bei der direkten Wegweisung wird die weggewiesene Person direkt – ohne Zwischenaufenthalt in einem Drittstaat – in den möglichen Verfolgerstaat zurückgeschafft.

Das Flüchtlingsrecht schützt jedoch auch vor Rückschiebungen in Drittstaaten, von wo aus die Person dann in den Verfolgerstaat weitergeschafft wird. Hier macht sich nicht nur der Drittstaat, welcher den Flüchtling direkt der Verfolgungsgefahr aussetzt, flüchtlingsrechtlich verantwortlich, sondern auch der Staat, welcher diese Rückschiebungskette ausgelöst hat. Art. 5 Abs. 1 AsylG umfasst diese Kettenabschiebungen ausdrücklich in seinem Wortlaut. Die frühere Asylrekurskommission hat beispielsweise die vorsorgliche Wegweisung eines Kurden nach Deutschland untersagt, da die Gefahr einer Weiterschiebung in die Türkei bestand, ohne die bestehende Gefährdungssituation ausreichend in Betracht zu ziehen.[17] Im Fall eines chinesischen Staatsangehörigen tibetischer Herkunft konnte das Bundesverwaltungsgericht mangels umfassender Sachverhaltsfeststellung durch das Bundesamt nicht über die vorsorgliche Wegweisung des Beschwerdeführers nach Belgien entscheiden. Gleichzeitig wies es jedoch darauf hin, dass sich Fragen bezüglich der Zulässigkeit der vorsorglichen Wegweisung stellen würden, falls Belgien die Wegweisung des Beschwerdeführers nach Nepal in Betracht ziehen sollte, da aus Nepal Rückschaffungen von Tibetern nach China stattgefunden haben und daher ein Risiko einer Kettenabschiebung entstehen könnte.[18]

2.2.3 Zulässige Ausnahmen vom Refoulement-Schutz im Flüchtlingsrecht

Das flüchtlingsrechtliche Rückschiebungsverbot gilt nicht absolut. Art. 33 Abs. 2 GFK sowie Art. 5 Abs. 2 AsylG schliessen Flüchtlinge von diesem Schutz aus, wenn erhebliche Gründe für die Annahme vorliegen, dass diese eine Gefahr für die Sicherheit der Schweiz darstellen oder wenn sie als Gemeingefahr eingestuft werden, weil sie wegen eines besonders schweren Verbrechens oder Vergehens rechtskräftig verurteilt worden sind.

---

16 EMARK 2002/7, E. 5b aa.

17 EMARK 1998/24.

18 Urteil des Bundesverwaltungsgerichts vom 19. Juli 2007, E-2426/2007, E. 5.3. Siehe auch EMARK 2005/1, E. 5.

Die Konsequenzen dieser Ausnahmen sind schwerwiegend, weshalb sie restriktiv anzunehmen sind.[19] Die Sicherheit der Schweiz wird durch den Flüchtling dann gefährdet, wenn dieser die «Grundlagen der staatlichen Ordnung oder gar die Existenz des Zufluchtlandes»[20] ernsthaft gefährdet. Ebenfalls wird vom Refoulement-Schutz abgesehen, wenn jemand als gemeingefährlich gilt, weil er rechtskräftig wegen eines besonders schweren Verbrechens oder Vergehens verurteilt wurde. Diese Ausnahme sollte nur bei Straftaten zur Anwendung kommen, die objektiv und subjektiv besonders schwer sind, also wenn die Straftat selbst sehr hohe Rechtsgüter wie das Leben oder die körperliche Integrität betrifft und auch das Verschulden des Täters besonders schwer wiegt.[21] Solche schweren Straftaten liegen etwa vor: (1) bei der Begehung internationaler Verbrechen, wie Verbrechen gegen den Frieden, Kriegsverbrechen oder Verbrechen gegen die Menschlichkeit; (2) bei schweren nicht politischen Verbrechen, wozu etwa Mord, Raub oder die vorsätzliche schwere Körperverletzung bei gleichzeitiger Schuldfähigkeit des Täters gehört, und (3) bei Handlungen, welche den Zielen und Grundsätzen der UNO in Art. 1 und 2 der UNO-Charta zuwiderlaufen.[22] Obwohl der Vertragstext und auch das Asylgesetz die Verurteilung wegen eines Vergehens vorsieht, ist der Ausschluss vom Refoulement-Schutz aufgrund eines Vergehens nicht vorstellbar.[23] Im Weiteren muss der Flüchtling wegen des begangenen Verbrechens eine Gemeingefahr darstellen, d.h., es muss eine Prognose für das zukünftige Verhalten des Flüchtlings gemacht werden. Nur falls diese schlecht ausfällt, darf vom Refoulement-Schutz abgesehen werden.[24]

Diese Ausnahmeklauseln bedürfen einer besonders sorgfältigen Güterabwägung.[25] Selbst in Fällen, in welchen eine Ausnahme vom flüchtlingsrechtlichen Refoulement-Schutz gemacht wird, muss geprüft werden, ob dem Flüchtling bei der Rückschiebung eine Behandlung droht, die durch das menschenrechtliche Rückschiebungsverbot erfasst wird.

---

19 Walter Kälin spricht daher von «ultima ratio». Siehe Kälin, W., a. a. O., S. 130.

20 Kälin, W., a. a. O., S. 131.

21 Kälin, W., a. a. O., S. 134.

22 Diese drei Kategorien decken sich mit Art. 1 F GFK, wonach eine Person von der Flüchtlingseigenschaft ausgeschlossen wird. Kälin, W., a. a. O., S. 133 f.

23 So auch Kälin, W., a. a. O., S. 134, Fussnote 2.

24 Kälin, W., a. a. O., S. 135.

25 Dafür plädiert auch Kälin, W., a. a. O., S. 136.

2.3 Menschenrechtliches Rückschiebungsverbot

2.3.1 Absoluter Charakter des Rückschiebungsverbots

Es darf niemand der Folter, unmenschlicher oder erniedrigender Behandlung oder Strafe unterworfen werden. Die UNO-Folterkonvention schützt vor Folter[26] und enthält in Art. 3 auch ein ausdrückliches Rückschiebungsverbot. Auch in der Europäischen Menschenrechtskonvention und im UNO-Pakt II wurde das Folterverbot statuiert. Doch weder Art. 3 EMRK noch Art. 7 UN-Pakt II[27] schreiben fest, dass eine Ausschaffung bei drohender Folter verboten ist. Der UN-Menschenrechtsausschuss betont jedoch, dass aus Art. 7 des Paktes die Pflicht der Vertragsstaaten fliesst, niemanden der Folter, unmenschlicher oder erniedrigender Behandlung auszusetzen, auch nicht durch Ausschaffung in einen anderen Staat.[28] Auch der Europäische Gerichtshof für Menschenrechte hält bis heute an seiner Soering-Praxis fest, wonach aus Art. 3 EMRK die Verpflichtung fliesst, niemanden in einen Staat auszuschaffen, wo ihm eine Behandlung oder Strafe droht, die mit Art. 3 EMRK nicht vereinbar ist.[29] Der Gerichtshof begründet dies mit dem absoluten Charakter des Folterverbots.[30] Die schweizerische Bundesverfassung verankert das menschenrechtliche Rückschiebungsverbot ausdrücklich in Art. 25 Abs. 3 BV. Im Gegensatz zum Rückschiebungsverbot der GFK und des Asylgesetzes setzt das menschenrechtliche Rückschiebungsverbot nicht voraus, dass der drohenden schweren Menschenrechtsverletzung Verfolgungsmotive im Sinne des Flüchtlingsbegriffs zugrunde liegen. Der Wortlaut der Folterverbote in der EMRK und dem UNO-Pakt II machen klar, dass *niemand* einer solchen Behandlung oder Strafe unterzogen werden darf. Alle Menschen kommen daher in den Schutz des menschenrechtlichen Non-refoulement-Prinzips. Im Gegensatz zum flüchtlingsrecht-

---

26 Die Folterkonvention auferlegt den Vertragsstaaten diverse Pflichten, insbesondere in der Prävention. Dabei bezieht sie sich auf den relativ engen Begriff der Folter in Art. 1 FoK, welcher nur staatliche und zielgerichtete Folter erfasst.

27 Aus diesen Garantien wird nicht nur Schutz gegen Auslieferung bei drohender Folter gewährt, sondern auch beim Wegweisungsvollzug. Grundgedanke ist der, dass niemand in einen Staat verbracht werden darf, wo ihm Folter droht, weder per Auslieferung noch durch Ausschaffung. Die Situationen sind insofern durchaus vergleichbar.

28 MRA in General Comment No. 20 (1992), Ziff. 9.

29 EGMR, Soering vs. UK, A/161 (1989), insb. Ziff. 80 ff. Weitere Praxis des EGMR: Ahmed vs. Austria, Reports 1996-VI, H.L.R. vs. France, Reports 1997-III, Vilvarajah and Others vs. UK, A/215 (1991), Cruz Varas vs. Sweden A/201 (1991), D. vs. UK, Reports 1997-III, Chahal vs. UK, Reports 1996-V. Aus diesen Garantien der EMRK und des UNO-Paktes II wird Schutz gegen jede Überbringung in einen Staat abgeleitet, in welchem Folter, unmenschliche oder erniedrigende Behandlung oder Strafe droht. Grundgedanke ist der, dass niemand in einen Staat verbracht werden darf, wo ihm Folter droht, weder per Auslieferung noch durch Ausschaffung. Die Situationen sind insofern durchaus vergleichbar.

30 EGMR, Soering vs. UK, A/161 (1989), Ziff. 88 ff. Häfliger A., Schürmann F., Die Europäische Menschenrechtskonvention und die Schweiz, Bern, 1999, S. 73.

lichen Rückschiebungsverbot gilt der menschenrechtliche Schutz absolut: Bei drohender Folter, unmenschlicher oder erniedrigender Behandlung dürfen Personen selbst dann nicht der Gefahr ausgesetzt werden, wenn sie gemeingefährlich sind oder die Staatssicherheit gefährden.[31]

2.3.2 Begründung der Verantwortlichkeit des wegweisenden Staates

Bei der Beurteilung der Verletzung von Art. 3 EMRK bzw. Art. 7 UN-Pakt II im Zusammenhang mit dem Vollzug einer Wegweisung geht es nicht etwa um das Verhalten des Zielstaates, sondern dasjenige der Schweiz als wegweisendem Staat.[32] Daher spielt es für die Beurteilung und Begründung der Verantwortlichkeit auch keine Rolle, ob der Zielstaat die EMRK oder den UN-Pakt II ratifiziert hat und durch die relevanten Bestimmungen gebunden ist.[33] Liefert die Schweiz eine Person in einen Staat aus, in dem diese Gefahr läuft, gefoltert zu werden, verletzt die Schweiz ihre Verpflichtungen aus dem Folterverbot.[34] Dies, weil sie ein wesentliches Element in der Kausalkette gesetzt hat.[35] Die Schweiz wird nicht für die Folterung in einem Drittstaat verantwortlich gemacht,[36] sie macht sich durch den Akt der Ausschaffung bei Foltergefahr selbst direkt verantwortlich,[37] unabhängig davon, ob es dann im Zielstaat zur Folter kommt oder nicht.[38] Ob ein Staat selbst foltert oder eine Person dem Folterer übergibt, dazwischen kann es keinen Unterschied geben. Daher wird die Ausschaffung bei drohender Folter selbst als unmenschlicher Akt betrachtet.[39]

Was ist der Massstab für die Begründung der Verantwortlichkeit? Der Vollzug einer Wegweisung ist dann nicht mit Art. 3 EMRK kompatibel, wenn ernsthafte Gründe für die Annahme vorliegen, dass die konkret betroffene Person im Zielstaat dem echten Risiko ausgesetzt ist, gefoltert, unmenschlich oder erniedrigend behandelt oder bestraft zu werden.[40]

---

31 EGMR, Chahal vs. UK, Reports 1996-V.
32 EGMR in Soering vs. UK, A/161 (1989), Ziff. 91.
33 MRA, Charles Chitat Ng vs. Canada, 469/1991 (1993), Ziff. 6.2. CAT, Mutombo vs. Switzerland, 13/1993 (1994), Ziff. 9.1.
34 EGMR in Soering vs. UK, A/161 (1989), Ziff. 82. Vgl. dazu auch Haefliger, A.; Schürmann, F., a. a. O., S. 73 mit weiteren Hinweisen.
35 EGMR in Soering vs. UK, A/161 (1989), Ziff. 91.
36 So der Einwand des Vereinigten Königreichs in EGMR, Soering vs. UK, A/161 (1989), Ziff. 83.
37 EGMR, Vilvarajah and Others vs. UK, A/215 (1991), Ziff. 107/2.
38 MRA in Charles Chitat Ng vs. Canada, 469/1991 (1993), Ziff. 6.2.
39 Kälin, W., a. a. O., S. 162.
40 So die Standardformel des EGMR: «[...] the decision by a Contracting State to extradite a fugitive may give rise to an issue under Article 3, and hence engage the responsibility of that State under the Convention, where substantial grounds have been shown for believing that the person concerned, if extradited, faces a real risk of being subjected to torture or to inhuman or degrading treatment or punishment in the requesting country.» EGMR in Soering vs. UK, A/161 (1989), Ziff. 91.

Wie aus dieser Standardformel des EGMR ersichtlich ist, reichen eine allgemein schlechte Menschenrechtslage und die ständige Praxis von Menschenrechtsverletzungen für sich alleine nicht aus,[41] vielmehr muss die auszuschaffende Person konkret bedroht sein.[42] Dies ist dann der Fall, wenn die betroffene Person mit einer erheblichen Wahrscheinlichkeit («real risk») einer Art. 3 EMRK-widrigen Behandlung oder Strafe unterworfen wird. Eine schlechte Menschenrechtslage und die stetige Praxis schwerer Menschenrechtsverletzungen sind dabei ein zu berücksichtigendes Element, reichen jedoch für sich alleine noch nicht aus, um dem Wegweisungsvollzug entgegenzustehen.[43] Dies bedeutet aber auch, dass bei Fehlen solch einer Praxis schwerer Menschenrechtsverletzungen nicht automatisch darauf geschlossen werden darf, dass für die konkret betroffene Person kein echtes Risiko besteht.[44] Die Situation der weggewiesenen Person muss im Lichte der allgemeinen Situation im Zielstaat betrachtet werden.[45] Ausgangspunkt ist dabei immer die individuelle Situation und die persönlichen Umstände der betroffenen Person. Dazu gehört z. B. auch die Religion, die Ethnie oder die politische Einstellung, die Zugehörigkeit zu einer bestimmten sozialen Gruppe, oder auch das Geschlecht einer Person. Frühere Aktivitäten sowie auch Aktivitäten im Zufluchtstaat können ebenfalls relevant sein.[46] Die persönliche Situation muss dann in einem zweiten Schritt vor dem Hintergrund der herrschenden Situation im Herkunftsstaat betrachtet werden.[47] Nur so kann beurteilt werden, ob für die konkret betroffene Person ein echtes Risiko besteht.

Es ist wichtig zu betonen, dass das Risiko der Folter ausreicht, um ein gültiges Hindernis für die Wegweisung zu haben. Nicht erforderlich ist, dass Gewissheit darüber besteht, dass die Person der Folter oder anderer unmenschlicher oder erniedrigender Behandlung oder Strafe ausgesetzt wird. Der UNO-Menschenrechtsaus-

---

41 So betont der EGMR, dass «[…] A mere possibility of ill-treatment […] is not in itself sufficient to give rise to a breach of Article 3.» Vilvarajah and Others vs. UK, A/215 (1991), Ziff. 111.

42 Haefliger, A.; Schürmann, F., a. a. O., S. 74 mit weiteren Hinweisen auf die Praxis des schweizerischen Bundesgerichts.

43 Siehe Art. 3 Abs. 2 FoK; CAT, Mutombo vs. Switzerland, 13/1993 (1994), Ziff. 9.3. Der Ausschuss kommt zum Schluss, dass das alleinige Vorliegen einer Praxis grober, offenkundiger oder massenhafter Menschenrechtsverletzungen für sich allein nicht ausreicht, um herauszufinden, ob die betroffene Person der Gefahr der Folter ausgesetzt wäre. Zusätzliche Gründe müssen vorliegen, welche belegen, dass die konkret betroffene Person in Gefahr ist.

44 CAT, Mutombo vs. Switzerland, 13/1993 (1994), Ziff. 9.3.

45 So der EGMR in Vilvarajah and Others vs. UK, A/215 (1991), Ziff. 108.

46 Siehe etwa MRA, Byahuranga vs. Denmark, 1222/2003 (2004), Ziff. 11.3. Der Ausschuss hielt die Ausschaffung eines Uganders als mit Art. 7 Pakt II nicht vereinbar, insb. wegen seiner früheren Aktivitäten als auch wegen seiner Aktivitäten im Exil.

47 Dies wird besonders deutlich vom Ausschuss gegen Folter illustriert in Mutombo vs. Switzerland 13/1993 (1994), Ziff. 9.4.

schuss hat den Prüfungsmassstab «more likely than not» für das Vorliegen des Folterrisikos klar abgelehnt.[48]

Weiter stellt sich die Frage, welcher Zeitpunkt für die Einschätzung des Risikos massgebend ist. Es muss der letztmögliche Zeitpunkt vor der Ausschaffung der Person in den Zielstaat sein, um allen möglichen Veränderungen Rechnung zu tragen, die bis dahin eintreten können. Wie bereits ausgeführt, stehen die Fristen des Prozessrechts solch einem Vorbringen nicht entgegen, und es muss trotz allfälliger Verspätung geprüft werden. So hielt der Europäische Gerichtshof für Menschenrechte auch fest, dass der Zeitpunkt der Ausschaffung selbst der massgebende Zeitpunkt sei.[49]

Das Wissen des wegweisenden Staates muss ebenfalls in Betracht gezogen werden. Wenn die zuständige Behörde nicht wusste oder bei genügender Sorgfalt hätte wissen können, dass die wegzuweisende Person im Herkunftsstaat dem Risiko solch einer Behandlung oder Strafe ausgesetzt wird, kann ihr die Ausschaffung auch nicht vorgeworfen werden. Nur das wissentliche Ausschaffen an den Folterstaat führt zu einer Verantwortlichkeit unter Art. 3 EMRK, da der Akt der Ausschaffung dann in sich unmenschlich ist. Allerdings muss vom Wissen ausgegangen werden, das der vollziehende Staat zum Zeitpunkt der Ausschaffung hatte oder bei genügender Sorgfalt hätte haben können.[50] Dabei ist das Wissen um die Gefahr der Folter ausreichend, es ist unerheblich, ob die ausgeschaffte Person im Drittstaat tatsächlich gefoltert wird.

Der weggewiesenen Person muss die Gefahr drohen, im ersuchten Staat gefoltert, unmenschlich oder erniedrigend behandelt oder bestraft zu werden. Die Unterscheidung zwischen diesen drei Kategorien kann zuweilen subtil sein. Für die Frage der Zulässigkeit des Wegweisungsvollzugs ist diese Unterscheidung jedoch nicht von Belang, da die Gefahr der Folter, wie auch die der unmenschlichen oder erniedrigenden Behandlung gemäss Art. 3 EMRK und Art. 7 UN-Pakt II absolut verboten sind und somit auch der Vollzug der Wegweisung.

Als Urheber der Gefahr im Zielstaat kommen in erster Linie der Staat und seine Organe infrage. Dies gilt auch für Staatsorgane, die entgegen Anweisungen oder kompetenzüberschreitend, also ultra vires, handeln.[51] So hielt der EGMR im Fall

48 UN Doc CCPR/C/USA/CO/3, 15. September 2006, Ziff. 16.

49 EGMR, Chahal vs. UK, Reports 1996-V, Ziff. 85. Dieser Fall befasste sich zwar mit der Auslieferung, jedoch ist dieses Statement für die asylrechtliche Ausschaffung ebenfalls gültig.

50 EGMR, Vilvarajah and Others vs. UK, A/215 (1991), Ziff. 107/2.

51 EGMR, Chahal vs. UK, Reports 1996-V, Ziff. 105 und 107. Siehe etwa auch Art. 7 der Draft Articles on Responsibility of States for internationally wrongful acts, adopted by the International Law Commission, UN Doc. A/CN.4/L.602/Rev.1, 26. Juli 2001.

Chahal die Ausschaffung eines Sikh nach Indien für mit Art. 3 EMRK nicht vereinbar, da dieser dort dem Risiko ausgesetzt war, durch vorschriftswidrig handelnde Sicherheitskräfte gefoltert zu werden.[52] Der Staat kann sich auch nicht seiner Verantwortung entziehen, indem er seine hoheitlichen Befugnisse an Private überträgt.[53] Denn auch dieses Verhalten wird dem Staat zugerechnet.[54] Auch wenn die EMRK-widrige Behandlung von Privaten ausgeht und es dem Staat nicht möglich oder er nicht willens ist, geeignete Schutzmassnahmen zu ergreifen, greift das Verbot der Rückschiebung nach Art. 3 EMRK.[55] Dasselbe gilt, wenn die Gefahr von Aufständischen in internen bewaffneten Konflikten ausgeht und der Staat nicht in der Lage oder nicht willens ist, die bedrohte Person zu schützen.[56]

Speziell gelagert war der Fall D. gegen das Vereinigte Königreich.[57] Der Gerichtshof nahm auch hier an, dass es unmenschlich wäre, einen im letzten Stadium an AIDS erkrankten Drogenkurier in seinen Heimatstaat zurückzuschaffen, wo er keine Aussicht auf adäquate medizinische Versorgung und keine familiären oder andere sozialen Bindungen hatte oder finanzielle Unterstützung bekam. Ebenfalls nicht sichergestellt waren ausreichende Nahrung und Obdach oder ein Bett in einem Spital.[58] Besonders an diesem Fall war, dass ein Verfolger, sei er staatlich oder privat, fehlte.[59] Der Gerichtshof betonte jedoch, es sei in Anbetracht dieser fundamentalen Norm wichtig, die nötige Flexibilität aufzubringen, und auch solche Fälle unter Art. 3 EMRK zu untersuchen, wo das Risiko der unmenschlichen Behandlung eben nicht von einem Verfolger, sondern von anderen Faktoren ausgeht.[60] Die Bezeichnung der Rückschaffung als unmenschlich erfolgte aufgrund der Tatsache, dass D. würdelos auf der Strasse an AIDS hätte sterben müssen.[61] Nur diese doch sehr aussergewöhnlichen Umstände konnten zur Qualifikation als ‹unmensch-

52 EGMR, Chahal vs. UK, Reports 1996-V, Ziff. 102 ff.

53 Der EGMR hat in Costello Roberts vs. UK, A/247 (1993), Ziff. 27 betont, dass ein Staat sich nicht durch die Delegation von Hoheitsbefugnissen an Private den Verpflichtungen aus der EMRK entziehen kann. Dieses Beispiel der Privatschule kann z. B. auch auf ein privat geführtes Gefängnis oder privatisierte Sicherheitskräfte übertragen werden.

54 So Art. 5 der ILC-Draft Articles. Kommentar der International Law Commission zu Art. 5 der Draft Articles, UN Doc. Supplement No.10, A/56/10, Chapter IV.E.2.

55 So etwa im Fall H.L.R. vs. France, Reports 1997-III, wo die Gefahr von der kolumbianischen Drogenmafia ausging. Dazu auch Haefliger/Schürmann, a. a. O., S. 76. Siehe etwa auch D. vs. UK, Reports 1997-III, Ziff. 49.

56 Dies war der Fall in EGMR, Ahmed vs. Austria, Reports 1996-VI, insb. Ziff. 44.

57 EGMR, D. vs. UK, Reports 1997-III.

58 EGMR, D. vs. UK, Reports 1997-III, Ziff. 52.

59 Kälin, W., Künzli, J., Universeller Menschenrechtsschutz, Basel, 2008, S. 554.

60 EGMR, D. vs. UK, Reports 1997-III, Ziff. 49. Der Gerichtshof folgert dies wiederum aus dem absoluten Charakter der Bestimmung.

61 EGMR, D. vs. UK, Reports 1997-III, Ziff. 53.

lich› führen.[62] Dieser Fall blieb eine Ausnahme in der Rechtsprechung des EGMR zu Art. 3 EMRK.[63] In einem bedenklichen Entscheid in 2008 schlussfolgerte der EGMR schliesslich, dass die hohe Anwendungsschwelle von Art. 3 EMRK in solchen speziell gelagerten Fällen aufrechterhalten werden muss, eben gerade weil die drohende unmenschliche Situation des Betroffenen nicht von staatlichen oder nicht staatlichen Akteuren abhängt, sondern von einer Krankheit und dem Mangel an Ressourcen zur Behandlung im Herkunftsstaat.[64] Die Beschwerdeführerin aus Uganda, die an AIDS erkrankt war, darf nach Uganda zurückgeschoben werden, obwohl der Therapieabbruch zu einer schnellen Verschlechterung ihres Gesundheitszustandes führen und entsprechend grosse Leiden verursachen würde. Die Nichtfortsetzung der Therapie würde zum Tod innerhalb weniger Jahre führen. Die Tatsache, dass die benötigten Medikamente in Uganda nicht in ausreichendem Masse verfügbar sind und die Beschwerdeführerin auch einwendet, sie hätte in ihrer Herkunftsregion überhaupt keinen Zugang zu den benötigten Medikamenten und könne sich diese auch nicht leisten, überzeugten den Gerichtshof nicht, hier im Sinne der Uganderin zu entscheiden.[65]

Das folgende Beispiel soll die Unterschiede der Rückschiebungsverbote gemäss Art. 3 EMRK und Art. 33 GFK noch einmal kurz illustrieren:

Ein Dieb, dem in einem autoritativ gestalteten muslimischen Staat die Amputation einer Hand droht, kann sich nicht auf Art. 33 GFK bzw. Art. 5 AsylG berufen, da die Verfolgung aus unpolitischen, an sich legitimen Gründen erfolgt (Bestrafung eines Diebstahls). Dagegen schützt ihn gegen eine Rückschiebung Art. 3 EMRK, weil eine Gliedamputation als unmenschliche Strafe zu werten ist. Demgegenüber könnte ein Flüchtling, dem wegen verbotener politischer Aktivitäten bei seiner Rückkehr eine mehrmonatige Gefängnisstrafe droht, wegen des flüchtlingsrechtlichen Rückschiebungsverbotes nur im Falle eines Ausschlusses wegen Gemeingefährlichkeit ausgewiesen werden. Dagegen wäre eine Berufung auf Art. 3 EMRK vermutlich verwehrt, da die mehrmonatige Gefängnisstrafe, selbst wenn sie aus politischen Gründen ausgesprochen wurde, nicht als unmenschlich im Sinne der EMRK gelten würde.[66]

---

62 EGMR, D. vs. UK, Reports 1997-III, Ziff. 54.

63 Für eine Übersicht über ähnlich gelagerte Fälle siehe EGMR (Grand Chamber), N. vs. UK, 26565/05 (2008), Ziff. 34 ff.

64 EGMR (Grand Chamber), N. vs. UK, 26565/05 (2008), Ziff. 43.

65 EGMR (Grand Chamber), N. vs. UK, 26565/05 (2008), Ziff. 50 f.

66 Beispiel übernommen aus Gattiker, M., Asyl- und Wegweisungsverfahren, Bern, 1999.

2.4 Rückschiebungsschutz bei drohender Todesstrafe

Der Rückschiebungsschutz spielt schliesslich auch im Zusammenhang mit der Todesstrafe eine wichtige Rolle.

Die EMRK verbietet die Todesstrafe nicht absolut, erklärt sie in Art. 2 vielmehr unter gewissen Voraussetzungen für zulässig.[67] Auch der UN-Pakt II erklärt in Art. 6 die Todesstrafe nicht für absolut unzulässig.[68] Unzulässig dagegen scheint gemäss Art. 6 Pakt II die Wiedereinführung der Todesstrafe zu sein. Gemäss dem Wortlaut ist die Todesstrafe nur in Staaten, in welchen die *Todesstrafe nicht abgeschafft worden ist*, unter gewissen Voraussetzungen zulässig.

Gestützt auf eine systematische Auslegung der EMRK und des UN-Paktes II kann auch nicht argumentiert werden, die Todesstrafe selbst würde das Verbot der Folter, unmenschlicher oder erniedrigender Strafe verletzen und sei daher menschenrechtswidrig.[69] Jedoch wird auch die Meinung vertreten, dass Menschenrechtsinstrumente dynamisch ausgelegt werden können. Eine solche dynamische Auslegung würde dann, u. a. in Anbetracht des eindeutigen Trends zur Abschaffung der Todesstrafe, die systematische Auslegung aufwiegen.[70]

Bedeutet nun die Zulässigkeit der Todesstrafe unter gewissen Voraussetzungen, dass der Vollzug der Wegweisung bei drohender Todesstrafe ebenfalls zulässig ist?

2.4.1 Todesstrafe im Anwendungsbereich des Folterverbots

Im Urteil Soering entschied der Europäische Gerichtshof für Menschenrechte, dass es mit Art. 3 EMRK nicht zu vereinbaren sei, wenn Herr Soering an die USA ausgeliefert würde, wo ihm die Todesstrafe drohte. Ausschlaggebend für diesen Entscheid war jedoch nicht die Todesstrafe an sich, sondern das sog. «Death-Row-Phänomen», der jahrelange Aufenthalt in einer Todeszelle vor der Vollstreckung.[71] Der Menschenrechtsausschuss entschied im Fall Charles Chitat Ng gegen Kanada,[72] dass die Auslieferung an die USA nicht zulässig ist, da der auszuliefernden Person im US-Bundesstaat Kalifornien die Hinrichtung in der Gaskammer drohte. Auch hier war für diesen Entscheid nicht die Verhängung der Todesstrafe aus-

---

67 Das sechste Zusatzprotokoll zur EMRK verbietet die Todesstrafe in Friedenszeiten, und das dreizehnte Zusatzprotokoll verbietet die Todesstrafe schliesslich ganz, d. h. sowohl in Kriegs- wie in Friedenszeiten.

68 Ein Verbot der Todesstrafe konnte erst im zweiten Fakultativprotokoll zum Pakt II erreicht werden.

69 So der EGMR in ständiger Praxis in Soering vs. UK, A/161 (1989), Ziff. 103; siehe auch Öcalan vs. Turkey, (Grand Chamber), 46221/99 (2005), Ziff. 162.

70 Nowak, M., U.N. Convention on Civil and Political Rights, Kehe, 2005, S. 169, Rz. 20.

71 EGMR, Soering vs. UK, A/161 (1989), Ziff. 90 ff.

72 MRA, Charles Chitat Ng vs. Canada, 469/1991 (1993), Ziff. 16.1-16.4.

schlaggebend, sondern deren Vollstreckung in der Gaskammer. Der Menschenrechtsausschuss hielt nämlich die Vollstreckung der Todesstrafe in der Gaskammer für unmenschlich und damit nicht vereinbar mit Art. 7 UN-Pakt II. Der Europäische Gerichtshof für Menschenrechte hat auch befunden, dass die Hinrichtung durch Steinigung unmenschlich sei.[73] Wird die Todesstrafe in der Öffentlichkeit vollstreckt, so kommen zur Strafe selbst Elemente der Erniedrigung hinzu. Daher ist die öffentliche Hinrichtung als erniedrigend einzustufen und ebenfalls EMRK- und UN-Pakt II-widrig.[74] Derselbe Gerichtshof hat schliesslich im Öcalan-Entscheid die Verhängung der Todesstrafe nach einem unfairen Prozess ebenfalls als unmenschliche Strafe taxiert.[75] Das Gleiche gilt, wenn die Todesstrafe in keinem Verhältnis zu der Schwere des Verbrechens steht oder es persönliche Umstände des Straftäters gibt, welche dieser Strafe entgegenstehen würden.[76] In allen diesen Fällen handelt es sich jedoch um Anwendungsfälle, in denen das Folterverbot dem Vollzug der Wegweisung im Weg steht.

2.4.2 Grundsätzliches Rückschiebungsverbot bei drohender Todesstrafe?

Es stellt sich folglich noch die Frage, ob die Auslieferung einer Person in einen Staat, wo ihr die Todesstrafe droht, die mit Art. 3 EMRK bzw. Art. 7 UN-Pakt II vereinbar ist, mit dem Recht auf Leben kollidieren könnte. Dabei ist folgende Konstellation relevant:

Verstossen Staaten, welche die Todesstrafe abgeschafft haben, gegen das Recht auf Leben, wenn sie eine Person in einen Staat ausliefern, in dem ihr die Todesstrafe droht?

Nach der älteren Rechtsprechung des Menschenrechtsausschusses ist dies klar zu verneinen.[77] Im Fall Judge gegen Kanada änderte der Menschenrechtsausschuss jedoch seine Praxis grundlegend. Zu dieser Praxisänderung hat insbesondere die Erkenntnis beigetragen, dass sich der internationale Konsens zur Abschaffung der Todesstrafe verbreitet hat und dass selbst Staaten, welche die Todesstrafe grundsätzlich noch vorsehen, immer öfters ein Moratorium verhängen.[78] Art. 6 Abs. 1 UN-Pakt II statuiert ein angeborenes Recht auf Leben für jeden Menschen und verfolgt damit den Zweck, Leben zu schützen.[79] Art. 6 Abs. 2 UN-Pakt II dagegen

---

73 EGMR, Jabari vs. Turkey, Reports 2000-VIII.

74 Vgl. Nowak, M., a. a. O., S. 171, Rz. 23.

75 EGMR, Öcalan vs. Turkey (Grand Chamber), 46221/99 (2005), Ziff. 167 ff.

76 Wobei in solchen Fällen die Zulässigkeit der Todesstrafe gemäss Art. 2 EMRK und Art. 6 Pakt II fraglich erscheint. Zu den letzen beiden Hindernissen, siehe EGMR, Öcalan vs. Turkey, (Grand Chamber), 46221/99 (2005), Ziff. 168 f.

77 MRA, Kindler vs. Canada, 470/1991 (1993).

78 MRA, Judge vs. Canada, 827/1998 (2003), Ziff. 10.3.

79 MRA, Judge vs. Canada, 827/1998 (2003), Ziff. 10.4.

erlaubt eine Ausnahme von diesem angeborenen Recht und erklärt damit die Todesstrafe unter gewissen Voraussetzungen für zulässig. Gleichzeitig gewährt dieser Artikel diese Ausnahme nur jenen Staaten, welche die Todesstrafe noch nicht abgeschafft haben. Alle Staaten, welche die Todesstrafe abgeschafft haben, unabhängig davon, ob sie das zweite Fakultativprotokoll zu UN-Pakt II ratifiziert haben,[80] sind jedoch aus Art. 6 Abs.1 verpflichtet, niemanden der Gefahr der Todesstrafe auszusetzen.[81] Die Ausschaffung einer Person in einen Staat, in dem ihr die Todesstrafe droht, würde das angeborene Recht auf Leben jedes Menschen gemäss Art. 6 Abs. 1 UN-Pakt II verletzen.[82] Dabei ist es unerheblich, dass nicht der ausschaffende Staat die Todesstrafe verhängt hat. Dieser verletzt den UN-Pakt II vielmehr dadurch, indem er das wesentliche Element in der Kausalkette setzt, welches die Exekution ermöglicht.[83] Schafft ein Staat die Todesstrafe ab, so hat er sich konsequent an das Verbot der Todesstrafe zu halten und darf daher auch niemanden durch die Hintertür dem Risiko dieser Strafe aussetzen. Staaten, welche die Todesstrafe abgeschafft haben und solche, die noch daran festhalten, werden hierbei unterschiedlich behandelt.[84]

Der Europäische Gerichtshof für Menschenrechte tönte im Öcalan-Entscheid an, dass die Todesstrafe in Friedenszeiten nicht mehr zulässig sei, da das 6. Zusatzprotokoll von praktisch allen Europaratsstaaten ratizifiert oder zumindest unterzeichnet sei.[85] Eine Ausschaffung einer Person in einen Staat, in dem ihr die Todesstrafe droht, würde daher das 6. Zusatzprotokoll zur EMRK verletzen und ist daher nicht zulässig.

Auch hier gilt natürlich das Verbot der Kettenabschiebungen. Denn auch hier ist wichtig, dass eine Person nicht über einen Drittstaat in den Staat zurückgeschoben wird, wo ihr die Todesstrafe droht, die im Widerspruch zum Verbot der Folter, unmenschlicher oder erniedrigender Behandlung oder Strafe oder zum Recht auf Leben steht.

---

80 MRA, Judge vs. Canada, 827/1998 (2003), Ziff. 10.6.

81 MRA, Judge vs. Canada, 827/1998 (2003), Ziff. 10.4.

82 MRA, Judge vs. Canada, 827/1998 (2003), Ziff. 10.6.

83 Der Ausschuss greift dabei auf die gängige Begründung des Verbots der Ausschaffung bei drohender Folter zurück. Daher bestimmt er: «The Committee recognizes that Canada did not itself impose the death penalty on the author. But by deporting him to a country where he was under sentence of death, Canada established the crucial link in the causal chain that would make possible the execution of the author». MRA, Judge vs. Canada, 827/1998 (2003), Ziff. 10.6.

84 MRA, Judge vs. Canada, 827/1998 (2003), Ziff. 10.5.

85 Vgl. EGMR, Öcalan vs. Turkey (Kammer-Entscheid), 46221/99 (2003), Ziff. 189 ff.

Das Bundesverwaltungsgericht folgt dieser Praxis und lehnt, unter Bekräftigung der völkerrechtlichen Verpflichtungen der Schweiz sowie der Konstatierung, dass das Verbot der Todesstrafe heute Teil des europäischen Ordre public sei, den Wegweisungsvollzug entsprechend ab, wenn die Verhängung oder der Vollzug der Todesstrafe droht.[86]

2.5 Exkurs: Diplomatische Zusicherungen – Legitimität und Risiko

Können völkerrechtlich verpönte Ausschaffungen durch diplomatische Zusicherungen legitimiert werden? Das Instrument der diplomatischen Zusicherungen ist sehr kontrovers, und dennoch wird immer häufiger darauf zurückgegriffen und Personen werden bei Vorliegen solcher diplomatischer Zusicherungen ausgeschafft. Der Menschenrechtsausschuss wie der Ausschuss gegen Folter äusserten sich zu dieser Praxis in zwei Fällen gegen Schweden. Beide Überwachungsorgane erklärten das Instrument der diplomatischen Zusicherungen bei drohender Folter nicht an sich für unzulässig. Vielmehr statuierte der Menschenrechtsausschuss, dass solche diplomatischen Zusicherungen, ihr Inhalt, sowie die Existenz und Umsetzung von Überwachungs- und Durchsetzungsmechanismen in die Gesamtbeurteilung eines Folterrisikos einzufliessen haben.[87] Anforderungen an diplomatische Zusicherungen müssen in Anbetracht ihrer Funktion sehr hoch sein: Insbesondere müssen sie effektiv implementiert werden und einen Überwachungsmechanismus vorsehen. Überwachungsbesuche in Gefängnissen sollten sobald als nur möglich einsetzen und die Überwachung soll sich an internationalen Monitoring-Vorgaben orientieren, die beispielsweise vorsehen, dass die Besuche ohne Anwesenheit von Wärtern und unter Einbezug medizinischer Expertise erfolgen sollen.[88] Im Fall Alzery fehlte all das, und obwohl das Risiko unmenschlicher Behandlung festgestellt worden war, wurde er in seinen Heimatstaat zurückgeschafft unter Verletzung des Verbots der Folter und unmenschlicher und erniedrigender Behandlung in Art. 7 Pakt II.[89] Das alleinige Vorliegen solcher Zusicherungen entbindet einen Staat daher nicht von seinen Schutzpflichten, und er darf sich nicht einzig und allein auf solche diplomatischen Zusicherungen verlassen.

---

86 EMARK 2000/26, Ziff. 6.

87 MRA, Alzery vs. Sweden, 1416/2005 (2006), Ziff. 11.3. Siehe auch CAT, Agiza vs. Sweden, 233/2003 (2005).

88 MRA, Alzery vs. Sweden, 1416/2005 (2006), Ziff. 11.5.

89 MRA, Alzery vs. Sweden, 1416/2005 (2006), Ziff. 11.4.

Noch ein bisschen weiter ging in einem aktuellen Fall der EGMR, der diplomatische Zusicherungen für unzulässig erklärte, wenn sie aus Staaten mit systematischer Folter stammen.[90]

Diplomatische Zusicherungen spielen auch im Zusammenhang mit der Verhängung und Vollstreckung der Todesstrafe eine wesentliche Rolle. Es muss eine Zusicherung vorliegen, dass die Todesstrafe weder verhängt noch vollstreckt wird. Es stellt sich die Frage, ob das Vertrauen in diplomatische Zusicherungen genügt, um eine Person auszuschaffen. Was bleibt, ist das Risiko, dass sich ein Staat nicht an die Zusicherung hält. Aufgrund der Bedeutung des Rechts auf Leben darf sich ein Staat nicht auf diplomatische Zusicherungen verlassen, falls es Hinweise darauf gibt, dass diese nicht eingehalten werden.

Die Schweiz benutzt das Instrument diplomatischer Zusicherungen insbesondere im Auslieferungsverfahren und nicht im Asylrecht. Jedoch prüfte das heutige Bundesverwaltungsgericht bei der Frage der Zulässigkeit des Vollzugs der Wegweisung bei drohender Todesstrafe, ob von der dafür zuständigen Behörde des ausländischen Staates genügend sichere Garantien bestehen, dass die Todesstrafe dort nicht vollstreckt würde. Dies hätte dann den Vollzug der Wegweisung rechtmässig gemacht.[91] Insofern spielen diplomatische Zusicherungen auch beim Vollzug von Wegweisungen eine gewisse Rolle.

Diplomatische Zusicherungen sind und bleiben ein bedenkliches Instrument in Anbetracht der hohen Bedeutung der infrage stehenden Rechtsgüter der menschlichen Integrität und des menschlichen Lebens. Staaten haben durch die Ratifikation menschenrechtlicher Verträge Verpflichtungen übernommen, deren sie sich nicht mittels solcher bilateraler Vereinbarungen entledigen dürfen.

2.6 Rechtsschutz auf überstaatlicher Ebene

In der Schweiz besteht die Möglichkeit, mittels Individualbeschwerde an den Europäischen Gerichtshof für Menschenrechte in Strassburg oder an den UNO-Ausschuss gegen Folter in Genf zu gelangen. Die Individualbeschwerde an den UNO-Menschenrechtsausschuss steht mangels Ratifikation des 1. Fakultativprotokolls zum UNO-Pakt II über die bürgerlichen und politischen Rechte zurzeit noch nicht offen.

---

90 EGMR, Ismoilov and Others vs. Russia, 2947/06 (2008), Ziff. 127 mit Hinweisen auf Chahal vs. UK, Reports 1996-V und Saadi vs. Italy 37201/06 (2008). Zurzeit ist die Überweisung des Falls Ismoilov an die grosse Kammer hängig.

91 EMARK 2000/26, Ziff. 6.

Das Individualbeschwerderecht darf nicht missverstanden werden. Es handelt sich bei diesen Möglichkeiten nicht um eine Fortsetzung des innerstaatlichen Instanzenzuges. Gelangen abgewiesene Asylsuchende, denen der Vollzug der Wegweisung droht, an den Europäischen Gerichtshof für Menschenrechte und bringen vor, sie würden durch den Vollzug einer Behandlung oder Strafe ausgesetzt, die mit Art. 3 EMRK nicht vereinbar ist, so kann diese Person nur geschützt werden, wenn sie nicht ausgeschafft wird, bevor der Gerichtshof entschieden hat. Eine Beschwerde an den Europäischen Gerichtshof für Menschenrechte hat aber grundsätzlich keine aufschiebende Wirkung. Der Gerichtshof kann jedoch vorsorgliche Massnahmen anordnen. Diese Möglichkeit ergreift der Gerichtshof gerade bei drohender Folter und fordert den betroffenen Staat auf, mit der Ausschaffung zuzuwarten, bis eine Entscheidung vorliegt.[92] Die Anordnung von vorsorglichen Massnahmen ist gemäss der EGMR-Rechtsprechung für die Vertragsstaaten auch verbindlich. Wird die Wegweisung trotz Anordnung vorsorglicher Massnahmen vollzogen, so verletzt er Art. 34 EMRK, das Individualbeschwerderecht selbst.[93]

Beim Ausschuss gegen Folter sieht bereits dessen Verfahrensordnung[94] die Möglichkeit solcher vorsorglicher Massnahmen vor, die insbesondere in Fällen im Anwendungsbereich des Refoulment-Schutzes ergriffen werden.

Den Urteilen des EGMR kommt rechtliche Verbindlichkeit zu. Entscheide des Ausschusses gegen Folter sind rechtlich zwar nicht verbindlich, aber haben dennoch grosse Autorität. Entscheidet der Europäische Gerichtshof für Menschenrechte im Sinne des Beschwerdeführers, so kann das gemäss Art. 122 BGG[95] in der Schweiz zur Revision des Vollzugsentscheides führen. Eine solche Bestimmung fehlt für Entscheide des UN-Ausschusses gegen Folter und stellt eine Lücke im völkerrechtlichen Schutz dar. In der Vergangenheit wurde jeweils ein Wiedererwägungsverfahren durchgeführt. Dennoch besteht keine Verpflichtung der Schweiz dies zu tun.[96] Diese Inkonsequenz sollte baldmöglichst korrigiert werden, um die Anerkennung des Individualbeschwerderechts vor dem Ausschuss gegen Folter effektiv zu implementieren.

---

92 Vgl. Haefliger, A.; Schürmann, F., a. a. O., S. 73.

93 So der EGMR in Mamatkulov and Askarov vs. Turkey (Grand Chamber), 46827/99 und 46951/99 (2005), Ziff. 128 f.

94 Rule 108 (1) CAT-Verfahrensordnung.

95 Bundesgesetz über das Bundesgericht, SR 173.110.

96 EMARK 1998/14.

3. Unzumutbarkeit der Wegweisung

3.1 Die Tatbestände gemäss AsylG und AuG

Ist der Vollzug der Wegweisung nicht zumutbar, wird gemäss Art. 44 Abs. 2 AsylG das weitere Anwesenheitsverhältnis nach den Bestimmungen der vorläufigen Aufnahme im Ausländergesetz geregelt. Gemäss Art. 83 Abs. 4 AuG kann eine solche Unzumutbarkeit vorliegen, wenn der Vollzug der Wegweisung für Ausländerinnen und Ausländer in Situationen wie Krieg, Bürgerkrieg, allgemeiner Gewalt und medizinischer Notlage eine konkrete Gefährdung darstellt. Im Unterschied zum früheren Recht (Art. 14a Abs. 4 ANAG: «Der Vollzug kann insbesondere nicht zumutbar sein, wenn er für den Ausländer eine konkrete Gefährdung darstellt.») hat der Gesetzgeber mit der neuen Formulierung Anwendungsbeispiele der konkreten Gefährdung in den Gesetzestext aufgenommen. Mit der Änderung des Wortlautes war weder eine Ausweitung noch eine engere Fassung der Gesetzesbestimmung beabsichtigt.[97]

Die Praxis hat weitere Tatbestände der Unzumutbarkeit entwickelt, die insbesondere unbegleitete minderjährige Asylsuchende betreffen (siehe Kap. X, Ziff. 3). Gemäss Rechtsprechung[98] und dem Willen des Gesetzgebers[99] bringt die Kann-Formulierung zum Ausdruck, dass Gefährdungstatbestände gemeint sind, die keine völkerrechtlichen Verpflichtungen auslösen, sondern aus humanitären Überlegungen eine weitere Anwesenheit in der Schweiz nahelegen. Wenn die Asylbehörden jedoch das Vorliegen einer konkreten Gefährdung festgestellt haben, muss eine vorläufige Aufnahme angeordnet werden. Das vom Gesetzgeber eingeräumte Ermessen bezieht sich also nicht auf die Rechtsfolge, sondern auf die Würdigung des infrage stehenden Sachverhalts.

Der humanitäre Charakter der Regelungen über die Unzumutbarkeit kommt schliesslich in Art. 83 Abs. 7 AuG zum Ausdruck, wonach bei Gefährdung der öffentlichen Sicherheit und Ordnung auf die Anordnung einer vorläufigen Aufnahme zu verzichten ist.

---

97 AB 2005 S 1095, Kommissionsprecherin Heberlein zu Art. 14a ANAG (behandelt im Rahmen der Teilrevision Asylgesetz): «Ziel des Revisionsvorschlages war es, die Beispiele im Gesetz aufzuführen, die Grenzen festzulegen und die Unsicherheiten zu beseitigen. [...] Nochmals: Die heute bestehende Praxis darf nicht erweitert werden, sie soll aber auch nicht enger gefasst werden.»

98 EMARK 1998/25.

99 Botschaft des Bundesrates zum Asylverfahrensbeschluss von 1990, BBl 1990 II, S. 668.

3.2 Konkrete Gefährdung

3.2.1 Zum Begriff

Der Begriff der «konkreten Gefährdung» als Voraussetzung der vorläufigen Aufnahme wurde bereits im Rahmen der Revision von 1990 aufgenommen, um der Problematik sog. «Gewaltflüchtlinge» Rechnung zu tragen.[100] Als solche werden Personen bezeichnet, die zwar nicht als Flüchtlinge anerkannt werden können, aber infolge einer schweren Gewaltsituation nicht in ihren Herkunftsstaat zurückkehren können. Das Asylgesetz kennt in Art. 66 ff. AsylG für solche Gewaltflüchtlinge nun spezifische Regelungen, nämlich den Status für Schutzbedürftige (vgl. Kap. XII). Damit wird die Prüfung einer «konkreten Gefährdung» im Asyl- und Wegweisungsverfahren jedoch nicht überflüssig. Die Verfügung des Schutzbedüftigenstatus setzt nämlich zuerst einen Akt der Anordnung des Bundesrates voraus, der auch innenpolitischen Überlegungen Rechnung trägt (Art. 66 AsylG). Die Asylbehörden sind jedoch unabhängig davon gehalten, im Rahmen der Prüfung von Einzelfällen im Rahmen des Wegweisungsverfahrens die allgemeinen Verhältnisse in einem Herkunftsland zu berücksichtigen.

Die neuen Bestimmungen sind jedoch bei der Auslegung des Begriffs der «konkreten Gefährdung» heranzuziehen. Gemäss Art. 4 AsylG sind schutzbedürftige Personen insbesondere solche, die einem Krieg, einem Bürgerkrieg oder einer Situation allgemeiner Gewalt entfliehen. Daneben können aber auch spezifische individuelle Umstände eine konkrete Gefährdung bewirken.

Die konkrete Gefährdung kann aber andererseits auch darin bestehen, dass die weggewiesene Person eine lebensnotwendige medizinische Behandlung im Heimatstaat nicht erhalten kann. Beispiele von konkreter Gefährdung sind in den Wortlaut des neu formulierten Artikels 83 Abs. 4 AuG eingeflossen. Die konkrete Gefährdung kann bei minderjährigen Personen aber auch in der Verletzung des Kindeswohls begründet sein (vgl. Kap. XI). Schliesslich hat die Praxis auch eine Kombination von Faktoren wie Alter, Gesundheit, fehlendes Beziehungsnetz und schlechte Aussichten für das wirtschaftliche Auskommen in ihrer Gesamtheit als konkrete Gefährdung qualifiziert.[101] Nachfolgend sollen einige typische Situationen von konkreter Gefährdung näher erläutert werden.

3.2.2 Kriegssituation und Situation allgemeiner Gewalt

Auf den Vollzug der Wegweisung wird verzichtet, wenn die Rückkehr in den Heimatstaat für den Betroffenen angesichts der dort herrschenden allgemeinen Lage,

100 Botschaft des Bundesrates zum Asylverfahrensbeschluss von 1990, BBl 1990 II, S. 668.
101 EMARK 1999/8, E. 7.

die sich durch Krieg, Bürgerkrieg oder durch eine Situation allgemeiner Gewalt kennzeichnet, eine konkrete Gefährdung darstellt.[102]

In der Praxis berücksichtigt werden dabei unter anderem:

- die grosse Zahl gewalttätiger Auseinandersetzungen zwischen Bürgerkriegsparteien oder der militanten Opposition und Regierungskräften, massive polizeiliche Repression oder die Verhängung des Ausnahmezustandes,[103]
- schwere staatliche Diskriminierungen einer Volksgruppe in wirtschaftlicher und administrativer Hinsicht.[104]

Es besteht eine mannigfaltige Rechtsprechung der Asylrekurskommission bzw. des Bundesverwaltungsgerichts im Zusammenhang mit der Beurteilung der Zumutbarkeit der Wegweisung aufgrund von Bürgerkrieg oder Situation allgemeiner Gewalt in den einzelnen Herkunftsländern von Asylsuchenden. In der Regel erfolgt eine detaillierte politische und menschenrechtliche Situationsanalyse unter Angaben der entsprechenden Quellen.[105] Zusammenfassungen der Urteile finden sich regelmässig in der Zeitschrift ASYL oder im Jahrbuch für Migrationsrecht.[106]

Anhand der Situation bei Minderheiten im Kosovo seit Beendigung des Kosovokrieges lässt sich aufzeigen, welche Intensität die allgemeine Gewalt haben muss, damit nach Rechtsprechung generell von einer Unzumutbarkeit für alle Betroffenen auszugehen ist oder aber eine sogenannte Einzelfallbetrachtung vorgenommen werden muss. Ende 2000 kommt die Asylrekurskommission zum Schluss, dass flächendeckende massive Behelligungen und eigentliche Vertreibungstendenzen von Roma, Ashkali und «Ägyptern» im Kosovo bestehen. Für diese Minderheiten wird der Wegweisungsvollzug als generell unzumutbar eingestuft.[107] Eine vorübergehende Verbesserung der Situation im Frühjahr 2003 schlägt sich in der Rechtsprechung der Asylrekurskommission insofern nieder, als für gewisse Minderheiten (z. B. sog. «Türken» aus dem Raum Prizren) die Rückkehr als zumutbar erachtet wird. Im Frühjahr 2004 kommt es nach dem Tod albanischsprachiger Kinder zu eigentlichen Säuberungsaktionen gegen nicht albanisch sprechende Minderheiten. Die ARK kehrte daraufhin wieder zu ihrer Praxis der generellen Unzumutbarkeit

102 EMARK 1998/25.

103 EMARK 2005/13, EMARK 2005/17, EMARK 2004/33, EMARK 1999/9.

104 EMARK 2006/11, EMARK 2005/9, EMARK 2001/1, EMARK 1998/22.

105 So beispielsweise EMARK 2006/11 bezüglich Minderheiten im Kosovo oder EMARK 1999/8 bezüglich Bosnien.

106 Vgl. Bolz, S., Die Rechtsprechung der Schweizerischen Asylrekurskommission im Jahre 2006, ASYL, 2007/2, S. 18 ff.; oder Buchmann, K., Die Rechtsprechung der Schweizerischen Asylrekurskommission im Jahr 2005 und im 1. Halbjahr 2006, in: Achermann, A. et al. (Hrsg.): Jahrbuch für Migrationsrecht 2005/2006, Bern, 2006, S. 169 ff.

107 EMARK 2001/1, E. 6.

des Wegweisungsvollzugs zurück; eine Ausnahme davon sieht sie lediglich für Personen vor «mit besonderer Verbundenheit mit der albanischen Bevölkerung oder einem tragfähigen familiären Netz».[108] Bereits ein Jahr später hat sich nach der Lagebeurteilung der ARK die Situation der «albanischsprachigen Roma, Ashkali und ‹Ägypter› [...] wieder entspannt»; der Vollzug dieser Minderheiten wird nun als grundsätzlich zumutbar erachtet, sofern eine Einzelfallabklärung erfolgt und sich gestützt darauf keine Hinweis für eine individuelle Gefährdung ergeben. Im Rahmen der Einzelfallabklärung sind Kriterien wie Alter, Gesundheitszustand, berufliche Ausbildung, Beziehungsnetz etc. zu beurteilen.[109] Hier wählt die Asylrekurskommission also eine kombinierte Betrachtungsweise: Nebst der Gefährdungslage werden auch verschiedene individuelle Gründe berücksichtigt.

Zusammenfassend kann gesagt werden, dass der Begriff der «konkreten Gefährdung» bei der Beurteilung im Falle von Krieg, Bürgerkrieg oder einer Situation allgemeiner Gewalt grundsätzlich eine Einzelfallbetrachtung verlangt. Herrscht aber eine derart flächendeckende und intensive Repression oder Gewalt vor, dass eine ganze Personengruppe mit erheblicher Wahrscheinlichkeit davon betroffen wird, so sieht die Rechtsprechung von einer Einzelfallbeurteilung ab und erachtet gegenüber dieser Personengruppe die Gefährdung generell als gegeben. In diesen Fällen wären – was die Frage der Gefährdung betrifft – wohl auch die Voraussetzungen erfüllt, damit der Bundesrat gestützt auf Art. 66 Abs. 1 AsylG dieser Gruppe von Personen den vorübergehenden Schutz gemäss Art. 4 AsylG gewähren könnte.

3.2.3 Zumutbarkeit der Wegweisung in ausgewählte Herkunftsländer

Im Folgenden sind einige zusammenfassende Hinweise auf die Rechtsprechung (Stand Juli 2008) bezüglich ausgewählter Herkunftsländer wiedergegeben:

- *Kosovo (Situation albanischsprachiger Roma, Ashkali und «Ägypter» aus dem Kosovo):*
  Der Vollzug der Wegweisung von albanischsprachigen Roma, Ashkali und «Ägyptern» in den Kosovo ist in der Regel zumutbar, sofern aufgrund einer Einzelfallabklärung (insbesondere durch Untersuchungen durch das Verbindungsbüro im Kosovo vor Ort) feststeht, dass bestimmte Reintegrationskriterien – wie berufliche Ausbildung, Gesundheitszustand, Alter, ausreichende wirtschaftliche Lebensgrundlage und Beziehungsnetz im Kosovo – erfüllt sind.[110]
- *Sri Lanka (Situation der tamilischen Volksgruppe):*
  Der Vollzug der Wegweisung in die Nordprovinz (Distrikte Kilinochi, Mannar, Vavuniya, Mullaitivu und Jaffna) sowie in die Ostprovinz (Distrikte Trinco-

---

108 EMARK 2005/9, E 6.5.

109 EMARK 2006/11, E. 6.2.3.

110 BVGE 2007/10, E. 5.4., EMARK 2006/11.

malee, Batticaloa und Ampara) ist unzumutbar. Für aus der Nord- oder der Ostprovinz stammende sri-lankische Asylsuchende tamilischer Ethnie setzt die Anerkennung einer innerstaatlichen Aufenthaltsalternative im Süden des Landes, namentlich im Grossraum Colombo, das Vorliegen besonders begünstigender Faktoren voraus, insbesondere die Existenz eines tragfähigen familiären oder sozialen Beziehungsnetzes sowie von Aussichten auf eine gesicherte Einkommens- und Wohnsituation. Für sri-lankische Asylsuchende tamilischer Ethnie, die aus dem Grossraum Colombo oder dessen Umgebung stammen und dort über ein tragfähiges Familien- oder Beziehungsnetz verfügen und mit einer konkreten Unterkunftsmöglichkeit rechnen können, ist grundsätzlich von der Zumutbarkeit des Wegweisungsvollzugs auszugehen.[111]

- *Nordirak:*
  Ein Wegweisungsvollzug in die drei kurdischen Provinzen des Nordiraks (Dohuk, Erbil und Suleimaniya) wird grundsätzlich als zumutbar erachtet, vorausgesetzt die betreffende Person stammt aus der Region oder hat eine längere Zeit dort gelebt und verfügt über ein soziales Netz oder hat Beziehungen zu den herrschenden Parteien. Für Kurden, die aus kurdisch dominiertem Gebiet ausserhalb dieser drei Provinzen stammen, ist im Einzelfall zu prüfen, ob sie in den genannten Provinzen ein Bleiberecht haben und ob der Wegweisungsvollzug zumutbar ist. Auch für Araber und andere nicht kurdische Iraker aus dem Zentral- und Südirak ist eine allfällige innerstaatliche Zufluchtsalternative im Nordirak im Rahmen einer Einzelfallprüfung zu ermitteln, und es kann keineswegs automatisch vom Bestehen einer innerstaatlichen Niederlassungsfreiheit in den drei nordirakischen Provinzen ausgegangen werden. Für alleinstehende Frauen und für Familien mit Kindern sowie für Kranke und Betagte ist die Zumutbarkeit eines Wegweisungsvollzugs nur mit grosser Zurückhaltung anzunehmen.[112]
- *Türkei (Situation der kurdischen Volksgruppe):*
  Während die Asylrekurskommission im Jahre 2000 noch zum Schluss gekommen ist, dass der Vollzug von Wegweisungen in die fünf unter Ausnahmezustand stehenden Provinzen Diyarbakir, Hakkari, Sirnak, Tunceli und Van ebenso unzumutbar ist wie der Vollzug der Wegweisung in die fünf «Quasi-Ausnahmezustandsprovinzen» Batman, Bingöl, Bitlis, Mardin und Mus sowie in die Proviz Sirrt,[113] kommt sie vier Jahre später zum Schluss, dass nicht mehr von einer generellen Unzumutbarkeit der Rückkehr in diese südöstlichen Provinzen der Türkei ausgegangen werden muss.[114] Weiterhin vorbehalten bleibt

111 BVGE 2008/2, E. 7.6.2., EMARK 2006/6.
112 BVGE 2008/5, E. 7.5, insbes. E. 7.5.8.
113 EMARK 2000/13, E. 5d.
114 EMARK 2004/8, E. 5e.

aber die angemessene Berücksichtigung individueller persönlicher Umstände, die für die Ermittlung der Zumutbarkeit bedeutungsvoll sein können. Insbesondere ist bei der Zumutbarkeitsprüfung die Situation von Angehörigen sogenannter vulnerable groups (beispielsweise unbegleitete Minderjährige, Alleinerziehende, Alte und Kranke) angemessen Rechnung zu tragen. Erweist sich der Vollzug der Wegweisung in die südöstlichen Provinzen aufgrund einer solchen Einzelfallprüfung als unzumutbar, bleibt weiterhin die Frage einer zumutbaren innerstaatlichen Aufenthaltsalternative zu prüfen.

- *Somalia:*
  Die chaotische Lage und die andauernde Gewaltsituation in Zentral- und Südsomalia führen dazu, dass ein Wegweisungsvollzug in diese Gebiete generell als unzumutbar angesehen wird. Unter gewissen Bedingungen kann aber ein Vollzug der Wegweisung nach Somaliland und Puntland erfolgen. Dazu ist aber erforderlich, dass die betroffene Person enge Verbindungen zur Region hat, sich dort eine Existenzgrundlage aufbauen kann oder mit wirkungsvoller Unterstützung eines Familienclans rechnen darf. Allein die Zugehörigkeit zu einem in der Region ansässigen Hauptclan genügt zur Annahme der Zumutbarkeit der Wegweisung hingegen nicht.[115]
- *Sierra Leone:*
  Die Sicherheitslage hat sich in Sierra Leone seit Ende 2002 verbessert und ein einigermassen befriedigendes Niveau erreicht. Es herrscht keine Situation des Krieges oder allgemeiner Gewalt. Die grösste Gefahr für die Sicherheit im Lande wird derzeit in der Möglichkeit eines Ausbruchs von zivilen Unruhen gesehen, deren Ursachen im sehr tiefen Lebensstandard, in den fehlenden wirtschaftlichen Perspektiven und in der Frustration über Mängel in der Regierung, Justiz und Verwaltung zu sehen sind. Trotz prekärer wirtschaftlicher und humanitärer Situation erweist sich eine Rückkehr nach Sierra Leone daher grundsätzlich dann als zumutbar, wenn es sich um alleinstehende Männer in jungem und mittlerem Alter handelt oder um Familien ohne kleine Kinder. Für kranke Personen ist die Rückkehr nur dann zumutbar, wenn die notwendige medizinische Versorgung in Sierra Leone grundsätzlich verfügbar ist und individuelle begünstigende Umstände vorliegen, welche der betroffenen Person den Zugang zu dieser Versorgung effektiv ermöglichen. Für nicht mehr erwerbsfähige Menschen ist die Rückkehr dann zumutbar, wenn sie über ein soziales Netz verfügen, welches für den Unterhalt aufkommen kann.[116]
- *Afghanistan:*
  Der Vollzug nach Kabul und in bestimmte Provinzen (Herat, Parwan, Baghlan, Takhar, Badakhsan, Kunduz, Balkh, Sari Pul und die Region Samangan, die

---

115 EMARK 2006/2, E. 7.
116 EMARK 2006/16, E. 7.2.4.

nicht zu Hazarajat gehört) des Landes wird von der Rechtsprechung unter bestimmten Voraussetzungen als zumutbar erachtet. Begründet wird dies damit, dass in diesen Regionen seit 2004 keine signifikanten militärischen Auseinandersetzungen stattgefunden haben. Die Rückkehrer müssen aber aus diesen Provinzen stammen, es muss sich bei ihnen um junge alleinstehende oder verheiratete Menschen ohne Kinder handeln, die keine gravierenden medizinischen Probleme haben. Darüber hinaus sind restriktive Voraussetzungen an die Existenz eines tragfähigen Beziehungsnetzes und die Wohnsituation bei der Beurteilung der Zumutbarkeit zu beachten.[117]

- *Russland (Tschetschenien):*
  Die Sicherheitslage in Tschetschenien ist gemäss Auffassung unabhängiger Beobachter nach wie vor sehr prekär, und die Situation bleibt für die Zivilbevölkerung äusserst problematisch. Aufgrund dieser Umstände erweist sich der Vollzug der Wegweisung abgewiesener Asylsuchender nach Tschetschenien als unzumutbar. Es stellt sich aber die Frage, ob den Betroffenen eine innerstaatliche Aufenthaltsalternative im Gebiet der Russischen Föderation zuzumuten ist. Die Rechtssprechung geht aufgrund der allgemeinen Lage in der Russischen Föderation davon aus, dass sich der Vollzug der Wegweisung abgewiesener tschetschenischer Asylsuchender an einen innerstaatlichen Zufluchtsort unter Umständen als zumutbar erweisen kann. Bei der sorgfältigen individuellen Beurteilung sind angesichts der geschilderten Schwierigkeiten, denen Angehörige der tschetschenischen Ethnie auch ausserhalb ihrer engeren Heimatregion begegnen, indessen hohe Anforderungen an den Nachweis der Zumutbarkeit einer innerstaatlichen Aufenthaltsalternative zu stellen. Zu prüfen ist mithin insbesondere, ob die betroffene Person über ein tragfähiges, insbesondere familiäres Beziehungsnetz am allfälligen Zufluchtsort verfügt – so auch im Hinblick auf eine zumutbare Unterkunft.[118]
- *Eritrea:*
  In Eritrea herrscht zwar keine Situation des Krieges oder der allgemeinen Gewalt. Unter Berücksichtigung der desolaten wirtschaftlichen und sozialen Situation ist aber davon auszugehen, dass Rückkehrer aller Wahrscheinlichkeit nach dauerhaft in kompletter Armut zu leben hätten und Hunger oder gar dem Hungertod ausgesetzt wären. Der Vollzug der Wegweisung erweist sich unter diesen Umständen als unzumutbar, es sei denn, es liegen begünstigende, individuelle Umstände vor, sodass zurückkehrende Asylsuchende nicht einer existenzbedrohenden Situation ausgesetzt sind. Ist gewährleistet, dass zurückkehrende abgewiesene Asylsuchende in Eritrea über ein soziales oder familiäres Netz verfügen, das ihnen bei der wirtschaftlichen Reintegration behilflich

117 EMARK 2006/9, E. 7.8.
118 EMARK 2005/17, E. 8.3.3.

sein kann, oder kann aus anderen Gründen davon ausgegangen werden, dass sie sich innert nützlicher Frist eine ausreichende Erwerbstätigkeit beschaffen können beziehungsweise in den Genuss einer zumutbaren staatlichen oder privaten Versorgung kommen, kann die Rückkehr zumutbar sein.[119]

3.2.4 Inländische Zufluchts- oder Aufenthaltsmöglichkeit

Gemäss Rechtsprechung wird nur dann Unzumutbarkeit des Vollzugs der Wegweisung angenommen, wenn die erwähnten Verhältnisse landesweit herrschen.[120] Es wird daher auch geprüft, ob Asylsuchenden im Herkunftsland eine inländische Zufluchts- oder Aufenthaltsmöglichkeit offensteht.[121] Die Rechtsprechung grenzt diesen Begriff ab von demjenigen der inländischen Fluchtalternative. Das Fehlen einer inländischen Fluchtalternative ist notwendige Voraussetzung der Flüchtlingseigenschaft und bedeutet, dass die betroffenen Personen landesweit in asylrelevanter Weise gefährdet sind (vgl. Kap. VII, Ziff. 4.6). Demgegenüber spielen bei der Beurteilung der inländischen Zufluchtsmöglichkeit auch andere Faktoren eine Rolle, z. B. die Möglichkeit einer sozialen und wirtschaftlichen Integration am inländischen Zufluchtsort.

Die Rechtsprechung hat zur Türkei Kriterien entwickelt, die bei der Beurteilung einer inländischen Zufluchtsmöglichkeit berücksichtigt werden müssen.[122] Berücksichtigt wird einerseits, ob das Existenzminimum gesichert erscheint, was anhand der vorhandenen Sprachkenntnisse, der Schul- und Berufsbildung und der Berufserfahrung beurteilt wird. Von Bedeutung ist weiter, ob am inländischen Zufluchtsort ein soziales Beziehungsnetz vorhanden ist, das sich aus einem früheren Aufenthalt oder durch die Anwesenheit von Verwandten und Bekannten ergeben kann. Entscheidend ist schliesslich, ob auch eine soziale Integration möglich ist, wobei individuelle Umstände wie Geschlecht, Zivilstand, Alter, die Frage Einzelperson oder Familie, vorhandene finanzielle Mittel, Gesundheitszustand sowie die familiäre Situation berücksichtigt werden. Die Beurteilung der inländischen Zufluchtsmöglichkeit berücksichtigt demnach in hohem Mass die konkreten Umstände des Einzelfalls.

3.2.5 Medizinische Gründe

Bei medizinischen Gründen, die einer allfälligen Wegweisung entgegenstehen, ist eine Abgrenzung zu einer Art. 3 EMRK-Verletzung und somit zu einem unzulässigen Vollzug der Wegweisung vorzunehmen (siehe Ziff. 2.2): Ist der Vollzug der Wegweisung für das Entstehen einer schwerwiegenden und lebensbedrohenden

119 EMARK 2005/12, E. 10.5-10.8.

120 EMARK 1998/11, bezüglich Angola.

121 EMARK 1999/9, EMARK 1999/8.

122 EMARK 1996/2.

Situation kausal, so kann darin nämlich ausnahmsweise auch eine Verletzung von Art. 3 EMRK (unmenschliche Behandlung) liegen.[123] Der Europäische Gerichtshof für Menschenrechte (EGMR) hat in zwei Urteilen gegen Grossbritannien einen derartigen Verstoss gegen das Verbot der unmenschlichen Behandlung nach Art. 3 EMRK im Falle einer Ausweisung von schwerkranken Menschen (an AIDS, respektive Schizophrenie erkrankt) ausnahmsweise festgestellt.[124]

Die schweizerische Praxis tendiert heute aber dazu, alle medizinischen Fälle im Rahmen der Zumutbarkeit der Wegweisung – und nicht im Rahmen der Unzulässigkeit – zu behandeln.[125] Eine konkrete Gefährdung liegt bei medizinischen Fällen grundsätzlich dann vor, wenn infolge unzureichender Behandlung eine erhebliche Verschlechterung des Gesundheitszustandes unausweichlich wird und zu einer lebensbedrohenden Situation führt.

Nur gravierende medizinische Fälle sollten nach Auffassung des Gesetzgebers unter Art. 83 Abs. 4 AuG subsumiert werden.[126] Nach Rechtsprechung der Asylrekurskommission können aber auch Erkrankungen, die nicht unmittelbar eine lebensbedrohende Situation hervorrufen, unter dem Gesichtspunkt der konkreten Gefährdung relevant sein. So hat die Asylrekurskommission den Vollzug einer Wegweisung einer Familie nach Syrien deshalb als unzumutbar erachtet, weil für die fünf Jahre alte geistig behinderte Tochter in der Heimat keine adäquaten Behandlungsmöglichkeiten vorhanden waren, die eine erhebliche Verbesserung des Gesundheitszustandes ermöglicht hätten; in der Schweiz war aber eine nachhaltige Verbesserung ihres Gesundheitszustandes absehbar[127] – eine Verschlechterung oder gar eine Lebensgefahr bestand für das Mädchen hingegen nie. Es ist zu

---

123 EMARK 2005/23, E. 5.1.

124 EGMR vom 2. Mai 1997 i. S. D. vs. the United Kingdom (30240/96), Ziff. 51-53, publiziert in ASYL, 1/1997 S. 47 f.; EGMR vom 6. Februar 2001 i. S. Bensaid vs. the United Kingdom (44599/98), Ziff. 37. In vielen anderen Fällen hat der EGMR aber Ausweisung von an AIDS erkrankten Personen als mit Art. 3 EMRK vereinbar betrachtet, so z. B. EGMR vom 27. Mai 2008 i. S. N. vs. The United Kingdom (26565/05) oder EGMR vom 24. Juni 2003 i. S. A. H. vs. The Netherlands (13669/03).

125 EMARK 2003/18, E. 5d.; EMARK 2004/7, E. 5d. Vgl. aber EMARK 2004/6: Eine Ausweisung eines in der terminalen Phase an AIDS Erkrankten kann unter ganz aussergewöhnlichen Umständen zu einer Verletzung von Art. 3 EMRK führen.

126 Bundesrat Blocher in AB 2005, S. 1096: «Eine konkrete individuelle Gefährdung und somit die Unzumutbarkeit des Wegweisungsvollzuges kann gegeben sein, wenn z. B. im betreffenden Land die notwendige medizinische Behandlung einer Person nicht gewährleistet ist und das für die Person gravierende Folgen hätte. Das kann vorkommen, wenn jemand lebensnotwendige medizinische Hilfsmittel braucht, z. B. Medikamente oder medizinische Geräte, die im betreffenden Land nicht vorhanden sind.»

127 Nicht publiziertes Urteil der ARK vom 5. Juli 1996, erläutert von Marugg, M., Rechtssprechung der Asylrekurskommission im Jahre 1997, Bern, 1999, S. 75, Fn 57.

vermuten, dass im vorliegenden Fall nebst den medizinischen Gründen vor allem das Kindeswohl eine wichtige Rolle gespielt hat.

Dabei stellt die Rechtsprechung nicht allein darauf ab, ob im ausländischen Staat eine medizinische Behandlung grundsätzlich erhältlich ist oder nicht. Die auf medizinische Hilfe angewiesene Person muss zudem auch aufgrund der Umstände des Einzelfalles tatsächlich die Hilfe erhalten (können). Darum werden gerade bei medizinischen Fällen auch andere relevante Faktoren berücksichtigt, wie z. B. das soziale Beziehungsnetz der betroffenen Person, die Kosten der Behandlung oder die praktische Erreichbarkeit des Behandlungsortes.[128] Gemäss Praxis der Asylrekurskommission wird zuerst die Prüfung der Zumutbarkeit alleine unter dem Aspekt der vorgebrachten medizinischen Gründe vorgenommen und sodann unter Abwägung der gesamten persönlichen Umstände.[129] In der Praxis führen medizinische Gründe und fehlende Behandlungsmöglichkeiten im Herkunftsstaat vielfach zusammen mit anderen relevanten Faktoren (z. B. Alter oder fehlendes soziales Beziehungsnetz) zur Annahme der Unzumutbarkeit. So hat die ARK die Wegweisung eines älteren, gebrechlichen und pflegebedürftigen Ehepaars aus Bosnien-Herzegowina, das infolge der faktischen Teilung des Landes nicht an seinen Wohnort zurückkehren kann und in der bosnisch-kroatischen Föderation über kein soziales Beziehungsnetz verfügt, für unzumutbar erachtet.[130]

3.2.6 Kombination verschiedener Gründe

Wie bereits ausgeführt, genügt eine schwerwiegende Krankheit bzw. die unzureichende Behandlungsmöglichkeit alleine noch nicht, um von einer konkreten Gefährdung auszugehen, sondern es müssen noch weitere Umstände die Situation verschärfen (z. B. die allgemeine Sicherheitslage, das persönliche Umfeld, die berufliche Qualifikation etc.).[131] Beim Stichwort «Kombination verschiedener Gründe» ist darauf hinzuweisen, dass es zwar beim Tatbestand der Zumutbarkeit im Sinne von Art. 83 Abs. 4 AuG dem Wortlaut zufolge regelmässig um konkrete Gefährdungen geht, die der weggewiesenen Person im Heimatstaat oder im Staat, wohin sie verbracht werden soll, drohen.[132] Eine Wegweisung kann aber auch aus Gründen, die ihren Ursprung in der Schweiz haben, unzumutbar sein. Derartige Gründe werden aber in erster Linie im Rahmen einer humanitären Aufenthaltsbewilligung im Sinne von Art. 30 Abs. 1 lit. b AuG (Regelung von Härtefällen) zu beachten sein. Es stellt sich nun die Frage, ob Gründe, die ihren Ursprung in der

128 So schon EMARK 1993/38, E. 6.

129 EMARK 1999/8, E. 7m, EMARK 2003/2, E. 5b, EMARK 2004/7, E. 5d.

130 EMARK 1999/8.

131 EMARK 2004/7, E. 5d., EMARK 2003/24, E. 5b.

132 So BBl 1990 II, S. 668 auch zur Vorgängerbestimmung von Art. 14a Abs. 4 ANAG: «Es handelt sich dabei um Fälle konkreter Gefährdung im Heimatstaat des Ausländers […]».

Schweiz haben, auch im Rahmen der von Art. 83 Abs. 4 AuG berücksichtigt werden können, nachdem der asylrechtliche Härtefall von Art. 44 Abs. 3–5 AsylG mit der Asylgesetzrevision vom 16.12.2005 (in Kraft seit 1.1.2007) aufgehoben wurde.

Die Asylrekurskommission hat im Rahmen ihrer alten Rechtsprechung unter altem Recht dazu festgehalten, dass eine Kombination der Kriterien von Art. 14 Abs. 4 ANAG (heute Art. 83 Abs. 4 AuG) und Art. 44 Abs. 3 und Abs. 4 AsylG (mittlerweile aufgehoben) zulässig ist, wenn beide Kriterien bestehen, aber je für sich genommen nicht ausreichen, um den Vollzug der Wegweisung als unzumutbar erscheinen zu lassen.[133] Eine starke Verwurzelung in der Schweiz, die zwar im Rahmen des (asylrechtlichen) Härtefalles zu prüfen ist, hat nach Auffassung der ARK auch eine reziproke Wirkung auf die Frage der Zumutbarkeit des Wegweisungsvollzugs, insofern als eine starke Anpassung an die Verhältnisse in der Schweiz eine Entwurzelung im Heimatstaat zur Folge haben kann.[134]

Das Bundesverwaltungsgericht kommt nun in seinem Urteil vom 4. Juni 2007 zum Schluss, dass aufgrund der Tatsache, dass mit dem Verweis der Prüfung des Härtefalles ins Ausländerrecht (Streichung von Art. 44 Abs. 3-5 AsylG) und Einführung von Art. 14 Abs. 2 AsylG die Prüfung eines Härtefalles gestützt auf Art. 30 Abs. 1 lit. b AuG Aufgabe des Kantons und des BFM ist. Da das Bundesverwaltungsgericht nun die Härtefallprüfung nicht gleichzeitig mit der Zumutbarkeitsprüfung im Wegweisungsverfahren vornehmen kann, ist eine Berücksichtigung von Gründen, die ihre Ursachen in der Schweiz haben, im Rahmen von Art. 83 Abs. 4 AuG nur noch unter dem Gesichtspunkt der erschwerten Reintegration ins Heimatland möglich; insbesondere bei Kindern und zwar unter dem Blickwinkel des Kindeswohls erscheint dies auch sinnvoll zu sein.[135]

3.3 Unzumutbarkeit der Wegweisung bei unbegleiteten Minderjährigen

Gemäss Rechtsprechung kann eine Wegweisung bei unbegleiteten Minderjährigen auch dann unzumutbar sein, wenn dadurch das *Kindeswohl* gefährdet wird. Nähere Angaben dazu finden sich in Kap. X, Ziff. 3.2.

133 EMARK 2001/10, E. 8, EMARK 2002/3, E. 7e-f, EMARK 2002/4, E. 5d und EMARK 2006/13, E. 3.2.
134 EMARK 2005/6, E. 6.2.
135 BVGE vom 4.06.2007 (D-4001/2006), E. 3.3.

4. Unmöglichkeit der Wegweisung

Art. 83 Abs. 2 AuG sieht die Anordnung der vorläufigen Aufnahme vor, wenn der Vollzug der Wegweisung in den Zielstaat nicht möglich ist. Nicht möglich ist der Vollzug, wenn die ausländische Person weder in den Heimat- oder Herkunftsstaat noch in einen Drittstaat ausreisen oder dorthin verbracht werden kann.

Der Tatbestand der Unmöglichkeit bezieht sich auf Fälle von technischen Hindernissen, die dem Vollzug entgegenstehen. Ist eine zwangsweise Ausschaffung aufgrund technischer Hindernisse nicht möglich, können aber Asylsuchende freiwillig ausreisen und den Zielstaat erreichen, so schliesst der Wortlaut der Bestimmung «[…] ausreisen oder dorthin gebracht werden […]» in Art. 83 Abs. 2 AuG und insbesondere Art. 83 Abs. 7 lit. c AuG die Anordnung der vorläufigen Aufnahme explizit aus. Die Rechtsprechung[136] wird damit im Gesetz verankert. Als technische Hindernisse gelten Tatbestände, die im Zeitpunkt des Wegweisungsentscheides nicht bekannt waren. Sie beinhalten zum Beispiel fehlende Transportmöglichkeiten, die Unmöglichkeit Reisepapiere zu erhalten oder die Schliessung der Grenzen.

Die Unmöglichkeit des Vollzugs wird ausgesprochen, wenn zwei Bedingungen erfüllt sind: Der Gesuchsteller kann freiwillig die Schweiz nicht verlassen und sein Zielland erreichen, und die Vollzugsbehörden sind trotz Anwendung allfälliger Massnahmen nicht in der Lage, die Wegweisung zu vollziehen.[137] Der Vollzug der Wegweisung wird dann als unmöglich betrachtet, wenn die von der Wegweisung betroffene Person sich allen vom Kanton angeordneten Massnahmen zum Vollzug der Wegweisung unterzogen hat, die Unmöglichkeit des Vollzugs schon ein Jahr gedauert hat und zudem absehbar ist, dass die Person noch länger als ein Jahr in der Schweiz verbleiben wird bis die Vollzugsmassnahmen zum Erfolg führen.[138]

In der bisherigen Praxis hat der Tatbestand der Unmöglichkeit kaum in grösserem Ausmass Anwendung gefunden: Die anhaltende Weigerung der Behörden der ehemaligen Bundesrepublik Jugoslawien, abgewiesenen Asylsuchenden die Wiedereinreise zu erlauben, bewog die ARK unter den vorerwähnten Voraussetzungen, Unmöglichkeit der Wegweisung anzunehmen.[139] Der Bundesratsbeschluss vom 20. April 1994 bezüglich der vorläufigen Aufnahme von Staatsangehörigen aus Sri Lanka, die vor einem bestimmten Stichdatum ins Land eingereist sind, wurde

136 EMARK 1995/4.
137 EMARK 2000/16, E. 7c. oder EMARK 1995/14, E. 8d.
138 EMARK 2002/17, E. 6, EMARK 1995/14, E. 8e.
139 EMARK 1995/14.

von der Asylrekurskommission ebenfalls als Anwendungsfall der Unmöglichkeit betrachtet.[140] Die Qualifizierung des Wegweisungsvollzugs nach Sri Lanka muss aber als fragwürdig bezeichnet werden. Denn der Bundesratsbeschluss ist letztlich Folge davon, dass der Vollzug der Wegweisung angesichts der herrschenden Situation allgemeiner Gewalt während Jahren immer wieder verzögert wurde. Eine Rückkehr war den Betroffenen während vieler Jahre eigentlich nicht zumutbar.

In den letzten Jahren häufen sich die Fälle von Personen, bei denen entweder aufgrund von Zweifeln an der Identität aber auch wegen dem Verhalten von gewissen ausländischen Botschaften die Beschaffung von Reisepapieren erschwert oder gar verunmöglicht wird. Es stellt sich die Frage, ob in diesen Fällen von der Unmöglichkeit des Vollzugs auszugehen ist. Wird die nicht belegte Identität einer Person als Grund für die Nichtausstellung von Reisepapieren angegeben, so kann sich die betroffene Person grundsätzlich nicht auf die Unmöglichkeit des Vollzugs berufen, da sie durch ihr eigenes Verhalten die Unmöglichkeit des Vollzugs verursacht (so explizit Art. 83 Abs. 7 lit. c AuG). Es ist aber in diesem Zusammenhang darauf hinzuweisen, dass die Identität im Sinne des Asylgesetzes nicht bewiesen sein muss. Es kann durchaus vorkommen, dass eine Person im Rahmen des Asyl- und Wegweisungsverfahrens keine Identitätspapiere vorlegt, aber weder von den schweizerischen noch von ihrer heimatlichen Behörde Zweifel an der Identität bestehen. Stellen in dieser Situation die heimatlichen Behörden keine Papiere aus, so kann durchaus – sofern die übrigen Voraussetzungen erfüllt sind – von der Unmöglichkeit des Vollzugs der Wegweisung ausgegangen werden.[141]

5. Ausschlussgründe

Auf eine Anordnung der vorläufigen Aufnahme bei Unmöglichkeit und Unzumutbarkeit der Wegweisung wird verzichtet, wenn die ausländische Person zu einer längerfristigen Freiheitsstrafe im In- oder Ausland verurteilt wurde, wenn sie die öffentliche Sicherheit in erheblichen Masse oder wiederholt gefährdet oder wenn sie die Unmöglichkeit des Vollzugs der Wegweisung durch ihr eigenes Verhalten verursacht hat (Art. 83 Abs. 7 AuG).

---

140 EMARK 1995/20.
141 EMARK 2002/17, E. 8c.

Die Bestimmung von Art. 83 Abs. 7 AuG unterscheidet sich vom Wortlaut her wesentlich von der alten Bestimmung von Art. 14a Abs. 6 ANAG, welche von Anordnung der vorläufigen Aufnahme bei der Gefährdung der öffentlichen Sicherheit allein bei der Unzumutbarkeit des Vollzugs der Wegweisung abgesehen hat. Gesetzliche Ausschlussgründe für die vorläufige Aufnahme wegen Unmöglichkeit des Vollzugs waren nicht vorgesehen. Wie oben erwähnt, ging die Rechtsprechung aber schon immer davon aus, dass die Weigerung zur freiwilligen Ausreise (so diese möglich war), die Anordnung der vorläufigen Aufnahme wegen Unmöglichkeit der Wegweisung ausschloss.[142] Insofern wird mit Art. 83 Abs. 7 lit. c AuG diese Praxis im Gesetz festgeschrieben. Neu im Gesetz ist hingegen, dass im Falle der Verurteilung wegen einer Freiheitsstrafe oder der Gefährdung der öffentlichen Sicherheit auch im Falle der Unmöglichkeit des Vollzugs der Wegweisung auf die Anordnung einer vorläufigen Aufnahme verzichtet werden kann. Die Ausschlussgründe von Art. 83 Abs. 7 lit. a und b AuG stimmen im Wortlaut sodann mit den Widerrufsgründen nach Art. 62 lit. b und c AuG überein. Dies erstaunt nicht, hat doch die bisherige Rechtsprechung festgehalten, dass eine vorläufige Aufnahme (egal aus welchen Gründen sie verfügt wurde) auch dann aufgehoben werden kann, wenn der Ausländer aufgrund seines Fehlverhaltens Ausweisungsgründe (damals in Art. 10 lit. a und b ANAG geregelt) geschaffen hat.[143]

Es ist zu beachten, dass entgegen dem Wortlaut von Art. 83 Abs. 7 AuG kein automatischer Ausschluss der Anordnung der vorläufigen Aufnahme bei Vorliegen der Ausschlusstatbestände vorgesehen ist. Vielmehr ist auch bei der Anwendung von Art. 83 Abs. 7 AuG das Verhältnismässigkeitsprinzip zu achten. Diesbezüglich kann auf die bisherige Rechtsprechung zu Art. 14 Abs. 6 ANAG abgestellt werden. Die Ausschlussklausel ist demnach mit Zurückhaltung und unter Beachtung des Verhältnismässigkeitsprinzips anzuwenden.[144] Die Handlungen müssen eine schwerwiegende Gefährdung oder Verletzung der öffentlichen Sicherheit und Ordnung darstellen. Die Verurteilung zu einer bedingten Freiheitsstrafe lässt beispielsweise in der Regel nicht auf eine solche schliessen, jedoch kann deren Strafmass oder der Umstand, dass durch das begangene Delikt besonders wertvolle Rechtsgüter betroffen sind, zum gegenteiligen Schluss führen. Bei der Interessenabwägung ist der angedrohte Strafrahmen in Bezug zur verhängten Strafe zu setzen. Auch die wiederholte Deliktsbegehung kann trotz bedingt ausgesprochener Freiheitsstrafe Anhaltspunkte für eine Gefährdung der öffentlichen Sicherheit und Ordnung geben, da eine wiederholte Deliktsbegehung die vermutete günstige Prognose

142 EMARK 2002/23, E. 4f., EMARK 2000/16, E. 7c.
143 EMARK 2006/11, E. 7.1., EMARK 2001/17, E. 5.
144 EMARK 2003/3, E. 3a.

infrage stellen kann. [145] Schliesslich kann auch das Vorleben der betroffenen Person bei der Interessenabwägung sowie die Auswirkungen einer solchen Massnahme auf die persönliche Situation der betroffenen Person mit berücksichtigt werden.[146]

Beim Begriff der «längerfristigen Freiheitsstrafe» handelt es sich um einen unbestimmten Rechtsbegriff, der auslegungsbedürftig ist. Die Auslegung des unbestimmten Rechtsbegriffs ist zu unterscheiden von der Verhältnismässigkeitsprüfung. Angesichts des absolut möglichen Strafmasses im Strafgesetzbuch einerseits und der Tatsache andererseits, dass Freiheitsstrafen unter sechs Monaten in der Regel kaum ausgesprochen werden können, kann von einer längerfristigen Freiheitsstrafe wohl nur gesprochen werden, wenn sie für mindestens ein Jahr und mehr ausgesprochen wird. Bei kürzeren Freiheitsstrafen kann aber allenfalls ein Ausschluss gestützt auf Art. 83 Abs. 7 lit. b AuG in Erwägung gezogen werden. Diese Bestimmung setzt nicht einmal zwingend eine strafrechtliche Verurteilung voraus. Alleine ein Verdacht, strafbare Handlungen begangen zu haben, sollte jedoch nicht zur Anwendung der Bestimmung führen. Auch die wiederholte Nichterfüllung öffentlich-rechtlicher oder privatrechtlicher Verpflichtungen kann als Verstoss gegen die öffentliche Ordnung angesehen werden (vgl. auch Art. 80 Abs. 1 VZAE). Unseres Erachtens müsste aber dabei ein schuldhaftes Verhalten zugrunde liegen.

Eine schwerwiegende Gefährdung der öffentlichen Sicherheit und Ordnung wurde z. B. von der Rechtsprechung in einem Fall wiederholter Gewalttätigkeit und Morddrohungen gegenüber Ehefrau und Kindern sowie schwerer Alkoholsucht bejaht.[147] Eine Aufhebung der vorläufigen Aufnahme einer Person, die als Folge ihrer Geisteskrankheit die öffentliche Ordnung gefährdet hat, wurde nur unter der Voraussetzung bejaht, dass die Rückkehr zumutbar war.[148] Als weitere Beispiele aus der Praxis seien angeführt: Der Verzicht der Asylrekurskommission auf die Anordnung der vorläufigen Aufnahme bei zweimaliger Verurteilung – Busse und bedingte Gefängnisstrafe von sieben Tagen – wegen bandenähnlich organisiertem Glücksspiel.[149] Andererseits aber die Annahme der Unzumutbarkeit der Wegweisung trotz Verurteilung zu einer bedingten Gefängnisstrafe von zehn Tagen und Busse wegen des unerlaubten Besitzes einer Schusswaffe zum persönlichen Schutz.[150] Die Sicherheit und Ordnung kann jedoch auch durch *«asoziales» Verhalten* verletzt oder gefährdet werden, wobei auch hier eine schwerwiegende Störung vorliegen muss. Der Konsum von weichen Drogen und übermässiger Alkoholkonsum in der

145 EMARK 2004/39, E. 5.3 und dortiger Verweis auf bisherige Rechtsprechung.
146 EMARK 2006/30, E. 6.3.3.
147 EMARK 2003/3, E. 3b-c.
148 EMARK 2001/17, E. 5.
149 EMARK 1995/10.
150 EMARK 1995/11.

zugewiesenen Unterkunft, sowie das Begehen von Nachtruhestörungen, aggressives Verhalten gegenüber Betreuungspersonen, Mitbewohnern und gegenüber der Nachbarschaft führte in einem Fall aber nicht zur Anwendung des Ausschlussgrundes von der vorläufigen Aufnahme. Dabei wurde aber im Rahmen der Verhältnismässigkeitsprüfung das jugendliche Alter des Asylsuchenden, die allgemeine Situation in seinem Heimatland Somalia sowie die Tatsache, dass er dort auf sich alleingestellt wäre, berücksichtigt.[151]

6. Härtefallregelung

6.1 Verhältnis Asyl- und Ausländerrecht

6.1.1 Grundsatz

Das Asylgesetz verankert im Verhältnis zum Ausländerrecht das Prinzip der Ausschliesslichkeit des Asylverfahrens: Art. 14 Abs. 1 AsylG bestimmt, dass Asylsuchende nach der Einreichung des Gesuchs bis zur Ausreise nach einer rechtskräftig angeordneten Wegweisung (oder nach einem Rückzug des Asylgesuchs oder bis zur Anordnung einer vorläufigen Aufnahme bei nicht durchführbarem Vollzug) grundsätzlich kein Verfahren um Erteilung einer ausländerrechtlichen Bewilligung einleiten können. Besteht aber ein Rechtsanspruch auf eine ausländerrechtliche Bewilligung (z. B. bei Heirat mit einer anwesenheitsberechtigten Person), so gilt dieses Prinzip nicht, und ein Verfahren um Erteilung einer ausländerrechtlichen Bewilligung kann eingeleitet werden. Eine weitere Ausnahme von diesem Grundsatz der Ausschliesslichkeit des Asylverfahrens ist die Erteilung einer ausländerrechtlichen Härtefallbewilligung während oder nach Abschluss des Asylverfahrens (Art. 14 Abs. 2 AsylG).

Art. 14 Abs. 2 AsylG wurde mit der Teilrevision des Asylgesetzes vom 16.12.2005 (in Kraft seit 1.1.2007) eingeführt. Die Botschaft zur Teilrevision des Asylgesetzes sah diese Änderung zwar noch nicht vor; sie wurde erst im Rahmen der parlamentarischen Beratung im Ständerat eingeführt; der Gesetzgeber wollte für Personen, bei denen die Rückkehr nicht aus eigenem Verschulden sondern aus anderen Gründen nicht möglich ist, eine Lösung vorschlagen.[152] Die Voten im Nationalrat belegen, dass damit auch für Personen, deren Asylgesuch abgeschlossen ist, eine

151 EMARK 1997/24.
152 AB 2005 S 340, Votum Kommissionpräsidentin Heberlein.

Möglichkeit geschaffen werden sollte, ein Verfahren um Erteilung einer Härtefallbewilligung einzuleiten.[153]

6.1.2 Frühere Regelungen

Die Möglichkeit der Einleitung eines ausländerrechtlichen Verfahrens um Erteilung einer Härtefallbewilligung war vor 1998 nach dem damalig gültigen Asylgesetz bereits möglich; jedoch nur *während* des hängigen Asylverfahrens (bzw. nach Anordnung einer vorläufigen Aufnahme), wenn seit der Einreichung des Asylgesuchs mindestens vier Jahre verstrichen waren. Die Kantone machten von dieser Möglichkeit – in sehr unterschiedlichem Ausmass – insbesondere dann Gebrauch, wenn das Asylverfahren mehrere Jahre in Anspruch nahm, die asylsuchende Personen als integriert galt und ihre Wegweisung einen «schwerwiegenden persönlichen Härtefall» begründet hatte. Gestützt auf den damaligen Art. 13 lit. f der Begrenzungsverordnung (BVO) zum ANAG wurden sog. «Härtefallbewilligungen» erteilt. Das Asylgesetz von 1998 verlagerte die Beurteilung solcher Härtefälle in die alleinige Kompetenz der Asylbehörden, die in diesen Fällen eine vorläufige Aufnahme verfügen konnten (Art. 44 Abs. 3–5 AsylG in Verbindung mit Art. 14 a Abs. 4bis ANAG; man sprach auch vom sog. «asylrechtlichen Härtefall»). Mit der jetzt gültigen Regelung von Art. 14 Abs. 2 AsylG, eingeführt mit der Asylgesetzrevision vom 16. Dezember 2005 (in Kraft getreten am 1.1.2007), wird die Regelung des Härtefalles wieder ganz ins Ausländerrecht verwiesen. Die asylrechtliche Regelung von Art. 44 Abs. 3–5 aAsylG wurde gestrichen. Das heisst, die Asylbehörden (BFM und BVGer) prüfen im Rahmen des Asyl- bzw. Wegweisungsverfahrens keine Härtefälle mehr. Härtefälle werden nur noch gestützt auf Art. 14 Abs. 2 AsylG in Verbindung mit Art. 30 Abs. 1 lit. b AuG geprüft.

6.2 Verfahren

Gemäss Art. 14 Abs. 2 AsylG kann der Kanton beim Bundesamt für Migration einen Antrag auf Erteilung einer humanitären Aufenthaltsbewilligung (gestützt auf Art. 30 Abs. 1 lit. b AuG) stellen, wenn folgende Voraussetzungen erfüllt sind:

- Die betroffene Person hält sich seit der Einreichung des Asylgesuchs seit mehr als fünf Jahren in der Schweiz auf (aufgrund dieser Formulierung kann neu auch nach Abschluss des Asylverfahrens ein Verfahren durch den Kanton eingeleitet werden),
- der Aufenthaltsort der Person war den Behörden immer bekannt, und
- wegen fortgeschrittener Integration liegt ein Härtefall vor.

153 AB 2005 N 1163f, Votum NR Ruey, NR Menétrey-Savary.

Will der Kanton von dieser Möglichkeit Gebrauch machen, so meldet er dies dem BFM (Art. 14 Abs. 3 AsylG). Erst jetzt, d. h. im Rahmen des Zustimmungsverfahrens vor dem Bundesamt, hat die betroffene Person Parteistellung (Art. 14 Abs. 4 AsylG). In der Regel wird die betroffene Person den Kanton mit einem Gesuch darum bitten, ihren Antrag dem Bundesamt zu unterbreiten. Das kantonale Amt für Migration prüft vorgängig die Gesuche und beurteilt die Kriterien des Härtefalles. Einige Kantone (z. B. Luzern, Basel und Neuenburg) haben dafür breit abgestützte Härtefallkommissionen eingerichtet. Stellt der Kanton beim Bundesamt ein Gesuch, so erhält die betroffene Person damit Parteistellung (Art. 14 Abs. 4 AsylG) vor dem Bundesamt für Migration bzw. dem Bundesverwaltungsgericht. Lehnt die erstinstanzliche kantonale Behörde das Gesuch ab, d. h. stellt sie fest, dass kein schwerwiegender persönlicher Härtefall im Sinne von Art. 30 Abs. 1 lit. b AuG vorliegt und leitet sie deshalb das Gesuch nicht an das Bundesamt weiter, so hat die betroffene Person im kantonalen Verfahren (entgegen der Bestimmung von Art. 14 Abs. 4 AsylG) Parteistellung.

Seit 1.1.2009 müssen die Kantone eine Verwaltungsgerichtsbarkeit mit genereller Zuständigkeit und voller Kognition (Sachverhalts- und Rechtskontrolle) einführen (Art. 29a BV und Art. 191b BV in Verbindung mit Art. 130 Abs. 3 BGG). Gestützt auf diese Rechtsweggarantie können somit auch kantonale Entscheide, ein Härtefallgesuch dem Bundesamt nicht zu unterbreiten, bei einem kantonalen Verwaltungsgericht angefochten werden. Neuere Urteile des Bundesgerichts zu Art. 14 Abs. 4 AsylG halten fest, dass einem abgewiesenen Asylsuchenden mangels Parteistellung kein Recht zusteht, einen Bewilligungsantrag zu stellen bzw. ein kantonales Verfahren in Gang zu setzen.[154]

Unseres Erachtens verkennt das Bundesgericht bei diesen Urteilen seine eigene ehemalige Praxis zur alten Härtefallbewilligung, gestützt auf Art. 13 f. BVO (BGE 119 Ib 33). Auch nach damaligem Asylrecht (Art. 12 f. aAsylG und Art. 17 Abs. 2 und 3 aAsylG) hatte die Person, die ein Gesuch um Erteilung einer Härtefallbewilligung einreichte, erst vor dem Bundesamt Parteistellung. Das Bundesgericht beschränkte die Zulässigkeit der Verwaltungsgerichtsbeschwerde auf die Rüge, dass die Unterstellung unter die Begrenzungsverordnung falsch entschieden worden sei. Da kein Anspruch auf die Erteilung einer Härtefallbewilligung bestand, war Gegenstand des Verwaltungsgerichtsbeschwerdeverfahrens vor Bundesgericht nicht die Bewilligungserteilung, sondern die Unterstellungsfrage. Dies müsste unseres Erachtens auch auf die heutige Rechtslage analog Anwendung finden: Gegenstand des kantonalen Verfahrens ist auch nach heutiger Rechtslage nicht die Bewilligungserteilung sondern die Frage, ob ein Grund besteht, um von den üblichen Zulassungsvoraussetzungen abweichen zu können (Art. 30 Abs. 1 lit. b AuG). Die Tatsache, dass gemäss Art. 14 Abs. 4 AsylG die betroffene Person erst vor dem Bundesamt Parteistellung hat, bezieht sich auf die Bewilligungserteilung und darf unseres Erachtens nicht dazu führen, ein u. U. seit Jahren etabliertes kantonales Verfahren zu verbieten, vor allem unter dem Blickwinkel verfassungsmässiger Rechtsweggarantie. Weiter stellt sich

154 Urteil vom 09.09.2008, 2D 90/2008, Urteil vom 06.08.2008, 2D 79/2008 oder Urteil vom 17.07.2008 2C 525/2008.

die Frage, ob der Bundesgesetzgeber überhaupt die Kompetenz hat, über Minimalgarantien hinausgehende Anforderungen an ein kantonales Verfahren zu stellen. Sodann lässt sich aus den sehr dürftigen Materialien zu Art. 14 Abs. 4 AsylG ein entsprechender Hinweis, welche Auswirkungen die Bestimmung auf kantonale Verfahrensgesetze hat, nicht entnehmen. Was hingegen aus Art. 14 Abs. 4 AsylG klar hervorgeht, ist, dass letztinstanzliche ablehnende kantonale Entscheide nicht mittels Beschwerde in öffentlich-rechtlichen Angelegenheiten ans Bundesgericht weitergezogen werden können.

Beabsichtigt das Bundesamt, die Zustimmung zu verweigern, so hat es vorgängig der betroffenen Person das rechtliche Gehör zu gewähren. Wird die Zustimmung durch das Bundesamt verweigert, kann die betroffene Person dagegen Beschwerde ans Bundesverwaltungsgericht führen; dieses entscheidet endgültig, da auf dem Gebiet des Ausländerrechts der Gang ans Bundesgericht seit dem 1.1.2007 im Falle von Härtefallbewilligungen explizit ausgeschlossen ist (Art. 83 lit. c Ziff. 5 BGG).

Stellen abgewiesene Asylsuchende gestützt auf Art. 14 Abs. 2 AsylG in Verbindung mit Art. 30 Abs. 1 lit. b AuG bei der zuständigen kantonalen Behörde ein Härtefallgesuch, so stellt sich regelmässig die Frage, ob ein solches Gesuch den Vollzug der Wegweisung hemmt bzw. ob mittels vorsorglicher Massnahme der weitere Aufenthalt in der Schweiz zu gestatten ist.

Unseres Erachtens nicht tauglich ist der Verweis der für die inhaltliche Prüfung des Härtefallgesuchs zuständigen kantonalen Behörden auf die rechtskräftige Wegweisungsverfügung des BFM im Rahmen des Asylverfahrens, da Art. 14 Abs. 2 AsylG gerade auch für Fälle von abgewiesenen Asylsuchenden die Möglichkeit bietet, eine Aufenthaltsbewilligung zu erlangen. Es ist aber auch zu beachten, dass Art. 17 AuG davon ausgeht, dass Bewilligungsentscheide im ausländerrechtlichen Verfahren grundsätzlich im Ausland abzuwarten sind (anders der die frühere Bestimmung von Art. 1 Abs. 1 ANAV). Art. 17 Abs. 2 AuG ermächtigt die kantonalen Behörden aber den Aufenthalt während des Bewilligungsverfahrens zu gestatten, sofern die Zulassungsvoraussetzungen offensichtlich erfüllt sind. Diese Regelung muss analog auch für Gesuche in Abweichung von den Zulassungsvoraussetzungen (Art. 30 AuG) gelten, falls diese offensichtlich erfüllt sind. Im Rahmen des zweistufigen Härtefallverfahrens dürfte es schwierig sein, ohne eingehende Prüfung durch die zuständige kantonale Behörde Aussagen dazu zu machen, ob die Voraussetzungen des Härtefalles offensichtlich erfüllt sind oder nicht. Hier müsste die für die Prüfung zuständige kantonale Behörde (in der Regel die gleiche Behörde, welche die im Asylverfahren erlassene Wegweisungsverfügung vollziehen muss) mittels vorsorglicher Massnahme den Vollzug vorerst aussetzen, sofern sie grundsätzlich bereit ist, das Gesuch zu prüfen. Leitet der Kanton das Gesuch an das BFM weiter, so ist dies ein starkes Indiz dafür, dass die Voraussetzungen zur Annahme des Härtefalles erfüllt sind, sodass in diesem Fall der Vollzug bis zum Entscheid des BFM gestützt auf Art. 17 Abs. 2 AuG ausgesetzt werden müsste. Im Beschwerdeverfahren richtet sich die Frage der aufschiebenden Wirkung unter Berücksichtigung der Bestimmung von Art. 17 nach den geltenden verfahrensrechtlichen Bestimmungen.

6.3 Voraussetzungen

Trotz neuen gesetzlichen Grundlagen ändern sich die inhaltlichen Kriterien zur Beurteilung des Härtefalles nicht. Die bisherige bundesgerichtliche Rechtsprechung zum Härtefall im Sinne von Art. 13f BVO, aber auch die Rechtsprechung der Asylrekurskommission zur persönlichen Notlage im Sinne von Art. 44 Abs. 3–5 AsylG behalten ihre Gültigkeit, zumal für die Anwendung von Art. 44 Abs. 3–5 AsylG der Gesetzgeber die bundesgerichtliche Rechtsprechung zu Art. 13f BVO als analog anwendbar erklärt hatte,[155] was aber nicht ausschliesst, dass im Rahmen der Einzelfallbeurteilung Divergenzen zwischen der Beurteilung eines Härtefalles nach dem ehemaligen Art. 13f BVO und dem asylrechtlichen Härtefall nach Art. 44 Abs. 3–5 aAsylG entstanden sein könnten.

Verlangt werden beim Härtefall eine längere Anwesenheit und eine besonders enge Beziehung zur Schweiz. Ein Härtefall liegt vor, wenn die individuellen Lebens- und Daseinsbedingungen, gemessen am durchschnittlichen Schicksal von Ausländerinnen und Ausländern, in gesteigertem Mass infrage gestellt sind. Verlangt wird also eine besondere Härte, welche nur im Vergleich mit dem durchschnittlichen Schicksal der ausländischen Personen beurteilt werden kann.[156]

6.3.1 Andere Ausgangslage von Asylsuchenden und vorläufig Aufgenommenen

Einleitend sei auf die unterschiedliche Ausgangslage bei Asylsuchenden und vorläufig Aufgenommenen im Vergleich zu Personen im Ausländerbereich hingewiesen, wenn es um die Beurteilung von Härtefällen geht: Asylsuchende haben kulturell, sozial und auch beruflich vielfach eine andere Situation als ausländische Arbeitnehmende. So waren Asylsuchende oft gezwungen, ihre Heimat zu verlassen. Oft haben sie während des Asylverfahrens auch den Kontakt zum Heimatland abgebrochen. Dies führt in der Regel zu einer stärkeren Entwurzelung als bei anderen Ausländern, was bei einer Rückkehr zu vermehrten Schwierigkeiten der Reintegration führen kann. Der Aufenthaltsstatus als Asylsuchender ist nicht auf Integration ausgerichtet. Offensichtlich zeigt sich dies bei der Einschränkung auf dem Arbeitsmarkt aber auch bei der Ausrichtung der Sozialhilfe, die so tief ist, dass sie kaum Ausgaben zur Gestaltung eines kulturellen Lebens und zur Pflege der sozialen Kontakte zulässt. Mitunter gestaltet sich die Integration für Asylsuchende und vorläufig Aufgenommene schwieriger, was bei der Beurteilung des Härtefalls Berücksichtigung finden müsste.

6.3.2 Formelle Voraussetzungen

Art. 14 Abs. 2 AsylG formuliert zwei formelle Voraussetzungen: Seit Einreichung des Asylgesuchs muss sich die betroffene Person mindestens fünf Jahre in der Schweiz

155 BBl 1996 II, S. 28 und 64 ff.
156 BGE 119 Ib 33, E. 4c.

aufgehalten haben und ihr Aufenthalt muss den Behörden auch immer bekannt gewesen sein. Obwohl die Aufenthaltsdauer im Rahmen der Beurteilung des Härtefalles eines von mehreren Kriterien ist und in der Rechtsprechung keine Minimaldauer festgelegt wird – im Gegenteil: Das Bundesgericht betont sogar, dass die Annahme des Härtefalles nicht zwingend voraussetze, dass sich eine ausländische Person überhaupt in der Schweiz aufgehalten hat[157] –, wird im «Asylbereich» eine fünfjährige Anwesenheit verlangt. Die Weisung des BFM sieht vor, dass alle erwachsenen Personen einer Familie sämtliche der in Artikel 14 Abs. 2 AsylG aufgeführten Kriterien erfüllen müssen, andernfalls das Gesuch für die ganze Familie abgewiesen wird.[158] Diese Einschränkung dürfte schon im Zusammenhang mit der Aufenthaltsdauer problematisch sein. Sodann widerspricht sie der bisherigen bundesgerichtlichen Rechtsprechung, der zufolge es genügte, wenn bei einem Familienmitglied (die dazumal gültige) Vierjahresfrist erfüllt war.[159] Schliesslich dürfte das Kriterium des immer bekannten Aufenthaltsortes bei abgewiesenen Asylsuchenden in der Praxis Probleme aufwerfen: Diese Personen werden mit der Rechtskraft des Entscheides aus den ordentlichen Sozialhilfestrukturen ausgeschlossen und haben ab dann oft keinen geregelten Aufenthaltsort bzw. keine feste Wohnadresse. Melden sie sich zudem bei der für die Auszahlung der Nothilfe zuständigen Stelle nicht sofort, kann es sein, dass die Vollzugsbehörden davon ausgehen, dass die Person unkontrolliert ausgereist oder untergetaucht ist. Beantragt die Person dann einige Wochen später Nothilfe, kann es sein, dass ihr im Rahmen eines Härtefallgesuchs vorgehalten wird, dass ihr Aufenthalt nicht immer bekannt war. Hier darf nicht einfach unbesehen von einem unbekannten Aufenthaltsort ausgegangen werden, sondern es sind vielmehr genaue Abklärungen zu den Umständen des Aufenthaltes im Einzelfall erforderlich.

6.3.3 Materielle Voraussetzungen

Massgebend bei der Beurteilung eines Härtefalles ist immer die Gesamtheit der Umstände, wobei eine Vielzahl von Faktoren zu beurteilen ist.[160] Das Bundesgericht hat immer wieder betont, dass kaum zwei individuelle Fälle miteinander verglichen werden können. Schematische Vorgehensweisen widersprechen daher dem Gebot der Einzelfallprüfung.[161] Als Ausführungsbestimmung zu Art. 30 Abs. 1 lit. b AuG formuliert Art. 31 VZAE die Kriterien des schwerwiegenden Härtefalles und orientiert sich dabei an der bundesgerichtlichen Rechtsprechung. Verlangt wird dabei als Erstes die Integration der gesuchstellenden Person (Art. 31 Abs. 1 lit. a

157 BGE 119 Ib 33.

158 Weisung des BFM vom 01.01.2008 zur rechtlichen Stellung, Ziff. 6.1.3.

159 Entscheid des EJPD vom 12. März 1997 i. S. F. und Familie gegen BFA unter Hinweis auf ein unveröffentlichtes Urteil des Bundesgerichts vom 28.11.1995, abgedruckt in ASYL, 1997/2, S. 50.

160 BGE 130 II 39, E. 4.

161 BGE 130 II 39, BGE 128 II 200, BGE 119 Ib 33, E. 3d.

VZAE). Nebst der Integration ist zu prüfen, wie weit der Gesuchsteller bzw. die Gesuchstellerin die Rechtsordnung respektiert. Als weiteres Kriterium sind auch die familiären Verhältnisse zu berücksichtigen, insbesondere der Zeitpunkt der Einschulung der Kinder. Der Wille der Gesuchsteller an der Teilhabe am Wirtschaftsleben sowie zum Erwerb von Bildung ist ebenfalls ein Kriterium des Härtefalles. Die Dauer der Anwesenheit spielt sodann ebenso eine Rolle wie der Gesundheitszustand und die Möglichkeit der Wiedereingliederung im Herkunftsstaat. Zu den einzelnen Kriterien ist Folgendes anzumerken:

- **Integration**

Darunter ist im weitesten Sinne die Befähigung zu einem selbstständigen Leben (d. h. Eingliederung in die Arbeits- und Berufswelt) sowie die Teilhabe am gesellschaftlichen Leben (soziale und kulturelle Integration) zu verstehen. Beachtenswert ist, dass Art. 31 Abs. 1 lit. d VZAE den Willen zur Teilhabe am Wirtschaftsleben und zum Erwerb von Bildung hervorhebt und nicht die vollständige Unabhängigkeit von der öffentlichen Sozialhilfe verlangt. Auch wenn in der Vergangenheit die Kantone wenig Bereitschaft gezeigt haben, für Personen, welche ganz oder teilweise von der Sozialhilfe abhängig sind, humanitäre Bewilligungen zu beantragen, so ist nicht darüber hinweg zu sehen, dass sich das Bundesgericht, so weit ersichtlich, bisher nie in dem Sinne geäussert hat, dass der Bezug von wirtschaftlicher Sozialhilfe der Annahme eines Härtefalles entgegensteht.[162] Auf der anderen Seite ist aber zu betonen, dass der Umstand, dass eine Person rasch Arbeit gefunden hat und bestrebt war, nicht sozialhilfeabhängig zu werden, vom Bundesgericht positiv gewürdigt wurde.[163] Art. 31 Abs. 5 VZAE nimmt bezüglich der Teilhabe am Berufsleben sowie den finanziellen Verhältnissen Rücksicht auf die besondere Situation von (abgewiesenen) Asylsuchenden: War es ihnen aufgrund des Alters, des Gesundheitszustandes oder des asylrechtlichen Arbeitsverbotes nicht möglich, eine Erwerbstätigkeit auszuüben, so ist dies zu berücksichtigen. Dies entspricht auch der bisherigen Rechtsprechung zu Art. 44 Abs. 3–5 AsylG.[164] Bezüglich der sozialen und kulturellen Integration sollte auch auf die besondere Situation von Asylsuchenden Rücksicht genommen werden. Das Bundesgericht hat bei der Beurteilung der sozialen und kulturellen Integration auf die Bedeutung von bestehenden familiären und sozialen Beziehungsnetzen hingewiesen und ebenso auf die Wichtigkeit des Spracherwerbs.[165] Wenn Integration gemäss Art. 4 AuG den Ausländerinnen und Ausländern ermöglichen soll, am gesell-

162 In BGE 123 II 125 hat das Bundesgericht zwar auf die Tatsache hingewiesen, dass die Familie noch Sozialhilfe bezieht, doch war dies kein ausschlaggebender Grund für die Nichtannahme der Härtefallbewilligung.

163 BGE 124 II 110; vgl. auch Urteil des Bundesgerichts vom 31.03.1994 (2A.278/1993), teilweise abgedruckt in ASYL, 1995/2, S. 59.

164 EMARK 2001/10, E. 8; EMARK 2001/2, E. 4e.

165 BGE 124 II 110, E. 2.

schaftlichen Leben teilzuhaben und dies auch die staatliche Förderung der Integration voraussetzt (vgl. die diesbezüglichen Ausführungen in Art. 12–14 der Integrationsverordnung), so ist bei Asylsuchenden der Integrationsmassstab anders anzulegen als bei Ausländern, die von den Integrationsmassnahmen profitieren konnten.

- **Anwesenheitsdauer**

Gemäss Art. 31 Abs. 1 lit. e VZAE ist die Anwesenheitsdauer als eines von mehreren Kriterien bei der Beurteilung des Härtefalls zu berücksichtigen. Weder führt die fünfjährige Aufenthaltsdauer in Art. 14 Abs. 2 AsylG dazu, dass bei Asylsuchenden oder vorläufig Aufgenommenen nach fünf Jahren Aufenthalt dieses Kriterium der Anwesenheitsdauer automatisch erfüllt ist, noch gibt es eine sonstige minimale Aufenthaltsdauer. Die ausländische Person muss sich in gewissen Konstellationen gar nicht in der Schweiz aufgehalten haben,[166] was aufgrund der Bestimmung von Art. 14 Abs. 1 und 2 AsylG aber für Asylsuchende nicht gilt. Andererseits begründet aber auch ein sehr langer Aufenthalt in der Schweiz nicht automatisch einen Härtefall. So hat das Bundesgericht bei einer geschiedenen Frau, die von ihrem Mann ernsthaft bedroht wurde und deren Angehörige zum Grossteil in der Schweiz lebten und die aufgrund ihrer psychischen Krankheit sich kaum wirtschaftlich integriert hat, nach nur gut sechsjährigem Aufenthalt den Härtefall bereits bejaht.[167] Bejaht wurde nach nur 5½-jährigem Aufenthalt das Härtefallgesuch einer angolanischen Staatsangehörigen, die im Alter von 15 Jahren als Waisenkind in die Schweiz gekommen war.[168] Auf der anderen Seite verweigerte das Bundesgericht einer Frau aus der Dominikanischen Republik nach 14-jährigem illegalen Aufenthalt in der Schweiz, während der sie die meiste Zeit ohne Bewilligung als Haushaltshilfe gearbeitet hat, die Annahme eines Härtefalles,[169] wie auch einer philippinischen Staatsangehörigen, die seit 13 Jahren illegal in der Schweiz arbeitete. Auch einem ehemaligen Asylsuchenden aus dem Kosovo, der unter verschiedenen Status mit kleinen Unterbrüchen seit 18 Jahren in der Schweiz lebte, verweigerte das Bundesgericht die Annahme des Härtefalles.[170] Das Bundesgericht hat in einem Urteil entschieden, dass bei 10-jährigem Aufenthalt die Anforderungen an die Bedeutung der übrigen Kriterien (Integration, familiäre Verhältnisse etc.) herabgesetzt sind, sofern sich der Ausländer tadellos verhalten hat, finanziell unabhängig ist sowie sich sozial und beruflich gut integriert hat.[171] Aus diesen auf

166 BGE 119 Ib 53.

167 Urteil des Bundesgerichts vom 19.02.2007 (2A.575/2006).

168 Urteil des Bundesgerichts vom 31.03.1994 (2A.278/1993).

169 Urteil des Bundesgerichts vom 02.08.2006 (2A.199/2006).

170 Urteil des Bundesgerichts vom 23.06.2006 (2A.174/2006).

171 BGE 124 II 110, E. 3 (wobei darauf hinzuweisen ist, dass bei tadellosem Verhalten, finanzieller Unabhängigkeit und guter sozialer und beruflicher Integration kaum noch nicht erfüllte Kriterien übrig bleiben).

den ersten Blick sehr divergierenden Entscheiden kann entnommen werden, dass die Aufenthaltsdauer immer zusammen mit anderen Kriterien des Härtefalls zu würdigen ist und dass – je nach Konstellation des Einzelfalles – eine kürzere oder längere Anwesenheitsdauer notwendig ist. So scheint das Bundesgericht bei Kindern im Pubertätsalter dazu zu tendieren, eine kürzere Aufenthaltsdauer als genügend zu erachten, weil die für die Entwicklung prägenden Jahre in der Schweiz verbracht worden sind und daher auch die Reintegration grössere Schwierigkeiten bereiten dürfte (vgl. unter «familiäre Verhältnisse»).

- **Respektierung der Rechtsordnung**

Unter dem Begriff Respektierung der Rechtsordnung (Art. 31 Abs. 1 lit. b VZAE) wird in der Regel ein klagloses Verhalten und ein guter Leumund verstanden. Insbesondere sollen keine erheblichen oder wiederholte strafrechtliche Verurteilungen vorliegen. Mit Sicherheit dürfen keine Gründe vorliegen, die zu einem Widerruf der Verfügung führen würden (Art. 62 lit. b und c AuG). Kleinere strafrechtliche Vergehen (z. B. SVG-Delikte wie Falschparkieren, geringfügige Geschwindigkeitsübertretungen) sollten nicht ins Gewicht fallen, ausser sie treten gehäuft und regelmässig auf. Auch Vergehen, die längere Zeit zurückliegen, sollten nur noch berücksichtigt werden, wenn daraus auf eine mangelnde Integrationsbereitschaft geschlossen werden kann. Betreibungen und Schuldscheine sind unserer Meinung nach unter dem Kriterium der finanziellen Verhältnisse (Art. 31 Abs. 1 lit. d VZAE) zu berücksichtigen. Auch hier sind aber die Umstände einer Betreibung abzuklären, zumal der Eintrag im Betreibungsregister auch ungerechtfertigterweise erfolgen und die Löschung mit erheblichem Aufwand verbunden sein kann.

- **Familiäre Verhältnisse**

Das Bundesgericht hat sich im Rahmen der Beurteilung eines Härtefalles oft mit Familien mit Kindern befasst und betont, dass eine Rückkehr in einer solchen Situation mit erheblich grösseren Schwierigkeiten verbunden sein kann als bei alleinstehenden Personen. Alleinstehende können in der Regel ohne Rücksicht auf familiäre Bindungen sich leichter eine neue Existenz aufbauen. Sind Kinder vorhanden, so ist deren Alter zum Zeitpunkt der Einreise in die Schweiz und zum Zeitpunkt der möglichen Rückkehr ebenso zu berücksichtigen wie die Art und Dauer der Schulbildung. Ferner ist die Möglichkeit, eine allenfalls begonnene Ausbildung im Heimatland abzuschliessen oder davon Gebrauch zu machen, von Bedeutung. Das Bundesgericht betont dabei, dass bei Familien mit Kindern immer die Situation der ganzen Familie zu berücksichtigen ist und nicht die der einzelnen Familienmitglieder isoliert betrachtet werden kann.[172] Aufgrund der erwähnten bundesgerichtlichen Praxis können bei Kindern drei typische Altersgruppen definiert werden: Kleinkinder und Kinder im Vorschulalter stehen

172 BGE 123 II 125, E. 4. Vgl. auch EMARK 2002/4, E. 5d.

den Eltern gefühlsmässig und sozial sehr nahe. In der Regel fällt eine Rückkehr und Reintegration dieser Kategorie eher leicht. Bei eingeschulten Kindern hält das Bundesgericht eine Entwurzelung als Folge der Rückkehr zwar für möglich, aber nicht für zwingend. Das Alter des Kindes sowie der Grad und der Erfolg der Einschulung sind zu berücksichtigen. Bei Kindern kurz vor oder bereits in der Adoleszenz fällt dem Bundesgericht zufolge bei der Beurteilung des Härtefalles stark ins Gewicht, dass eine beziehungsmässige Ablösung von den Eltern und die Bildung eines eigenen unabhängigen Sozialnetzes beginnen. Eine aufgezwungene Rückkehr dürfte für diese Kategorie daher besonders schwierig sein, sodass oft von einem Härtefall auszugehen ist.[173]

- **Gesundheitszustand**

Gemäss Art. 31 Abs. 1 lit. f VZAE ist bei der Beurteilung des schwerwiegenden persönlichen Härtefalles auch der Gesundheitszustand der Gesuchsteller zu prüfen. Dies entspricht der Praxis des Bundesgerichts.[174] Vorerst sei darauf hingewiesen, dass schwerwiegende medizinische Gründe, die zu einer konkreten Gefährdung im Sinne von Art. 83 Abs. 4 AuG führen, die vorläufige Aufnahme zur Folge haben, weil sich der Vollzug der Wegweisung als unzumutbar erweist. Der Gesundheitszustand eines Gesuchstellers bzw. einer Gesuchstellerin hat aber Auswirkungen auf andere Kriterien des Härtefalls: So kann ein schlechter Gesundheitszustand z. B. eine Wiedereingliederung im Herkunftsstaat erschweren wie auch die Eingliederung in den Arbeitsmarkt in der Schweiz behindern (vgl. diesbezüglich explizit Art. 31 Abs. 5 VZAE). In diesem Sinne ist die Berücksichtigung des Gesundheitszustandes zwar von Bedeutung; ihr kommt aber keine eigenständige Bedeutung zu.

- **Wiedereingliederung im Herkunftsstaat**

Bei der Möglichkeit für eine Wiedereingliederung im Herkunftsstaat (Art. 31 Abs. 1 lit. g VZAE) ist u. a. zu beachten, inwieweit zum Herkunftsstaat noch Kontakte bestehen. Bestehende Beziehungen können den Wiederaufbau einer Existenz erleichtern. Bei einem vollständigen Abbruch der Beziehungen ist hingegen eine Reintegration besonders erschwert. Gerade bei Asylsuchenden oder vorläufig aufgenommenen Ausländern kommt es immer wieder zum Abbruch oder zumindest einer starken Einschränkung der Beziehungen zu Personen im Heimatland. Doch ist hier immer eine genaue Abklärung zu treffen, da auch Asylsuchende den Kontakt zur Heimat weiter pflegen können.[175] Wichtig ist, dass hier nicht einfach auf Aussagen zu familiären Verhältnissen im Rahmen des Asylverfahrens abgestellt

---

173 EMARK 2001/26 E. 6d; vgl. zu den diversen nicht veröffentlichten Bundesgerichtsurteilen: Gattiker, M., Schwerwiegende persönliche Notlage im Sinne von Art. 44 Abs. 3–5 AsylG und dort in den Fn. 31–35 zitierte Bundesgerichtsentscheide, ASYL, 2000/2, S. 3 ff.

174 BGE 128 II 200, E. 5.3.

175 EMARK 2002/4, E. 5d ff.

wird, vor allem wenn diese schon einige Jahre zurückliegen, sondern eine aktuelle Abklärung im Rahmen des Härtefallgesuchs erfolgt.

- **Offenlegung der Identität**

Zu beachten ist, dass Art. 31 Abs. 2 VZAE die Offenlegung der Identität verlangt. Art. 31 Abs. 2 VZAE spricht nicht davon, dass heimatliche Identitätsdokumente abgegeben werden müssen. Vielmehr ist die Glaubhaftmachung der Identität erforderlich. Die Verordnungsbestimmung stützt sich wahrscheinlich auf die in Art. 90 AuG formulierte allgemeine Mitwirkungspflicht. Es ist darauf hinzuweisen, dass zur Prüfung von gewissen Kriterien des Härtefalles (z. B. der Möglichkeit der Wiedereingliederung im Heimatstaat) es eine notwendige Voraussetzung sein kann, dass die Identität des Gesuchstellers bzw. der Gesuchstellerin bekannt ist. Da es sich hierbei aber um ein neues Kriterium handelt, gibt es dazu bisher (noch) keine Rechtsprechung.

Es ist darauf hinzuweisen, dass Asylsuchende während des hängigen Asylverfahrens keinen Kontakt mit den heimatlichen Behörden aufnehmen können, was u. U. die Beschaffung von Identitätspapieren erschwert oder sogar verunmöglicht. In der Praxis gibt es sodann einige Fälle von abgewiesenen Asylsuchenden, bei welchen die Rückkehr seit Jahren faktisch nicht funktioniert oder äusserst erschwert ist (z. B. Eritrea und Äthiopien). Die heimatlichen Behörden dieser Länder weigern sich oft, Reisepapiere auszustellen, sofern die betroffenen Personen nicht offensichtlich freiwillig zurückkehren wollen. In anderen Fällen erfolgt zwar keine Weigerung der Behörden, Papiere auszustellen, doch wird das Verfahren erheblich verzögert, sodass die Betroffenen während Monaten, wenn nicht Jahre, auf die Ausstellung warten (Bsp. Algerien, Tunesien). In diesen Fällen ist es äusserst schwierig verlässlich festzustellen, ob der Grund für diese Verzögerung bzw. die Nichtausstellung von Reiseapieren im Verhalten der heimatlichen Behörden oder in der mangelnden Kooperationsbereitschaft der betroffenen Personen liegt.

> Bei Personen, die im Rahmen des Asylverfahrens zwar keine Identitätspapiere abgegeben haben, im Rahmen des Asyl- und Wegweisungsverfahrens an ihrer Identität aber trotzdem nicht gezweifelt wurde und auch im Vollzugsverfahren keine Zweifel an der Identität der betroffenen Personen aufgetaucht sind, darf unseres Erachtens davon ausgegangen werden, dass sie die Identität im Sinne von Art. 31 Abs. 2 VZAE glaubhaft gemacht bzw. offengelegt haben. Anders entscheiden würde faktisch bedeuten, dass die Einreichung eines Gesuchs um Erteilung einer Härtefallbewilligung für all jene Personen verunmöglicht würde, die ihre Identität nicht durch heimatliche Papiere belegen können. Unseres Erachtens soll die Bestimmung nur Anwendung finden, wenn durch die ungeklärte Identität der Härtefall nicht beurteilt werden kann.

Literaturhinweise

Achermann, Alberto: Härtefälle vor Bundesgericht – Bundesgerichtliche Härtefälle, ASYL, 1993/4, S. 51 ff.

Achermann, Alberto: Die Rechtsprechung des Bundesgerichts 2005/2006 im Bereich des Ausländer- und Bürgerrechts, in: Achermann, Alberto et al. (Hrsg.): Jahrbuch für Migrationsrecht 2005/2006, Bern, 2006, S. 117 ff.

Achermann, Alberto: Die Rechtsprechung des Bundesgerichts 2006/2007 im Bereich des Ausländer- und Bürgerrechts, in: Achermann, Alberto et al. (Hrsg.): Jahrbuch für Migrationsrecht 2006/2007, Bern, 2007, S. 141 ff.

Achermann, Alberto; Hausammann, Christina: Handbuch des Asylrechts, Bern/Stuttgart, 1991.

Baur, Thomas: Die Härtefallregelung im Asylbereich – Kritische Analyse der kantonalen Praxis, Schweizerische Flüchtlingshilfe (Hrsg.), Bern, 2009.

Bolz, Susanne: Die Rechtsprechung der Schweizerischen Asylrekurskommission im Jahre 2006, ASYL, 2007/2, S. 18 ff.

Buchmann, Kathrin: Die Rechtsprechung der Schweizerischen Asylrekurskommission im Jahr 2005 und im 1. Halbjahr 2006, in: Achermann, Alberto (Hrsg.): Jahrbuch für Migrationsrecht 2005/2006, Bern, 2006, S. 169 ff.

Gattiker, Mario: «Schwerwiegende persönliche Notlage» im Sinne von Art. 44 Asylgesetz, ASYL, 2000/2, S. 3 ff.

Golay, Yann: La nouvelle réglementation sur les cas de rigeur, ASYL, 2007/3, S. 3 ff.

Illes, Ruedi: Die Zumutbarkeit des Wegweisungsvollzugs im Ausländer- und Asylrecht, in: Achermann, Alberto (Hrsg.): Jahrbuch für Migrationsrecht 2006/2007, Bern, 2007, S. 31 ff.

Kälin, Walter: Grundriss des Asylverfahrens, Basel/Frankfurt, 1990.

Kälin, Walter: Refugees and Civil Wars: Only a Matter of Interpretation, IJRL, 1991.

Kälin, Walter: Das Verhältnis zwischen Wegweisungsentscheid und fremdenpolizeilichem Verfahren, ASYL, 1992 2+3, S. 29 ff.

Kälin, Walter; Künzli, Jörg: Universeller Menschenrechtsschutz, Basel, 2008.

Kiener, Regina; Kuhn, Mathias: Rechtsschutz im Ausländerrecht, in: Achermann, Alberto (Hrsg.): Jahrbuch für Migrationsrecht 2005/2006, Bern, 2006, S. 91 ff.

Marugg, Michael: Sichere Rückkehr von Tamilen in Unsicherheit, ASYL, 1994, S. 6 ff.

Marx, Reinhard: Refoulement-Schutz für Bürgerkriegsflüchtlinge, ZAR, 1995/4, S. 151 ff.

Moore, Pierre: Avis de droit sur la nature de l'acte de refus de l'admission provisoire en droit de l'asile, ASYL, 2004/4, S. 18 ff.

Pfisterer, Thomas: Der kantonale Gesetzgeber vor der Reform der Bundesrechtspflege, in: Ehrenzeller, Bernhard; Schweizer, Rainer J. (Hrsg.): Die Reorganisation der Bundesrechtspflege – Neuerungen und Auswirkungen in der Praxis, St. Gallen, 2006, S. 257 ff.

Schefer, Markus; Smid, Nicole: Drohende häusliche Gewalt als Hindernis der Ausweisung und Auslieferung im Rahmen von Art. 3 EMRK, ASYL, 2007/1, S. 3 ff.

Spescha, Marc et al. (Hrsg): Migrationsrecht, Kommentar, Zürich, 2008.

Spescha, Marc: Handbuch zum Ausländerrecht, Bern, 1999.

Villiger, Mark E.: Handbuch der Europäischen Menschenrechtskonvention (EMRK), Zürich, 1999.

Wehrenberg, Stefan; Bernhard, Irene: Auslieferung trotz kritischer Menschenrechtslage – Einhaltung von Menschenrechten durch diplomatische Garantien?, Jusletter 21. April 2008.

X Asylverfahren bei ausgewählten Personengruppen

1. Familien

1.1 Übersicht

Art. 51 Abs. 1–4 AsylG regelt die Voraussetzungen, unter welchen Familienangehörige und nahe Angehörige eines Flüchtlings ebenfalls als Flüchtlinge anerkannt werden (und Asyl erhalten). Die Bestimmung von Art. 51 im Asylgesetz ist teilweise identisch mit dem alten Recht (Art. 7 Abs. 1 aAsylG und Art. 3 Abs. 3 aAsylG; in der Fassung vom 26.6.1998). Die Rechtsprechung zu diesen Bestimmungen ist bei der Auslegung von Art. 51 Abs. 1–4 AsylG zwar zu berücksichtigen, aber mit Vorsicht zu geniessen.

Die Bestimmungen von Art. 51 Abs. 1–4 AsylG können dem Wortlaut nach so verstanden werden, dass nur Familienangehörige von Flüchtlingen mit Asyl in die Flüchtlingseigenschaft eingeschlossen werden und Asyl erhalten. Die Asylrekurskommission hat aber in einem Grundsatzurteil festgehalten, dass es sachgerecht sei, die Regelung von Art. 51 Abs. 1–3 AsylG analog auch auf die Familienvereinigung von vorläufig aufgenommenen Flüchtlingen anzwenden, d. h., die Familienangehörigen werden ebenfalls als Flüchtlinge anerkannt, erhalten aber kein Asyl.[1]

Mit der Totalrevision des Ausländergesetzes wurde in Art. 85 Abs. 7 AuG die Regelung des Familiennachzugs von vorläufig aufgenommenen Ausländern und Flüchtlingen ins Ausländergesetz aufgenommen. Es stellt sich daher die Frage, ob mit dieser Bestimmung der Familiennachzug für vorläufig aufgenommene

1 EMARK 2006/7, E. 5.4.

Flüchtlinge abschliessend dem Ausländerrecht zugeordnet worden ist oder ob die Bestimmungen von Art. 51 Abs. 1–3 AsylG weiterhin anwendbar sind. (Letzteres wird unter Ziff. 1.3 näher ausgeführt.)

1.2 Der privilegierte Personenkreis

Grundsätzlich werden Ehegatten und minderjährige Kinder von Flüchtlingen, die in der Schweiz Asyl erhalten haben, ebenfalls als Flüchtlinge anerkannt und erhalten Asyl. Als Ehegatten im Sinne dieser Bestimmung gelten nicht nur die mit dem Flüchtling verheirateten Personen, sondern auch solche, die mit diesem in dauernder, eheähnlicher Gemeinschaft zusammenleben (Konkubinat).[2] Ehegatten gleichgestellt sind eingetragene gleichgeschlechtliche Partner.[3] In den Genuss des Familienasyls sollen explizit auch Kinder kommen, die erst in der Schweiz geboren wurden, sofern keine besonderen Umstände gegen den Einbezug in die Flüchtlingseigenschaft sprechen (vgl. Art. 51 Abs. 3 AsylG). In der Schweiz geborene Kinder erhalten aber dann kein Familienasyl, wenn die Eltern ihrerseits bloss die abgeleitete Flüchtlingseigenschaft besitzen (Grundsatz der Nichtweiterübertragung einer abgeleiteten Flüchtlingseigenschaft).[4] Bei Heirat mit einem Flüchtling, welchem das Asyl aufgrund eigener Fluchtgründe gewährt wird, ist auch das minderjährige Kind des Ehegatten (Stiefkind) in das Familienasyl einzubeziehen, sofern das Kind mit beiden Ehegatten zusammenlebt.[5]

Während Ehegatten und eigene Kinder grundsätzlich automatisch vom Familienasyl profitieren, können andere nahe Angehörige gemäss Art. 51 Abs. 2 AsylG dann eingeschlossen werden, wenn besondere Gründe für die Familienvereinigung sprechen. Andere nahe Angehörige sind beispielsweise Eltern, Grosseltern, Pflegekinder, aber auch Geschwister.[6] Besondere Gründe liegen vor, wenn zwischen den in der Schweiz lebenden Personen und den zurückgebliebenen Angehörigen aus bestimmten Gründen ein dauerndes Abhängigkeitsverhältnis besteht, sodass eine Trennung nicht zu rechtfertigen wäre, beispielsweise wegen Krankheit oder wegen körperlicher oder geistiger Gebrechen (vgl. auch Art. 38 AsylV1).[7] In der Regel wird vorausgesetzt, dass der im Ausland gebliebene Familienangehörige auf die Hilfe des in der Schweiz als anerkannter Flüchtling lebenden Verwandten angewiesen ist. Ausnahmsweise können die besonderen Umstände auch umgekehrt

2 EMARK 1993/24.

3 Bundesgesetz über die eingetragene Partnerschaft gleichgeschlechtlicher Paare (PartG, SR 211.231).

4 EMARK 2000/23, E. 3c und 3b.

5 EMARK 2000/22, E. 8.

6 EMARK 1996/4 betreffend einer geistig behinderten Schwester eines Flüchtlings.

7 EMARK 2000/4, E. 5b.

liegen, sodass der in der Schweiz lebende anerkannte Flüchtling auf die Unterstützung der zurückgebliebenen Angehörigen angewiesen ist.[8] Die Aufzählung in Art. 38 AsylV1 ist nicht abschliessend. Gemäss Rechtsprechung sind auch andere, auf den jeweiligen Einzelfall bezogene Umstände oder Überlegungen humanitärer Art zu berücksichtigen.[9] Eine dauerhafte Trennung der ehelichen Gemeinschaft stellt sodann einen besonderen Umstand dar, welcher der Gewährung von Familienasyl entgegensteht. Der massgebliche Zeitpunkt zur Feststellung, ob die Voraussetzungen des Familienasyls erfüllt sind, ist derjenige des Entscheids.[10]

Eine Familienvereinigung im Rahmen von Art. 51 Abs. 4 AsylG setzt eine vorbestandene, durch die Flucht getrennte Lebensgemeinschaft voraus. Wurde die Familie des asylberechtigten Flüchtlings nicht durch die Flucht getrennt, sind die ausländerrechtlichen Behörden zur Prüfung der Familienvereinigung und allfälliger Rechtsansprüche aus Art. 8 EMRK zuständig.[11] Befinden sich aber die nahen Angehörigen (d. h. die anspruchsberechtigten Personen), welche um Einschluss in das Familienasyl ersuchen, bereits in der Schweiz, ist es nicht notwendig, dass sie durch Flucht von den sich in der Schweiz aufhaltenden Personen getrennt worden waren, um in die Flüchtlingseigenschaft eingeschlossen zu werden.[12]

1.3 Vorläufig aufgenommene Flüchtlinge

Der Grundsatzentscheid EMARK 1999/10, in dem die ARK im Wesentlichen festgehalten hatte, vorläufig aufgenommene Flüchtlinge könnten sich zur Familienvereinigung nicht auf das Asylgesetz berufen, beruht noch auf dem alten AsylG vom 5. Oktober 1979 und auf der alten AsylV 1 vom 22. Mai 1991 sowie auf der aufgehobenen Verordnung über die vorläufige Aufnahme von Ausländern vom 25. November 1987. Nach den damals geltenden Bestimmungen hatten vorläufig aufgenommene Flüchtlinge keinen asylrechtlichen Anspruch auf Familienvereinigung. Entsprechende Gesuche um Familiennachzug waren in Anwendung der Bestimmungen der mittlerweile aufgehobenen Begrenzungsverordnung an die kantonalen Behörden zu richten, welche nach freiem Ermessen entscheiden konnten. Die Asylrekurskommission erklärte sich im erwähnten Grundsatzurteil folglich für unzuständig für die Behandlung von Beschwerden in diesem Rechtsbereich.[13]

8 EMARK 1994/9.
9 EMARK 1994/7.
10 EMARK 2002/20, E. 4b und 5a.
11 EMARK 2006/8.
12 EMARK 2000/11.
13 EMARK 1999/10, E. 4.

Mit der Einführung der mittlerweile wieder aufgehobenen Bestimmungen von Art. 51 Abs. 5 AsylG und Art. 39 AsylV 1 verwies der Gesetzgeber den Familiennachzug von vorläufig aufgenommenen Ausländern aber in das Asylgesetz.[14] Die Asylrekurskommission hat dann im Grundsatzurteil EMARK 2006/7 festgehalten, dass es sachgerecht sei, die Regelung von Art. 51 Abs. 1–3 AsylG auf die Familienvereinigung von vorläufig aufgenommenen Flüchtlingen anzuwenden.[15] Familienangehörige von anerkannten Flüchtlingen (nachfolgend «originäre Flüchtlinge» genannt) im Sinne von Art. 51 Abs. 1–3 AsylG haben einen Anspruch, dass auch sie als Flüchtlinge anerkannt werden (sog. abgeleitete oder «derivative» Anerkennung als Flüchtlinge), wenn sie ihren Heimat- oder Herkunftsstaat verlassen haben. Wurde der originäre Flüchtling dagegen vom Asyl ausgeschlossen und vorläufig aufgenommen, haben auch seine Familienangehörigen lediglich Anspruch auf Einschluss in die Flüchtlingseigenschaft aber keinen Anspruch auf Asyl.[16] Es wäre mit dem System des schweizerischen Asylrechts nämlich nicht in Einklang zu bringen, wenn den Familienmitgliedern von vorläufig aufgenommenen Flüchtlingen in unmittelbarer Anwendung von Art. 51 Abs. 1 oder 2 AsylG Asyl gewährt würde und sie somit einen besseren rechtlichen Status erhielten als die Person, von der sie ihren Anspruch ableiten.

Der geschilderte Anspruch von Familienangehörigen von Flüchtlingen, ebenfalls als Flüchtling anerkannt zu werden (Art. 51 Abs. 1–3 AsylG), sagt aber noch nichts darüber aus, aufgrund welcher gesetzlichen Grundlagen diesen Personen die Einreise in die Schweiz zu gestatten ist. Diesbezüglich ist davon auszugehen, dass bei einer rechtmässig geschlossenen Ehe die Gatten sich auf den menschenrechtlichen Schutz des Familienlebens (Art. 8 EMRK) und den verfassungsmässigen Schutz der Ehe (Art. 14 BV) berufen können, sofern kein Hinweis auf eine Scheinehe besteht. Auch wenn sich aus Art. 8 EMRK kein grundsätzlicher Anspruch auf eine Einreise- oder Aufenthaltsbewilligung ableiten lässt, so verpflichtet diese Bestimmung die Staaten aber unter gewissen Umständen, eine Einreise- beziehungsweise Aufenthaltserlaubnis zu gewähren, nämlich u. a. dann, wenn im Vertragsstaat die einzige Möglichkeit besteht, faktisch ein Familienleben zu pflegen, und wenn die Trennung nicht überwiegend selbstverschuldet war. Art. 51 Abs. 4 AsylG kann daher als Grundlage für die Einreise von Familienmitgliedern vorläufig aufgenommener Flüchtlinge herangezogen werden,[17] da für die Familienangehörigen in der Regel das Familienleben nur in der Schweiz gelebt werden kann. Eine Familienvereinigung im Rahmen von Art. 51 Abs. 4 AsylG setzt aber eine vorbestandene, durch

14 BGE 126 II 335.
15 EMARK 2006/7, E. 5.4.
16 EMARK 2006/7, E. 5.4.
17 EMARK 2006/7, E. 6.4 und 6.5.

die Flucht getrennte Lebensgemeinschaft voraus. Wurde die Familie des Flüchtlings nicht durch die Flucht getrennt, sind – wie erwähnt – weiterhin die ausländerrechtlichen Behörden zur Prüfung der Familienvereinigung gestützt auf Art. 8 EMRK zuständig.[18] Die Trennung durch die Flucht ist lediglich dann nicht mehr Voraussetzung für den Einbezug in die Flüchtlingseigenschaft, wenn sich die Familienangehörigen in der Schweiz befinden.[19] Es ist jedoch darauf hinzuweisen, dass das Erfordernis der Trennung der Familie durch die Flucht nach Auffassung des Gesetzgebers vor allem dazu dient, Missbräuche zu verhindern.[20]

Im Rahmen der Teilrevision des Asylgesetzes wurde vom Bundesrat die Einführung einer sog. «humanitären Aufnahme» für Personen vorgeschlagen, deren Vollzug der Wegweisung unzumutbar oder unzulässig war. Unter diese Kategorie wären auch vorläufig aufgenommene Flüchtlinge gefallen.[21] Für sie sollte auch der Familiennachzug neu geregelt werden. Ein Anspruch auf Nachzug von Ehegatten und minderjährigen Kindern unter 18 Jahren war vorgesehen für den Fall, dass die Familie zusammen wohnte, eine angemessene Wohnung vorhanden war und die Familie nicht auf Sozialhilfe angewiesen war.[22] Die vom Bundesrat vorgeschlagene Regelung des Familiennachzugs fand in den parlamentarischen Beratungen kein Gehör, da das ganze Konzept der humanitären Aufnahme, in welche sie eingebettet war, generell nicht angenommen wurde. Stattdessen wurde der Status der vorläufigen Aufnahme «aufgewertet», indem für den Familiennachzug von vorläufig aufgenommenen Personen generell eine Wartefrist von drei Jahren eingeführt wurde. Aus den Materialien ist nicht ersichtlich, aus welchen Gründen die dreijährige Wartefrist aufgenommen wurde.[23] Diese Regelung führte zur heute gültigen Bestimmung des Familiennachzugs von Art. 85 Abs. 7 AuG.

> Unserer Ansicht nach hat diese Bestimmung für vorläufig aufgenommene Flüchtlinge aber nur ausländerrechtlichen Charakter. Insbesondere schliesst diese Regelung die asylrechtliche Möglichkeit des Familiennachzugs in analoger Anwendung von Art. 51 Abs. 1–4 AsylG oder über ein Asylgesuch aus dem Ausland nicht aus. Die Bestimmung

---

18 EMARK 2006/8, E. 3.2.

19 EMARK 2000/11, E. 3b.

20 Botschaft zur Totalrevision des Asylgesetzes sowie zur Änderung des Bundesgesetzes über Aufenthalt und Niederlassung der Ausländer vom 4. Dezember 1995, BBl 1996 II, S. 69.

21 Botschaft des Bundesrates vom 4. September 2002, BBl 2002, S. 6888.

22 Botschaft des Bundesrates vom 4. September 2002, BBl 2002, S. 6889.

23 AB 2005, S. 322, Eintretensvotum der Kommissionssprecherin T. Heberlein: «Die SPK beschloss in ihrer Mehrheit, auf die provisorische und die humanitäre Aufnahme zu verzichten. Sie sieht dafür bei der vorläufigen Aufnahme klare Verbesserungen vor, nämlich einen erleichterten Zugang zum Arbeitsmarkt und die Möglichkeit des Familiennachzugs nach drei Jahren. […] Bezüglich Rechtsstellung ist der wichtigste Unterschied zur humanitären Aufnahme also die Wartefrist von drei Jahren für den Familiennachzug sowie die Antragstellung durch die Kantone».

von Art. 85 Abs. 7 AuG regelt dem Wortlaut zufolge nämlich lediglich den Einbezug in die vorläufige Aufnahme, nicht aber den Einbezug in die Flüchtlingseigenschaft.

Schliesslich ist zu beachten, dass das Bundesverwaltungsgericht in seinem publizierten Urteil vom 6. Juli 2007[24] festgehalten hat, dass ein Familiennachzugsgesuch eines vorläufig aufgenommenen Flüchtlings, mit dem unter anderem eine persönliche Gefährdung der sich im Ausland befindenden, nachzuziehenden Familienangehörigen geltend gemacht wird, nach Treu und Glauben auch als Asylgesuch aus dem Ausland im Sinne von Art. 20 Abs. 2 und 3 AsylG zu verstehen ist. Die Prüfung, ob der sich im Ausland befindende Familienangehörige die Flüchtlingseigenschaft originär, d. h. aufgrund eigener persönlicher Gefährdung, erfüllt, geht sodann der Prüfung eines allfälligen derivativen Anspruchs auf Anerkennung als Flüchtling vor (vgl. auch Art. 74 Abs. 5 VZAE in Verbindung mit Art. 37 AsylV1).

Sofern Familienangehörige von vorläufig aufgenommenen Flüchtlingen keine eigenen Verfolgungsgründe geltend machen und sie den Einbezug in die Flüchtlingseigenschaft eines in der Schweiz vorläufig aufgenommenen Flüchtlings verlangen, ist das Gesuch gestützt auf Art. 51 Abs. 1–3 AsylG zu behandeln. Die Einreise ist dabei gestützt auf Art. 51 Abs. 4 AsylG zu gestatten, falls die Familienbande durch die Flucht getrennt worden ist. Im Falle, dass die im Ausland lebenden Angehörigen auch eigene Verfolgungsgründe geltend machen, kann die Einreise auch gestützt auf Art. 20 Abs. 2 und 3 AsylG bewilligt werden. Sofern explizit kein Einschluss in die Flüchtlingseigenschaft begehrt wird, kann der Familiennachzug ausländerrechtlich erfolgen. Dabei müssen aber die Voraussetzungen von Art. 85 Abs. 7 AuG vorliegen; in diesem Fall erfolgt lediglich der Einschluss in die vorläufige Aufnahme (vgl. Ziff. 1.4).

Die im Rahmen von Art. 85 Abs. 7 AuG aufgeführte dreijährige Wartefrist war vorher auf Verordnungsebene bei vorläufig aufgenommenen Flüchtlingen vorgesehen, wurde aber von der Asylrekurskommission nur ausnahmsweise zugelassen, falls im konkreten Einzelfall die konkrete Möglichkeit einer Weiterreise in einen Drittstaat bestand und entsprechende Bemühungen während längstens drei Jahren andauerten.[25] Die Frist scheint bei vorläufig aufgenommenen Flüchtlingen, die aufgrund ihrer Verfolgung das Familienleben nirgends anders leben können, menschenrechtlich problematisch zu sein, einerseits aufgrund von Art. 8 EMRK und anderseits aufgrund von Art. 10 KRK. Da zudem faktisch alle Länder, welche die Flüchtlingskonvention ratifiziert haben, einen Anspruch auf Familiennachzug von Flüchtlingen praktizieren, vertritt ein Teil der Lehre – auch unter Hinweis auf die

24 BVGE 2007/19, E. 3.3.
25 EMARK 2006/7, E. 7.5.

Materialien der Flüchtlingskonvention – sogar die Meinung, dass der Familiennachzug von Flüchtlingen zum Völkergewohnheitsrecht geworden ist.[26]

1.4 Vorläufig aufgenommene Ausländer

Der Familiennachzug von vorläufig aufgenommenen Ausländern ist mit der Totalrevision des ANAG eingeführt worden und mit dem AuG am 1.1.2008 in Kraft getreten. Gemäss Art. 85 Abs. 7 AuG besteht die Möglichkeit des Familiennachzugs für vorläufig aufgenommene Personen und vorläufig aufgenommene Flüchtlinge. Diese können Ehegatten und ledige Kinder unter 18 Jahren frühestens drei Jahre nach Anordnung der vorläufigen Aufnahme nachziehen, wenn sie mit diesen zusammenwohnen, die Wohnung bedarfsgerecht ist und die Familie nicht auf Sozialhilfe angewiesen ist. Ehegatte und ledige Kinder werden in die vorläufige Aufnahme des sich in der Schweiz befindenden Familienangehörigen eingeschlossen. Gesuche um einen derartigen Familiennachzug sind bei den kantonalen Behörden einzureichen; diese leiten es mit einer Stellungnahme an das Bundesamt für Migration weiter (Art. 74 Abs. 1 und Abs. 2 VZAE).

Gemäss Art. 74 Abs. 3 VZAE muss das Gesuch um Familiennachzug innerhalb von fünf Jahren eingereicht werden; das für Kinder über zwölf Jahren innerhalb von zwölf Monaten. Die Frist beginnt mit dem Ablauf der dreijährigen Wartefrist gemäss Art. 85 Abs. 7 AuG. Entsteht das Familienverhältnis erst nach Ablauf dieser drei Jahre, so beginnt die Frist mit dem Entstehen des Familienverhältnisses. Im Falle von wichtigen familiären Gründen kann ein später geltend gemachter Familiennachzug aber noch bewilligt werden (Art. 74 Abs. 4 VZAE). Wichtige familiäre Gründe liegen vor, wenn das Kindeswohl nur durch den Familiennachzug gewahrt werden kann. Kinder über 14 Jahren müssen gemäss Art. 47 Abs. 4 AuG eigenständig angehört werden; die Anhörung findet auf der Schweizer Vertretung statt. Hinter diesem Anspruch steht das Prinzip der Subjektstellung des Kindes im Verfahren. Das eigenständige Anhörungsrecht der Kinder ergibt sich aus Art. 9 Abs. 1 und Art. 12 KRK.

> Die Einschränkung, dass Kinder erst ab 14 Jahren angehört werden müssen, ist aber unserer Ansicht nach willkürlich. Sobald sich das Kind zur Thematik, wo es leben möchte, ein Urteil bilden kann, ist es anzuhören. Verglichen mit dem Anhörungsrecht der Kinder in Scheidungsverfahren oder im Rahmen von Kindesrückführungen nach dem Haager Übereinkommen ist davon auszugehen, dass auch jüngere Kinder zur Frage des Familiennachzugs angehört werden müssen.[27]

---

26 Hathaway, J.C., The rights of refugees under international law, Cambridge, 2005, S. 541 ff. insb. S. 543 und S. 545.

27 BGE 131 III 334, E. 5.2 ff.

1.5 Auswirkungen des Familienasyls (Art. 51 AsylG)

Das Familienasyl wirkt sich in zwei Richtungen aus: Zum einen wird infolge der Familienvereinigung die Flüchtlingseigenschaft zuerkannt, zum anderen wird normalerweise Asyl gewährt, wenn der als originär anerkannte Ehegatte auch Asyl erhalten hat bzw. die vorläufige Aufnahme, im Falle dass der Ehegatte auch nur vorläufig aufgenommen wurde (Art. 51 Abs. 1 AsylG).

Das Gesetz geht beim Einschluss in die Flüchtlingseigenschaft von Ehegatten von der Annahme aus, dass die engsten Familienangehörigen unter der Verfolgung des Ehegatten beziehungsweise der Ehegattin resp. eines Elternteils im Heimatstaat mitgelitten haben oder selbst der Gefahr der Verfolgung ausgesetzt waren.[28] Der abgeleiteten Flüchtlingseigenschaft liegt somit das Konzept der Reflexverfolgung zugrunde. Das Gesetz sieht für Ehegatten, minderjährige Kinder und eventuell weitere nahe Angehörige die Anerkennung als Flüchtlinge vor, ohne dass sie selber eigene Verfolgungsgründe geltend machen müssen (sog. abgeleitete oder «formelle» Flüchtlingseigenschaft).

Die Möglichkeit, als Ehegatte die Flüchtlingseigenschaft abgeleitet zu erwerben, hat auch Auswirkungen auf hängige Asyl- und Wegweisungsverfahren: Verheiraten sich zwei Asylsuchende in der Schweiz, die unabhängig voneinander ein Asylgesuch eingereicht haben, kann die Frage der Flüchtlingseigenschaft des einen nicht losgelöst von derjenigen des anderen Ehegatten geprüft werden.[29] Gleiches gilt übrigens für die Frage des Wegweisungsvollzugs, unter Vorbehalt der Anwendung von Art. 83 Abs. 7 AuG, da der Grundsatz der Einheit der Familie eine nicht gleichzeitige Wegweisung von Ehegatten verbietet und die koordinierte Prüfung der Zumutbarkeit des Wegweisungsvollzugs gebietet.[30] Im Fall, dass das BFM die Behandlung des Asylgesuches des einen Ehegatten sistiert hat, während gleichzeitig eine Beschwerde gegen den Asyl- und Wegweisungsentscheid des anderen Ehegatten hängig ist, kann die Beschwerdeinstanz für diesen Ehegatten weder die Frage der Flüchtlingseigenschaft und des Asyls noch diejenige der Wegweisung und deren Vollzuges gültig beurteilen.[31]

Personen, welche infolge der Familienvereinigung derivativ als Flüchtlinge anerkannt wurden, können diese abgeleitete Flüchtlingseigenschaft ihrerseits (z. B. bei Scheidung und Wiederverheiratung) aber nicht mehr weitergeben. Die Weitergabe der Flüchtlingseigenschaft setzt eine selbst erlebte bzw. befürchtete asylrelevante Verfolgung (sog. originäre oder materielle Flüchtlingseigenschaft) voraus,

---

28 Botschaft 1995, BBl 1996 II, S. 68 f.
29 EMARK 1999/1, E. 2a-d.
30 EMARK 1999/1, E. 4.
31 EMARK 1999/2, E. 2e und 3.

welche allenfalls noch nachträglich – aufgrund der Akten oder weiterer Beweiserhebungen – geprüft werden kann.[32] Diese Rechtslage verpflichtet das BFM bei Asylgesuchen von Ehegatten stets auch zu prüfen, ob die Ehegatten eigenständige Asylgründe geltend gemacht haben. Erst wenn dies nicht der Fall ist, wird auf Zuerkennung der abgeleiteten Flüchtlingseigenschaft entschieden. Die abgeleitete Flüchtlingseigenschaft hat zur Folge, dass die betroffenen Personen in den Genuss aller Rechte der Genfer Flüchtlingskonvention kommen (insbesondere Schutz vor Rückschiebung in den Heimat- oder Herkunftsstaat geniessen) und – in der Regel – den besonders privilegierten Rechtsstatus des Asyls erhalten. Kein Asyl erhalten abgeleitete Flüchtlinge insbesondere dann, wenn der Ehegatte zwar Flüchtling ist, aber infolge eines gegebenen Asylausschlussgrundes (wie z. B. Asylunwürdigkeit) selber kein Asyl, sondern bloss die vorläufige Aufnahme erhalten hat.[33] In einem solchen Fall reduziert sich die «Ableitung» auf die Flüchtlingseigenschaft und auf die damit verbundenen Rechte aus der Genfer Flüchtlingskonvention. Die speziellen Privilegien im Sinne der Asylgewährung bleiben auch der Partnerin bzw. dem Partner versagt (zur Rechtsstellung von Flüchtlingen mit Asyl und vorläufig aufgenommen Flüchtlingen vgl. Kap. XIII).

Schliesslich entfällt die Zuerkennung der Flüchtlingseigenschaft (und damit automatisch auch eine Asylgewährung), wenn besondere Umstände dagegen sprechen, wozu eine ausführliche Rechtsprechung besteht.[34] Bedeutung hat dieses Kriterium in der Praxis vor allem bei binationalen Ehepaaren. Soll die Ehefrau italienischer Staatsangehörigkeit eines Flüchtlings aus dem Kosovo ebenfalls als Flüchtling anerkannt werden und Asyl erhalten? Die Praxis hat diese und analoge Fragen differenziert beantwortet. Die Frage, ob eine binationale Flüchtlingsfamilie sich theoretisch im Heimatland des nicht verfolgten Ehepartners niederlassen könnte, beantwortet sich aufgrund von Kriterien, wie sie auch der Anwendung von Art. 52 AsylG (Aufnahme Drittststaat) sowie Art. 83 AuG (Zulässigkeit, Zumutbarkeit und Möglichkeit eines Wegweisungsvollzuges) zugrunde liegen. Auch kulturelle, religiöse, sprachliche und ähnliche Aspekte sind vergleichend beizuziehen, ebenso die Kriterien eines Härtefalles.[35] Massgeblich ist, ob es der Familie zuzumuten wäre, im jeweiligen Herkunftsland des nicht oder nicht originär verfolgten Ehegatten zu leben. Die Zumutbarkeit muss verneint werden, wenn es einem Familienmitglied aus sozialen, gesellschaftlichen, wirtschaftlichen oder religiösen Gründen verunmöglicht würde, sich im Zielstaat zu integrieren oder wenn die hypothetisch angenommene Ausreise in den Zielstaat zu schwerwiegenden persönlichen Härten

---

32 EMARK 1997/1.

33 EMARK 2006/7, E. 5.5, EMARK 1993/24.

34 EMARK 2002/22, E. 6c., EMARK 2002/20, E. 4b., EMARK 2000/23, E. 3c.

35 EMARK 1997/22.

führen würde. Ein solcher Härtefall könnte unter Umständen vorliegen, wenn über mehrere Jahre eingeschulte Kinder gezwungen wären, sich in ein für sie völlig fremdes Schulsystem einzugliedern.

Zwei Beispiele aus der Praxis vermögen das Gesagte zu illustrieren:

- Die ARK hat es abgelehnt, einer albanischen Ehefrau eines Flüchtlings aus dem Kosovo die Flüchtlingseigenschaft zuzusprechen. Der Flüchtling sei in der Lage, nach Albanien einzureisen und dort eine Aufenthaltsbewilligung zu erhalten. Die politischen Verhältnisse in Albanien seien genügend stabil, um Verfolgungssicherheit anzunehmen. Da der Flüchtling ebenfalls der albanischen Ethnie angehöre, falle eine Integration in Albanien nicht schwer. Die beiden gemeinsamen Kinder im Alter von zwei und vier Jahren seien noch zu klein, als dass sie bereits durch die schweizerischen Verhältnisse so geprägt seien, dass eine Integration in Albanien unzumutbar wäre.[36]
- Die ARK hat den Einbezug eines Asylsuchenden aus Montenegro (Bundesrepublik Jugoslawien) in die Flüchtlingseigenschaft seiner Ehegattin, einer anerkannten Flüchtlingsfrau aus Bosnien-Herzegowina, hingegen bejaht. Es sei der Flüchtlingsfrau nicht zuzumuten, in der Bundesrepublik Jugoslawien zu leben. Die Bundesrepublik Jugoslawien habe die bosnischen Serben während des Krieges aktiv unterstützt und sie sei mithin als Komplizin ihrer Verfolger zu betrachten. Zudem könnten sich in diesem Land Kriegsverbrecher – also auch die potentiellen Peiniger der Flüchtlingsfrau – unbehelligt bewegen. Eine solche Konstellation sei der bosnischen Flüchtlingsfrau nicht zumutbar.[37]

Für den Einbezug in die Flüchtlingseigenschaft spielt ausdrücklich keine Rolle, zu welchem Zeitpunkt das Familienmitglied in die Schweiz eingereist ist. Es ist daher z. B. nicht erforderlich, dass Ehegatten das Asylgesuch gleichzeitig stellen. Auch der Zeitpunkt der Eheschliessung ist nicht massgeblich; Letzteres spielt lediglich eine Rolle im Zusammenhang mit der Erteilung der Einreisebewilligung.[38] Bei nicht gleichzeitiger Asylgesuchseinreichung ist es daher keine Voraussetzung, dass die Ehe oder eheähnliche Gemeinschaft zum Zeitpunkt der Flucht des Ersteingereisten bereits bestanden hat und dass die Familie durch die Flucht getrennt wurde.[39] Hinzuweisen ist abschliessend auf die für Ehepaare und Familien relevante Bestimmung hinsichtlich der Wegweisung gemäss Art. 44 Abs. 1 AsylG. Aus dem Grundsatz der Einheit der Familie ergibt sich das Gebot des gleichzeitigen und koordinierten Wegweisungsvollzugs (im Einzelnen vgl. Kap. IV, Ziff. 3.4.2).

36 EMARK 1996/14.
37 EMARK 1997/22.
38 EMARK 2006/8, EMARK 2000/11.
39 EMARK 1995/15, EMARK 2000/11.

2. Frauen

2.1 Übersicht

Auf die besondere Problematik der Anerkennung frauenspezifischer Fluchtgründe wurde im Zusammenhang mit dem Flüchtlingsbegriff bereits hingewiesen (siehe Kap. VII, Ziff. 4.1.2). Weitere Probleme ergeben sich in Bezug auf eine «frauengerechte» Ausgestaltung des Asylverfahrens, wie folgende Ausführungen deutlich machen: «Asylsuchende Frauen kommen oft aus gesellschaftlichen Situationen, die es ihnen unmöglich machen, ihre Asylgründe ohne Weiteres sach- und behördengerecht ins Asylverfahren einzubringen. Im Interesse der Chancengleichheit im Asylverfahren und der Ermittlung der materiellen Wahrheit sind daher besondere Vorkehrungen nötig, um den mit frauenspezifischer Verfolgung einhergehenden Artikulationsschwierigkeiten entgegenzukommen.»[40]

In der Literatur werden als besondere, frauenspezifische Artikulationsschwierigkeiten etwa erwähnt: generelle Unerfahrenheit im Umgang mit Behörden; «Zurückstehen» bei der Schilderung eigener Fluchtgründe zugunsten des Ehepartners, eventuell unter dessen Druck; Schwierigkeiten, über erlittene Gewalt zu berichten, insbesondere bei sexueller Gewalt, usw.[41]

Das UNHCR hat in Empfehlungen des Exekutivkomitees und Richtlinien wiederholt zu besonderer Sensibilität im Umgang mit Flüchtlingsfrauen während des Asylverfahrens aufgerufen, und insbesondere empfohlen, «wo immer es notwendig ist [...] ausgebildete weibliche Anhörer zur Verfügung zu stellen».[42] Schon 1998 hat der Europarat sodann im Rahmen einer Richtlinie Empfehlungen zur Behandlung von Frauenflüchtlingen erlassen.[43]

Die eben geschilderte Problematik wird auch vom Bundesrat in seiner Botschaft zum Asylverfahren anerkannt.[44] Das Asylgesetz beschränkt sich indessen in Art. 17 Abs. 2 AsylG darauf, dem Bundesrat die Kompetenz zu übertragen, auf Verordnungsstufe «ergänzende Bestimmungen» über das Asylverfahren zu erlassen, um

---

40 SFH, Frauenflüchtlinge in der Asylgesetzrevision, Sonderdruck aus ASYL, 1996/2 zum Gutachten von Christina Hausammann, Bern, 1996, S. 2.

41 SFH, a. a. O., S. 45 ff.

42 ExKom-Beschluss Nr. 64 von 1990. Vgl. auch: UNHCR-Richtlinien zum internationalen Schutz vom 7. Mai 2002 zur «Geschlechtsspezifischen Verfolgung» und zur «Zugehörigkeit zu einer bestimmten sozialen Gruppe» im Zusammenhang mit Art. 1 A (2) des Abkommens von 1951 bzw. des Protokolls von 1967 über die Rechtsstellung der Flüchtlinge.

43 Recommendation 1374 (1998) of the parliamentary Assembly, Situation of refugee women in Europe.

44 Botschaft 1995, BBl 1996 II, S. 40.

insbesondere der speziellen Situation der Frauen (und der Minderjährigen, siehe Ziff. 3) im Verfahren «gerecht» zu werden.

2.2 Definition von frauenspezifischer Verfolgung

Unter frauenspezifischer Verfolgung sind Massnahmen zu verstehen, die Frauen aufgrund ihrer gesellschaftlichen Stellung treffen. Die Massnahmen sind gekennzeichnet durch eine rigide Vorbestimmung ihrer Geschlechterrolle und können z. B. folgende Bereiche umfassen: Zurückbindung der Frau in die private Sphäre der Familie oder Beschränkung der Möglichkeiten der Selbstentfaltung, z. B. betreffend Bildung, Arbeit, finanzieller Unabhängigkeit, aber auch der Durchsetzung ihrer Rechte. Frauenspezifisch ist im Weiteren das Ausmass an sexueller Gewalt, das mit der Verfolgung von Frauen einhergeht, wobei frauenspezifische Verfolgung viele Formen umfasst, welche sich bei Männern selten oder gar nicht finden lassen, sodass immer dann eine frauenspezifische Verfolgung vorliegt, wenn die Frage, ob eine Verfolgungsart auch (oder im selben Ausmass) Männer trifft, verneint werden muss.[45] Als Beispiele können staatliche oder staatlich sanktionierte Massnahmen genannt werden, die sich zur Durchsetzung herrschender Moralvorstellungen speziell gegen Frauen richten und den Frauen in Staat, Religion und Gesellschaft eine gewisse Funktion zuweisen bzw. der Aufrechterhaltung traditioneller Sozialnormen dienen. In der asylrechtlichen Praxis sind dies vor allem Fälle, in denen Frauen in Konflikt mit islamischen Sozialnormen geraten. Als weiteres Beispiel können Frauen erwähnt werden, die schwerwiegender geschlechtsspezifischer Diskriminierung oder Gewalt ausgesetzt sind, wobei diese Massnahmen oft mit ausdrücklicher oder zumindest stillschweigender Duldung des Staates Bestandteil eines gesellschaftlichen Verständnisses über die Rolle der Frau sind. Dieser Bereich umfasst ein breites Spektrum unterschiedlicher Verfolgungs- bzw. Unterdrückungsmassnahmen, wie die Zwangsverheiratung aufgrund des Stammesrechts bis zum Züchtigungsrecht des Ehemannes sowie die genitale Verstümmelung.

2.3 Problembereiche und Rechtslage

Die Rechtsprechung sowie die Asylverordnung 1 über Verfahrensfragen haben bereits zu einer Reihe von Vorkehrungen geführt, um das Verfahren «frauengerecht» auszugestalten.

- Im Asylverfahren gilt der Grundsatz, wonach jede urteilsfähige Person Anspruch auf Prüfung der eigenen Asylgründe hat. Bei Ehepaaren werden die Asylgründe gesondert geprüft und allenfalls festgestellt (Art. 5 AsylV1).

45 SFH, a. a. O., S. 39 ff.

- Die Anordnung einer allfälligen abgeleiteten Flüchtlingseigenschaft gemäss Art. 51 AsylG (vgl. Ziff. 1.3) kommt gemäss Art. 37 AsylV1 erst zum Zuge, nachdem die Asylgesuche beider Ehegatten individuell geprüft wurden.
- Gemäss Art. 6 AsylV1 werden Asylsuchende von einer Person gleichen Geschlechts angehört, wenn konkrete Hinweise auf geschlechtsspezifische Verfolgung vorliegen oder die Situation im Herkunftsland auf geschlechtsspezifische Verfolgung hindeutet. Vom geschlechtsneutral formulierten Wortlaut her beschränkt sich die Anwendung zwar nicht auf Frauen, doch kommt dieser Bestimmung bei der Anhörung von Frauen grosse Bedeutung zu. Aus dem klaren Wortlaut von Art. 6 AsylV1 ergibt sich, dass die Anhörung immer dann von einer Person des gleichen Geschlechts wie die asylsuchende Person durchzuführen ist, wenn konkrete Hinweise auf geschlechtsspezifische Verfolgung vorliegen. Es ist somit nicht bloss ein Recht der asylsuchenden Person, eine solche Befragung zu verlangen, sondern die genannte Bestimmung verpflichtet die Behörde dazu, auf die darin vorgesehene Weise vorzugehen, sobald entsprechende Hinweise vorliegen. Dies ergibt sich daraus, dass die genannte Vorschrift letztlich auch eine Ausgestaltung des rechtlichen Gehörs ist, da es um eine Schutzvorschrift geht, deren Zweck es ist, dass Asylsuchende ihre Vorbringen angemessen vortragen, d. h. konkret erlittene Übergriffe möglichst frei und unbeeinträchtigt schildern können. Gleichzeitig dient die Vorschrift aber auch dazu, die Richtigkeit der Sachverhaltsabklärung zu gewährleisten. Aus diesen Gründen ist sie von Amtes wegen anzuwenden.[46]
- Bei der Beurteilung der Glaubwürdigkeit wird in der Praxis anerkannt, dass es plausible Gründe geben kann, zentrale Verfolgungsgründe «nachzuschieben», d. h. erst zu einem späteren Zeitpunkt im Asylverfahren den Asylbehörden gegenüber zu offenbaren. Plausibel sind solche Gründe insbesondere, wenn das anfängliche Verschweigen auf eine erlittene Traumatisierung zurückzuführen ist.[47]
- Der zweite Satz von Art. 3 Abs. 2 AsylG («frauenspezifischen Fluchtgründen ist Rechnung zu tragen») bezieht sich nicht nur auf die ernsthaften Nachteile, sondern auf sämtliche Elemente des Flüchtlingsbegriffs gemäss Art. 3 Abs.1 AsylG. Dies führt gemäss der Rechtsprechung dazu, dass eine Verfolgung aufgrund des Geschlechts unabhängig davon, ob sie unter das Verfolgungsmotiv der Zugehörigkeit zu einer bestimmten sozialen Gruppe subsumiert werden kann, eine flüchtlingsrelevante Verfolgung darstellen kann. Diese Interpretation orientiert sich an der antidiskriminatorischen Zielsetzung von Art. 3 AsylG. Durch eine Auslegung von Art. 3 AsylG kann zudem eine bessere Harmonisierung zwischen Menschen- und Flüchtlingsrechten erreicht werden.[48]

---

46 EMARK 2003/2, E. 5c.

47 EMARK 2004/1, E. 5b., EMARK 1996/18, E. 3c., EMARK 1996/16, E. 3a-c.

48 EMARK 2006/32, E. 8, vgl. auch EMARK 2006, E. 7.5.4.

Die dem Grundsatz des «eigenständigen Verfahrens» folgende und inzwischen gefestigte Praxis der Asylbehörden hat die Stellung der asylsuchenden Frauen zweifelsohne verbessert. Sie führt einerseits dazu, dass bei Ehepaaren beide Asylgesuche mit der gleichen Sorgfalt geprüft werden müssen. Andererseits werden beide Ehegatten durch die Behörden gleichermassen gefordert, was ein Zurückstellen eigener Interessen zumindest erschwert. Auch die Anerkennung «plausibler Gründe» für verspätete Vorbringen ist mehr als sachgerecht.

Demgegenüber erscheint die Praxis, erst dann Befragungspersonal des gleichen Geschlechts zu entsenden, wenn bereits «Hinweise auf geschlechtsspezifische Verfolgung» vorliegen, zwar angesichts allfälliger administrativer Probleme als pragmatische Lösung, vermag aber nicht zu überzeugen. Die (Erst-)Befragungen in den EVZ werden damit nämlich vom Grundsatz «Befragungspersonal des gleichen Geschlechts» nicht berührt, was gerade auf dem Hintergrund der Neuerungen des Asylgesetzes mehr als problematisch erscheint. Die Einführung der neuen Nichteintretensgründe (siehe Kap. V) führt dazu, dass in den EVZ unter Umständen aufgrund eines bloss summarischen Verfahrens eine materielle Beurteilung erfolgt.

Angesichts der gesteigerten Bedeutung des Verfahrens in den EVZ, insbesondere des Umstandes, dass nun auch materielle Entscheide dort gefällt werden und neuerdings sogar Bestrebungen bestehen, die summarische und die einlässliche Anhörung zusammenzulegen, müssten von Anfang an möglichst «frauengerechte» Verhältnisse herrschen. Andernfalls können diese Verfahren gerade für weibliche Asylsuchende zum Fallstrick werden.

3. Unbegleitete minderjährige Asylsuchende

3.1 Übersicht

Auch im Asylverfahren mit Kindern und Jugendlichen ergeben sich besondere Probleme, von denen besonders unbegleitete Minderjährige betroffen sind. Die Asylrekurskommission fasst diese wie folgt zusammen:

«Gerade bei unbegleiteten Minderjährigen ergeben sich im erstinstanzlichen Verfahren zudem oft auch heikle Abklärungsfragen oder Verfahrenssituationen, die sie aufgrund ihrer altersbedingten Unerfahrenheit überfordern und denen sie umso weniger gewachsen sind, je mehr sich der Kultur- und Rechtskreis, aus dem sie stammen, vom schweizerischen unterscheidet, und je weniger sie die Sprache verstehen, in welcher das Verfahren geführt wird. Zu beachten ist sodann auch, dass sich unbegleitete Minderjährige während des Verfahrens in einer fremden Kultur aufhalten und sich dadurch, ungeachtet der Erlebnisse und Umstände, die sie zum Verlassen von Familie und Heimat veranlasst haben, und ungeachtet der damit einhergehenden Eindrücke, im Vergleich zu Erwachsenen ohnehin in einer besonders schwierigen Situation befinden.»[49]

Mit dem Problem der unbegleiteten Minderjährigen beschäftigen sich unter anderem auch Richtlinien des Europarates[50] und des UNHCR.[51] Bezüglich des Asylverfahrens wird insbesondere empfohlen, nach erfolgter Identifikation einen Vormund oder eine Beratungsperson beizugeben und die Befragungen in «altersgemässer Form» und durch speziell geschulte Befragungspersonen durchzuführen. Die Asylgesuche von Kindern und Jugendlichen sollten prioritär behandelt werden, und bei ihrer Beurteilung sollten Entwicklungsstand und allfällige begrenzte Kenntnisse über die Situation im Herkunftsland angemessen berücksichtigt werden. Im Fall einer negativen Entscheidung des Asylgesuchs haben die Behörden sorgfältig abzuwägen, welche Lösung dem Kindeswohl am ehesten entspricht. Die Behörden sind gemäss dem UNHCR bereits zu Beginn des Verfahrens gehalten, mittels Nachforschungen im Herkunftsland die Eltern ausfindig zu machen. Misslingt dies, soll eine Rückschaffung nur unter der Bedingung erwogen werden, dass kompetente Stellen die Verantwortung für angemessenen Schutz und Betreuung übernehmen.

Die schweizerische Gesetzgebung kannte bis zur Totalrevision des Asylgesetzes keine speziellen Regelungen für unbegleitete minderjährige Flüchtlinge und Asylsuchende. Die Schweiz ist jedoch Vertragsstaat der Kinderrechtskonvention der Vereinten Nationen vom 20. November 1989 (KRK) und damit u. a. zur diskriminierungsfreien Behandlung ausländischer Kinder (Art. 2 KRK) verpflichtet und hat gemäss Art. 22 KRK geeignete Massnahmen zu treffen, dass asylsuchende und als Flüchtling anerkannte Kinder – ob begleitet oder nicht – angemessenen Schutz und humanitäre Hilfe bei der Wahrnehmung ihrer Rechte erhalten.

Im Rahmen des totalrevidierten Asylgesetzes hat der Bundesrat gemäss Art. 17 Abs. 3 AsylG neu die Kompetenz erhalten, ergänzende Bestimmungen über das Asylverfahren zu erlassen, um insbesondere der speziellen Situation von Minderjährigen im Verfahren gerecht zu werden. Gemäss Art. 17 Abs. 3 AsylG haben die Kantone eine sog. Vertrauensperson zu ernennen, welche deren Interessen wahr-

49 EMARK 1998/13.

50 Council of Europe: Parliamentary Assembly, Recommendation 1703 (2005), Protection and assistance for separated children seeking asylum, 28 April 2005.

51 UN High Commissioner for Refugees, UNHCR Guidelines on Determining the Best Interests of the Child, May 2008; UN High Commissioner for Refugees, Guidelines on Policies and Procedures in Dealing with Unaccompanied Children Seeking Asylum, February 1997.

nimmt. Die Ernennung hat für das Verfahren nach der Zuweisung in den Kantonen zu erfolgen, aber auch für das Verfahren am Flughafen oder im EVZ, falls dort entscheidrelevante Verfahrensabschnitte durchgeführt werden. Bei der Auslegung der asylgesetzlichen Bestimmungen ist auch auf Art. 11 der neuen Bundesverfassung hinzuweisen, der Kindern und Jugendlichen einen Anspruch auf «besonderen Schutz» einräumt.

Als unbegleitet gilt ein Minderjähriger, der von beiden Eltern getrennt ist und nicht unter der Obhut einer erwachsenen Person steht, die rechtlich dafür eingesetzt worden ist. Als begleitet gilt eine minderjährige Asyl suchende Person, wenn sich zumindest ein Elternteil oder eine mit ihrer Erziehung beauftragte Person in der Schweiz befindet.[52] Es ist zu beachten, dass die elterliche Gewalt über einen minderjährigen Asylsuchenden nicht von Amtes wegen seinen in der Schweiz lebenden volljährigen Geschwistern zusteht.[53]

3.2 Problembereiche und Rechtslage

3.2.1 Prozessfähigkeit

Kinder, die in Begleitung ihrer Eltern sind, können in deren Asylgesuch eingeschlossen werden, der Entscheid über das Asylgesuch wirkt auch für sie. Dies entspricht gängiger Praxis. Ist die Urteilsfähigkeit der Kinder aber vorhanden, können Minderjährige auch ohne Zustimmung ihrer gesetzlichen Vertretung (Eltern, Vormund) handeln und ein eigenes Asylgesuch einreichen, denn sie sind prozess- und parteifähig. Gemäss Rechtsprechung gilt die Einreichung eines Asylgesuchs sodann als relativ höchstpersönliches Recht.[54] Auch der Verzicht auf Asyl ist folglich ein relativ höchstpersönliches Recht. Für einen nicht urteilsfähigen Minderjährigen können zwar die Eltern als gesetzliche Vertreter grundsätzlich auf das Asyl verzichten, ausser es besteht zwischen ihnen und dem minderjährigen Kind ein Interessenkonflikt. In diesem Fall muss eine Beistandschaft nach Art. 392 Ziff. 2 ZGB angeordnet werden.[55]

Bei unbegleiteten Kindern und Jugendlichen, die das 18. Altersjahr noch nicht erreicht haben und demzufolge unmündig sind, ist bezüglich ihrer Fähigkeit, ein Asylverfahren in Anspruch zu nehmen (man spricht diesbezüglich von Prozessfähigkeit) zu differenzieren, je nachdem, ob sie als urteilsfähig gelten oder nicht.

52 EMARK 1994/24, EMARK 1998/13.
53 EMARK 2004/9.
54 EMARK 1996/3, EMARK 1996/5.
55 EMARK 1999/25.

Im Rahmen der Asylverfahren von unbegleiteten Kindern und Jugendlichen haben die Asylbehörden daher stets – im Sinne einer Vorfrage – zu prüfen, ob die Urteilsfähigkeit vorliegt. Urteilsfähigkeit lässt sich nicht abstrakt (z. B. im Sinne einer Altersgrenze) definieren, sondern hängt von der Reife und Entwicklung des Minderjährigen ab und setzt für das Asylverfahren voraus, «dass eine Person als Asylbewerber in der Lage ist, bezüglich der in einem Asylverfahren erforderlichen Mitwirkung vernunftgemäss zu handeln und namentlich die Verfolgungssituation nachvollziehbar zu schildern».[56] In der Regel wird Urteilsfähigkeit für das Asylverfahren ab dem 14. Altersjahr angenommen. In EMARK 1999/25 ging die Asylrekurskommission davon aus, dass ein Kind im Alter von 10½ Jahren nicht in der Lage sei, sich über die Tragweite eines Verzichts auf den Flüchtlingsstatus bewusst zu werden. Die Anforderungen an die Mitwirkungspflicht können bei urteilsfähigen Minderjährigen aber unter Umständen herabgesetzt sein. Einem sehr jungen und unerfahrenen Minderjährigen, der seine Asylgründe nicht klar und vollständig dargelegt hat, kann deshalb grundsätzlich keine Verletzung der Mitwirkungspflicht entgegengehalten werden.[57]

Ist das Vorhandensein der Urteilsfähigkeit zu verneinen, fehlt es an einer notwendigen Prozessvoraussetzung für das Asylverfahren. In diesem Fall haben die zuständigen Vormundschaftsbehörden in Absprache mit den Asylbehörden die dem Kindeswohl am ehesten entsprechende Lösung zu erarbeiten. Können die Eltern im Herkunftsland nicht ausfindig gemacht werden, wird dies in der Regel bedeuten, dass eine vorläufige Aufnahme in der Schweiz verfügt wird. Ein Beistand oder Vormund kann für das Kind ein Asylgesuch einreichen.[58]

3.2.2 Altersbestimmung

Die unmündige, jedoch urteilsfähige Person ist partei- und prozessfähig im Sinne des Asylverfahrens (Art. 19 Abs. 2 ZGB).[59] Oft können unbegleitete minderjährige Asylsuchende jedoch nur ungenügend dokumentieren, ob sie das 18. Altersjahr bereits erreicht haben oder nicht. Die Behörden sind in diesen Fällen dazu übergegangen, die Altersangabe mittels medizinischer Expertisen zu überprüfen. Mit Art. 26 Abs. 2bis AsylG wurde dafür nun eine formell-gesetzliche Grundlage geschaffen – allerdings beschränkt sich diese auf das EVZ. Die andere Grundlage befindet sich in Art. 7 Abs. 1 AsylV1. Anhand von Röntgenaufnahmen der Handknochen sind Aussagen über das Alter möglich. Allerdings ist die Wissenschaftlichkeit dieser Methode in medizinischen Fachkreisen umstritten und es sind nur ungefähre Altersangaben möglich (so hat

56 EMARK 1996/4.
57 EMARK 1999/2, E. 6d.
58 EMARK 1996/5.
59 EMARK 1996/3.

sich in Einzelfällen gezeigt, dass die Altersbestimmungen verschiedener beauftragter Stellen im gleichen Fall keinesfalls deckungsgleich sein müssen und bis zu zwei Altersjahren differieren können). Zur Bestimmung des tatsächlichen Alters einer Person hat die radiografische Untersuchung des Handknochens deshalb nur beschränkten Aussagewert, da das Knochenwachstum aufgrund der individuellen Umstände des Einzelfalles (Ernährung, Krankheiten, usw.) variieren kann. Eine Abweichung von zweieinhalb bis drei Jahren zwischen dem Knochenalter und dem tatsächlichen Alter kann folglich noch als innerhalb des Normalbereichs betrachtet werden.[60]

Die entsprechenden Berichte können demnach nur ein Element der Altersbestimmung darstellen. Lässt sich das tatsächliche Alter eines angeblich minderjährigen Gesuchstellers mit vernünftigem Aufwand nicht ermitteln, so hat dieser die Folgen der Beweislosigkeit zu tragen; er trägt somit die Beweislast.[61] Dabei muss von der asylsuchenden Person auch bezüglich der Frage Minder- bzw. Volljährigkeit aber blosses Glaubhaftmachen genügen (vgl. Kap. VI, Ziff. 5). Liegt das vom Asylsuchenden behauptete Alter im Vergleich zum festgestellten Knochenalter noch innerhalb dieser Standardabweichung, stellt die Knochenalteranalyse keine genügende Grundlage für einen Nichteintretensentscheid im Sinne von Art. 32 Abs. 2 lit. b AsylG dar.[62] Derartige radiografische Untersuchungen des Handknochens genügen somit zum Nachweis einer Identitätstäuschung im Sinne von Art. 32 Abs. 2 lit. b AsylG nicht, es sei denn, die Abweichung zwischen dem festgestellten Knochenalter und dem behaupteten Alter beträgt mehr als drei Jahre.[63] Sodann stellen derartige radiologische Knochenaltersbestimmungen schriftliche Auskünfte im Sinne von Art. 49 BZP dar, welche inhaltlich gewissen Minimalanforderungen genügen müssen.[64] So hat die Bekanntgabe des Resultats einer Knochenaltersbestimmung Angaben betreffend der fachlichen Qualifikation der Ärztin oder des Arztes, der Identität des Exploranden und von diesem allfällig geltend gemachte Krankheiten oder besondere Lebensumstände, der angewandten Analysemethode, der Umschreibung des festgestellten Befunds und die daraus abgeleitete Schlussfolgerung zu enthalten. In dieser Form ist der Bericht der asylsuchenden Person im Rahmen der Gewährung des rechtlichen Gehörs sodann offenzulegen.[65] Gerade diese verfahrensrechtlichen Aspekte gebieten es eigentlich, dem unbegleiteten Minderjährigen im Falle einer Altersbestimmung schon eine Vertrauensperson beizuordnen. Dies ist aber nach einem Grundsatzurteil der Asylrekurskommission

60 EMARK 2000/19, E. 7c.
61 EMARK 2001/23, E. 6c., BVGE, 11.05.2007 (E-1117/2007), E. 7.3.
62 EMARK 2000/19, E. 8.
63 EMARK 2001/23, E. 4c.
64 EMARK 2004/31, E. 5 und 6.
65 EMARK 2004/31, E. 7.3.

nicht notwendig. Altersbestimmungen können diesem Urteil zufolge vor der einlässlichen Anhörung zu den Asylgründen und auch ohne Beiordnung einer Vertrauensperson durchgeführt werden, wenn Zweifel an den Altersangaben der asylsuchenden Person bestehen.

Die Rechtsprechung verkennt zwar nicht, dass die Befragung der asylsuchenden Person zu ihrem Alter und ihre gleichzeitige Konfrontation mit allfälligen gegen ihre Angaben sprechenden Indizien die Konkretisierung des Anspruchs auf rechtliches Gehör (Art. 29 Abs. 2 BV; Art. 29 ff. VwVG) darstellt und dieses Verfahren auch ziemlich komplex sein kann,[66] meint dann aber – unseres Erachtens zu Unrecht –, dass die betroffene Person dies auch ohne Vertrauensperson machen könne, da es dabei ja schlussendlich nur darum gehe, Fragen zum eigenen Alter zu beantworten.[67]

3.2.3 Beiordnung einer Rechtsvertretung

Gemäss Art. 368 ZGB ist bei einer unmündigen Person, die sich nicht unter elterlicher Gewalt befindet, eine Vormundschaft anzuordnen, die deren Interessen wahrt und vertritt. Jede Behörde oder Gerichtsinstanz, die vom Eintritt eines solchen Bevormundungsfalles Kenntnis hat, ist verpflichtet, der zuständigen Vormundschaftsbehörde Anzeige zu machen (Art. 368 Abs. 2 ZGB). Diese Bestimmung gilt auch für asylsuchende, unbegleitete Minderjährige; eine entsprechende Verpflichtung lässt sich auch aus Art. 20 KRK entnehmen. Zuständig für die Anordnung vormundschaftlicher Massnahmen ist bei Asylsuchenden ihr Wohnsitz, resp. ihr Aufenthaltsort (Art. 376 ZGB). Nicht alle Kantone, resp. Gemeinden kommen dieser Verpflichtung aber fristgerecht nach. Dies darf jedoch nicht dazu führen, dass unbegleitete Minderjährige im Asylverfahren auf sich allein gestellt sind.

Bereits sehr früh hat die Asylrekurskommission die negativen Auswirkungen dieser Situation für das Asylverfahren gemildert. Gemäss einem Grundsatzentscheid haben unbegleitete minderjährige Asylsuchende für die Dauer des Asylverfahrens Anspruch auf Beiordnung einer rechtskundigen Person, wenn keine vormundschaftlichen Massnahmen angeordnet worden sind. Die mit der Durchführung der Anhörung betraute Behörde hat die entsprechende Beiordnung vor der Befragung zu verfügen.[68] Dieses Recht ergibt sich aus dem verfassungsmässigen Anspruch auf rechtliches Gehör (Art. 29 Abs. 2 BV). Zudem kann sich der verfassungsmässige Anspruch wohl auch auf den Kinder- und Jugendschutzartikel der neuen Bundesverfassung (Art. 11 BV) abstützen.

66 EMARK 2004/30, E. 6.
67 EMARK 2004/30, E. 5 und 6.4.3.
68 EMARK 1998/13.

Die Nichtbeachtung dieses Grundsatzes führt als Verletzung des rechtlichen Gehörs grundsätzlich zur Kassation des vorinstanzlichen Entscheides. Eine Heilung ist nur ausnahmsweise möglich, sofern dem Beschwerdeführer aus der fehlenden Verbeiständung kein Nachteil (mehr) entsteht.[69]

3.2.4 Beiordnung einer Vertrauensperson

Die oben erwähnte Rechtsprechung zur Beiordnung einer Rechtsvertretung ist durch die Einführung von Art. 17 Abs. 3 AsylG nicht überholt worden, sondern bleibt in ihren Grundzügen weiterhin gültig und ist auf die Rolle der Vertrauensperson analog anwendbar.[70] Art. 17 Abs. 3 AsylG verpflichtet die Kantone, unmittelbar nach Zuweisung von unbegleiteten minderjährigen Asylsuchenden eine Vertrauensperson zu bestimmen, welche für die Dauer des Verfahrens deren Interessen wahrnimmt. Diese Pflicht besteht nicht nur bei Zuweisung in den Kanton sondern seit dem 1.1.2008 auch, wenn sich die unbegleitete minderjährige Person in der Transitzone des Flughafens oder in einem EVZ aufhält, sofern dort über die Kurzbefragung gemäss Art. 26 Abs. 2 AsylG hinausgehende entscheidrelevante Verfahrensschritte durchgeführt werden. Gemäss Art. 26 Abs. 2 AsylG dient die Kurzbefragung im EVZ der Erhebung der Personalien und der Erstellung von Fingerabruckbogen und Fotografien; auch biometrische Daten können erhoben werden. Schliesslich erfolgt eine summarische Befragung zum Reiseweg und zu den Fluchtgründen. Insbesondere wenn im Rahmen eines negativen Asylentscheides Widersprüche zur summarischen Befragung angeführt werden, handelt es sich aber auch bei der Anhörung nach Art. 26 Abs. 2 AsylG um einen entscheidrelevanten Verfahrensabschnitt, der eigentlich die Beiordnung einer Vertrauensperson notwendig machen würde.

Während die Modalitäten der Ernennung eines Vormundes oder Beistandes im ZGB genau geregelt sind, bestehen keine Vorgaben bezüglich der Ernennung der Vertrauensperson. Unseres Erachtens muss aber die Beiordnung einer Vertrauensperson durch die zuständige kantonale Behörde in Form einer Verfügung ergehen, in welchem die Aufgaben klar umrissen sind. Dies ermöglicht auch klar zu bestimmen, welches kantonale oder kommunale Amt die Verantwortung dafür trägt, dass die Vertrauensperson ihre Aufgaben korrekt ausführt. Die Zuständigkeit bestimmt sich nach kantonalem Recht (Art. 17 Abs. 3 AsylG).[71] Angesichts des Umstandes, dass auch die Migrationsbehörden gehalten sind, jeden ihnen angezeigten unbegleiteten minderjährigen Asylsuchenden unverzüglich der zuständigen Vormundschaftsbehörde zu melden (Art. 368 Abs. 2 ZGB), wäre es ange-

69 EMARK 1999/3.
70 EMARK 2003/1, E. 3b-d.
71 EMARK 2003/1, E. 3f bb.

bracht, dass die Vormundschaftsbehörde umgehend eine Vertrauensperson im Sinne von Art. 17 Abs. 3 AsylG ernennt und danach die notwendigen vormundschaftlichen Massnahmen prüft und anordnet. Die Ansiedlung der Zuständigkeit zur Ernennung einer Vertrauensperson bei den Vormundschaftsbehörden wäre in verschiedener Hinsicht sinnvoll: Sie sind mit dem Kindesschutz bereits vertraut, Doppelspurigkeiten und Abgrenzungen zu einer späteren Beistandschaft oder Vormundschaft könnten minimiert werden. Die ganzen aufsichtsrechtlichen Regelungen sind klar und könnten in Analogie zu den vormundschaftlichen Regelungen angewendet werden. Es rechtfertigt sich in diesem Zusammenhang auch ein Blick auf die Entstehungsgeschichte von Art. 17 Abs. 3 AsylG.

Der parlamentarischen Debatte zur ersten Fassung von Art. 17 Abs. 3 AsylG gingen Diskussionen über verschiedene Konzepte voraus. Zunächst wurde erwogen, bei unbegleiteten Minderjährigen die Durchführung des Asylverfahrens an die Voraussetzung der Anordnung vormundschaftlicher Massnahmen zu knüpfen. Damit sollten die Kantone unter Druck gesetzt werden, ihrer Pflicht gemäss Art. 368 ZGB nachzukommen. Diese Lösung wäre an sich – auch unter dem Aspekt des Diskriminierungsverbotes gemäss Art. 2 KRK – am sachgerechtesten gewesen. Diskutiert wurde auch die Beigabe einer amtlichen Rechtsvertretung. Die schliesslich geschaffene, spezifisch asylgesetzliche Figur der «Vertrauensperson» sieht nun, wie aus der Bestimmung hervorgeht, eine weiter gefasste Interessenswahrung vor, die sich nicht auf das Asylverfahren alleine beschränkt. Gemäss Art. 7 Abs. 3 AsylV1 werden Minderjährige durch die ernannte Vertrauensperson im Asylverfahren «unterstützt» und «begleitet».

Daraus ergibt sich im Verhältnis zur vormundschaftlichen Massnahme Folgendes: Die Kantone bleiben, wie sich aus dem ZGB (und auch aus der KRK) klar ergibt, auch aufgrund der Bestimmung von Art. 17 Abs. 3 AsylG zur Anordnung vormundschaftlicher Massnahmen verpflichtet, soweit sich asylsuchende Kinder und Jugendliche ohne Obhut ihrer Eltern in der Schweiz befinden. Vormundschaftliche Massnahmen gehen der Beiordnung einer Vertrauensperson im engeren Sinne vor (so auch Art. 7 Abs. 2 AsylV1).[72] Vormundschaftliche Massnahmen sind angesichts ihrer Verankerung im Zivilrecht, der Ausführlichkeit und Klarheit ihrer Ausgestaltung im ZGB sowie ihrer Organisation und Strukturen (vgl. z.B. das Instrument der Aufsichtsbehörde gemäss Art. 361 ZGB) zweifellos die geeignete Institution, um dem Anliegen des Kindeswohls am besten Nachachtung zu schaffen. Auf der anderen Seite macht die Ernennung einer Vertrauensperson dem Gesagten

72 Vgl. auch Bundesamt für Justiz, Die Ausgestaltung der Hilfe in Notlagen (Art. 12 BV) für minderjährige Asylsuchende mit Nichteintretensentscheid, Gutachten vom 25.02.2005, veröffentlicht in: VPB 2008/2 S. 15-29 (online unter: www.vpb.admin.ch) und dortige Verweise auf die Entstehungsgeschichte von Art. 17 Abs. 3 AsylG.

zufolge die Anordnung vormundschaftlicher Massnahmen nicht obsolet. Die Möglichkeit der raschen Beiordnung einer Vertrauensperson gibt den Kantonen, resp. den zuständigen Vormundschaftsbehörden, genügend Zeit, die notwendigen Abklärungen zu treffen, um die adäquaten vormundschaftlichen Massnahmen anzuordnen, ohne dadurch das Asylverfahren zu verzögern. Die Vertrauensperson kann und soll die vormundschaftliche Massnahme nicht ersetzen. Dies ist – vor dem Hintergrund der parlamentarischen Debatte – der hauptsächliche Zweck der Vertrauensperson im engeren Sinne.

Die Aufgaben einer Vertrauensperson im Sinne von Art. 17 Abs. 3 AsylG sind vielfältig und entsprechen derjenigen eines Vormundes oder eines Beistandes.[73] Die Vertrauensperson unterstützt und begleitet die unbegleiteten minderjährigen Asylsuchenden. Dies setzt ausreichende Rechtskenntnisse voraus, um im Rahmen des Asylverfahrens eine zuverlässige Unterstützung bieten zu können.[74] Genügend Rechtskenntnisse bedeutet nach der Rechtsprechung, dass die Vertrauensperson über Grundkenntnisse im Asylverfahren verfügen muss, um die Abläufe zu verstehen und die unbegleitet minderjährigen Asylsuchenden zu unterstützen.[75] Die Rechtsprechung hat z. B. erwogen, dass der Heimleiter eines Zentrums für Asylsuchende aufgrund seines Pflichtenheftes, seiner Bildung und Berufserfahrung die nötigen Rechtskenntnisse besitzt,[76] was angesichts der Tatsache, dass ansonsten eine amtlich beigeordnete Rechtsvertretung im Beschwerdeverfahren über ein Anwaltspatent verfügen muss (Art. 65 Abs. 2 VwVG), doch gewagt erscheint, zumal der fragliche Heimleiter nicht einmal eine juristische Ausbildung hatte. Eine Vermischung der Aufgaben von Heimleitung einerseits und Interessenwahrung für einen Heimbewohner andererseits können sodann zu Interessenkonflikten führen und sollte daher, wenn immer möglich, vermieden werden! Die Rechtsprechung verlangt hier aber konkrete Anhaltspunkte für einen Interessenkonflikt,[77] was angesichts der allgemeinen Ausstandsregeln (insbesondere Art. 10 Abs. 1 lit. d VwVG), die für den Ausstand keine konkrete sondern nur den Anschein der Befangenheit verlangen, doch Fragen aufwirft.

Die Anwesenheit der Vertrauensperson an der Anhörung wird von der Rechtsprechung einerseits zwar nicht verlangt.[78] Andererseits kritisiert die Rechtsprechung, dass eine an der Anhörung anwesende Vertrauensperson bezüglich des Verhaltens des unbegleiteten minderjährigen Asylsuchenden nicht intervenierte, was für

73 EMARK 2006/14, E. 4.2 und EMARK 2003/1, E. 3c.
74 EMARK 2003/1, E. 3b-d.
75 EMARK 2003/1, E. 3e.
76 EMARK 2003/1, E. 3f.
77 EMARK 2003/1, E. 3g.
78 EMARK 1999/2, E. 5.

die Sachverhaltsfeststellung «äusserst dienlich gewesen wäre».[79] Die Nützlichkeit der Anwesenheit eines Vormundes wird auch an anderer Stelle durch die Rechtsprechung betont.[80] Dies sind klare Hinweise dafür, dass die Anwesenheit der Vertrauensperson an der Befragung von erheblicher Bedeutung ist. Aber nur wenn die Vorladung zu einer Anhörung einer Vertrauensperson nicht zugestellt wird, ist das rechtliche Gehör verletzt.[81] Will aber eine Vertrauensperson an der Anhörung zwar teilnehmen, kann dies aber aus wichtigen terminlichen Gründen nicht tun, so erscheint es angebracht, dass die aufbietende Behörde bezüglich der Terminierung der Anhörung auf diesen Umstand Rücksicht nimmt. Tut sie es nicht, ist die notwendige Vertretung des unbegleiteten minderjährigen Asylsuchenden unter Umständen nicht gewährleistet, was eine Verletzung des rechtlichen Gehörs darstellen könnte.

Das für die Vertrauensperson erteilte Mandat dauert so lange, wie sich der unbegleitete minderjährige Asylsuchende in der Schweiz aufhält, unabhängig vom Verfahrensstadium, d. h. auch während eines Vollzugsverfahrens. Stützt sich das Mandat alleine auf die Minderjährigkeit des unbegleiteten minderjährigen Asylsuchenden, wird es im Zeitpunkt, in dem die Volljährigkeit erreicht ist, automatisch beendet. Es empfiehlt sich, die Dauer des Mandatsverhältnisses in der Beiordnungsverfügung zu präzisieren, so z. B. auch ein allfälliges Erlöschen des Mandats der Vertrauensperson bei Beiordnung eines Beistandes oder eines Vormundes.

3.2.5 Schutz des Kindeswohls während des Aufenthaltes in der Schweiz

Die für eine unbegleitete minderjährige Person ernannte Vertrauensperson bzw. der Beistand ist für die Erziehung des Kindes verantwortlich. Dabei gilt der Massstab von Art. 302 ZGB, welcher das Recht und die Pflicht der Eltern zur Erziehung der Eltern regelt, in analoger Weise auch für die Vertrauensperson bzw. den Beistand. Demnach ist dem unbegleiteten minderjährigen Asylsuchenden eine seinen Verhältnissen angemessene Erziehung zu gewähren. Seine körperliche, geistige und sittliche Entfaltung ist zu fördern und zu schützen. Dem Kind ist eine seinen Fähigkeiten und Neigungen entsprechende allgemeine und berufliche Ausbildung zu verschaffen. Zu diesem Zweck ist in geeigneter Weise mit der Schule und allenfalls der gemeinnützigen Jugendhilfe zusammenzuarbeiten. Die Erziehung des Kindes hat sich somit an zwei Eckwerten zu orientieren: an den Verhältnissen der Eltern und an den Fähigkeiten des Kindes. Im Falle von unbegleiteten minderjährigen Asylsuchenden kann ein allgemeiner Standard – wie er für Waisenkinder in

---

79 EMARK 2006/14, E. 6.1-6.4.
80 EMARK 1999/2, E. 6b-c.
81 EMARK 1999/2, E. 5.

der Schweiz gilt – als Massstab herangezogen werden. In diesem Spannungsfeld ist grundsätzlich den individuellen Kindesanlagen der Vorrang einzuräumen.

Zum körperlichen Wohl des Kindes gehören die allgemeine Körper- und Gesundheitspflege, die Ernährung und die Bekleidung. Aber auch das Heranführen des Kindes an die selbstständige Wahrnehmung dieser Aufgaben liegt in der Verantwortung der beigeordneten Vertrauensperson, resp. des Beistandes. Die Förderung der geistigen Entfaltung beinhaltet eine den Kindesanlagen angepasste Bildung und Ausbildung. Zum sittlichen Wohl gehört sicherlich die Achtung strafrechtlicher Ge- und Verbote.

Nimmt man Art. 302 ZGB als Massstab, so stellen sich bei unbegleiteten minderjährigen Asylsuchenden im Rahmen der Unterbringung und Betreuung von Asylsuchenden einige Probleme: So kann die Unterbringung von unbegleiteten minderjährigen Asylsuchenden – insbesondere wenn sie unter 16 Jahre alt sind – zusammen mit Erwachsenen unter Umständen für die geistige und sittliche Entwicklung nicht angebracht sein. Das Fehlen eines Bezugspersonensystems im Rahmen der Betreuung kann – je nach Entwicklungsstand des unbegleiteten minderjährigen Asylsuchenden – auch problematisch sein, wenn damit das Heranführen des Kindes an eine selbstständige Lebensweise erheblich erschwert wird (Heranführen an gesunde Ernährung, adäquate Körper- und Gesundheitspflege etc.). Aufgrund des Inländervorrangs im Rahmen der Erteilung von Arbeitsbewilligungen für Asylsuchende ist es für unbegleitete minderjährige Asylsuchende faktisch nicht möglich, eine Lehrstelle und somit eine berufliche Ausbildung zu absolvieren. Der Besuch einer weiterführenden Schule scheitert meistens an den Rahmenbedingungen im Rahmen der Sozialhilfe, die derartige Sonderkosten kaum übernimmt. Ob diese Situation mit dem in Art. 1 KRK statuierten Wohl des Kindes vereinbar ist, erscheint mehr als fraglich.

3.2.6 Schutz des Kindeswohls bei der Wegweisung

Gemäss Art. 3 Abs. 1 KRK ist bei allen Massnahmen, die Behörden, Gerichte oder Gesetzgebungsorgane treffen, «das Wohl des Kindes ein Gesichtspunkt, der vorrangig zu berücksichtigen ist». Bei der Beurteilung der Wegweisung von Minderjährigen ist daher nicht nur eine allfällige Gefährdungssituation abzuklären, sondern auch, ob dadurch das Kindeswohl gefährdet würde. Ein Teil der Lehre tendiert dazu, die Bestimmung von Art. 3 Abs. 1 KRK als direkt anwendbare Bestimmung anzusehen.[82] Dies hätte zur Folge, dass die Prüfung von Wegweisungshindernissen im Rahmen der Unzulässigkeit erfolgen müsste. Im Weiteren kann – je nach Umständen des Einzelfalles – der Vollzug einer Wegweisung eines unbegleiteten Minderjährigen auch als unmenschliche Behandlung im Sinne von Art. 3 EMRK betrachtet werden. In diesem Sinne hat der Europäische Gerichtshof den Akt der Abschiebung eines zu jenem Zeitpunkt knapp sechsjährigen Kindes von Belgien

82 Schertenleib, J., Der Vollzug der Wegweisung von unbegleiteten minderjährigen Asylsuchenden, ASYL, 1996/1, S. 17; Wolf, St., Die UNO-Konvention über die Rechte des Kindes und ihre Umsetzung in das schweizerische Recht, ZBJV, 1998, S. 142 f.

in die Demokratische Republik Kongo bezeichnet, wo keine Verwandten oder adäquate Institutionen für das Kind sorgen konnten.[83] Die schweizerische Rechtsprechung kommt aber zum Schluss, dass das Kindeswohl vielmehr im Rahmen der Zumutbarkeitsprüfung als gewichtiger Aspekt zu berücksichtigen ist.[84] Dabei ist vom Prinzip der vorrangigen Berücksichtigung des Kindeswohls bei der Auslegung von Art. 83 Abs. 4 AuG auszugehen. Folgende Kriterien ermöglichen der Rechtsprechung zufolge eine umfassende Betrachtungsweise: Alter und Reife des Kindes, der Stand seiner Entwicklung und Ausbildung, seine Abhängigkeiten und die Art seiner Beziehungen, Bezugspersonen im Heimatland und deren Unterstützungsbereitschaft und -fähigkeit sowie der Grad der Integration in der Schweiz im Falle eines längeren Aufenthaltes und die damit zusammenhängenden Schwierigkeiten der Reintegration in der Heimat.[85]

Die Asylbehörden haben gemäss der zitierten Rechtsprechung spezifische Abklärungen zu treffen, ob das Kind im Herkunftsland zu seinen Eltern zurückkehren kann und ob diese in der Lage sind, die kindlichen Bedürfnisse abzudecken. Erscheint dies ungewiss, sind die Möglichkeiten der Unterbringung in einer geeigneten Anstalt oder bei Drittpersonen abzuklären. Im Hinblick auf den Vollzug der Wegweisung hat das Bundesamt auch Massnahmen zu treffen, dass das Kind bei seiner Rückkehr von Eltern, Drittpersonen oder einer geeigneten Institution in Empfang genommen wird.[86] Im Weiteren sollte unseres Erachtens berücksichtigt werden, ob dem Kind bei einer Rückkehr in seine Heimat die in der Kinderrechtskonvention garantierten Rechte zustehen oder nicht (z. B. Recht auf Gesundheit, Art. 24 KRK oder Recht auf angemessenen Lebensstandard, Art. 27 KRK oder das Recht auf Bildung, Art. 28 KRK). Bei der Prüfung der Zumutbarkeit der Wegweisung sind von Amtes wegen die Umstände der Rückkehr abzuklären, namentlich auch betreffend Aufenthaltsort der Eltern oder vorhandender Institutionen, zum Schutze des Kindes.[87] Blosse Vermutungen der Behörden oder das Abstellen auf allgemeine Erkenntnisse («in Russland bestehen Waisenhäuser») verletzen die gebotene Prüfungs- und Begründungspflicht.[88] Die Untersuchungspflicht der Behörden wird aber durch die Mitwirkungspflicht des Asylsuchenden begrenzt, wobei der entsprechende Massstab einzelfallgerecht in Beziehung zu Alter und Selbstständigkeit des Minderjährigen zu setzen ist.[89] Nach der Bestimmung von Art. 8 ZGB,

83 EGMR vom 12. Oktober 2006 i. S. Mubilanzila Mayeka und Kaniki Mitunga vs. Belgium (13178/03, Ziff. 66-71).
84 EMARK 1998/13, E. 5f., EMARK 1997/24, E. 7a.
85 EMARK 2005/5, E. 6.2., EMARK 1998/13, E. 5e.
86 EMARK 2006/24, E. 6, EMARK 1999/2.
87 EMARK 1999/2, E. 6b-c.
88 EMARK 2006/24, E. 5, BVGE 30.08.2007 (D-4267/2007), E. 6.3.
89 EMARK 1999/2, E. 6d und BVGE, 11.05.2007 (E-1117/2007), E. 7.6.

die als allgemeiner Rechtsgrundsatz in analoger Weise auch im öffentlichen Recht Anwendung findet, hat jene Partei die Folgen der Beweislosigkeit zu tragen, die aus dem zu beweisenden Umstand Rechte zu ihren Gunsten ableitet (Beweislast). Kann ein Minderjähriger sein tatsächliches Alter nicht beweisen, so hat er grundsätzlich die Folgen der Beweislosigkeit zu tragen. Die Asylrekurskommission kam daher in einem Fall, in welchem das behauptete Alter eines Minderjährigen knapp ausserhalb der festgelegten Toleranzgrenze lag, nicht nur zum Schluss, dass die Fällung eines Nichteintretensentscheides wegen Identitätstäuschung (Art. 32 Abs. 2 lit. b AsylG) gerechtfertigt war, sondern sie behandelte den Beschwerdeführer auch im Rahmen des Wegweisungsverfahrens gestützt auf die Auswirkungen von Art. 8 ZGB als volljährige Person.[90] Angesichts der Tatsache, dass der Beschwerdeführer trotz Identitätstäuschung minderjährig sein könnte und dass Geburten in afrikanischen Ländern nur teilweise registriert werden (z. B. in Äthiopien 6,6 %, in Guinea 43,8 %, in Nigeria 33 % bei Kindern unter fünf Jahren),[91] erscheint die konsequente Anwendung der Folgen von Art. 8 ZGB in derartigen Fällen fragwürdig zu sein.

Es wäre wünschenswert, dass die Asyl- und Vollzugsbehörden sowie die zuständigen Vormundschaftsbehörden bei der Beurteilung des Kindeswohls im Rahmen der Wegweisung eng zusammen arbeiten, was bis heute leider eher selten der Fall ist. Denn falls vormundschaftliche Massnahmen im Rahmen des Aufenthalts in der Schweiz angeordnet worden sind, dürfen diese eigentlich aus vormundschaftlicher Sicht nicht beendet werden, ohne dass der zuständige Beistand oder Vormund zum Schluss gekommen ist, dass das Kindeswohl im Rahmen der Wegweisung und in der Heimat des Kindes auch adäquat gewährleistet ist. Dies bedingt, dass die Asyl- und Vollzugsbehörden ihre Abklärungen dem Beistand bzw. Vormund vollständig offenlegen müssen, damit dieser sich ein Bild über die Situation bei der Rückkehr des Minderjährigen in seine Heimat machen kann.

90 EMARK 2001/23, E. 6c.

91 Vgl. http://www.childinfo.org/birth_registration_tables.php; letzter Zugriff am 11.05.2009.

4. Urteilsunfähige erwachsene Asylsuchende

Eine urteilsunfähige (und damit auch handlungsunfähige) Person kann ihre Rechte nicht selber wahrnehmen. Wird trotz erheblicher Zweifel an der Vernehmungsfähigkeit auf die Erklärungen einer asylsuchenden Person abgestellt, kann dies eine Verletzung des rechtlichen Gehörs darstellen.[92] Es ist aber zu beachten, dass die Geisteskrankheit im medizinischen Sinne weiter gefasst ist als im juristischen. Daraus ergibt sich, dass wegen Geisteskrankheit im medizinischen Sinne nicht automatisch auf die Urteilsunfähigkeit im Asylverfahren geschlossen werden kann. [93] Bestehen aber ernsthafte Zweifel daran, dass ein Gesuchsteller urteilsfähig ist bzw. dass er den Prozesshandlungen folgen kann, so sind zwingend zusätzliche Abklärungen zur Urteilsfähigkeit notwendig.

Da die Einreichung eines Asylgesuchs die Ausübung eines relativ höchstpersönlichen Rechts darstellt, müssen auch urteilsunfähige Gesuchsteller in die Lage versetzt werden, ein Asylgesuch zu stellen und das Verfahren zu führen. Die Asylbehörden haben dann zusammen mit den Vormundschaftsbehörden im konkreten Fall eine geeignete Lösung zu suchen und für die urteilsunfähige Person einen Vertreter zu bestimmen.[94] Kann auf die Aussagen der asylsuchenden Person wegen schwerer geistiger Behinderung oder Geisteskrankheit nicht abgestellt werden, ist der Sachverhalt auf andere geeignete Weise abzuklären (z. B. Befragung von Auskunftspersonen, Zeugen oder Abklärungen durch die Schweizer Vertretung vor Ort etc.).

92 EMARK 1993/15.
93 EMARK 1997/4, E. 4a-b.
94 EMARK 1996/5, E. 4c-g.

Literaturhinweise

Familien:

Caroni, Martina: Praxis des Europäischen Gerichtshofs für Menschenrechte im Bereich des Asyl- und Ausländerrechts, in: Achermann, Alberto et al. (Hrsg.): Jahrbuch für Migrationsrecht 2006/2007, Bern, 2007, S. 215 ff.

Caroni, Martina: Menschenrechtliche Wegweisungsverbote: Neuere Praxis, in: Achermann, Alberto et al. (Hrsg.): Jahrbuch für Migrationsrecht 2006/2007, Bern, 2007, S. 53 ff.

Göksu, Tarkan: Familiennachzug im Asylrecht, ASYL, 2004/1, S. 15 ff.

Illes, Ruedi: Das Recht auf Familienleben von Asylsuchenden und vorläufig aufgenommenen Ausländern, ASYL, 1999/2, S. 8 ff.

Illes, Ruedi: Familiennachzug für vorläufig aufgenommene Flüchtlinge, ASYL, 2008/2, S. 3 ff.

Hathaway, James C.: The rights of refugees under international law, Cambridge, 2005.

Mock, Peter: Convention euopéenne des droits de l'homme, immigration et droit au respect de la vie familiale, AJP/PJA, 5/1996, S. 541 ff.

Nguyen, Minh Son: Droit public des étrangers, Berne, 2003.

Nguyen, Minh Son: Le regroupement familial dans la loi sur les étrangers et dans la loi sur l'asile révisée, in: Achermann, Alberto et al. (Hrsg.): Jahrbuch für Migrationsrecht 2005/2006, Bern, 2006, S. 31 ff.

Spescha, Marc: Familiennachzug, Restriktive schweizerische Praxis verstösst gegen Europäische Menschenrechtskonvention, Anwaltsrevue, 2006/4, S. 144 ff.

Frauen:

Binder, Andrea, Frauenspezifische Verfolgung vor dem Hintergrund einer menschenrechtlichen Auslagerung des Flüchtlingsbegriffs der Genfer Flüchtlingskonvention, Basel, 2001.

Goldberg, Pamela: Women and Refugee Status: A Review Essay, IJRL, 1994/4, S. 756 ff.

Hausammann, Christina: Bestrebungen des UNHCR zum Schutze von Frauenflüchtlingen, ASYL, 1990/2, S. 3 ff.

Hausammann, Christina: Frauenverfolgung und Flüchtlingsbegriff, Eidg. Büro für die Gleichstellung von Frau und Mann (Hrsg.), Bern, 1992.

Hausammann, Christina: Die Berücksichtigung der besonderen Anliegen der Frauenflüchtlinge in der laufenden Asylgesetzrevision, ASYL, 1996, S. 39 ff.

Kälin, Walter: Die Bedeutung geschlechtsspezifischer Verfolgung im Schweizerischen Asylrecht, ASYL, 2001/2, S. 7 ff.

Schweizerische Flüchtlingshilfe, Frauenflüchtlinge in der Asylgesetzrevision, Bern, 1996.

UNHCR, Symposium on Gender-Related Persecution, IJRL, Special Issue, Oxford, 1997.

Unbegleitete minderjährige Asylsuchende:

Biedermann Kaess, Anita: Doppelt Schutzlos, Unbegleitete minderjährige Asylsuchende in der Schweiz, HEKS (Hrsg.), Zürich, 1996.

Braunschweig, Christoph: Unbegleitete Minderjährige MNA: Suche nach einer dauerhaften Lösung zum Wohle des Kindes, Schweizer Bulletin der Kinderrechte, 2007/1, S. 3 f.

Cottier, Michelle: Der zivilrechtliche Kindesschutz im Migrationskontext, Zeitschrift für Vomundschaftswesen, 2007/3, S. 131 ff.

Cremer, Hendrik: Der Anspruch des unbegleiteten Kindes auf Betreuung und Unterbringung nach Art. 20 des Übereinkommens über die Rechte des Kindes, Hamburg, 2006.

Gattiker, Mario: Rechtliche Probleme der Altersbestimmung bei minderjährigen Asylsuchenden, ASYL, 2000/1, S. 17 ff.

Gerber Jenni, Regula; Hausammann, Christina (Hrsg.): Die Rechte des Kindes, Das UNO-Übereinkommen und seine Auswirkungen auf die Schweiz, Basel, 2001.

Jockenhövel-Schiecke, Helga: Schutz für unbegleitete Flüchtlingskinder: Rechtsgrundlagen und gegenwärtige Praxis, ZAR, 1998/4, S. 165 ff.

Lachat Clerc, Martine: La situation des mineurs non accompagnés en suisse, Bulletin suisse des droits de l'enfant, ASYL, 2007/1, S. 7 ff.

Menzel, Hans-Joachim: Minderjährige Flüchtlinge zwischen völkerrechtlichem Abschiebungsschutz und nationaler Ausländerabwehr, ZAR, 1996/1, S. 22 ff.

Schertenleib, Jürg: Der Vollzug der Wegweisung von unbegleiteten minderjährigen Asylsuchenden, ASYL, 1996, S. 13 ff.

Schertenleib, Jürg; Hitz, Nicole: Die Bedeutung der Kinderrechtskovention im Asylbereich, Kurzkommentar der Schweizerischen Flüchtlingshilfe, Bern, 2000.

Sutter, Patrick: Das Anhörungsrecht des Kindes in ausländerrechtlichen Bewilligungsverfahren: ein kritischer Blick auf die Rechtsprechung des Bundesgerichts, Aktuelle juristische Praxis (AJP), 2006/9, S. 1075 ff.

UNHCR, Flüchtlingskinder, Richtlinien zu ihrem Schutz und ihrer Betreuung, Genf, 1994.

UNHCR, Handbuch über Verfahren und Kriterien zur Feststellung der Flüchtlingseigenschaft, Genf, September 1979.

Wintsch, Sandra: Der Schutz von unbegleiteten Minderjährigen im Asylverfahren, in: Eckner, Martin; Kempin, Tina (Hrsg.): Recht des Stärkeren – Recht des Schwächeren, Zürich, 2005, S. 111 ff.

Wolf, Stefan: Die UNO-Konvention über die Rechte des Kindes und ihre Umsetzung in das schweizerische Recht, ZBJV, 1998, S. 142 ff.

XI Beendigung des Asyls

Die Beendigung des Asyls ist in Art. 63–65 AsylG geregelt und erfolgt entweder durch Widerruf des Asyls (nachstehend Ziff. 1) oder durch Erlöschen (nachstehend Ziff. 2).[1]

1. Widerruf

1.1 Übersicht

Art. 63 AsylG nennt verschiedene Gründe, die zu einem *Widerruf des Asyls* führen. Wurde zwar die Flüchtlingseigenschaft festgestellt, jedoch kein Asyl gewährt, führen diese Tatbestände zu *einer Aberkennung der Flüchtlingseigenschaft.* Gründe für den Widerruf bzw. die Aberkennung sind:

- Das Erschleichen einer Asylgewährung bzw. der Anerkennung der Flüchtlingseigenschaft durch falsche Angaben oder Verschweigen wesentlicher Tatsachen (Art. 63 Abs. 1 lit. a AsylG).
- Das Vorliegen eines Grundes gemäss Art. 1 C Ziff. 1–6 der Genfer Flüchtlingskonvention. Solche Gründe sind die freiwillige Inanspruchnahme des Schutzes durch den Heimatstaat, der freiwillige Wiedererwerb der verlorenen Staatsbürgerschaft, der Erwerb einer neuen Staatsbürgerschaft, die freiwillige Rückkehr und Niederlassung im Heimatstaat sowie der Wegfall der fluchtbegründenden Umstände (Art. 63 Abs. 1 lit. b AsylG in Verbindung mit Art. 1 C Ziff. 1–6 Genfer Flüchtlingskonvention).

1 Die nachstehenden Ausführungen orientieren sich an der Darstellung von Gattiker, M., Das Asyl- und Wegweisungsverfahren, Bern, 1999.

- Die Verletzung oder Gefährdung der inneren und äusseren Sicherheit der Schweiz oder das Begehen besonders verwerflicher strafbarer Handlungen (Art. 63 Abs. 2 AsylG). Hierbei handelt es sich lediglich um einen Widerrufsgrund.

1.2 Erschleichung, Angaben falscher oder Verschweigen wesentlicher Tatsachen

Die Mitwirkungspflicht in Art. 8 Abs. 1 lit. c AsylG verlangt von Asylsuchenden, dass sie bei der Anhörung angeben, weshalb sie um Asyl nachsuchen. Diese Angaben müssen wahr sein und wesentliche Tatsachen dürfen dabei nicht verschwiegen werden. Art. 32 Abs. 2 lit. c AsylG bestimmt, dass die schuldhafte oder anders grobe Verletzung der Mitwirkungspflicht einen Nichteintretensgrund darstellt. Wird erst nach Asylgewährung oder Anerkennung der Flüchtlingseigenschaft festgestellt, dass Asyl oder die Flüchtlingseigenschaft erschlichen wurde, auf falschen Angaben beruht oder unter Verschweigen wesentlicher Tatsachen gewährt wurde, so kann Asyl, gestützt auf Art. 63 Abs. 1 lit. a AsylG, widerrufen oder die Flüchtlingseigenschaft aberkannt werden.

1.3 Inanspruchnahme des Schutzes durch den Heimatstaat

Eine Person fällt nicht mehr in den Geltungsbereich des Genfer Flüchtlingsabkommens, wenn sie sich gemäss Art. 1 C Ziff. 1 GFK freiwillig wieder unter den Schutz des Landes, dessen Staatsangehörigkeit sie besitzt, gestellt hat. Ein Korrelat hierzu findet sich in der Flüchtlingseigenschaft in Art. 1 A GFK, welche voraussetzt, dass Flüchtlinge ihre Beziehungen zum Herkunftsstaat abgebrochen haben.

Gemäss Rechtsprechung ist bei der Anwendung dieser Bestimmung insbesondere auch der Grundsatz der Verhältnismässigkeit zu beachten. So führt nicht jeder Kontakt mit den Behörden des Heimat- oder Herkunftsstaates zwingend zum Asylwiderruf.[2] Eine Inanspruchnahme des heimatstaatlichen Schutzes wird angenommen, wenn

a) die Kontaktnahme seitens des Flüchtlings auf *freiwilliger Basis* erfolgt,
b) die *Absicht* vorhanden ist, heimatlichen Schutz in Anspruch zu nehmen und
c) der Heimat- oder Herkunftsstaat diesen *Schutz effektiv* gewährt.[3]

---

2 EMARK 1993/22.

3 So die frühere Asylrekurskommission in ihrem Grundsatzentscheid EMARK 1996/7. Rechtsprechung bestätigt etwa in EMARK 2002/21, E. 6.

Diese Voraussetzungen sind kumulativ zu erfüllen. Zu prüfen sind dabei namentlich die Gründe für die Kontaktnahme, die Häufigkeit der Aufenthalte im Herkunftsstaat, die Umstände der Einreise, oder die Frage allfälliger Behelligungen durch die heimatstaatlichen Behörden bei einem Aufenthalt.

Kurzzeitige Besuche aus familiären Gründen (Besuch von todkranken engsten Familienangehörigen)[4] oder aus Pietätsgründen (Beerdigung naher Verwandter) erfüllen diese Voraussetzungen in der Regel nicht.[5] Keine Absicht der Inanspruchnahme des heimatstaatlichen Schutzes wurde angenommen bei einem bei den Behörden im Herkunftsstaat eingereichten Namensänderungsgesuch, welches aus achtenswerten Beweggründen gestellt wurde[6] oder bei einem Passgesuch für die zurückgebliebenen Kinder zum Zwecke des Familiennachzuges.[7] Unterschutzstellung und effektive Schutzgewährung bedingen einen tatsächlichen Kontakt zu den Behörden. Dies liegt z. B. bei einer vorübergehenden Rückkehr in ein Gebiet, das von der UNO verwaltet wird, nicht vor.[8] Internationale Schutztruppen können unter bestimmten Voraussetzungen den von Art. 1 C Ziff. 1 GFK geforderten staatlichen Schutz ersetzen, wenn diese das staatliche Machtmonopol umfassend substituieren und tatsächlich in der Lage sind, diesen Schutz zu gewähren.[9]

1.4 Freiwilliger Erwerb einer verlorenen Staatsbürgerschaft bzw. Erwerb einer neuen Staatsangehörigkeit

Das Asyl wird gemäss Art. 1 C Ziff. 2 GFK i. V. m. Art. 63 AsylG widerrufen, wenn Flüchtlinge eine vormals verlorene Staatsangehörigkeit auf freiwilliger Basis wieder erwerben. Dasselbe gilt auch für den Erwerb einer neuen Staatsangehörigkeit gemäss Art. 1 C Ziff. 3 GFK. Nach bisheriger Rechtsprechung muss der Erwerb dieser neuen Staatsangehörigkeit grundsätzlich auch auf einem freiwilligen Akt beruhen,[10] obwohl der Vertragstext dieses Kriterium nicht ausdrücklich nennt. Anderes gilt indessen bei der sog. *Staatennachfolge.* Die ARK hatte die Frage eines Asylwiderrufs bezüglich eines Flüchtlings aus dem serbischen Teil von Bosnien-Herzegowina zu beurteilen, der aufgrund eines entsprechenden Gesetzes der «neuen» Bundesrepublik Jugoslawien (BRJ) in den Besitz eines neuen Passes der BRJ gekommen war. Der Flüchtling hatte um diesen Pass nachgesucht, um in der BRJ Familienangehörige zu besuchen, was er in der Folge auch tat. In ihrem Grund-

4 EMARK 1996/11 und 1996/12.
5 EMARK 1996/7.
6 EMARK 1993/22.
7 EMARK 1998/19.
8 EMARK 2002/8, E. 8b.
9 EMARK 2002/8, E. 8c und EMARK 2002/21, E. 6c (aa) und (bb).
10 EMARK 1996/7.

satzurteil hat die ARK entschieden, dass im Fall einer Staatennachfolge der Erwerb der neuen Staatsangehörigkeit nicht auf freiwilliger Basis geschehen muss. Wird die Staatsangehörigkeit auf der Grundlage eines Gesetzes verliehen, führt dies zum Asylwiderruf, sofern nicht objektive Gründe dafür sprechen, dass die betroffene Person in diesem Staat keinen effektiven Schutz geniesst.[11] Fraglich ist, ob diese Rechtsprechung der Zumutbarkeit des unfreiwilligen Erwerbs einer neuen Staatsangehörigkeit für eine betroffene Person genügend Rechnung trägt.

1.5 Freiwillige Rückkehr und Niederlassung

Art. 1 C Ziff. 4 GFK bestimmt, dass Personen, welche freiwillig in das Land, aus welchem sie aus Furcht vor Verfolgung geflohen sind, zurückkehren und sich dort niederlassen, nicht mehr unter die Flüchtlingskonvention fallen. Hier gilt die Annahme, dass bei der freiwilligen Rückkehr und Niederlassung in den ursprünglichen Verfolgerstaat die Notwendigkeit des Flüchtlingsschutzes erlischt, da dieser den Schutz des Heimatstaates lediglich substituiert. Zentral ist, dass die Entscheidung der Rückkehr und Niederlassung freiwillig erfolgt.

1.6 Wegfall der fluchtbegründenden Umstände

Gemäss Art. 1 C Ziff. 5 GFK fällt eine Person nicht mehr unter die Flüchtlingskonvention und ist demzufolge nicht mehr Flüchtling, «wenn sie nach Wegfall der Umstände, aufgrund deren sie als Flüchtling anerkannt worden ist, es nicht mehr ablehnen kann, den Schutz des Landes in Anspruch zu nehmen, dessen Staatsangehörigkeit sie besitzt». Nach Ziffer 6 dieser Bestimmung gilt dies auch bei staatenlosen Personen, sofern diese in das Land zurückkehren können, in dem sie ihren gewöhnlichen Wohnsitz haben.[12] Internationaler Schutz ist demnach nicht mehr vonnöten, wo sich die Umstände im Heimatstaat so verändert haben, dass diese Schutzgewährung überflüssig wird. Der Wegfall von fluchtbegründenden Umständen kann sich einerseits auf die Verbesserung der allgemeinen Verhältnisse im Herkunftsstaat beziehen (z. B. Regimewechsel, Demokratisierungsprozesse oder Verbesserung der Menschenrechtslage), oder aber auf die konkrete Situation eines Flüchtlings. Oft dürfte es jedoch eine Kombination von beidem sein, die zur Aufhebung der Flüchtlingseigenschaft führt.

---

11 Siehe EMARK 1998/15 (Grundsatzentscheid).

12 In EMARK 2000/3, E. 3c prüfte die Asylrekurskommission vorfrageweise, ob es sich bei einer Person aus der früheren Tschechoslowakei, die weder die Staatsangehörigeit der Tschechischen noch der Slowakischen Republik hatte, um einen Staatenlosen handle. Sie verneinte dies jedoch, da ihr der Erwerb der tschechischen Staatsangehörigkeit möglich und zumutbar war.

Die Veränderung der Umstände muss nachhaltig sein. Die blosse Ratifikation eines Menschenrechtsabkommens kann diesem Umstand daher noch nicht gerecht werden, vielmehr braucht es dessen effektive Implementierung. Auch kann die kurzzeitige Entspannung einer Situation den Anforderungen der Genfer Flüchtlingskonvention nicht genügen. Die Situation in einem Herkunftsstaat darf mithin nicht mehr allzu fragil sein, sondern muss eine gewisse Stabilität aufweisen. Die Rechtsprechung verlangt jeweils eine *grundlegende oder tiefgreifende* Verbesserung der Situation.[13] Diese grundlegend veränderterte Situation muss grundsätzlich als demokratisch, rechtsstaatlich, menschenrechtskonform, stabil und dauerhaft bezeichnet werden können.

Elemente können beispielsweise die Abschaffung der Todesstrafe, die Ratifikation der EMRK und deren grundsätzliche Beachtung in der Praxis sein, sodass die Menschenrechtssituation mit derjenigen westeuropäischer Staaten vergleichbar ist.[14] Das Bundesverwaltungsgericht verlangt jedoch keine Defizitfreiheit. Vielmehr scheint es die gemachten Fortschritte und den eingeschlagenen Weg gegen die noch bestehenden Mängel abzuwägen.[15]

Diese Abwägung kann am folgenden Beispiel gut aufgezeigt werden: Im Jahr 2002 hatte die damalige Asylrekurskommission darüber zu entscheiden, ob sich die Situation im Kosovo grundlegend verändert hatte. Während die ARK eine gewisse Verbesserung der politischen Lage und Demokratisierungsprozesse anerkannte, lehnte sie es ab, eine grundlegende Stabilisierung im Kosovo anzunehmen. Es lagen noch beträchtliche Defizite vor und es mangelte an der nötigen Stabilität und Dauerhaftigkeit. Die Notwendigkeit eines UNO-Protektorats und friedenserhaltender Truppen sprach ebenfalls dagegen.[16]

Gemäss Art. 1 C Ziff. 5 GFK müssen die eingetretenen Veränderungen derart sein, dass eine Inanspruchnahme des Schutzes durch den Heimatstaat *nicht mehr abgelehnt* werden kann. Der Herkunftsstaat muss somit gewillt und in der Lage sein, diesen Schutz tatsächlich zu gewähren. In der ersten Phase des Wiederaufbaus nach einem bewaffneten Konflikt oder in einer Situation, in der die politische und rechtliche Zukunft eines Staates oder Teilgebietes unklar ist, erscheint diese Voraussetzung zumindest fraglich. Den Kapazitäten des Herkunftsstaates ist somit Rechnung zu tragen. Situationen, in denen rückkehrende Flüchtlinge sich als intern vertriebene Personen (sog. «Internally displaced persons» oder «IDPs») wiederfinden, für

13 Siehe den Grundsatzentscheid der Asylrekurskommission: EMARK 1995/16, E. 5a. So auch EMARK 2002/8, E. 7a.
14 EMARK 1995/16, E. 5a.
15 Siehe beispielsweise EMARK 2000/20, E. 4 zur Situation in Bulgarien.
16 EMARK 2002/8, E. 7. Dieses Beispiel dient lediglich der Veranschaulichung und gibt nicht den aktuellen Stand der Rechtsprechung zum Kosovo wieder.

deren Vertreibungssituation nachhaltige und dauerhafte Lösungen fehlen, sind problematisch. Neben einer grundsätzlichen Befriedung eines Gebiets braucht es eine klare Identifikation der staatlichen Autoritäten, welche sich für die Ablösung des aufgrund der GFK in einem Asylland gewährten internationalen Schutzes verantwortlich zeichnen und diesen Schutz auch effektiv gewähren können, d. h. entsprechende Kapazitäten haben.

Art. 1 C Abs. 2 GFK macht klar, dass bei Vorliegen zwingender, auf die Verfolgung zurückgehender Gründe die Inanspruchnahme des Schutzes des Heimatstaates dennoch abgelehnt werden kann. Dies ist insbesondere bei Vorliegen von traumatisierenden Erlebnissen oder eines Langzeittraumas der Fall,[17] wie beispielsweise bei Überlebenden des Massakers von Srebrenica.[18] Diese Ausnahmeregelung ist Ausdruck eines weitreichenden humanitären Grundsatzes.

1.7 Verletzung oder Gefährdung der Sicherheit der Schweiz oder besonders verwerfliche Handlungen

Art. 63 Abs. 2 AsylG ist eine Parallelbestimmung zur Asylunwürdigkeit in Art. 53 AsylG. Allerdings setzt der Widerruf eine qualifizierte Asylunwürdigkeit voraus und verlangt im Unterschied zum Asylausschlussgrund in Art. 53 AsylG besonders verwerfliche strafbare Handlungen.[19] Der Grundsatz der Verhältnismässigkeit ist bei der Qualifizierung der Straftat als verwerflich oder besonders verwerflich wesentlich. Bei Letzteren muss es sich um Straftaten mit erheblichen Strafandrohungen[20] und gewisser Intensität handeln.[21] Vom nachträglichen Asylausschluss werden nur Flüchtlinge erfasst, denen Asyl gewährt wurde. Diese Personen werden vorläufig aufgenommenen Flüchtlingen gleichgestellt, sofern der Non-refoulement-Schutz greift, d. h. nicht gleichzeitig eine Ausnahme des flüchtlingsrechtlichen Rückschiebungsschutzes gemäss Art. 5 Abs. 2 AsylG vorliegt.[22] Es handelt sich daher ausschliesslich um einen Widerrufsgrund, aber nicht um einen Grund zur Aberkennung der Flüchtlingseigenschaft.

17 EMARK 1995/16, E. 5d.

18 EMARK 1997/14.

19 EMARK 2003/11, E. 7.

20 Nach bisheriger Praxis bei Straftaten, die mit Zuchthaus bedroht waren (Verbrechen). Gemäss Art. 10 Abs. 2 des schweizerischen Strafgesetzbuches (SR 311.0) sind Verbrechen Taten, die mit einer Freiheitsstrafe von mehr als drei Jahren bedroht sind.

21 EMARK 2003/11, E. 7.

22 Greift flüchtlingsrechtlicher Rückschiebungsschutz nicht, so bleibt zu prüfen, ob eine Rückschiebung menschenrechtskonform wäre.

2. Erlöschen

Gemäss Art. 64 Abs. 1 lit. a AsylG *erlischt* das Asyl bei einem Auslandaufenthalt von mindestens drei Jahren automatisch.[23] Bei Vorliegen besonderer Umstände kann diese Frist verlängert werden, so Absatz 2 dieser Bestimmung. Unter Berufung auf den verfassungsrechtlichen Vertrauensschutz in Art. 9 BV kann unter gewissen Umständen sogar eine stillschweigende Verlängerung der Frist angenommen werden.[24]

Bei Asylgewährung oder Bewilligung zum dauernden Verbleib durch einen anderen Staat erlischt das Asyl in der Schweiz gemäss Art. 64 Abs. 1 lit. b AsylG ebenfalls, wie auch bei einem freiwilligen Verzicht gemäss Art. 64 Abs. 1 lit. c AsylG. Die Verzichtserklärung führt zu einem unmittelbaren Erlöschen und wird mit einer Verfügung festgestellt.[25] Der Verzicht stellt ein Gestaltungsrecht dar, welches grundsätzlich unwiderruflich und bedingungsfeindlich ist. Auf einen Verzicht kann ein Flüchtling zwar zurückkommen, zum Beispiel bei Vorliegen eines Willensmangels, muss dazu aber ein Gesuch auf Wiedereinsetzung des früheren Rechtszustandes verlangen.[26] Bei diesem Verzichtsrecht handelt es sich um ein relativ höchstpersönliches Recht, was beispielsweise bedeutet, dass die Eltern diesen Entscheid für ihr minderjähriges Kind fällen dürfen. Besteht jedoch ein Interessenskonflikt, so muss eine Beistandschaft angeordnet werden.[27]

Ebenfalls erlischt das Asyl nach dem Vollzug einer Ausweisung gemäss Art. 64 Abs. 1 lit. d AsylG.[28] Art. 65 AsylG bekräftigt bezüglich der Ausweisung von Flüchtlingen die im Grundsatz der Nichtrückschiebung enthaltenen Schranken, indem *schwerwiegende* Verletzungen der Staatssicherheit und der öffentlichen Ordnung vorausgesetzt werden (Art. 5 Abs. 2 AsylG). Gleichzeitig behält diese Bestimmung auch den Grundsatz der Nichtrückschiebung in Art. 5 AsylG ausdrücklich vor.

---

23 EMARK 2003/23, E. 2c.
24 EMARK 2003/23, E. 2.
25 EMARK 2000/25, E. 2. Die nachträgliche Feststellung durch das Bundesamt hat lediglich deklaratorischen Charakter.
26 EMARK 2000/25, E. 2. Wird dieses Gesucht abgelehnt, so ist diese Verfügung anfechtbar.
27 EMARK 1999/25, E. 6.
28 Die gerichtliche Landesverweisung wurde bei der Revision des Strafgesetzbuches gestrichen. Das Asylgesetz wurde ob dieser Änderung nicht angepasst.

3. Rechtsfolgen

Die Rechtsfolgen, d.h. der Asylwiderruf, die Aberkennung der Flüchtlingseigenschaft oder das Erlöschen, erfolgen immer individuell. Für den Widerruf und die Aberkennung der Flüchtlingseigenschaft bestimmt das Gesetz ausdrücklich, dass Ehegatten, eingetragene Partner und Kinder davon nicht erfasst werden (Art. 63 Abs. 4 AsylG). Vielmehr müssen bei diesen eigene Gründe vorliegen, damit ein Asylwiderruf erfolgen kann oder die Flüchtlingseigenschaft aberkannt wird.[29]

Von der Beendigung des Asyls zu trennen ist die Frage der weiteren fremdenpolizeilichen Anwesenheitsberechtigung in der Schweiz. Der Widerruf des Asyls oder dessen Erlöschen berührt eine vorhandene Bewilligung grundsätzlich nicht.[30] Eine solche kann nur nach Massgabe der im Ausländergesetz (AuG) genannten Gründe erlöschen (Art. 61 AuG) oder widerrufen werden (Art. 62, 63 AuG).

So erlischt eine Bewilligung beispielsweise mit der Abmeldung ins Ausland gemäss Art. 61 Abs. 1 lit. a AuG oder mit der Ausweisung nach Art. 61 Abs. 1 lit. d i.V.m. Art. 68 AuG. Der Vollzug einer Ausweisung zieht gemäss Art. 64 Abs. 1 lit. d AsylG auch das Erlöschen des Asyls nach sich, allerdings ist bei Flüchtlingen dabei das Verbot der Rückschiebung gemäss Art. 65 i.V.m. Art. 5 AsylG zu berücksichtigen. Wurde die Bewilligung durch falsche Angaben oder Verschweigen wesentlicher Tatsachen erschlichen, so kann diese gemäss Art. 62 lit. a AuG widerrufen werden. Dies deckt sich mit dem Asylwiderrufsgrund in Art. 63 Abs. 1 lit. a AsylG.

Insofern sind beim Erlöschen vom Asyl, dessen Widerruf und der Aberkennung der Flüchtlingseigenschaft entsprechende Bestimmungen des Ausländergesetzes herbeizuziehen.

---

29 EMARK 1996/8, EMARK 1998/29.

30 Gemäss Art. 60 Abs. 1 AsylG haben Personen, denen Asyl gewährt wurde, Anspruch auf eine Aufenthaltsbewilligung.

XII Vorübergehender Schutz vor Gefahren bewaffneter Konflikte und systematischer Gewalt[1]

1. Einleitung zum vorübergehenden Schutz

Der überwältigende Flüchtlingsstrom, verursacht durch den bewaffneten Konflikt im ehemaligen Jugoslawien in den 1990-er Jahren, stellte viele der überwiegend europäischen Zufluchtstaaten vor eine grosse Herausforderung. Die Bewältigung der Flüchtlingskrise war mitnichten eine einfache Aufgabe, und die Asylverfahren in den betroffenen europäischen Zufluchtstaaten, inklusive der Schweiz, waren nicht geeignet, mit einem Zustrom dieser Grösse umzugehen,[2] da die Ermittlung des Status jeder einzelnen schutzsuchenden Person die Kapazitäten der Asylverfahren gesprengt hätte. Aufgrund der engen Auslegung des Flüchtlingsbegriffs gemäss Art. 1 A Abs. 2 GFK und Art. 3 AsylG hätte die Flüchtlingseigenschaft vielen Schutzsuchenden nicht zuerkannt werden können, da sie die dafür erforderlichen Voraussetzungen nicht erfüllt hätten;[3] insbesondere das Element der Gezieltheit

1 Die nachfolgenden Ausführungen basieren auf Kälin, W.; Schrepfer, N., Vorübergehender Schutz in der Schweiz und der Europäischen Union, Vergleichsstudie zum Schweizerischen und Europäischen Asylrecht, UNHCR/SFH (Hrsg.), Bern, 2009.

2 Nicht alle europäischen Staaten waren von einer Massenzuflucht betroffen. Siehe Fitzpatrick, J., Temporary Protection of Refugees: Elements of a Formalized Regime, AJIL, 2000, S. 286.

3 Ein weiterer Flüchtlingsbegriff kennt die Konvention der Afrikanischen Union, Convention governing the specific aspects oft the refugee problem in Africa, von 1969, sowie die Cartagena Deklaration von 1984.

der Verfolgung dürfte in solchen Situationen häufig fehlen. Ein Dilemma für die Zufluchtstaaten, da diese einerseits keine individuellen Verfahren durchführen konnten, andererseits humanitäre Erwägungen wie auch völkerrechtliche Gründe gegen eine Rückschaffung sprachen. Schnelle und pragmatische Lösungen waren gefragt.

Vorübergehender Schutz war in der Schweiz bereits seit den späten 1980-er Jahren ein Thema.[4] Weil diese Form des Schutzes aber noch nicht existierte, wurden Asylgesuche lange hängig gehalten und Wegweisungsverfügungen nicht durchgesetzt, was für die betroffenen Menschen zu unhaltbaren Situationen führte.[5] Ein nächster Schritt war die Einführung der vorläufigen Aufnahme, die dann gewährt wurde, wenn die Wegweisung nicht möglich, unzulässig oder unzumutbar war und sowohl die Individual- als auch die Kollektivaufnahme erfasste.[6] Dieses Konzept erwies sich bei der Massenzuflucht aus dem früheren Jugoslawien zwar als brauchbar, wies jedoch gleichzeitig auch verschiedenste Mängel auf.[7] Das neue Asylgesetz von 1998 verankert daher heute in Art. 1 lit. b, Art. 4 und Art. 66–70 ein neues System des vorübergehenden Schutzes (temporary protection/protection temporaire)[8] von Personen vor den Gefahren bewaffneter Konflikte oder anderer Situationen systematischer Gewalt.[9] Bisher ist dieses neue Schutzsystem jedoch nicht zur Anwendung gelangt, da die Schweiz seit dem Zustrom aus dem ehemaligen Jugoslawien nicht mehr mit einer Massenflucht konfrontiert war.

---

4 Kälin, W., Protection Temporaire: L'Expérience de la Suisse, in: Haut Commissariat des Nations Unies pour les réfugiés, Délégation pour la France/Institut International des Droits de l'Homme, La Convention de Genève du 28 Juillet 1951 relative au statut des réfugiés 50 ans après: Bilan et perspectives, Bruxelles, 2001, S. 404.

5 Kälin, W., a. a. O., S. 404 f.

6 Das Konzept der vorläufigen Aufname wurde 1987 eingeführt und durch eine Gesetzesänderung 1990 erweitert. Siehe Botschaft zur Totalrevision des Asylgesetzes sowie zur Änderung des Bundesgesetzes über Aufenthalt und Niederlassung der Ausländer vom 4. Dezember 1995, BBl 1996 II, S. 13. Siehe auch Kälin, W., a. a. O., S. 405 ff.

7 Botschaft, a. a. O., S. 14 ff.; Kälin, W., a. a. O., S. 409 f.

8 Die Terminologie im französischen und italienischen Gesetzestext, die von «protection provisoire» bzw. «protezione provisoria» sprechen, ist insofern missverständlich, als die Gewährung vorübergehenden Schutzes nicht provisorisch ist.

9 Seit 2001 verfügt auch die Europäische Union über ein System des vorübergehenden Schutzes: Richtlinie 2001/55/EG des Rates vom 20. Juli 2001 über Mindestnormen für die Gewährung vorübergehenden Schutzes im Falle eines Massenzustroms von Vertriebenen und Massnahmen zur Förderung einer ausgewogenen Verteilung der Belastungen, die mit der Aufnahme dieser Personen und den Folgen dieser Aufnahme verbunden sind, auf die Mitgliedstaaten, Amtsblatt Nr. L 212 vom 07.08.2001, S 12–23.

2. Gewährung und Beendigung vorübergehenden Schutzes

Gemäss Art. 66 AsylG muss der Bundesrat in Konsultation mit den Kantonen und relevanten Organisationen einen Grundsatzentscheid fällen, ob überhaupt vorübergehender Schutz gewährt wird.[10] Fehlt dieser Grundsatzentscheid oder fällt er negativ aus, so kann niemandem vorübergehender Schutz gewährt werden. Auch legt der Bundesrat in diesem Grundsatzentscheid die Kriterien für die Gewährung dieser Schutzform fest. Das Gesetz gibt diesbezüglich keine Vorgaben, was bereits auf den politischen Charakter dieses Systems hindeutet.

Basierend auf dem bundesrätlichen Entscheid, ermitteln die Behörden gemäss Art. 68 und 69 AsylG in einem vereinfachten Verfahren, ob eine Schutz suchende Person zu der Gruppe von Schutzberechtigten gehört. Ein Gesuch kann noch im Ausland, an der Grenze oder in der Schweiz gestellt werden. In einer Befragung wird festgestellt, ob die Kriterien für die Schutzaufnahme erfüllt sind. Grundsätzlich wird bei Erfüllung der Kriterien vorübergehender Schutz gewährt, bei Offenkundigkeit sogar ohne weitere Abklärungen.[11] Bei Verletzung oder schwerwiegender Gefährdung der öffentlichen Sicherheit und Ordnung wird kein vorübergehender Schutz gewährt, selbst wenn die Aufnahmekriterien erfüllt sind. Dasselbe gilt bei Asylunwürdigkeit.[12]

Liegt offensichtlich eine flüchtlingsrechtlich relevante Verfolgung vor, wird anstelle vorübergehenden Schutzes Asyl gewährt (Art. 69 Abs. 2 e contrario in Verbindung mit Art. 3 AsylG). Wird jedoch anstelle von Asyl «nur» vorübergehender Schutz gewährt, so haben Personen, die sich bereits in der Schweiz oder an einer Schweizer Grenze befinden, keine Möglichkeit, diese Entscheidung anzufechten. Personen, die noch im Ausland sind, können sich lediglich auf den Grundsatz der Einheit der Familie berufen, um gegen einen solchen Entscheid vorzugehen (Art. 68 Abs. 2 und Art. 69 Abs. 2 AsylG).

Beendet und aufgehoben wird der vorübergehende Schutz wegen Widerrufs (Art. 78 AsylG), durch Erlöschen (Art. 79 AsylG) oder wiederum aufgrund eines

---

10 Im Sinne eines Gesamtkonzepts sollen gemäss Art. 67 Abs. 1 AsylG mit der Gewährung vorübergehenden Schutzes an bestimmte Personengruppen auch aussenpolitische Massnahmen in deren Herkunftsstaaten miteinhergehen.

11 Ist die Zugehörigkeit zu der schutzberechtigten Gruppe offenkundig, wird gemäss Art. 39 AsylG ohne weitere Abklärungen vorübergehender Schutz gewährt.

12 Art. 73 in Verbindung mit Art. 53 AsylG. Im Umgang mit diesen Personen muss jedoch das Non-refoulement-Prinzip berücksichtigt werden. Siehe dazu Kapitel IX, Ziff. 2.

Entscheides des Bundesrats. Der Bundesrat hat gemäss Art. 76 Abs. 1 AsylG vor dem Entscheid die Kantone, das UNHCR und die Hilfswerke zu konsultieren, und den betroffenen Personen muss rechtliches Gehört gewährt werden.

Vorübergehender Schutz ist immer rückkehrorientiert. Bei dessen Aufhebung sind die betroffenen Personen verpflichtet, innerhalb einer festgelegten Frist die Schweiz zu verlassen, ansonsten werden sie zwangsweise rückgeführt, wenn dieser Rückführung nichts entgegensteht. Kooperation mit anderen Staaten, internationalen Organisationen und den Herkunftsstaaten, organisierte Rückkehr sowie Rückkehrhilfe sollen die Rückkehr erleichtern (Art. 67 Abs. 2, Art. 77, Art. 93 AsylG). Bei Unmöglichkeit, Unzulässigkeit oder Unzumutbarkeit der Rückkehr wird gemäss Art. 44 AsylG die vorläufige Aufnahme gewährt. Allenfalls kann auch die Härtefallpraxis in Art. 30 Abs. 1 lit. b AuG Grund zum weiteren Verbleib in der Schweiz bieten.

3. Status als schutzbedürftige Person

Die Rechtsstellung der vorläufig Aufgenommenen während ihres Aufenthaltes in der Schweiz ist nicht identisch mit derjenigen von Flüchtlingen. Das Gesetz regelt das Recht auf Familienzusammenführung, das Aufenthaltsrecht und die Erwerbstätigkeit.

Ehegatten bzw. eingetragene Partner und minderjährige Kinder sind von dem Recht auf Familienzusammenführung gemäss Art. 71 AsylG erfasst, sofern sie gemeinsam um Schutz ersuchen oder sich in der Schweiz wiedervereinigen wollen, nachdem sie auf der Flucht getrennt worden sind.

Nach Art. 74 AsylG erhalten vorübergehend geschützte Personen ein Aufenhaltsrecht in dem Kanton, dem sie zugeteilt sind. Nach fünf Jahren erhalten sie eine reguläre Aufenthaltsbewilligung, die jedoch auf die Restdauer des vorübergehenden Schutzes beschränkt ist. Nach zehn Jahren liegt es im Ermessen des jeweiligen Kantons, eine Niederlassungsbewilligung zu erteilen.

Eine Bewilligung für Erwerbstätigkeit gemäss Art. 75 AsylG wird nach drei Monaten erteilt, jedoch nur dann, wenn die Arbeitsmarkt- und die Wirtschaftslage dies erlauben. Vorbehalten bleiben günstigere Bestimmungen, die vom Bundesrat erlassen werden.

4. Vorübergehender Schutz versus reguläres Asylverfahren

Asylgesuche werden mit der Gewährung des vorübergehenden Schutzes sistiert[13] und werden frühestens fünf Jahre nach diesem Entscheid wiederaufgenommen. Wird der vorübergehende Schutz vorher aufgehoben, muss das Asylverfahren zu diesem Zeitpunkt wieder aufgenommen werden. Bei Wiederaufnahme wird geprüft, ob für die betroffene Person bei Rückkehr eine konkrete Gefahr besteht. Es ist jedoch darauf zu achten, dass keine Reduktion auf eine Non-refoulement-Prüfung, sondern eine umfassendere Prüfung stattfindet. Das Verfahren folgt dem regulären Asylverfahren. Problematisch ist die gesetzliche Vorgabe in Art. 70 AsylG, dass bei Wiederaufnahme des Asylverfahrens der vorübergehende Schutz aufgehoben wird. Gewisse Statusrechte von vorübergehend geschützten Personen gehen dabei verloren. Das Gesetz lässt zudem die Frage offen, was geschieht, wenn das Asylgesuch zwar abgelehnt wird, aber das Regime des vorübergehenden Schutzes noch besteht. Ist der Vollzug der Wegweisung hier legitim oder nicht? Müsste eine vorläufige Aufnahme verfügt werden? Oder besteht ein Anspruch auf Wiedererwägung des vorübergehenden Schutzes?

Wird erst bei Beendigung des Regimes des vorübergehenden Schutzes ein Asylgesuch eingereicht, so tritt die Behörde nur darauf ein, wenn Hinweise auf Verfolgung bestehen. Fehlen solche Hinweise, findet keine Anhörung zu den Asylgründen statt und ein Nichteintretensentscheid wird gefällt[14] sowie die Wegweisung verfügt und deren Vollzug angeordnet (Art. 44 Abs. 1 und 76 Abs. 4 in Verbindung mit Art. 46 AsylG). Kommt es hingegen zu einer Anhörung, ist die Vertretung der Hilfswerke gemäss Art. 30 AsylG sicherzustellen.

Was das Konzept des vorübergehenden Schutzes vermeiden wollte, ist die Überlastung des regulären Asylverfahrens. Allerdings kann gerade diese Regelung dazu führen, dass das Asylverfahren im Zeitpunkt der Aufhebung des vorübergehenden Schutzes überlastet wird, mithin bloss eine Verzögerung der Überlastung stattfindet. Dies kann vermieden werden, wenn die sistierten Asylgesuche fortlaufend und unter Erhaltung des Status als vorübergehend aufgenommene Person geprüft werden.

---

13 Es sei denn, es liegt offensichtlich eine flüchtlingsrechtlich relevante Verfolgung vor. Art. 69 Abs. 2 e contrario in Verbindung mit Art. 3 AsylG.

14 Art. 76 Abs. 3 in Verbindung mit Art. 29 und 35 AsylG. Zu den Nichteintretensgründen siehe Kapitel V.

5. Vorübergehender Schutz – Nutzen und Risiko

Das Konzept des vorübergehenden Schutzes, wie es im schweizerischen Asylgesetz vorgesehen ist, ist ein flexibles Instrument, das im Zeitpunkt einer Massenzuflucht durch einen Entscheid des Bundesrates schnell zur Verfügung steht, um schutzsuchende Personen aufzunehmen.

Diese Regelung geht von der Annahme aus, dass schutzsuchende Personen grundsätzlich keine Flüchtlinge im Sinne von Art. 3 AsylG und der GFK sind. Nur diejenigen, welche die Flüchtlingseigenschaft offensichtlich erfüllen, erhalten den Flüchtlingsstatus. Mit dem Regime des vorübergehenden Schutzes wird eine Überlastung des Asylverfahrens im Zeitpunkt der Massenzuflucht vermieden und eine Lücke im internationalen Schutzsystem gefüllt. Für einen Zustrom von Konventionsflüchtlingen ist dieses Konzept daher gänzlich ungeeignet. Die Anerkennung der Asylrelevanz nichtstaatlicher Verfolgung[15] wirft in dieser Hinsicht ebenfalls Fragen auf, da schutzsuchende Personen aus Konfliktregionen vermehrt als Flüchtlinge im Rechtssinn anerkannt werden. Es stellt sich daher die Frage, ob diese Regelung nicht angepasst werden müsste, um (1) eine Überlastung des Asylverfahrens zu vermeiden und (2) den Personen, welche die Flüchtlingseigenschaft aufweisen, direkt den Flüchtlingsstatus gewährt wird, selbst wenn die Flüchtlingseigenschaft nicht offenkundig ist. Ein Problem in diesem Zusammenhang ist die lange Dauer ohne Zugang zum Asylverfahren. Personen, welche dennoch Flüchtlinge im Rechtssinne sind, müssen fünf Jahre warten, bis ihr Asylgesuch geprüft wird und sie den Flüchtlingsstatus erhalten (es sei denn, der vorübergehende Schutz wird vor Ablauf von fünf Jahren vom Bundesrat aufgehoben). Auch sind diese Personen während fünf Jahren vom Flüchtlingsschutz und den entsprechenden Statusrechten ausgeschlossen, was ebenfalls nicht unproblematisch ist.

Ein solches Schutzsystem darf nicht das Flüchtlingsregime der Genfer Flüchtlingskonvention unterlaufen und Flüchtlingen im Rechtssinn den ihnen zustehenden Schutz versagen.[16] Die dargestellte Regelung ist daher unter diesem Gesichtspunkt heikel. Auch nimmt die Schweiz die Position ein, die Gewährung vorübergehenden Schutzes sei keine Rechtspflicht, sondern ein humanitärer Akt.[17] Diese

---

15 EMARK 2006/18.

16 Fitzpatrick, J., a. a. O., S. 280, 289.; Kälin, W., Temporary Protection in the EC: Refugee Law, Human Rights and the Temptations of Pragmatism, German Yearbook of International Law, Berlin, 2002, S. 203, 211 ff.

17 Botschaft, a. a. O., S. 16.

Ansicht findet ihre Grenze jedoch spätestens dann, wenn der Refoulement-Schutz tangiert wird, da dieser Schutz eine völkerrechtliche Verpflichtung darstellt. Da es sich bei den Schutzsuchenden seit der Anerkennung nicht staatlicher Verfolgung häufiger um Konventionsflüchtlinge handeln dürfte, ist diese Haltung fragwürdig, da Flüchtlingsschutz kein freiwilliger humanitärer Akt der Staaten, sondern eine rechtliche Verpflichtung darstellt.

Literaturhinweise

Fitzpatrick, Joan: Temporary Protection of Refugees: Elements of a Formalized Regime, AJIL, 2000.

Hailbronner, Kay: Rechtsfragen der Aufnahme von «Gewaltflüchtlingen» in Westeuropa – Am Beispiel Jugoslawiens, SZIER, 1993.

Illes, Ruedi; Marugg, Michael: Der Status für Schutzbedürftige in der Asylgesetzrevision, SFH (Hrsg.), Bern, 1997.

Kälin, Walter: Grundriss des Asylverfahrens, Basel/Frankfurt, 1990.

Kälin, Walter: Refugees and Civil Wars: Only a Matter of Interpretation, IJRL, 1991.

Kälin, Walter: Flight in times of war, IRRC, 2001.

Kälin, Walter: Protection Temporaire: L'Expérience de la Suisse, in: Haut Commissariat des Nations Unies pour les réfugies, Délégation pour la France/Institut International des Droits de l'Homme, La Convention de Genéve du 28 juillet 1951 relative au statut des réfugiés 50 ans après: Bilan et perspective, Bruxelles, 2001.

Kälin, Walter: Temporary Protection in the EC: Refugee Law, Human Rights and the Temptations of Pragmatism, German Yearbook of International Law, Berlin, 2002.

Kälin, Walter; Achermann, Alberto: Rückkehr von Gewaltflüchtlingen in Sicherheit und Würde: Ein neues Instrument der Flüchtlingsaussenpolitik?, in: Schweizerischer Wissenschaftsrat (Hrsg.), Forschungspolitische Früherkennung, FER, 121/1992, S. 4 f.

Kerber, Karoline: Temporary Protection in the European Union: A Chronology, Georgetown Immigration Law Journal, Vol. 14, 1999, S. 35 ff.

Kerber, Karoline: The Temporary Protection Directive, European Journal of Migration and Law, 4 (2), 2002, S. 193 ff.

Kjaerum, Morten: Temporary Protection in Europe in the 1990s, International Journal of Refugee Law, Vol. 6 No. 3, 1994, S. 444 ff.

Luca, Donatella: Questioning Temporary Protection, International Journal of Refugee Law, Vol. 6 No. 4, 1994, S. 535 ff.

Marugg, Michael: Völkerrechtliche Definitionen des Ausdrucks «Flüchtling», Basel/Frankfurt, 1990.

Marugg, Michael: Rechtsschutz bei der kollektiven vorläufigen Aufnahme, ASYL, 1993, S. 13 ff.

Marugg, Michael: Vorübergehender Schutz für Gewaltflüchtlinge, Grundfragen zur Regelung im Asylgesetzentwurf, ASYL, 1995, S. 99 ff.

Peter, Christian: Vorübergehender Schutz – ein Vergleich zwischen der EU und der Schweiz, ASYL, 2003/4, S. 13 ff.

XIII Rechtsstellung von Asylsuchenden, Flüchtlingen, vorläufig Aufgenommenen, Schutzbedürftigen und Abgewiesenen in ausgewählten Bereichen

1. Asylsuchende (Ausweis N)

- *Anwesenheitsberechtigung:*
  Asylsuchende sind berechtigt, sich für die ganze Dauer des Asylverfahrens in der Schweiz aufzuhalten (Art. 42 AsylG). Bund oder Kantone können Asylsuchenden einen Aufenthaltsort, namentlich in einer Kollektivunterkunft, zuweisen (Art. 28 AsylG).
- *Familiennachzug:*
  Es besteht keine Möglichkeit des Familiennachzugs während des Verfahrens. Familienangehörige haben selber ein Asylgesuch einzureichen (im Inland oder im Rahmen eines Botschaftsverfahrens).
- *Erwerbstätigkeit:*
  Grundsätzlich besteht für die ersten drei Monate ein generelles Arbeitsverbot. Dieses kann auf sechs Monate verlängert werden, wenn ein erstinstanzlicher negativer Entscheid ergeht. Der Bundesrat kann zudem für bestimmte Gruppen von Asylsuchenden ein befristetes Arbeitsverbot erlassen (Art. 43 AsylG). Die Kantone können die Aufnahme einer vorübergehenden, unselbstständigen Erwerbstätigkeit bewilligen, wenn die Wirtschafts- und Arbeitsmarktlage es erlaubt, das Gesuch eines Arbeitgebers vorliegt und die Lohn- und Arbeitsbe-

dingungen sowie der Vorrang der inländischen Arbeitnehmenden eingehalten werden (Art. 52 VZAE). Die Bewilligung zur Erwerbstätigkeit erlischt nach Ablauf der Ausreisefrist nach Abschluss des Asylverfahrens. Dies gilt auch, wenn der Vollzug infolge Einreichung eines ausserordentlichen Rechtsmittels oder eines Rechtsbehelfs ausgesetzt wurde. Wird die Ausreisefrist im Rahmen des ordentlichen Verfahrens verlängert, so kann auch die Bewilligung zur Erwerbstätigkeit verlängert werden. Bei besonderen Umständen kann das EJPD in Absprache mit dem Volkswirtschaftsdepartement die Kantone ermächtigen, für bestimmte Kategorien von Personen die Erwerbstätigkeit über den Ablauf der Ausreisefrist hinaus zu verlängern. Asylsuchende, die an einem gemeinnützigen Beschäftigungsprogramm teilnehmen, unterliegen dem Arbeitsverbot nicht. Erwerbstätige Asylsuchende unterliegen der *Sonderabgabepflicht*. Die Sonderabgabe beträgt zehn Prozent des Erwerbseinkommens und ist während längstens zehn Jahren und höchstens bis zum Betrag von Fr. 15'000.– zu leisten. Arbeitgeber haben ohne Rückerstattungsmöglichkeit während längstens zehn Jahren zehn Prozent des Erwerbseinkommens der angestellten Asylsuchenden zur Deckung der Sozialhilfekosten im Asylbereich abzuliefern (Art. 86 AsylG, Art. 13 ff. AsylV 2).

- *Sozialhilfe:*
  Während des Aufenthaltes in einem EVZ ist der Bund für die Sozialhilfe zuständig, er kann die Aufgabe Dritten delegieren (Art. 80 Abs. 2 AsylG). Nach Zuweisung eines Aufenthaltskantons ist dieser für die Gewährung der Sozialhilfe zuständig, er kann die Aufgabe Dritten delegieren, namentlich Hilfswerken (Art. 80 Abs. 1 AsylG). Die Unterstützung soll möglichst in Form von Sachleistungen erfolgen. Sie weicht erheblich von der Sozialhilfe für die übrige Wohnbevölkerung ab (Art. 82 Abs. 2 AsylG). Für die Ausrichtung der Sozialhilfeleistungen gilt im Übrigen kantonales Recht. Kinderzulagen für im Ausland lebende Kinder werden während des Asylverfahrens zurückbehalten und erst bei Anerkennung als Flüchtling oder vorläufiger Aufnahme wegen Unzumutbarkeit oder Unzulässigkeit des Wegweisungsvollzugs ausbezahlt (Art. 84 AsylG). Asylsuchende unterliegen der *Vermögenswertabnahme* (Art. 87 AsylG), das heisst, ihre Vermögenswerte können zur Deckung der Sozialhilfekosten unter bestimmten Voraussetzungen sichergestellt werden.
- *Krankenversicherung:*
  Asylsuchende unterstehen der obligatorischen Krankenversicherung. Die Kantone können aber sowohl die Wahl des Versicherers wie die Wahl des Leistungserbringers (ärztliche Betreuung usw.) einschränken (Art. 82a AsylG).
- *Kantonswechsel:*
  Ein Kantonswechsel stellt eine Änderung des Zuweisungsentscheides gemäss Art. 27 Abs. 3 AsylG dar und kann auf Gesuch hin vom BFM verfügt werden.

Eine Bewilligung wird vom BFM nur bei Zustimmung beider Kantone, bei Anspruch auf Einheit der Familie oder bei schwerwiegender Gefährdung der asylsuchenden Person oder anderer Personen bewilligt (Art. 22 AsylV1).

- *Möglichkeit von Auslandsreisen:*
  Asylsuchende haben allfällig vorhandene Reisepapiere zu Beginn des Verfahrens zu deponieren. Die Ausstellung eines Identitätsausweises mit Rückreisevisum wird schriftenlosen asylsuchenden Personen ausgestellt bei schwerer Krankheit oder Tod von Familienangehörigen, zur Erledigung von wichtigen und unaufschiebbaren höchstpersönlichen Angelegenheiten sowie zwecks grenzüberschreitender Schulausflüge (Art. 5 RDV, SR 143.5).
- *Integration:*
  Die Integration von Asylsuchenden wird nicht gefördert (e contrario aus Art. 12 VIntA). Das Gesetz sieht keine Bundesbeiträge zur Förderung der Integration von Asylsuchenden vor.

2. Flüchtlinge (mit Asyl oder vorläufiger Aufnahme)

2.1 Übersicht

Laut Genfer Flüchtlingskonvention haben die Staaten anerkannten Flüchtlingen ein *Mindestmass* an Rechten zu gewähren. Anerkannte Flüchtlinge dürfen gemäss GFK generell nicht schlechter als ausländische Personen im Allgemeinen behandelt werden. Sie haben ein *Recht auf Anwesenheit* im Aufnahmestaat, geniessen *Rückschiebungsschutz* und haben die Möglichkeit, einen speziellen *Reiseausweis für Flüchtlinge* («Flüchtlingspass») zu erhalten. Sie geniessen in einigen Bereichen (z. B. Religionsausübung, Zugang zum Schulunterricht, Sozialhilfe, Sozialversicherungsrecht, Steuern) *Gleichbehandlung mit inländischen Personen* sowie in anderen Bereichen (z. B. Ausübung einer unselbstständigen und selbstständigen Erwerbstätigkeit, Zugang zu höheren Schulen, Regelung der Freizügigkeit) eine *Gleichbehandlung mit den «meistbegünstigten» ausländischen Personen.*[1] Alle in der Schweiz anerkannten Flüchtlinge besitzen die *Rechte der GFK* unabhängig ihres ausländerrechtlichen Status. Die weitere Rechtsstellung hängt davon ab, ob Flüchtlinge

1 Siehe Achermann, A.; Hausammann, Ch., Handbuch des Asylrechts, Bern/Stuttgart, 1991, S. 382 ff.

Asyl erhalten haben oder – wegen eines Asylausschlussgrundes nach Art. 52–55 AsylG – bloss vorläufig aufgenommen wurden. Entsprechend ist zu unterscheiden zwischen anerkannten Flüchtlingen mit Asyl und vorläufig aufgenommenen anerkannten Flüchtlingen.

2.2 Flüchtlinge mit Asyl

Die Rechtsstellung von *Flüchtlingen mit Asyl* ist gegenüber derjenigen von vorläufig aufgenommenen Flüchtlingen vorteilhafter. Die Vorteile beziehen sich insbesondere auf die Regelung der Anwesenheit (Art. 60 AsylG), des Zugangs zu Medizinalprüfungen (Art. 62 AsylG) sowie der Familienvereinigung (Art. 51 AsylG).

- *Regelung der Anwesenheit:*
  Flüchtlinge mit Asyl erhalten eine Aufenthaltsbewilligung (Ausländerausweis B). Nach fünf Jahren rechtmässigen Aufenthalts (die Berechnung bezieht sich auf den Zeitpunkt der Einreichung des Asylgesuchs bzw. ab Beginn eines legalen Aufenthalts) besteht ein Anspruch auf Erteilung der Niederlassungsbewilligung (Ausländerausweis C). Ausnahmsweise besteht kein Anspruch, wenn Flüchtlinge im In- oder Ausland zu einer längerfristigen Freiheitsstrafe verurteilt worden sind oder sie in eine Einrichtung für junge Erwachsene eingewiesen oder verwahrt wurden. Eine weitere Ausnahme liegt vor, wenn Flüchtlinge erheblich oder wiederholt gegen die öffentliche Sicherheit und Ordnung in der Schweiz oder im Ausland verstossen oder diese gefährdet oder die innere oder die äussere Sicherheit gefährdet haben (Art. 60 AsylG). Kein Grund für die Verweigerung der C-Bewilligung ist – im Gegensatz zum allgemeinen Ausländerrecht – die Sozialhilfeabhängigkeit (eigene oder von Personen, für welche die Flüchtlinge zu sorgen haben.)
- *Familiennachzug:*
  Es besteht die Möglichkeit des Familiennachzugs gemäss den Bestimmungen über das Familienasyl (Art. 51 AsylG) sowie gemäss den allgemeinen ausländerrechtlichen Bestimmungen über den Familiennachzug von Personen mit Aufenthalts- oder Niederlassungsbewilligung (Art. 43, 44 ff. AuG).
- *Erwerbstätigkeit:*
  Flüchtlingen ist die selbstständige oder unselbstständige Erwerbstätigkeit sowie der Stellenwechsel ohne Rücksicht auf die Arbeitsmarktlage zu bewilligen, wenn die Lohn- und Arbeitsbedingungen eingehalten werden (Art. 61 AsylG, Art. 65 VZAE). Flüchtlinge mit Niederlassungsbewilligung unterstehen nicht der kantonalen Arbeitsmarktkontrolle.
- *Sozialhilfe:*
  Für die Gewährung der Sozialhilfe sind die Kantone zuständig, wobei diese (wie bei allen asylgesetzlich geregelten Personengruppen) diese Aufgabe an

Dritte, insbesondere an Hilfswerke, delegieren können (Art. 80 Abs. 1 AsylG). Bei der Bemessung der Unterstützungsleistung gilt der Grundsatz der Inländergleichbehandlung (siehe Ziff. 2.1). Demnach werden sie nach denselben Ansätzen wie die vor Ort ansässige Schweizer Bevölkerung unterstützt. Für die Ausrichtung der Sozialhilfe gelten die Richtlinien der SKOS (Schweizerische Konferenz für Sozialhilfe) als Grundlage.

- *Kantonswechsel:*
  Ein Kantonswechsel setzt das Einverständnis des Zielkantons voraus (Art. 37 AuG). Personen mit einer Aufenthaltsbewilligung haben Anspruch auf Kantonswechsel, wenn sie nicht arbeitslos sind und kein Widerrufsgrund nach Art. 62 AuG vorliegt (Widerrufsgründe sind z. B. Verurteilungen zu längerfristigen Freiheitsstrafen oder Sozialhilfeabhängigkeit oder Sozialhilfeabhängigkeit von Personen, für die eine Unterstützungspflicht besteht). Niedergelassene haben Anspruch auf Kantonswechsel, wenn kein Widerrufsgrund nach Art. 63 AuG vorliegt (Widerrufsgründe sind z. B. dauerhafte, erhebliche Sozialhilfeabhängigkeit der Person oder von Personen, für die sie zu sorgen hat; Gefährdung der öffentlichen Sicherheit und Ordnung).
- *Möglichkeit von Auslandsreisen:*
  Flüchtlinge erhalten gestützt auf Art. 28 GFK einen Reiseausweis (der sogenannte internationale Flüchtlingspass), der Auslandsreisen ermöglicht. Reisen in den Herkunftsstaat können zum Widerruf des Asyls führen (vgl. Kap. XI, Ziff. 1.3).
- *Integration:*
  Flüchtlinge werden zu den langfristig und rechtmässig anwesenden, ausländischen Personen gezählt, deren Integration gefördert wird (Art. 18 und 19 VIntA, SR 142.205). Der Bund richtet den Kantonen einmalige Beiträge zur sozialen, kulturellen und beruflichen Integration von Fr. 6'000.– pro Person aus (Art. 91 AsylG). Flüchtlinge gehören auch zum Kreis der begünstigten Personen, für deren Integration der Bund Beiträge leisten kann (Art. 55 AuG, Art. 12 VIntA).

2.3 Flüchtlinge mit vorläufiger Aufnahme

Vorläufig aufgenommene anerkannte Flüchtlinge haben alle Rechte der Flüchtlingskonvention sowie die Rechte, die ihnen gestützt auf den Status der vorläufigen Aufnahme oder Sonderregelungen zustehen.

- *Anwesenheitsberechtigung:* (Ausweis F)
  Die vorläufige Aufnahme stützt sich auf Art. 44 Abs. 2 AsylG i. V. m. Art. 83 Abs. 1 und Abs. 3 AuG. Der Ausweis ist auf höchstens ein Jahr befristet (Art. 20 VVWA, SR 142.281). Die vorläufige Aufnahme wird aufgehoben, wenn der Vollzug der Wegweisung wieder zulässig erscheint, was im Fall des Vorliegens

eines Widerrufs- oder Ausweisungsgrundes gemäss Art. 63 bzw. 65 AsylG der Fall ist. Es besteht kein Anspruch auf Aufenthalts- oder Niederlassungsbewilligung. Jedoch müssen Gesuche um Erteilung einer Aufenthaltsbewilligung von vorläufig Aufgenommenen, die sich seit mehr als fünf Jahren in der Schweiz aufhalten, unter Berücksichtigung der Integration, der familiären Verhältnisse und der Zumutbarkeit einer Rückkehr in den Herkunftsstaat vertieft geprüft werden (Art. 84 Abs. 5 AuG). Zuständig sind erstinstanzlich die Kantone. Das BFM muss der Erteilung zustimmen. Lehnt es die Erteilung ab, besteht eine Beschwerdemöglichkeit an das Bundesverwaltungsgericht.

- *Familiennachzug:*
  Das neue Ausländergesetz sieht unter bestimmten Voraussetzungen die Möglichkeit des Familiennachzugs für vorläufig aufgenommene Flüchtlinge vor (Art. 85 Abs. 7 AuG). Dieser ist frühestens drei Jahre nach Anordnung der vorläufigen Aufnahme vorgesehen. Zu beachten ist allerdings, dass es sich bei der vorläufigen Aufnahme von Flüchtlingen faktisch um ein feststehendes Aufenthaltsrecht handelt. Weil die Betroffenen ihren Anspruch auf Familienleben in der Regel weder im Herkunftsstaat noch in einem anderen Staat leben können, kann die Verweigerung der Familienvereinigung Art. 8 EMRK (Recht auf Achtung des Familienlebens) verletzen. Die gesetzlichen Grundlagen sind u. E. entsprechend wie folgt anzuwenden:
  Stellen im Ausland verbliebene Familienangehörige von vorläufig aufgenommenen anerkannten Flüchtlingen ein Gesuch um Einbezug in die Flüchtlingseigenschaft, so ist dies als Asylgesuch aus dem Ausland (Art. 20 AsylG) zu behandeln. Machen sie dabei gleichzeitig eine eigene Gefährdung geltend und ist der weitere Aufenthalt im Ausland unzumutbar, so ist ihnen die Einreise zu bewilligen. Bei eigenständiger Erfüllung der Flüchtlingseigenschaft ist ihnen Asyl zu gewähren. Liegen keine eigenständigen Asylgründe vor, so sind sie in die Flüchtlingseigenschaft ihres Angehörigen einzuschliessen und vorläufig aufzunehmen.
  Stellen Familienangehörige im Ausland einzig ein Gesuch um Einbezug in die Flüchtlingseigenschaft oder liegt offensichtlich keine Gefährdungslage vor, so sollte gestützt auf Art. 51 Abs. 4 AsylG i. V. m. Art. 8 EMRK die Einreise zwecks Familienvereinigung bewilligt werden. Die Angehörigen sind anschliessend in die Flüchtlingseigenschaft und die vorläufige Aufnahme einzubeziehen.[2]
  Vorläufig aufgenommenen Flüchtlingen steht überdies der ausländerrechtliche Weg des Familiennachzugs nach Art. 85 Abs. 7 AuG offen. Demnach können sie frühestens drei Jahre nach Anordnung der vorläufigen Aufnahme Ehegatten und ledige Kinder unter 18 Jahren kommen lassen, wenn sie mit diesen zusam-

2 Vgl. EMARK 2006/Nr. 7 gestützt auf die Rechtslage vor dem 1.1.2007.

menwohnen (vgl. Art. 76 VZAE), eine bedarfsgerechte Wohnung vorhanden ist und die Familie nicht auf Sozialhilfe angewiesen ist (Art. 85 Abs. 7 AuG, Art. 74 Abs. 5 VZAE).[3] Das Gesuch muss spätestens innerhalb von fünf Jahren nach Erfüllung der zeitlichen Voraussetzungen bei der kantonalen Ausländerbehörde gestellt werden, die es mit einer Stellungnahme dem BFM weiterleitet (Art. 74 VZAE). Für Kinder über 12 Jahren muss das Gesuch innerhalb von 12 Monaten nach Erfüllung der zeitlichen Voraussetzungen gestellt werden. Entsteht das Familienverhältnis erst nach der Frist von drei Jahren, so beginnen die Fristen für das Gesuch um Nachzug erst dann. Ein nachträglicher Familiennachzug ist nur aus wichtigen familiären Gründen möglich (Art. 75 VZAE). Die Verordnung verlangt ausdrücklich, dass der Situation vorläufig aufgenommener anerkannter Flüchtlinge Rechnung zu tragen sei (Art. 74 Abs. 5 VZAE). Dies gilt namentlich in Bezug auf die Anforderungen an die Bedingungen wie Sozialhilfeabhängigkeit, Wohnung und Alter der Kinder. Die Verweigerung des Familiennachzugs wegen Nichterfüllung der Bedingungen dürfte mit zunehmender Aufenthaltsdauer Art. 8 EMRK widersprechen. Nach der Einreise erfolgt der Einbezug in die vorläufige Aufnahme, sofern keine eigenständigen Asylgründe vorliegen und Asyl zu gewähren ist.

- *Erwerbstätigkeit:*
  wie Flüchtlinge mit Asyl (Ziff. 2.2, vgl. Art. 18 VVWA)
- *Sozialhilfe und Krankenversicherung:*
  wie Flüchtlinge mit Asyl (Ziff. 2.2, vgl. Art. 18 VVWA)
- *Kantonswechsel:*
  Nach Art. 26 GFK haben Flüchtlinge im Rahmen der *für ausländische Personen allgemein* geltenden Bestimmungen das Recht, auf dem Gebiet des Vertragsstaates den Ort des Aufenthaltes zu wählen und sich frei zu bewegen. Vorläufig aufgenommene Flüchtlinge haben entsprechend dann einen *völkerrechtlichen Anspruch* auf einen Kantonswechsel, gestützt auf Art. 37 Abs. 3 AuG, wenn keine Widerrufsgründe nach Art. 63 AuG vorliegen. Der Anspruch geht damit über die für vorläufig Aufgenommenen im Allgemeinen vorgesehenen Regelung (Art. 85 Abs. 3 und 4 AuG) hinaus.
- *Möglichkeit von Auslandsreisen:*
  wie Flüchtlinge mit Asyl (Ziff. 2.2)
- *Integration:*
  wie Flüchtlinge mit Asyl (Ziff. 2.2)

3 Vgl. zum Ganzen Illes, R., Familiennachzug für vorläufig aufgenommene Flüchtlinge, ASYL, 2008/2, S. 3 ff.

3. Vorläufige Aufnahme

Hier wird ausschliesslich die Rechtsstellung vorläufig aufgenommener ausländischer Personen dargestellt, die nicht gleichzeitig als Flüchtlinge anerkannt sind (zur Rechtsstellung vorläufig aufgenommener Flüchtlinge vgl. Ziff 2.3).[4]

- *Anwesenheitsberechtigung:* (Ausweis F)
  Die vorläufige Aufnahme wird, gestützt auf Art. 83 AuG, angeordnet. Der Ausweis ist auf höchstens ein Jahr befristet (Art. 20 VVWA, SR 142.281). Die vorläufige Aufnahme wird aufgehoben, wenn der Vollzug der Wegweisung wieder zulässig, zumutbar oder möglich erscheint oder wenn Gründe entstehen, die massgeblich sind für die Nichtanordnung der vorläufigen Aufnahme (Art. 83 Abs. 7 AuG: Verurteilung zu einer längerfristigen Freiheitsstrafe im In- oder Ausland oder zu einer strafrechtlichen Massnahme, erhebliche oder wiederholte Verstösse oder Gefährdung der öffentlichen Sicherheit und Ordnung im In- oder Ausland, eigene Verursachung der Unmöglichkeit des Wegweisungsvollzugs). Vorläufig Aufgenommene können ihren Aufenthaltsort innerhalb des zugewiesenen Kantons frei wählen (Art. 85 Abs. 5 AuG).
- *Familiennachzug:*
  Die Kantone können den Nachzug und Einbezug in die vorläufige Aufnahme von Ehegatten und ledigen Kindern unter 18 Jahren frühestens drei Jahre nach Anordnung der vorläufigen Aufnahme bewilligen, wenn die Familie zusammen in einer bedarfsgerechten Wohnung wohnt (vgl. Art. 76 VZAE) und nicht auf Sozialhilfe angewiesen sein wird (Art. 85 Abs. 7 AuG). Das Gesuch muss spätestens innerhalb von fünf Jahren nach Erfüllung der zeitlichen Voraussetzungen bei der kantonalen Ausländerbehörde gestellt werden, die es mit einer Stellungnahme dem BFM weiterleitet (Art. 74 VZAE). Für Kinder über 12 Jahren muss das Gesuch innerhalb von 12 Monaten nach Erfüllung der zeitlichen Voraussetzungen gestellt werden. Entsteht das Familienverhältnis erst nach der Frist von drei Jahren, so beginnen die Fristen für das Gesuch um Nachzug erst dann. Ein nachträglicher Familiennachzug ist nur aus wichtigen familiären Gründen möglich (Art. 75 VZAE). Die Verweigerung des Familiennachzugs wegen Nichterfüllung der Bedingungen dürfte mit zunehmender Dauer des Aufenthalts sowie unter Berücksichtigung der Möglichkeit der Familienvereinigung in einem anderen Staat Art. 8 EMRK widersprechen, was bei der Anwendung der Gesetzes- und Verordnungsbestimmungen zu beachten ist. So wäre etwa die Verweigerung des Familiennachzugs u. E. unzulässig, wenn zwar die zeitlichen

4 Vgl. zur vorläufige Aufnahme Bolzli, P., Vorläufige Aufnahme in:, Spescha, M. et al. (Hrsg.), Migrationsrecht Kommentar, Zürich, 2008, S. 175 ff.

Voraussetzungen erfüllt, aber die Familie mangels Bewilligung zur Erwerbstätigkeit oder wegen ungenügendem Erwerbseinkommen weiterhin auf Erwerbstätigkeit angewiesen wäre.

- *Erwerbstätigkeit:*
  Die Kantone können vorläufig Aufgenommenen und ihren Familienangehörigen unabhängig von der Arbeitsmarkts- und Wirtschaftslage die Aufnahme einer unselbstständigen Erwerbstätigkeit bewilligen (Art. 85 Abs. 6 AuG). Voraussetzung ist, dass ein Gesuch eines Arbeitgebers vorliegt und die Lohn- und Arbeitsbedingungen eingehalten werden (Art. 53 VZAE bzw. Art. 28 VZAE i.V.m. Art. 18 lit. b AuG und Art. 22 AuG). Eine selbstständige Erwerbstätigkeit kann den Familienangehörigen von vorläufig Aufgenommenen nach den für andere ausländische Personen massgeblichen Kriterien bewilligt werden (Art. 28 VZAE, Art. 19 lit. b AuG), namentlich bei Vorliegen eines gesamtwirtschaftlichen Interesses, Erfüllung der finanziellen und betrieblichen Voraussetzungen und in Übereinstimmung mit allfälligen Begrenzungsmassnahmen. Vorläufig Aufgenommene unterliegen wie Asylsuchende der *Sonderabgabepflicht* (Art. 88 AuG). Diese beträgt zehn Prozent des Erwerbseinkommens und ist bis zum Betrag von Fr. 15'000.– zu leisten. Die im Rahmen des Asylverfahrens geleisteten Beträge werden angerechnet. Die Sonderabgabepflicht endet drei Jahre nach Anordnung der vorläufigen Aufnahme, spätestens aber sieben Jahre nach der Einreise (Art. 10 Abs. 2 AsylV2). Arbeitgeber sind verpflichtet, die Sonderabgabe direkt vom Lohn in Abzug zu bringen und sie dem Bund zu überweisen (vgl. Art. 86 AsylG, Art. 13 ff. AsylV2).
- *Sozialhilfe:*
  Für die Festsetzung und Ausrichtung der Sozialhilfe an vorläufig Aufgenommene sind die Kantone zuständig (Art. 86 AuG). Vorläufig Aufgenommene unterliegen wie Asylsuchende der *Vermögenswertabnahme* (Art. 88 AuG), solange sie der Sonderabgabepflicht unterstehen.
- *Krankenversicherung:*
  Vorläufig Aufgenommene unterstehen dem Krankenversicherungsobligatorium. Die Kantone können wie bei Asylsuchenden die Wahl des Versicherers und des Leistungserbringers einschränken (Art. 86 AuG).
- *Kantonswechsel:*
  Vorläufig Aufgenommene können ein Gesuch um Kantonswechsel beim BFM einreichen. Dieses entscheidet nach Anhörung der betroffenen Kantone endgültig. Der Entscheid über den Kantonswechsel kann nur wegen Verletzung des Grundsatzes der Einheit der Familie angefochten werden (Art. 85 Abs. 3 und 4 AuG).
- *Möglichkeit von Auslandsreisen:*
  Schriftenlosen vorläufig Aufgenommenen wird wie Asylsuchenden ein Identitätsausweis mit Rückreisevisum ausgestellt bei schwerer Krankheit oder Tod

von Familienangehörigen, zur Erledigung von wichtigen und unaufschiebbaren höchstpersönlichen Angelegenheiten sowie zwecks grenzüberschreitender Schulausflüge (Art. 5 RDV, SR 143.5).

- *Integration:*
  Vorläufig Aufgenommene werden zu den langfristig und rechtmässig anwesenden, ausländischen Personen gezählt, deren Integration gefördert wird (Art. 18 und 19 VIntA, SR 142.205). Der Bund richtet den Kantonen einmalige Beiträge zur sozialen, kulturellen und beruflichen Integration von Fr. 6'000.– pro Person aus (Art. 91 AsylG).

4. Vorübergehender Schutz

- *Anwesenheitsberechtigung:* (Ausweis S)
  Es wird die Anwesenheitsberechtigung gestützt auf Art. 74 AsylG im zugewiesenen Aufenthaltskanton und ein Ausweis S erteilt (Art. 45 Abs. 1 AsylV 1). Nach fünf Jahren erhalten Schutzbedürftige vom Kanton eine Jahresaufenthaltsbewilligung (B-Ausweis), sofern zu diesem Zeitpunkt der vorübergehende Schutz noch nicht aufgehoben worden ist; die Bewilligung ist befristet bis zu einem allfälligen Aufhebungsentscheid. Nach zehn Jahren «kann» der Kanton die Niederlassung erteilen (Art. 74 Abs. 3 AsylG).
- *Familiennachzug:*
  Die Bewilligung des Familiennachzugs für Ehegatten und minderjährige Kinder im Rahmen von Art. 71 AsylG ist vergleichbar mit der Regelung bei anerkannten Flüchtlingen mit Asyl. Für Schutzbedürftige mit Jahresaufenthaltsbewilligung besteht auch der ausländerrechtliche Familiennachzug, der bewilligt werden kann, wenn die Familie zusammen in einer bedarfsgerechten Wohnung wohnt, ohne auf Sozialhilfe angewiesen zu sein (Art. 44 AuG).
- *Erwerbstätigkeit:*
  Es gilt ein generelles Arbeitsverbot während der ersten drei Monate nach der Einreise, danach richtet sich die Bewilligung einer Erwerbstätigkeit nach dem AuG (Art. 75 AsylG). Demnach können die Kantone wie bei vorläufig Aufgenommenen eine Erwerbstätigkeit bewilligen, wenn ein Gesuch eines Arbeitgebers vorliegt und die Lohn- und Arbeitsbedingungen eingehalten werden (Art. 53 VZAE). Erwerbstätige Schutzbedürftige ohne Aufenthaltsbewilligung unterliegen der *Sonderabgabepflicht.* Die Sonderabgabe beträgt zehn Prozent des Erwerbseinkommens und ist höchstens bis zum Betrag von Fr. 15'000.– zu

leisten. Die Arbeitgeber sind verpflichtet, die Sonderabgabe direkt vom Lohn in Abzug zu bringen und sie dem Bund zu überweisen (Art. 86 AsylG, Art. 13 ff. AsylV 2).

- *Sozialhilfe:*
  Bei Schutzbedürftigen ohne Aufenthaltsbewilligung (d.h. in der Regel während der ersten fünf Jahre des Aufenthaltes) richtet sich die Sozialhilfe nach den Regeln, die für Asylsuchende gelten (Art. 82 Abs. 3 AsylG). Schutzbedürftige mit Aufenthaltsbewilligung werden wie anerkannte Flüchtlinge, d.h. wie Personen mit Schweizer Staatsbürgerschaft, unterstützt (Art. 88 Abs. 3 AsylG). Schutzbedürftige ohne Aufenthaltsbewilligung unterliegen der *Vermögenswertabnahme* (Art. 87 AsylG).
- *Krankenversicherung:*
  Schutzbedürftige unterstehen dem Krankenversicherungsobligatorium. Die Kantone können wie für Schutzbedürftige ohne Aufenthaltsbewilligung die Wahl des Versicherers und des Leistungserbringers einschränken (Art. 82a AsylG).
- *Kantonswechsel:*
  Während der ersten fünf Jahre entspricht die Rechtslage derjenigen der Asylsuchenden (vgl. Ziff. 1). Nach Erteilung einer Aufenthaltsbewilligung durch den Kanton kann ein Kantonswechsel nach den üblichen ausländerrechtlichen Voraussetzungen gemäss Art. 37 AuG erfolgen (vgl. Ziff. 2.2). Ein Anspruch auf Kantonswechsel mit Jahresaufenthaltsbewilligung besteht, wenn die Betroffenen nicht arbeitslos sind und keine Widerrufsgründe vorliegen.
- *Möglichkeit von Auslandsreisen:*
  Wie bei Asylsuchenden und vorläufig Aufgenommenen kann schriftenlosen Schutzbedürftigen ein Identitätsausweis mit Rückreisevisum ausgestellt werden bei schwerer Krankheit oder Tod von Familienangehörigen, zur Erledigung von wichtigen und unaufschiebbaren höchstpersönlichen Angelegenheiten sowie zwecks grenzüberschreitender Schulausflüge (Art. 5 RDV, SR 143.5).
- *Integration:*
  Schutzbedürftige mit Aufenthalts- oder Niederlassungsbewilligung werden zu den langfristig und rechtmässig anwesenden ausländischen Personen gezählt, deren Integration gefördert wird (Art. 18 und 19 VIntA, SR 142.205). Der Bund kann den Kantonen einmalige Beiträge zur sozialen, kulturellen und beruflichen Integration von Schutzbedürftigen mit Aufenthaltsbewilligung von Fr. 6'000.– pro Person ausrichten (Art. 91 AsylG).

5. Abgewiesene Asylsuchende

- *Anwesenheitsberechtigung:*
  Mit dem definitiven Entscheid über die Wegweisung im Anschluss an ein Asylverfahren (negativer Entscheid mit Ablehnung des Asylgesuches oder Nichteintreten auf ein Asylgesuch) oder nach Aufhebung einer vorläufigen Aufnahme wird eine Ausreisefrist festgesetzt. Die ausländischen Personen haben die Pflicht, ihre Ausreise zu organisieren und die Schweiz selbstständig zu verlassen. Sie können sich für Unterstützung an die kantonalen Behörden wenden und Rückkehrhilfe beantragen. Mit Ablauf der Ausreisefrist besteht keine Aufenthaltsberechtigung mehr. Die kantonale Behörde ordnet die Ausschaffung an, wenn die Ausreisefrist unbenutzt verstreicht (Art. 69 AuG). Zuständig für den Vollzug der Wegweisung sind die Zuweisungskantone bzw. die Kantone, die – mangels physischer Zuweisung – in der Wegweisungsverfügung des BFM dafür verantwortlich erklärt werden (Art. 46 AsylG). Die Kantone können bereits nach dem erstinstanzlichen Entscheid Zwangsmassnahmen wie kurzfristige Festhaltung, Rayonverbote oder Vorbereitungs-, Ausschaffungs- oder Durchsetzungshaft von bis zu 24 Monaten anordnen, um die Rückkehr durchzusetzen (Art. 73 AuG ff.). Auch die Kontaktnahme mit den Heimatbehörden ist bereits nach dem erstinstanzlichen Entscheid möglich (Art. 97 AsylG).
  Mit Zustimmung des BFM können Kantone auch abgewiesenen Asylsuchenden, die ihnen zugewiesen wurden, eine Aufenthaltsbewilligung (Härtefallbewilligung) erteilen. Voraussetzung ist, dass die Betroffenen sich seit mindestens fünf Jahren in der Schweiz aufhalten, ihr Aufenthaltsort den Behörden immer bekannt war und wegen fortgeschrittener Integration ein schwerwiegender persönlicher Härtefall vorliegt (Art. 14 AsylG i. V. m. Art. 31 VZAE).
- *Familiennachzug:*
  Der Familiennachzug ist nicht möglich. Beim Vollzug der Wegweisung ist auf die Familieneinheit zu achten (Art. 44 AsylG).
- *Erwerbstätigkeit:*
  Die Bewilligung zur Erwerbstätigkeit erlischt nach Ablauf der Ausreisefrist. Dies gilt auch, wenn der Vollzug infolge Einreichung eines ausserordentlichen Rechtsmittels oder eines Rechtsbehelfs ausgesetzt wurde. Wird die Ausreisefrist im Rahmen des ordentlichen Verfahrens verlängert, so kann auch die Bewilligung zur Erwerbstätigkeit verlängert werden. Bei besonderen Umständen kann das EJPD in Absprache mit dem Volkswirtschaftsdepartement die Kantone ermächtigen, für bestimmte Kategorien von Personen die Erwerbstätigkeit über den Ablauf der Ausreisefrist hinaus zu verlängern.
- *Sozialhilfe/Nothilfe:*
  Personen mit einem rechtskräftigen Wegweisungsentscheid, denen eine Ausreise-

frist angesetzt worden ist, *können* von der Sozialhilfe ausgeschlossen werden (Art. 82 AsylG). Der Sozialhilfeausschluss bedeutet, dass weder Bund noch Kanton Sozialhilfeleistungen ausrichten. Die Betroffenen werden zum Verlassen ihrer Unterkünfte aufgefordert oder polizeilich aus den Unterkünften entfernt. Es handelt sich um eine «Kann»-Bestimmung, welche den Kantonen ein Ermessen einräumt. Dabei sind u. E. die individuellen Umstände der Person zu berücksichtigen (Alter, Gesundheitszustand, familiäre Situation, Dauer des Aufenthaltes in der Schweiz).
Wer durch den Sozialhilfeausschluss in eine Notlage gerät, kann ein Gesuch um Nothilfe stellen (Art. 81 AsylG). Die Betroffenen müssen über ihr Recht auf Nothilfe informiert werden.[5] Zuständig für die Ausrichtung der Nothilfe ist der Kanton, der im Asylverfahren für den Vollzug der Wegweisung zuständig erklärt wurde. Nothilfe ist in Form von Sachleistungen oder täglichen Geldleistungen an den von den Kantonen bezeichneten Orten auszurichten. Die Auszahlung kann auf Arbeitstage beschränkt werden (Art. 82 AsylG). Festsetzung und Ausrichtung der Nothilfeleistungen richten sich nach kantonalem Recht (Art. 3 AsylV2). Das Recht auf Nothilfe beinhaltet den Anspruch auf Hilfe und Betreuung und auf die Mittel, die für ein menschenwürdiges Dasein unerlässlich sind (Art. 12 BV). Das Asylgesetz verlangt als Voraussetzung für die Gewährung von Nothilfe, dass die Betroffenen beim Vollzug der Wegweisung sowie der Feststellung ihrer Notlage mitzuwirken haben (Art. 83a AsylG). Als Ausfluss der Menschenwürde kann Nothilfe selbst bei pflichtwidrigem Verhalten im Zusammenhang mit der Wegweisung der ausländischen Personen grundsätzlich nicht verweigert werden.[6]
Die Kantone erhalten vom Bund eine Pauschale für die Nothilfe für Personen mit rechtskräftigem Nichteintretensentscheid und für Personen mit rechtskräftigem negativen Entscheid eine Pauschale für die Sozial- oder die Nothilfe (Art. 88 AsylG). Die Anordnung des Sozialhilfeausschlusses im Rahmen des Aufenthalts in den EVZ fällt in die Kompetenz des Bundes.

- *Krankenversicherung*:
  Gemäss Krankenversicherungsgesetz sind alle Personen mit Wohnsitz in der Schweiz verpflichtet, innerhalb von drei Monaten eine obligatorische Krankenversicherung abzuschliessen (Art. 3 KVG, SR 832.10).
- *Kantonswechsel:*
  Kantonswechsel sind grundsätzlich nicht möglich.
- *Integration:*
  Eine Integration ist nicht vorgesehen. Die Bundesverfassung garantiert einen Anspruch auf Grundschulunterricht, auch für Abgewiesene.

5 Amstutz, K., Verfassungsrechtliche Mindestanforderungen an die Sozialhilfe im Asylwesen, ASYL, 2003/2, S. 28 ff.
6 BGE 131 I 166.

Literaturhinweise

Achermann, Alberto; Hausammann, Christina: Handbuch des Asylrechts, Bern/Stuttgart, 1991.
Göksu, Tarkan: Familiennachzug im Asylrecht, ASYL, 2004/1, S. 11 ff.
Illes, Ruedi: Familiennachzug für vorläufig aufgenommene Flüchtlinge, ASYL, 2008/2, S. 3 ff.
Müller, Jörg Paul: Gutachten vom 7. März 2005 betreffend den Beschluss der Staatspolitischen Kommission des Ständerates vom 13. Januar 2005 (Teilrevision Asylgesetz) über Einschränkungen der Nothilfe, erstellt im Auftrag der Schweizerischen Flüchtlingshilfe, ASYL, 2005/2+3, S. 3 ff.
Spescha, Marc et al. (Hrsg.): Migrationsrecht, Kommentar, Zürich, 2008.

XIV Anhang

Abkürzungsverzeichnis

a. a. O.	am angegebenen Ort
Abs.	Absatz
AJP/PJA	Aktuelle Juristische Praxis, Zeitschrift
Amtl. Bull. SR	Amtliches Bulletin des Ständerates
ARK	Schweizerische Asylrekurskommission
Art.	Artikel
AS	Amtliche Sammlung des Bundesrechts
AsylG	Asylgesetz vom 26. Juni 1998, SR. 142.31
AsylV 1	Asylverordnung 1 über Verfahrensfragen vom 11. August 1999, SR 142.311
AsylV 2	Asylverordnung 2 über Finanzierungsfrage, SR 142.312.
AuG	Bundesgesetz über die Ausländerinnen und Ausländer vom 16. Dezember 2005, SR. 142.20
AVB	dringlicher Bundesbeschluss vom 22. Juni 1990 über das Asylverfahren
BBl	Bundesblatt
BFA	Bundesamt für Ausländerfragen (im BFM aufgegangen)
BFF	Bundesamt für Flüchtlinge (im BFM aufgegangen)
BFM	Bundesamt für Migration
BGE	Entscheidungen des Schweizerischen Bundesgerichts
BMA	Bundesbeschluss über dringliche Massnahmen im Asyl- und Ausländerbereich vom 26. Juni 1998
BRJ	«neue» Bundesrepublik Jugoslawien
BV	Bundesverfassung vom 18.12.1998, SR 101
BVGer	Bundesverwaltungsgericht
CAT	Committee against Torture (UNO-Ausschuss gegen Folter)
E	Erwägungen

ECRE	European Council on Refugees and Exiles
EGMR	Europäischer Gerichtshof für Menschenrechte
EJPD	Eidgenössisches Justiz- und Polizeidepartement
ELENA	European Legal Network on Asylum
EMARK	Entscheidungen und Mitteilungen der Schweizerischen Asylrekurskommission
EMRK	Europäische Menschenrechtskonvention vom 4.11.1950, SR 0.101
engl.	englisch
EP03	Bundesgesetz über das Entlastungsprogramm vom 19. Dezember 2003, BBl 2003 5615
EU	Europäische Union
ExKom	Beschlüsse des Exekutivkomitees des UNHCR
FER	Forschungspolitische Früherkennung
FoK	UN-Folterkonvention; Übereinkommen gegen Folter und andere grausame, unmenschliche oder erniedrigende Behandlung oder Strafe vom 10. Dezember 1984, SR 0.105
GFK	Genfer Flüchtlingskonvention; Abkommen über die Rechtsstellung der Flüchtlinge vom 25. Juli 1951, SR 0.142.30
HEKS	Hilfswerk der Evangelischen Kirchen der Schweiz
Hrsg.	Herausgeber/in
HWV	Hilfswerksvertretung
IGC	Inter-Governmental Consultations on Asylum, Refugee and Migration Policies in Europe, North America and Australia
IJRL	International Journal of Refugee Law
i. S.	im Sinne
i. V. m.	in Verbindung mit
Kap.	Kapitel
KRK	Kinderrechtskonvention; Übereinkommen über die Rechte des Kindes vom 20. November 1989, SR 0.107
KVG	Bundesgesetz vom 18. März 1994 über die Krankenversicherung, SR 832.10
lit.	Litera (Buchstabe)
RDV	Verordnung über die Ausstellung von Reisedokumenten für ausländische Personen, vom 20. Oktober 2004, SR 143.5
Rz.	Randziffer
SAH	Schweizerisches Arbeiter/-innenhilfswerk
SFH	Schweizerische Flüchtlingshilfe
SIS	Schengener Informationssystem
SKOS	Schweizerische Konferenz für öffentliche Sozialhilfe
sog.	sogenannt(er)

SR	Systematische Sammlung des Bundesrechts
SRK	Schweizerisches Rotes Kreuz
StGB	Schweizerisches Strafgesetzbuch vom 21.12.1937, SR 311.0
UNHCR	United Nations High Commissioner for Refugees (Hoher Flüchtlingskommissar der Vereinten Nationen)
UNO	United Nations Organization (Organisation der Vereinten Nationen)
vs.	versus
VGG	Bundesgesetz vom 17. Juni 2005 über das Bundesverwaltungsgericht, SR 173.32
VEV	Verordnung vom 24. Oktober 2007 über das Einreise- und Visumverfahren, SR 142.204
VIntA	Verordnung über die Integration von Ausländerinnen und Ausländer vom 24. Oktober 2007, SR 142.205
VPB	Verwaltungspraxis der Bundesbehörden
VSJF	Verband schweizerischer jüdischer Fürsorgen
VVWA	Verordnung zum Vollzug der Weg- und Ausweisung von ausländischen Personen vom 11. August 1999, SR 142.281
VwVG	Bundesgesetz über das Verwaltungsverfahren vom 20.12.1968, SR 172.021
VZAE	Verordnung über Zulassung, Aufenthalt und Erwerbstätigkeit vom 24. Oktober 2007, SR 142.201
ZAG	Bundesgesetz vom 20. März 2008 über die Anwendung polizeilichen Zwangs und polizeilicher Massnahmen im Zuständigkeitsbereich des Bundes (Zwangsanwendungsgesetz, ZAG), SR 364
ZAR	Zeitschrift für Ausländerrecht und Asylpolitik
ZAV	Verordnung vom 12. November 2008 über die Anwendung polizeilichen Zwangs und polizeilicher Massnahmen im Zuständigkeitsbereich des Bundes (Zwangsanwendungsverordnung, ZAV), SR 364.3
ZBJV	Zeitschrift des Bernischen Juristenvereins
ZDWF	Zentrale Dokumentationsstelle der freien Wohlfahrtspflege für Flüchtlinge
ZGB	Schweizerisches Zivilgesetzbuch vom 10.12.1907, SR 210
Ziff.	Ziffer

Weiterführende Literatur

1. Grundlagenwerke und -beiträge (Asylrecht, inkl. Verfahrensrecht)

Achermann, Alberto; Hausammann, Christina: Handbuch des Asylrechts, Bern/Stuttgart, 1991.

Auer, Christoph; Müller, Markus; Schindler Benjamin (Hrsg.): Kommentar zum Bundesgesetz über das Verwaltungsverfahren (VwVG), Zürich/St. Gallen, 2008.

Bertschi, Martin: Ausländer- und Flüchtlingsrecht, in: Ziegler, Andreas R. et al. (Hrsg.): Rechte der Lesben und Schwulen in der Schweiz, Bern, 2007, S. 321–348.

Binder, Andrea: Frauenspezifische Verfolgung vor dem Hintergrund einer menschenrechtlichen Auslegung des Flüchtlingsbegriffs der Genfer Flüchtlingskonvention, Basel, 2001.

Gafner, Magalie: Autorisations de séjour en Suisse: un guide juridique : présence, regroupement familial, travail, assurances sociales, Lausanne, 2008.

Goodwin-Gill, Guy; McAdam, Jane: The Refugee in International Law, Oxford, 2007.

Hathaway, James C.: The Rights of Refugees under International Law, Cambridge, 2005.

Hermann, Mathias: Das Dublin System: eine Analyse der europäischen Regelungen über die Zuständigkeit der Staaten zur Prüfung von Asylanträgen unter besonderer Berücksichtigung der Assoziation der Schweiz, Zürich, 2008.

Kälin, Walter: Grundriss des Asylverfahrens, Basel/Frankfurt, 1990.

Luterbacher, Christa: Die flüchtlingsrechtliche Behandlung von Dienstverweigerung und Desertion, Basel, 2004.

Maiani, Francesco: L'unité familiale et le système de Dublin: entre gestion des flux migratoires et respect des droits fondamentaux, Basel, 2006.

Marguerat, Sylvie; Nguyen, Minh Son; Zermatten, Jean: Das Ausländergesetz und das revidierte Asylgesetz im Lichte des Übereinkommens über die Rechte des Kindes: Analyse der Übereinstimmung zwischen den neuen Bundesgesetzen und der internationalen Kinderrechtskonvention, Terre des hommes, Le Mont-sur-Lausanne, 2006.

Marugg, Michael: Völkerrechtliche Definitionen des Ausdrucks «Flüchtling», Basel/Frankfurt, 1990.

Schertenleib, Jürg: Zur Auslegung des neuen Asyl- und Ausländergesetzes, ASYL, 2006/4, S. 26 ff.

Schertenleib, Jürg: Zur Teilrevision des Asylgesetzes, ASYL, 2006/1, S. 26 ff.

Schertenleib, Jürg: Respektiert das revidierte Asylgesetz Völkerrecht und Verfassung? SFH, 10. Januar 2006.

Schertenleib, Jürg: Die Teilrevision des Asylgesetzes, in: Achermann, Alberto et al. (Hrsg.): Jahrbuch des Migrationsrechts 2005/2006, Bern, 2006.

Schertenleib, Jürg: Die Teilrevision des Asylgesetzes, Kommentierte Übersicht, SFH, Bern, 12. Januar 2006.

Spescha, Marc; Thür, Hanspeter; Zünd, Andreas; Bolzli, Peter (Hrsg.): Kommentar Migrationsrecht, Zürich, 2008.

Stöckli, Walter: Völkerrechtliche Bestimmungen in der Praxis der Schweizerischen Asylrekurskommission (ARK), ASYL, 1999/4, S. 19.

Uebersax, Peter; Rudin, Beat; Hugi Yar, Thomas; Geiser, Thomas (Hrsg.): Ausländerrecht, Eine umfassende Darstellung der Rechtsstellung von Ausländerinnen und Ausländern in der Schweiz – von A(syl) bis Z(ivilrecht), Basel/Genf/München, 2009; insbesondere: Stöckli, Walter: Asyl, S. 521 ff.

UNHCR; Schweizerische Flüchtlingshilfe: Schweizer Asylrecht, EU-Standards und internationales Flüchtlingsrecht, Eine Vergleichsstudie, Bern, 2009.

UNHCR: Handbuch über Verfahren und Kriterien zur Feststellung der Flüchtlingseigenschaft, Genf, September 1979; Neuauflage: Genf, Dezember 2003.
UNHCR: Verbindungsbüro für die Schweiz und Liechtenstein. Stellungnahme zu den «zusätzlichen Massnahmen im Rahmen der Teilrevision des Asylgesetzes», ASYL, 2004/4, S. 11 ff.
Vena, Mario: Parallele Asyl- und Auslieferungsverfahren, ASYL, 2007/2, S. 3 ff.
Wintsch, Sandra: Flüchtlingskinder und Bildung – Rechtliche Aspekte, Zürich, 2008.

2. Materialien

a) Amtliche Berichte und Veröffentlichungen

Bundesamt für Migration, Handbuch Asylverfahren:
http://www.bfm.admin.ch/bfm/de/home/themen/asyl/asylverfahren/handbuch_asylverfahren.html
Publizierte Entscheide der Asylrekurskommission (EMARK) bis 31.12.2006:
http://www.bundesverwaltungsgericht.ch/index/entscheide/entscheid-vorgang-organisationen.htm
Publizierte Entscheide des Bundesverwaltungsgerichts (BVGE) ab 01.01.2007:
http://www.bundesverwaltungsgericht.ch/index/entscheide/jurisdiction-datenbank/jurisdiction-recht-index-ataf.htm
Erläuterungen des Bundesrates zur Volksabstimmung vom 24. September 2006 über die Änderungen des Asylgesetzes, Antwort des Bundesrates auf das Schreiben des «Bürgerlichen Komitees gegen das Asylgesetz»:
http://www.news.admin.ch/dokumentation/00002/00015/index.html?lang=de&llang=de&msg-id=7222.
Bundesamt für Migration, Stellung der Frau in der Asylpolitik – Würdigung frauen- bzw. geschlechtsspezifischer Aspekte im Asylverfahren, Bericht vom August 2005 als Antwort auf das Postulat Menétrey-Savary, Bern, 2005.
Evaluation der Zwangsmassnahmen im Ausländerrecht, Schlussbericht vom 15. März 2005 der Parlamentarischen Verwaltungskontrolle zuhanden der Geschäftsprüfungskommission des Nationalrats, BBl 2006, S. 2603 ff.
Kinderschutz im Rahmen der Zwangsmassnahmen im Ausländerrecht, Bericht der Geschäftsprüfungskommission des Nationalrats vom 07. November 2006, BBl 2007, S. 2521.

b) Kommentierte Rechtsprechung

Levrat, Christian: La jurisprudence de la Commission suisse de recours en 1998, ASYL, 1999/4, S. 3 ff.
Golay, Yann: Aperçu de la jurisprudence de la Commission suisse de recours en matière d'asile en 1999, ASYL, 2000/4, S. 10 ff.
Golay, Yann: La jurisprudence de la Commission suisse de recours en matière d'asile durant l'année 2000, ASYL, 2001/3, S. 20 ff.
Golay, Yann: La jurisprudence de la Commission suisse de recours en matière d'asile durant l'année 2001, ASYL, 2002/3, S. 20 ff., 2002/4, S. 20 ff.
Golay, Yann: La jurisprudence de la Commission suisse de recours en matière d'asile en 2002, ASYL, 2003/2, S. 10 ff.
Golay, Yann: La jurisprudence de la Commission suisse de recours en matière d'asile en 2003, ASYL, 2004/2, S. 19 ff.
Bolz, Susanne; Buchmann, Kathrin: Die Rechtsprechung der Schweizerischen Asylrekurskommission im Jahr 2004 und im ersten Halbjahr 2005, ASYL, 2005/4, S. 12 ff.
Buchmann, Kathrin: Die Rechtsprechung der Schweizerischen Asylrekurskommission im Jahr

2005, ASYL, 2006/2, S. 13 ff.
Bolz, Susanne; Buchmann, Kathrin: Die Rechtsprechung der Schweizerischen Asylrekurskommission im Jahre 2006, ASYL, 2007/2, S. 18 ff.
Baur, Thomas: Die Rechtsprechung des Schweizerischen Bundesverwaltungsgerichts der Jahre 2007/2008, ASYL, 2009/1, S. 3 ff.

Stichwortverzeichnis

A

B

C

D

E

F

I

J

K

S

T

U

V

Bitte beachten Sie auch die folgenden Seiten!

Catherine Müller/Gudrun Sander

Innovativ führen mit Diversity-Kompetenz

Vielfalt als Chance

1. Auflage 2009. 208 Seiten, 16 Abbildungen, gebunden
CHF 69.– / EUR 45.–
ISBN 978-3-258-07025-4

Die aktuelle wirtschaftliche und gesellschaftliche Situation fordert Unternehmen heraus: Globalisierung, Migration, demografische Entwicklung, Wertewandel, verändertes Rollenverständnis und anderes mehr führen dazu, dass die Belegschaft einer Organisation immer vielfältiger wird. Neue Management-Ansätze sind gefragt – Diversity-Management gewinnt zunehmend an Bedeutung.
Ein bewusster Umgang mit der Heterogenität der Beschäftigten ist zum Vorteil aller: Die Potenziale der Mitarbeitenden werden besser erkannt und – jenseits von diskriminierenden Stereotypen – gefördert und weiterentwickelt. Durch die Ressourcenoptimierung erwachsen den Unternehmen wirtschaftliche Vorteile und den Mitarbeitenden bessere Entwicklungschancen. Richtig eingesetzt birgt die Integration sozialer Diversitäten für Unternehmen ein grosses Innovationspotential.
Catherine Müller und Gudrun Sander führen differenziert und praxisorientiert in die komplexe Thematik ein. Sie zeigen eine Fülle von konkreten Handlungsmöglichkeiten und Instrumenten auf und vermitteln Führungsverantwortlichen sowie den Leserinnen und Lesern mit Interesse an Diversity-Kompetenz die klare Botschaft: Just do Diversity!
Das Buch richtet sich primär an Führungsverantwortliche sowie an eine breitere Leserschaft, die sich für die Entwicklung von Diversity-Kompetenz interessiert.

Haupt

Haupt Verlag Bern • Stuttgart • Wien
verlag@haupt.ch • www.haupt.ch